KB214373

정신철학통편

精神哲學通編

An Annotated Translation of "Comprehensive Edition of the Philosophy of Spirit"

【2권】

정신철학통편精神哲學通編 【2권】
An Annotated Translation of "Comprehensive Edition of the Philosophy of Spirit"

—

1판 1쇄 발행 2024년 12월 31일

—

저   자 ㅣ 전병훈全秉薫
역주자 ㅣ 김성환
발행인 ㅣ 이방원
발행처 ㅣ 세창출판사
　　　　　신고번호 제1990-000013호
　　　　　주소 03736 서울시 서대문구 경기대로 58 경기빌딩 602호
　　　　　전화 02-723-8660 팩스 02-720-4579
　　　　　이메일 edit@sechangpub.co.kr 홈페이지 www.sechangpub.co.kr
　　　　　블로그 blog.naver.com/scpc1992 페이스북 fb.me/Sechangofficial 인스타그램 @sechang_official

—

ISBN 979-11-6684-400-3 94150
　　　　979-11-6684-398-3 (세트)

—

이 역주서는 2017년 대한민국 교육부와 한국연구재단의 지원을 받아 수행된 연구임.
(NRF-2017S1A5A7021667)

—

정신철학통편

精神哲學通編

An Annotated Translation of "Comprehensive Edition of the Philosophy of Spirit"

【2권】

전병훈全秉薰 저

김 성 환 역주

세창출판사

● 정신철학통편 제2권 차례

精神哲學下編卷五
정신철학 하편 권5

精神哲學下編卷六
정신철학 하편 권6

● 정신철학통편 총목차

제1권

제2권

〈精神哲學中編卷四〉

道德哲學目錄下

〈精神哲學下編卷五〉

政治哲學

---

1   본문 중의 제17장 제목은 '맹자가 민산을 제정하고 정전을 논한 철리'(孟子制民產論井田哲理)
　　인데, 그러면 문맥이 잘 통하지 않는다. 여기 목차에 제시된 제목이 타당하므로, 이에 따라
　　본문 중의 제목도 수정한다.

일러두기

1   『정신철학통편』원문은 1980년 명문당에서 영인한 판본을 '명문본'으로, 국립중앙도서
관 소장 판본을 '국중본'으로 표기한다. 번역은 명문본을 기본으로, 국중본을 참고로 하
였다.

2   전병훈은 인용문을 주해할 때 '謹按', '(秉薰)謹按', '(小子)謹按', '(小子秉薰)謹註', '愚謂' 등
으로 표기했다. 본문에서는 이를 일괄하여 모두 【안설】로 번역 표기하였다.

3   중국의 인명과 지명은 모두 한자어의 우리말 음으로 통일해 표기하였다.

4   본문에서 전병훈의 자주自註는 ( )로, 번역자가 따로 더한 것은 [ ]로 표기하였다.

5   한자어는 음을 그대로 쓰는 경우 '정신精神'처럼 병기하였고, 번역과 원문이 다를 경우에
는 '하늘의 뜻(天意)'처럼 ( )를 사용하여 표기하였다.

정신철학 중편 권3

精神哲學中編卷三

도덕철학

道德哲學

서론
緒言

사람의 자유는, 도를 응결하고 덕을 갖추기만 한 것이 없다

人之自由, 莫如道凝德備者.

　도덕은 하늘에서 근원한다. 정신과 심리의 내재된 것이 밖으로 드러나고, 일상의 인간사에서 실행하여 지극한 선에 이르는 것이 곧 큰 도(大道)요 올바른 덕(正德)이다. 그러나 감응해 움직이는 것이 '천리의 공정함'(天理之公)에서 나오지 않고 '인욕의 사사로움'(人欲之私)에 간섭받는다면, 공명과 이욕(功利)의 샛길로 흐른다. 이런 것은 이른바 '하늘에서 근원하는 도덕'이 아니다. 우리 동아시아 성현의 경전을 살펴보면 도덕 서적 아닌 것이 없지만, 온갖 일에 흩어져 있어서 요령을 보기 어렵다. 하물며 새로이 과학에 나아가는 인사들은 더욱 그렇지 않겠는가? 더구나 서구 도덕의 새로운 학설들을 참고해 보면, 그것들이 플라톤 · 칸트 등 여러 철학가의 본뜻에 어긋날 뿐만 아니라 '이기利己'와 '이타利他'를 혼동하여 도덕을 해석하니, 이는 공리功利의 사사로운 견해[1]라서 논의할 가치가 없다. 최근 애기愛己와 애타愛他의 해석이 비록 취

할 만한 듯하지만, 그것이 하늘에서 근원하는 이치에 어둡기는 매한가지이다. 더구나 공덕公德과 사덕私德에 대한 논변[2]은, 어찌 또한 하늘에서 근원하는 도리에 전적으로 어두워서 오해하기 때문이 아니겠는가? 이것이 내가 부득이하게 본 편을 편찬하는 이유이니, 온 세계가 통일하는 대동大同과 지극한 다스림(至治)의 시대를 대비해 기다린다. 하늘의 뜻을 체득해 도를 행하는 영웅 선성仙聖[3]이 천지의 중심에서 세상을 새롭게 하는 그날이 반드시 있을 것이다. 아!

> 道德, 原天也. 精神·心理之存於中者發於外, 踐行之於日用人事, 以至
> 至善者, 卽大道也, 正德也. 然所以感動之者, 不由天理之公, 而或涉於人
> 欲之私, 則流入功利之途矣, 非所謂原天之道德也. 盰我東亞聖賢經傳,
> 罔非道德書, 而散爲萬事, 故難見要領, 況新進科學之士乎? 且參攷歐西
> 道德之新說, 不惟背於於柏·康諸哲之本旨, 而謬以利己利他, 解道德者,

----

1 '공리功利의 사사로운 견해'(功利之私見)는 서구 사조의 영향을 받아 20세기 초 중국에서 유행하기 시작한 공리주의 윤리학설을 가리킨다. 전병훈은 신진 공리주의자들이 이기利己/이타利他, 애기愛己/애타愛他, 공덕公德/사덕私德 등의 대립개념으로 도덕을 설명하고 신·구 도덕을 양분하는 것에 반대하고, 동아시아 전통철학에 입각한 '원천도덕'과 '공공성의 윤리'를 천명한다. 그 과정에서 서구의 도덕철학을 재조명하여 동아시아 전통 도덕과의 접점을 찾았는데, 이는 동서양의 덕윤리(Virtue Ethics) 전통을 함께 부각하는 문맥이었다.

2 공덕公德/사덕私德의 논변은 양계초梁啓超가 『신민설新民說』에서 제안하여, 1900년대 초 중국 지식계에 큰 반향을 불러왔다. 변법운동의 실패로 일본에 망명했던 양계초는 곧바로 당시 일본을 풍미하고 있던 국가주의에 경도되었고, 요코하마에서 반월간 잡지 『신민총보新民叢報』를 발간했다. 그는 1902년 2월 창간호부터 1906년 1월호까지 『신민총보』에 『신민설』을 연재했는데, 이는 중국의 근대적 민족국가의 건설을 위한 계몽적 텍스트였다. 거기서 양계초는 중국인들이 근대국가의 국민으로 갖춰야 할 자격, 근대국가를 이룩할 수 있는 조건으로서 '근대적 도덕'을 역설했다. 그는 "다중을 이롭게 하는 게 새로운 공공의 덕"이라며, 공적인 영역 특히 '국가'와 같은 사회적 조직체(團體)에서 발휘되는 도덕으로 '공덕公德'을 강조했다. 반면 중국에 오래된 도덕은 자기 한 몸만을 닦는(獨善其身) 개별자의 덕으로 '사덕私德'에 치우칠 뿐 공덕은 거의 결여되었다고 주장했다.

3 '선성仙聖'은 신선과 성인이다. 혹은 전병훈의 문법으로 말하자면, 신선이자 성인의 경지에 이른 이른바 '겸성兼聖'이다.

即功利之私見, 不足與辨也. 最近愛己愛他之解, 雖若可取, 然其昧於原天之理則一也. 又況公德私德之訟案, 亦豈非專昧源天之理而誤解故耶! 此余所以不得已爰輯此編, 以俟宇內統一大同至治之世. 體天行道之英雄仙聖, 中天地而廓新之其必有日乎! 噫!

엮은이가 쓰다.

編者識.

제1장 하늘에서 근원하는 도덕
第一章 原天道德

첫 번째 도덕개화

第一番道德開化

『주역』에서 말했다. "건乾은 원元·형亨·이利·정貞하다. 하늘의 운행은 강건하니, 군자가 이를 본받아 스스로 강건하기를 쉬지 않는다."[4] 또한 말했다. "하늘의 도(乾道)가 변화하니, 만물이 각기 성명性命을 바르게 한다."[5]

『易』曰: 乾,元亨利貞. 天行健, 君子以自剛[6]不息. 又曰: 乾道變化, 各正性命.

『주역』에서 말했다. "땅의 형세가 곤坤이니, 군자가 이를 본받아 두터운

---

4   『주역·건괘乾卦·상전象傳』의 글이다.
5   『주역·건괘乾卦·단전彖傳』의 글이다.
6   『주역』의 원문은 '強'이다.

덕으로 만물을 싣는다."[7] "넓게 포용하고 크게 빛나서 만물이 다 형통하다."[8]

『易』曰: 地勢坤, 君子以厚德載物. 含弘廣大, 品物咸亨.

【안설】원 · 형 · 이 · 정은 천도의 큰 운행이 변화하여 드러난 것이다. '원'은 동쪽으로, 계절로는 봄이고, 사람에게는 간목肝木의 인仁이 된다. '형'은 남쪽으로, 계절로는 여름이고, 사람에게는 심화心火의 예禮가 된다. '이'는 서쪽으로, 계절로는 가을이고, 사람에게는 폐금肺金의 의義가 된다. '정'은 북쪽으로, 계절로는 겨울이고, 사람에게는 신수腎水의 지智가 된다.[9] 이는 곧 하늘의 도가 운행하여 사람에게 성명性命의 도가 된 것이다. 오직 토의 기운이 네 계절에 모두 깃들어서 왕성하니, 그러므로 위胃 · 토土 · 신信의 실제적 이치가 인 · 의 · 예 · 지 사덕四德 속에 담겨 있다.

하늘이 '근원의 도'(元道)로 [만물을] 낳아 변화시키고 땅이 '두터운 덕'(厚德)으로 [만물을] 생성하는 것이 명백하여 의심할 수 없다. 사람이 이런 도와 덕을 부여받아 사람이 되므로, 따라서 사람의 도덕이 곧 천지의 도덕이다. 네 계절에 만물이 나서 자라고 수확하고 저장하는(生長收藏) 것을 보건대, 역시 사단이 발동해서 효孝 · 제悌 · 충忠 · 신信이 되는 것과 같다. 그것을 일상에서 마땅히 행하는 길이 곧 '도'이다. 도를 행하여 몸에 젖어드는 것이 곧 '덕'이다. 한데 도덕은 세 등급으로 나눌 수 있으니,[10] 먼저 아래를 배워 위

---

7   『주역 · 곤괘坤卦 · 상전象傳』의 글이다.
8   『주역 · 곤괘坤卦 · 단전象傳』의 글로, 원문은 '含弘光大'인데 '含弘廣大'로 잘못 인용했다. 여기서는 『주역』 원문의 '含弘光大'에 따라 '넓게 포용하고 크게 빛난다'로 번역했는데, 혹은 이를 '포용하고 너그러우며 빛나고 위대하다'는 뜻으로 해석하기도 한다.
9   하늘의 운행은 계절의 변화를 부르며, 만물이 생기고 자라고 성취하고 거두게 한다. 그런데 이런 천도의 운행은 사람의 신체와 덕성에도 유사한 패턴으로 구현되어 있다. 예를 들어 '원'은 동쪽이며, 계절로는 봄이다. 사람의 신체에서는 간肝이고, 덕목으로는 어짊이 된다. 이와 같은 방식으로 원 · 형 · 이 · 정에 각기 상응하는 방위 · 계절 · 신체(臟器) · 덕성이 있다.
10 여기서 도덕의 삼품三品은 상 · 중 · 하 세 등급을 가리킨다. 노자는 일찍이 도를 듣고 행하는 사람의 자품을 상사上士, 중사中士, 하사下士로 나눠 분류한 바 있다.[『노자』 41장] 한나라의 동중서도 사람의 성품을 세 등급으로 나누었으며, 이후 왕충과 당나라의 한유 등이

에 도달해야 한다. 도에는 선과 악이 있는데, 내가 천명하는 것은 본성을 따르는 '하늘에서 근원하는 착한 도'(原天善道)요, 덕 역시 그와 같다. '덕'이란 모든 선이 모인 것으로, 곧 철리哲理이다.

秉薫【謹按】元亨利貞, 爲天道之大行易見者. 元爲東, 於時爲春, 於人爲肝木之仁. 亨爲南, 於時爲夏, 於人爲心火之禮. 利爲西, 於時爲秋, 於人爲肺金之義. 貞爲北, 於時爲冬, 於人爲腎水之智. 此乃天之道, 流行爲人性命之道者也. 惟土氣寄旺於四季, 故胃土信之實理, 寓在仁義禮智四德之中. 天以元道生化, 地以厚德生成者, 若是其明白無疑也. 人稟此道德以爲人, 故人之道德, 即天地之道德也. 觀夫四時之生長收藏, 亦猶四端之發爲孝悌忠信, 其日用當行之路者, 即道也. 行道而潤於身者, 即德也. 然道德可分爲三品, 要先下學而上達也. 道有善惡, 余所以闡明者, 乃率性之原天善道也, 德亦如之. 德者, 衆善之所聚也, 即哲理也.

『주역』에서 말했다. "대인은 천지와 그 덕을 합하고, 일월과 그 밝음을 합한다. 네 계절과 그 질서를 합하고, 귀신과 그 길흉을 합한다."[11] 또한 말했다. "밝은 것 둘이 일어나는 것이 리괘(☲)이니, 대인이 이로써 광명을 이어받아 사방을 비춘다."[12]

『易』曰: 大人者與天地合其德, 與日月合其明, 與四時合其序, 與鬼神合其吉凶. 又曰: 明兩作離, 大人以繼明照於四方.

【안설】 이는 성인의 도덕으로 가히 천지와 견주는 것이니, 높은 단계이다. 하지만 사람 누구나 배워서 그 본분을 능히 다하면 반드시 성스러운 지경에 이를 수 있으니, 학인이 또한 이것으로 덕을 증진하고 학업을 닦지 않으리

모두 '성삼품설'을 말했다.
11 『주역 · 문언전文言傳』의 글이다.
12 『주역 · 리괘離卦 · 상사象辭』의 글이다.

오.¹³ 만약 이런 목표가 너무 고원해서 이르기 어렵다고 말한다면, 도를 아는 자가 아니다. 모름지기 하늘이 네 계절을 운행하는 것을 관찰하여 도를 깨닫는 것이 좋다. 복희·황제·요·순·주공·공자, 그리고 우리 단군·기자 같은 성조聖祖의 덕이 천지를 표준으로 삼은 것이 아니겠는가?

【謹按】此是聖人之道德, 可與天地準者, 卽上級也. 然人皆可學而能盡其分, 則必到聖域矣. 學人盍亦以此立志而進修乎哉. 若或以謂高遠難到, 則非知道者, 史¹⁴[更]須觀天行四時而悟道可也. 羲·黃·堯·舜·周·孔, 與我檀·箕聖祖之德, 不是准極於天地者乎?

『예기』에서 말했다. "하늘은 사사로이 덮지 않고, 땅은 사사로이 싣지 않으며, 해와 달은 사사로이 비추지 않는다. 이 세 가지를 받들어 천하를 위해 힘써야 하니, 이를 '사사로움이 없는 세 가지'(三無私)라고 한다."¹⁵

『禮』曰: 天無私覆, 地無私載, 日月無私照. 奉斯三者以勞天下, 是謂三無私.

【안설】삼무사三無私를 체득하여 큰 공정함으로 천하를 다스리는 것을 '공덕公德'이라고 말할 수 있고, 임금의 도덕 철리라고 말할 수 있다. 하지만 반드시 성인이 된 연후에야 이를 할 수 있다. 학인은 반드시 지위에 얽매인 견해에 국한될 필요가 없으며 의당 삼무사로 마음을 비우고 뜻을 세워야 하니, 그러면 도덕이 날로 진보해서 큰 소임을 맡을 수 있다.

【謹按】體三無私而治天下以大公者, 可謂公德也, 可謂王者之道德哲理也. 然必聖人然後能之. 惟學人不必局以地位之見, 而當以三無私虛懷立志, 則道德惟日進步而可當大任矣.

13　'進修'는 進德修業의 줄임말이다. '덕을 증진하고 학업을 닦는다'는 뜻으로, 통상 '덕업을 닦는다'라고도 한다. 『주역·건괘乾卦·문언전文言傳』의 다음 구절에서 유래했다. "子曰 '君子進德修業. 忠信, 所以進德也. 修辭立其誠, 所以居業也.'"

14　'史'는 '更'의 통가자通假字로 추정된다.

15　『예기·공자한거孔子閒居』의 글이다.

제2장 하늘을 본받은 도덕 사업
第二章 體天道德事業

『주역』에서 말했다. "한 번 음陰이 되고 한 번 양陽이 되는 것을 일러 '도'라고 한다. 이를 이어받은 것이 선善이요, 이를 이룬 것이 성性이다. 어진 자는 이를 보고 어질다고 하며, 지혜로운 자는 이를 보고 지혜롭다고 한다. 백성들이 매일 쓰면서도 알지 못하니, 그러므로 군자의 도가 드물다."[16]

『易』曰: 一陰一陽之謂道. 繼之者善也, 成之者性也. 仁者見之謂之仁, 知者見之謂之知, 百姓日用而不知, 故君子之道鮮矣.

"그러므로 형이상자形而上者를 도道라고 하고, 형이하자形而下者를 기器라고 한다. [모양이나 성질을] 바꾸어 재단하는 것을 '변變'이라고 하고, 추진해서 행하는 것을 '통通'이라고 한다. 일을 일으켜 천하의 백성에게 시행하는 것을 '사업事業'이라고 한다."[17]

---

16 『주역 · 계사전』의 글이다.
17 『주역 · 계사전』의 글이다.

是故形而上者謂之道, 形而下者謂之器, 化而裁之謂之變, 推而行之謂之
通, 擧而措之天下之民, 謂之事業.

【안설】 이는 사람의 도가 천지·음양의 이치에서 나왔음을 말한다. 그렇지
만 사람이 큰 근원을 훤하게 꿰뚫어 보지 못한다면 천지의 도덕이 모두 내
몸에 있음을 인식하지 못하니, 물고기가 물속에 있으면서도 물을 모르는 것
과 같다. 오직 나면서부터 아는(生而知之) 성인이 형이상의 천리가 형이하의
사물(器) 가운데 두루 갖춰져 있음을 알아서(사람의 몸은 형이하의 것이고,
국가·부자父子·형제·부부·친구가 모두 사물이다.) 떳떳한 준칙으로 제
재하고 가르치니, 효제·충신·예의·염치의 조목을 밝게 나열하여 인민의
도덕의무로 삼은 것이 이것이다. 이는 선각자의 사업이니, 학인들이 여기서
도덕 진리를 깨달아 불현듯 스스로 체득할 수 있다.
【謹按】 此言人道出於天地陰陽之理, 而人不能洞見大源, 則不識天地之
道德俱在於我身, 猶魚在水中而不知水也. 惟生知之聖, 能知形上之天
理備具於形下器中(人身, 形下者, 而國家與父子兄弟夫婦朋友皆器.)而
裁制以彝則而敎之, 孝悌忠信禮義廉恥之條明布列, 以爲人民之道德義
務者是也. 此爲先覺者之事業, 學人於斯, 可悟道德眞理, 恍然自得矣.

『상서』에서 말했다. "[백성의] 덕을 바르게 하고, [백성이] 편리하게 쓰도록
하고, [백성의] 살림을 윤택하게 한다."[18] 두 번째 도덕진화이다.

『書』曰: 正德利用厚生. 第二番道德進化.

【안설】 복희가 괘卦를 그리고 가르침을 베푸니 이로써 인문人文이 열렸다. 하
지만 아직 몽매한 시대라 '도덕'이라고 할 만한 무엇이 있었겠는가? 오직 그

---

18 『상서·대우모大禹謨』의 글이다.

지력智力이 남보다 뛰어난 자들이 자연스럽게 부락의 추장이 되어 민중을 다스렸음이 틀림없다. 이로부터 성인이 창의적 지혜(創智)와 신묘한 식견(神見)을 처음 내어 사물을 열어 주고 일을 이뤄[19] 점차 국가를 만들었다.

　신농이 백성에게 농사를 가르치고 황제가 기물을 제작하니, 모두 백성의 이용후생利用厚生을 앞장서서 이끌었다.[20] 그들이 덕을 바로잡아 하늘의 질서(天秩)를 베풀어 밝히니, 이로써 대세의 방향(趨向)[21]을 바르게 하고, 이로써 성품을 닦으며, 이로써 직분을 지키게 되었다. 하늘을 본받은 도덕의 이치가 이로부터 비로소 점차 밝아졌으니, 동한東韓의 단군·기자·동명이 제작한 것도 역시 이와 같았다.

【謹按】伏羲畫卦設敎, 以開人文. 然尙草昧時代, 有何道德可名哉? 惟其有智力過人者, 自爲部落之酋長, 以統御民衆必矣. 於是聖人首出創智神見, 開物成務, 漸成邦國. 神農之敎民稼穡, 黃帝之制作器用, 皆爲前民之利用厚生. 其正德則敍明天秩, 以正趨向, 以修性分, 以守職分者, 卽體天道德之理, 於是乎始乃漸明, 東韓之檀·箕·東明制作, 亦猶是也.

『요전堯典』[22]에서 말했다. "크나큰 덕을 잘 밝힐 수 있어야 한다."

『堯典』曰: 克明峻德.

19　'개물성무開物成務'는 『주역』 「계사상繫辭上」에서 "역易이란 사물을 열어 주고 일을 이루어 천하의 모든 도를 포괄한다(夫易, 開物成務, 冒天下之道)"고 한 데서 유래하여, 점(卜筮)을 쳐서 사물의 숨은 의미를 알아내고 일을 성취시키는 것을 가리켰다. 훗날 굳이 점을 치지 않더라도 '만물의 이치를 깨달아 세상의 일을 이룬다'는 의미로 사용되었다.

20　'전민前民'은 백성을 앞장서서 이끈다(先導)는 뜻으로, 『주역』 「계사상」의 "是以明於天之道, 而察於民之故, 是興神物以前民用"에서 유래했다. 강유위康有爲가 『大同書』(신부辛部 제24장)에서 "所獎勵者惟智與仁而已. 智以開物成務, 利用前民, 仁以博施濟衆, 愛人利物"이라고 했고, 양계초梁啓超도 『論學術之勢力左右世界』에서 "凡我等今日所衣所食所用所乘所聞所見, 一切利用前民之事物, 安有不自學術來者耶"라고 했는데, 전병훈이 말하는 '皆爲前民之利用厚生'도 일맥상통한다.

21　'추향趨向'은 일이나 형편의 대세가 흐르는 방향을 말한다.

22　『요전堯典』은 『상서』의 한 편장이다.

【안설】공자가 말했다. "위대하여라! 요堯의 임금 되심이여. 높고 크도다! 오직 하늘이 위대하거늘 오로지 요가 이를 본받았으니, [그 덕이] 넓고 넓어 백성들이 무어라고 이름할 수 없었도다. 우禹는 천하를 가지고도 간여하지 않았네."²³ 요순이 도덕을 행한 것이 하늘과 같이 광대함을 볼 수 있다.

【謹按】孔子曰: 大哉堯之爲君也. 巍巍乎惟天爲大, 惟堯則之. 蕩蕩乎民無能名焉. 禹之有天下而不與焉. 可以見堯舜之行道德, 與天同其廣大也.

순舜이 기夔에게 어린애들을 가르치도록 명해 말했다. "곧으면서도 온화하고, 너그러우면서도 근엄하고, 굳세면서도 사납지 않고, 대범하면서도 오만하지 않아야 한다." 설髙에게 명해 말했다. "백성들이 친목하지 않고 오품五品²⁴이 순하지 않으므로 너를 사도司徒²⁵로 삼으니, 조심해서 다섯 가르침(五敎)²⁶을 펴되 너그럽게 하라."²⁷

舜命夔敎胄子曰: 直而溫, 寬而栗, 剛而無虐, 簡而無傲. 命髙曰: 百姓不親, 五品不遜. 汝作司徒, 敬敷五敎, 在寬.

【안설】이는 하늘이 부여한 인륜의 조목으로 백성을 가르친 것이다. 곧 부자 간에 친애가 있고(父子有親), 군신 간에 의리가 있고(君臣有義), 부부간에 분별이 있고(夫婦有別), 어른과 어린이 간에 질서가 있고(長幼有序), 친구 간에 믿음이 있다(朋友有信)는 것으로, 이는 바로 사람이 날 때부터 지니는 천리天理이

---

23 『논어 · 태백泰伯』의 글이다.
24 '오품五品'은 부자父子, 군신君臣, 부부夫婦, 장유長幼, 붕우朋友 사이에 지켜야 할 오상五常의 윤리덕목을 가리킨다.
25 '사도司徒'는 중국 고대의 관직명으로 순임금 때 교화를 주로 담당했다고 전한다. 주나라 때는 교육 외에도 호구戶口 · 전토田土 · 재화財貨까지 그 직능이 확장되었다.
26 '오교五敎'란 아버지는 바르고(父義), 어머니는 자애롭고(母慈), 형은 우애롭고(兄友), 아우는 공경하고(弟恭), 자식은 효도하는(子孝) 다섯 가지 윤리적 가르침이다.
27 『상서 · 순전舜典』의 글이다.

다. 지금 이 조목을 밝히고 인류를 순서대로 배열하여, 자신을 수양하고(修身) 서로 평안하게 지내는(相安) 도를 삼을 따름이다. 이로부터 사회 보통의 도덕[28]이 비로소 명확히 드러났다.

【謹按】 此敎民以天敍人倫之條目也. 卽父子有親, 君臣有義, 夫婦有別, 長幼有序, 朋友有信, 是乃人生帶來之天理也. 今此條明而序列人類, 以爲修身相安之道耳. 從此而社會普通之道德, 始克闡明.

고요皐陶가 말했다. "너그럽되 엄격하고, 부드럽되 꼿꼿하고, 질박하되 공손하고, 잘 다스리되 경외하고, 유순하되 과감하고, 강직하되 따듯하고, 간결하되 치밀하고, 강건하되 독실하고, 굳세되 정의롭다."[29]

皐陶曰: 寬而栗, 柔而立, 愿[30]而恭, 亂而敬, 擾而毅, 直而温, 簡而廉, 剛而塞, 彊而毅.

【안설】 이는 아홉가지 덕(九德)의 조목으로, 수신修身의 도덕이 진화한 것이라고 말할 수 있다.

【謹按】 此是九德之條目, 可謂修身之道德進化者也.

우禹가 말했다. "도리를 따르면 길吉하고 도리를 거스르면 흉凶하니, 그림자나 메아리 같다."[31]

---

28 '사회 보통의 도덕(社會普通之道德)'은 앞서 말한 '성인의 도덕(聖人之道德)'과 대비된다. 전병훈의 문맥에서 '성인의 도덕'이 천지와 견줄 수 있는 최상급의 도덕이라면, '사회 보통의 도덕'은 사회 일반에 널리 통용되는 차등次等의 도덕이라고 할 수 있다. 즉 사회 일반의 보편 도덕을 가리킨다. 그렇다고 특별한 자질과 능력을 가진 소수에게만 최상의 도덕이 허용되는 것은 아니다. 전병훈은 "사람이 누구나 배워서 그 본분을 다하면 반드시 성스러운 지경에 이를 수 있다"고 언명한다.

29 『상서·고요모皐陶謨』에 보인다.

30 국중본에는 '願'으로 되어 있다. '願'은 '愿'의 본자이다.

禹曰: 惠迪吉, 從逆凶, 惟影響.

【안설】우禹가 자기를 돌보지 않고 물과 땅을 다스려 민생을 안정시키니, 만
세토록 길이 [그의] 도움을 받았다. 이야말로 하늘을 본받은 도덕이 천지와
같이 광대한 것이 아니겠는가?

【謹按】禹以菲薄自奉而平水土, 以奠民生, 萬世永賴. 此非體天之道德與
天地同其廣大者乎?

『상서』에서 말했다. "탕은 성스러움과 경건함이 날로 진전했다."[32] (이는
성인의 덕이 날로 새로워짐을 말한다.)

『書』云: 湯, 聖敬日躋. (此言聖人之德日新也.)

『시경』에서 말했다. "우리 문왕은 [매사에] 조심조심하셨네. 상제上帝를 밝
게 섬겨 많은 복을 누리셨고, 그 덕이 어긋나지 않았네."[33]

『詩』曰: 惟此文王, 小心翼翼. 昭事上帝, 聿懷多福. 厥德不回.

【안설】공자가 말했다. "[문왕은] 천하를 삼분하여 그 둘을 가졌는데도 복종
하여 은나라를 섬겼으니, 주나라의 덕이야말로 지극한 덕이라 일컬을 만하

---

31 『상서·대우모大禹謨』에 보인다. 마치 그림자가 형체를 반영反影하고 메아리가 소리를 반
  향反響하듯이, 도리를 따르거나 거스르는 결과로 인생의 길흉이 정해진다는 뜻이다.
32 이는 『상서』가 아니라, 『시경·상송商頌·장발長發』에 보인다. 원문은 "湯降不遲, 聖敬日躋"
  이다.
33 『시경·대아大雅·문왕지십文王之什』의 글로, 원문은 "維此文王, 小心翼翼. 昭事上帝, 聿懷多
  福. 厥德不回, 以受方國."이다. 『시경』 원문의 '維此文王'을 본문에서 '惟此文王'으로 인용했는
  데, '惟'는 '維'와 통용된다.

다."[34] 『시경』에서 말했다. "뛰어난 많은 인재여, 문왕도 이로써 평안하리."
"문왕이 [하늘을] 오르내리며 상제의 좌우에 계시네."[35] 여기서 문왕의 덕이
하늘과 같이 광대함을 볼 수 있다.

【謹按】孔子曰: 三分天下有其二以服事殷, 周之德可謂至德也. 『詩』云:
濟濟多士, 文王以寧. 文王陟降, 在帝左右. 此可以見文王之德與天同廣
大也.

위에서 삼대三代 전에 백성의 윗사람이 된 자의 도덕을 간략히 서술했다.
그때 윗자리에 있던 성인은 대부분 임금과 스승의 책무를 아울러 행하여, 임
금으로서 다스리고 스승으로서 가르쳤다. 근세에 비로소 정치와 교육이 나
뉜 것과는 다르며, 따라서 이를 뒤섞어 말했다. 대체로 순박했던 세상을 보
면, 어짊을 실천하고 하늘을 본받는 도덕을 실제로 경험한 사람들이 이처럼
융성했다. 학인들이 할 수 있는 것이지만, 이상을 말하는 사람과 동일한 차
원에서 논할 수는 없다.

> 以上畧敍三代以上爲民上者之道德. 蓋其時在上之聖人, 多而兼行君師
> 之責, 君以治之, 師以敎之. 非若近世之始分政敎者也, 故混而言之. 槪以
> 見醇朴之世, 肫仁體天之道德, 實爲經驗者, 如此其盛也. 學人可以爲的,
> 而不可與理想立言者同一論也.

기자箕子가 『홍범洪範』에서 [말했다.] "오사五事란 용모가 공손하여 엄숙하
고, 말은 이치에 따라 바르고, 보는 것은 눈 밝아 명철하고, 듣는 것은 귀 밝
아 꾀를 내고, 생각은 슬기로워 성스러운 것을 일컫는다.[36] '삼덕三德'은 정직

---

34 『논어·태백泰伯』의 글이다.
35 『시경·대아·문왕지십』의 글이다.

함(正直)을 일컫고, 강함(剛克)을 일컫고, 부드러움(柔克)을 일컫는다. '오복五福'은 장수함(壽)을 일컫고, 부유함(富)을 일컫고, 강녕함(康寧)을 일컫고, 덕을 좋아함(攸好德)을 일컫고, 제 명대로 살다가 죽음(考終命)을 일컫는다."

> 箕子 『洪範』: 五事曰貌恭爲肅, 言從爲義, 視明爲哲, 聽聰爲謀, 思睿爲聖. 三德曰正直 · 曰剛克 · 曰柔克. 五福曰壽 · 曰富 · 曰康寧 · 曰攸好德 · 曰考終命.

['육극六極'은 흉하게 죽거나 요절함(凶短折)을 일컫고, 병듦(疾)을 일컫고, 걱정함(憂)을 일컫고, 가난함(貧)을 일컫고, 악독함(惡)을 일컫고, 나약함(弱)을 일컫는다.]

> (六極曰凶短折 · 曰疾 · 曰憂 · 曰貧 · 曰惡 · 曰弱.)

【안설】기자는 겸성兼聖이다. 「홍범」으로 무왕을 가르치고, 조선에 가르침을 베푼 데 더해 팔조八條로 백성을 교화하여 아름다운 풍속을 이뤘다. 나라가 비록 여러 차례 바뀌었다고는 하나, 그 인민이 지금까지 오히려 그 덕스러운 가르침(德敎)에 젖어 있다. 부모를 섬김에 효도를 다하고, 나라를 섬김에 충성을 다하고(순국한 자가 많다), 부부간에 분별이 있다. 아주 엄숙하고 경건하게 어른을 섬기고, 믿음으로 교제하고, 관혼상제에는 예의를 다 준수한다. 비록 범부와 천민이라도 3년상喪의 장제葬制를 이행치 않는 자가 없다. 천하에서 없어진 것도 이를 홀로 시행하여 지금에 이른다. 이 어찌 성인 기자의 하늘을 본받은 철리 · 도덕의 교화가 오래도록 변치 않는 것이 아니겠는가? 아! 지극하도다. 성인이 지나가는 곳마다 교화가 일어나고 머무는 곳마다 신묘하게 감화시켜[37] 단군 성조의 겸성兼聖에 견줄 수 있으며, 언설은

---

36 『상서』 「홍범洪範」에서 기자箕子가 말한 '오사五事'의 내용을 전병훈이 재구성해서 진술했다. 「홍범」 원문은 다음과 같다. "五事: 一曰貌, 二曰言, 三曰視, 四曰聽, 五曰思. 貌曰恭, 言曰從, 視曰明, 聽曰聰, 思曰睿. 恭作肅, 終作義, 明作哲, 聽作謀, 睿作聖."

아주 조리가 분명하다.

【謹按】箕子兼聖也. 以洪範教武王, 而以此設教朝鮮, 加以八條化民成
俗. 邦國雖云屢遷, 而其人民至今猶涵濡於其德教. 事親極其孝, 事君盡
其忠(殉國者多), 內外有別. 極其嚴敬於事長, 信於交際, 以至冠婚喪祭,
悉遵儀禮. 雖擡夫隷賤, 莫不踐行三年喪之制者. 天下之所無有, 而獨行
之到今, 則玆豈非箕聖之體天哲理道德之化, 久而不渝者乎? 烏乎! 至
哉. 聖人之過化存神, 可配檀祖之兼聖, 而言甚條明耳.

이윤伊尹이 말했다. "하늘의 밝은 명령을 늘 돌아보고 살펴라."³⁸ "검약의
덕을 지켜서 먼 미래를 도모하라."³⁹ "덕이 순일하면 움직임에 불길함이 없
고, 덕이 두셋으로 갈리면 움직임에 흉하지 않음이 없다. 길함과 흉함(吉凶)
은 한치의 착오 없이 사람에게 달려 있고, 하늘이 내리는 재앙과 복됨(災祥)
은 덕에 달려 있다."⁴⁰ 또한 말했다. "사랑은 부모로부터 확립하고, 공경은
어른으로부터 확립하여, 집안과 나라에서 시작해서 온 세상에서 마친다."⁴¹
"하늘은 친애하는 자가 없어 능히 공경해 주는 사람을 친애하며, 백성은 항
상 따르는 자가 없어 어진 사람을 따르며, 귀신은 항상 흠향받는 자가 없어
능히 정성스러운 사람의 흠향을 받는다."⁴² [이윤이] 몸소 탕과 함께하여 모
두 순일한 덕이 있었다."⁴³

---

37 '과화존신過化存神'은 '성인이 지나는 곳마다 교화를 일으키고, 머무는 곳마다 신묘한 감화
   를 일으킨다'는 뜻의 성어이다. 『맹자』 「진심盡心上」의 "夫君子所過者化, 所存者神"에서 유래
   했다.
38 『상서·상서商書』 「태갑太甲」에 보인다. 원문은 "顧諟天之明命"으로, 본문의 '시是'는 '체諟'
   를 잘못 표기한 것이다.
39 『상서』 「태갑상太甲上」에 보인다.
40 『상서』 「함유일덕咸有一德」에 보인다.
41 『상서』 「이훈伊訓」에 보인다.
42 『상서』 「태갑하太甲下」에 보인다.

伊尹曰: "顧諟[諟]天之明命." "愼乃儉德, 惟懷永圖." 又曰: "德惟一, 動罔
不吉. 德二三, 動罔不凶. 惟吉凶不僭在人, 惟天降災祥在德." 又曰: "立
愛惟親, 立敬惟長. 始于家邦, 終于四海." "惟天無親, 克敬惟親. 民罔常
懷, 懷于有仁. 鬼神無常享, 享于克誠." 曰 "躬及湯, 咸有一德."

【안설】 맹자가 이윤을 일컬어 '성인 가운데 책임을 다하는 자'[44]라고 하였다.
하지만 지금 이런 도덕의 지극한 이론으로 보건대, 하늘이 내린 통성通聖[45]
이라고 할 수 있다. 어찌 단지 그를 '임성任聖'[46]으로만 칭하겠는가. "사랑은
부모로부터 확립한다"고 처음 말하여 도덕의 정신과 행동으로 삼았다.

【謹按】 孟子稱伊尹以聖之任者. 然今以此道德至理論, 則可謂天縱之通
聖也. 奚但稱之以任聖而已哉. 始言立愛惟親, 爲道德之精神也, 行動也.

주공周公이 말했다. "군자는 안일하지 말아야 한다. 먼저 농사일의 고됨을
알고 안락을 누린다면, 서민이 의지하는 것(서민이 의지해 생업으로 삼는 것을
말한다)을 알 수 있다."[47] "사도司徒에게 명하여 향교에서 '삼물三物'로 만백성
을 가르치고 인재를 태학에 천거(賓興)[48]했다. [삼물의] 첫 번째는 '육덕六德'으
로 지知·인仁·성聖·의義·충忠·화和이다. 두 번째는 '육행六行'으로 효孝·
우友·목睦·인媚·임任·휼恤이다.[49] 세 번째는 '육예六藝'로 예禮·악樂·사

---

43   『상서』「함유일덕咸有一德」에 보인다.
44   『맹자』「만장하萬章下」에 보인다. 맹자가 백이伯夷를 '성인 가운데 청렴한 자'(聖之淸者), 이
     윤伊尹을 '성인 가운데 책임을 다하는 자'(聖之任者), 유하혜柳下惠를 '성인 가운데 화합을 잘
     하는 자'(聖之和者), 공자孔子를 '성인 가운데 때를 잘 아는 자'(聖之時者)로 각각 칭한 데서 유
     래했다.
45   '통성通聖'은 이치와 도덕에 훤히 통달한 성인이라는 뜻이다.
46   '임성任聖'은 '성인 가운데 책임을 다하는 자'(聖之任者)라는 뜻에서 이윤의 별칭이 되었다.
47   『상서·무일無逸』의 글이다.
48   '빈흥賓興'은 주나라에서 향촌의 인재를 태학太學에 천거하던 제도이다.
49   '육행六行'은 가까운 데서 먼 곳으로 확충하는 6가지 도덕행위이다. 부모에게 효도하고(孝),

射・어御・서書・수數이다.⁵⁰"(세 번째 도덕진화이다.)

> 周公曰: 君子所其無逸. 先知稼穡之艱難, 乃逸, 則知小人之依(言小民所恃
> 而爲生者也). 命司徒, 以鄕三物敎萬民, 以⁵¹[而]賓興之. 一曰六德: 智・
> 仁・聖・義・忠・和. 二曰六行. 孝・友・睦・婣・任・恤. 三曰六藝. 禮・
> 樂・射・御・書・數. (第三番道德進化.)

【안설】주공이 예악을 제정하여 삼대三代의 정치제도가 주나라에 이르러 크
게 정비되었다. 각급 학교 보통교육⁵²의 법 역시 덕행과 도예道藝를 위주로
하고, 한 사람도 가르치지 않음이 없었다. 이것은 교육 조목(敎條)의 강령
이다.

【謹按】周公制禮作樂, 三代之治制, 至周大備. 庠序學校, 普通敎育之法,
亦以德行道藝爲主, 無一民不敎. 此蓋敎條之綱領也.

『예기』「대학」편에서 말했다. "대학의 도는 밝은 덕을 밝히는 데 있고, 백
성을 새롭게 하는(新民) 데 있으며, 지극한 선에 머무는 데 있다." 옛날에 천
하의 밝은 덕을 밝히려는 자는, 먼저 그 나라를 다스렸다. 그 나라를 다스리
려는 자는, 먼저 그 집안을 가지런히 했다. 그 집안을 가지런히 하려는 자는,

형제 간에 우애하고(友), 친척 간에 화목하고(睦), 외가친척 간에 화목하고(婣), 친구 간에
믿고(任), 가난한 사람을 구휼(恤)하는 것이다.

50 '육예六藝'는 주나라에서 행해지던 6가지 교육과목으로 예의(禮), 음악(樂), 궁술(射), 말몰
이(御), 글쓰기(書), 수학(數)이다. 『주례周禮・천관天官・대사도大司徒』에 보인다.

51 『주례』「대사도」원문에는 '以'가 '而'로 되어 있다. 문맥상 『주례』 원문을 따른다.

52 '보통교육'은 모든 사람에게 공통으로 시행하는 일반적이고 기초적인 교육으로, 통상 전문
교육이나 고등교육과 대비되는 근대 교육의 한 형태를 가리킨다. 우리나라에서는 대한제
국의 광무개혁光武改革(1877~1904) 때부터 '보통교육' 제도의 확립 및 진흥을 도모했다. 그
런데 전병훈은 동아시아에서 주공 때 이미 '한 사람도 가르치지 않음이 없는'(無一民不敎)
보통교육을 향교에서 시행했다고 보았으며, 다음 구절에서는 『대학』의 과정을 이와 대비
되는 '고등교육'으로 칭하였다.

먼저 그 몸을 닦았다. 그 몸을 닦으려는 자는, 먼저 그 마음을 바로잡았다. 그 마음을 바로잡으려는 자는, 먼저 그 뜻을 정성스럽게 했다. 그 뜻을 정성스럽게 하려는 자는, 먼저 그 앎을 추구했다. 앎을 추구하는 것은 사물의 이치를 연구하는 데에 있다. 천자에서 서민에 이르기까지, 한결같이 모두 수신修身을 근본으로 했다.

『禮記·大學』篇曰: 大學之道, 在明明德, 在新民, 在止於至善. 古之欲明明德於天下者, 先治其國. 欲治其國者, 先齊其家. 欲齊其家者, 先修其身. 欲修其身者, 先正其心. 欲正其心者, 先誠其意. 欲誠其意者, 先致其知. 致知在格物. 自天子以至於庶人, 一是皆以修身爲本.

【안설】 이는 고등교육의 이념이다. 가정·국가·천하로부터 수신修身으로 중점이 귀결된다. 또한 사물의 이치를 연구하고(格物), 앎을 추구하고(致知), 뜻을 정성스럽게 하고(誠意), 마음을 바로잡는(正心) 것으로 수신의 근본을 삼는다. 이는 대개 요·순 이래로 경험했던 덕스러운 가르침(德敎)이 주대에 이르러 크게 행해진 것인가? 혹은 주공과 공자가 옛 전승을 서로 이어서 가르친 것인가? 실로 하늘에서 근원하는 도덕의 학술이다.

【謹按】 此是高等敎育之主義. 自家國天下, 歸重於修身, 而以格致誠正爲修身之本. 此蓋唐虞以來, 經驗爲德敎者, 至周而大行歟? 意或周孔相承古傳, 而爲敎者耶? 誠原天道德之學也.

소공召公이 무왕武王에게 고해 말했다. "밝은 왕은 덕을 삼간다. 덕이 왕성하면 남을 업신여기지 않는다. 귀와 눈의 부림을 받지 않는다. 모든 법도를 바르게 하라. 이른 아침부터 밤늦게까지 잠깐이라도 부지런하지 않을 수 없다. 작은 행실을 삼가지 않으면 끝내 큰 덕에 누를 끼친다. 아홉 길(仞) 높이의 산을 만드는데 한 삼태기 흙이 모자라 공이 무너진다."[53]

召公告武王曰: 明王愼德, 德盛不狎侮. 不役耳目. 百度惟貞. 夙夜罔或不勤. 不矜細行, 終累大德. 爲山九仞, 功虧一簣.

『상서』에서 말했다. "완악頑惡한 사람에게 성내고 미워하지 말며, 한 필부에게 다 갖추길 바라지 말라. 반드시 인내해야 성공할 것이고, 포용해야 덕이 커질 것이다."**54**

『書』曰: 無忿疾于頑, 無求備于一夫. 必有忍其乃有濟, 有容德乃大.

【안설】 삼대에 군주를 보좌했던 어진 신하(碩輔)의 도덕 언행이 역사책에 찬연한 것을 일일이 헤아릴 수 없지만, 이것이 그 대략이다. 하지만 모두 실행해서 경험한 철리·도덕이요, 빈말의 이상적 비유가 아니다.
【謹按】 三代碩輔之道德言行, 燦然史冊者, 不能枚擧, 此其大略也. 然皆是實行經驗之哲理道德, 非空言理想之比也.

53　『상서·주서周書』에서 조각조각 모은 글이다.
54　『상서·주서』 '군진君陳'에서 가져온 글이다.

제3장 사유[55] 도덕

第三章 師儒道德

네 번째는 아래의 도덕진화이다.

第四番在下道德進化.

공자가 말했다. "도道에 뜻을 두고, 덕德에 근거하고, 인仁에 의지하고, 예藝에서 노닐고, 음악(樂)으로 완성한다."[56] 또한 말했다. "널리 뭇 사람을 사랑

---

55 '사師'와 '유儒'는 본래 주나라 초기에 교육을 담당하던 관직명이었다. 『주례周礼・천관天官・대재大宰』에 "師, 以賢得民. … 儒, 以道得民"이라는 구절이 보인다. 정현鄭玄의 주석에 따르면 "사師는 제후 사씨師氏이며 덕행으로 백성을 가르쳤고, 유儒는 제후 보씨保氏이며 육예六藝로 백성을 가르쳤다."(師, 諸侯師氏, 有德行以敎民者. 儒, 諸侯保氏, 有六藝以敎民者.) 한편 정현은 『주례・지관地官・대사도大司徒』의 주석글에서 "사유師儒는 마을에서 도예道藝를 가르치던 교사"(師儒, 鄕裏敎以道藝者)라고도 한다. '사'가 도덕 정신 부분의 스승이라면 '유'는 그보다 조금 낮은 직급으로서 행위 범절을 가르치는 기능교육자였다는 평가(김충렬, 『한국유학사상1』, 중천김충열전집8, 원주시, 2021, 38쪽)도 있다. 춘추전국의 혼란기가 도래하자 관학으로서의 '사유'는 붕괴되고, 공자의 도를 숭상하면서 그 도를 실현코자 했던 사람들이 '사유'의 직능을 이어받았다. 이로부터 '사유'가 남의 스승이 될 만한 유학자를 통칭하게 되었는데, 전병훈은 공자부터 맹자에 이르는 원시 유가의 출현을 이런 사유에 의한 도덕진화의 한 단계로 구분한다.

56 "志於道, 據於德, 依於仁, 游於藝"는 『논어論語・이인里仁』의 글이다. "成於樂"은 『논어・태백

하되 어진 사람을 더욱 가까이하라."**57** 또한 말했다. "즐거움이 그 가운데 있다."**58** 또한 말했다. "어질구나, 안회여! 그 즐거움을 고치지 않는구나."**59**

孔子曰"志於道, 據於德, 依於仁, 游於藝, 成於樂." 又曰"汎愛衆而親仁."
又曰"樂在其中." 又曰"賢哉回也, 不改其樂."

【안설】 이는 성인이 가르침을 세우고, 학문을 순서대로 하는 일로 사람을 가르친 것이다. 실로 '오늘 도에 뜻을 두고 내일 덕에 근거함'을 말하는 것은 아니다.**60** 그래도 이것이 제2급 보통학普通學 도덕의 초급이 된다. 널리 사람을 사랑하고(愛衆) 천명을 즐기는(樂天) 뜻은 또한 도덕의 극치이다.

【謹按】 此聖人立教, 教人以爲學次第事也. 實非今日志道, 明日據德之謂也. 然此可爲第二級普通學道德之初級, 而愛衆 · 樂天之意, 則亦道德之極致也.

『시경』에서 말했다. "하늘이 만백성을 낳으니, 사물이 있으면 법칙이 있다. 백성이 타고난 천성을 지키니 아름다운 덕을 좋아하네."**61** 공자가 말했다. "이 시를 지은 사람은 도를 알았던 것이다! 그래서 사물이 있으면 반드시 법칙이 있으며, 백성이 타고난 천성을 지키기 때문에 아름다운 덕을 좋아하

泰伯』의 구절로 본래 "興於詩, 立於禮, 成於樂"의 일부이다.

57 『논어 · 학이學而』의 글이다.

58 『논어 · 술이述而』의 "飯疏食飮水, 曲肱而枕之, 樂亦在其中矣."에서 가져왔다. 거친 밥 먹고 물 마시며 팔베개를 하고 자는데, 즐거움이 또한 그 가운데 있다는 뜻이다.

59 『논어 · 옹야雍也』의 "賢哉回也! 一簞食, 一瓢飮, 在陋巷, 人不堪其憂, 回也不改其樂. 賢哉回也." 에서 가져왔다. 거친 음식과 누추한 거처를 사람들 누구나 근심하는데, 안회顔回는 한결같은 내면의 즐거움을 잃지 않으니 어질다고 공자가 칭송하는 구절이다.

60 공자가 말한 '도에 뜻을 두기'(志於道) '덕에 근거하기'(據於德) 등은 학문이 심화하는 개략적인 순차에 관한 것이지, 오늘 한 과정을 마치고 내일 다음 과정으로 넘어가는 식의 단계별 순서를 언명한 것이 아니라는 문맥이다.

61 『시경 · 대아大雅 · 탕지십蕩之什』의 글이다.

는 것이다."⁶²

『詩』曰 "天生烝民, 有物有則. 民之秉彝, 好是懿德." 孔子曰 "爲此詩者,
其知道乎! 故有物, 必有則, 民之秉彝也, 故好是懿德."

【안설】 이는 보통사람의 성품과 행실을 말한다. 귀와 눈이 있으면 귀 밝고
(聰) 눈 밝은(明) 덕이 있고, 부모와 자식이 있으면 자애(慈)와 효도(孝)의 마
음이 있으니, 사람의 성품이 모두 선함을 볼 수 있다. 역시 도덕의 제2급이
라고 말할 수 있다.
【謹按】 此言普通人之性行. 有耳目則有聰明之德, 有父子則有慈孝之心,
可見人性之皆善也, 亦可謂道德之第二級也.

공자가 말했다. "내 도는 하나로 꿰어져 있다." 증자曾子가 이를 해석해 말
했다. "선생의 도는 충서忠恕일 따름이다."⁶³ 『중용』에서 말했다. "충서가 도
에서 멀지 않다. 자기에게 행해지기를 원치 않는 것을 또한 남에게 행하지
말라." 자공子貢이 종신토록 행할 것을 묻자 공자가 "그것은 서恕이다!"라고
말했다. [공자가] 말했다. "말이 진실하고 미더우며 행실이 돈독하고 공경스
러우면, 비록 만蠻·맥貊의 나라라도 행해질 것이다. 말이 진실하고 미덥지
않으며 행실이 돈독하고 공경스럽지 않다면, 비록 작은 고을이라도 행해지
겠는가?"⁶⁴ 또한 말했다. "군자에게 아홉 가지 생각(九思)이 있다. 볼 때는 밝
게 보고자 생각하고, 들을 때는 밝게 듣고자 생각하고, 얼굴빛은 온화하고자
생각하고, 모습은 공손하고자 생각하고, 말은 진실하고자 생각하고, 일은 공

---

62   『맹자·고자상告子上』의 글이다.
63   『논어·이인里仁』에 보이는 내용이다.
64   『논어·위령공衛靈公』에 보인다.

경하고자 생각하고, 의심스러우면 묻고자 생각하고, 분忿하면 나중의 환난을 생각하고, 이득을 보면 정의로운가를 생각하라."**65**

孔子曰 "吾道一以貫之." 曾子解之曰 "夫子之道, 忠恕而已." 『中庸』曰 "忠恕違道不遠. 施諸己而不願, 亦勿施於人." 子貢問終身行之者, 子曰 "其恕乎!" 曰 "言忠信, 行篤敬. 雖蠻貊之方[邦]**66**行矣. 言不忠信, 行不篤敬, 雖州里行乎哉?" 又曰 "君子有九思. 視思明, 聽思聰, 色思溫, 貌思恭, 言思忠, 事思敬, 疑思問, 忿思難, 見得思義."

【안설】 여기서 말하는 충서忠恕 · 충신忠信은 도덕을 행하는 데 실지로 주요한 것이며, 보통사람이 모두 힘써 배워 근실히 행할 수 있는 것이다. 옛 유학자가 이를 '하늘의 이치대로 행동한다'(動以天)고 해석한 것**67**은 또한 그 지극한 바를 가리켜 말한 것이다. 그러므로 '하나로 꿰어져 있음'(一貫)의 취지는 어짊(仁)과 공정함(公)으로 인정할 수 있다. '어짊'은 봄날의 온화함으로 만물을 낳는 원기元氣요, 사계절을 따라 흐르되 그 사이에서 사사로운 뜻(私意)을 용납하지 않는 것이 '공정함'이다. 이것이 최고의 철리가 아니겠는가? 이것이 공자가 '하나로 꿰어져 있다'고 한 것의 종지宗旨가 아니겠는가?

【謹按】 此言忠恕 · 忠信, 爲行道德之實地主要者, 普通人皆可勉學而勤行者也. 先儒氏解之以'動以天'者, 抑指其極至而言耶. 然一貫之旨, 可認作仁 · 公也. '仁'是春和生物之元氣, 流行四時而不容私意於其間者, '公'也. 此非無上哲理乎? 此非尼師之一貫宗旨乎?

공자가 말하기를 "어진 자는 남을 사랑하고, 지혜로운 자는 남을 안다"고 했다.**68** 말하기를 "어진 자는 자기가 서려고 하는 것으로 남을 세우고, 자기

---

65   『논어 · 계씨편季氏篇』에 보인다.
66   『논어』 원문에서는 '方'이 '邦'으로 되어 있다. 번역은 『논어』 원문을 따른다.
67   주희가 『논어집주論語集註』 '이인里仁'에서 말한 것을 가리킨다.

가 도달하려고 하는 것으로 남을 도달하게 한다"[69]고 했다. 말하기를 "어짊이 멀지 않다. 내가 어질고자 하면, 이 어짊이 다가온다"[70]고 했다. 말하기를 "군자가 어짊을 떠나면 어디서 이름을 이루겠는가?"[71]라고 했다. 말하기를 "지혜로운 자는 미혹되지 않고, 어진 자는 근심하지 않고, 용감한 자는 두려워하지 않는다"[72]라고 했다. (이는 지智·인仁·용勇 세 가지 달덕達德[73]을 아울러 말한 것이다.)

> 孔子曰 "仁者愛人, 智者知人." 曰 "仁者, 己欲立而立人, 己欲達而達人." 曰 "仁遠乎哉. 我欲仁, 斯仁至矣." 曰 "君子去仁, 惡乎成名?" 曰 "智者不惑, 仁者不憂, 勇者不懼." (此並言智仁勇三達德也.)

【안설】사람에게 있는 어진 도(仁道)는 천지의 원기를 바르게 해서 만물을 발생시키니, 하늘을 크게 본받은 것이라고 말할 수 있다. 그러므로 오직 공자께서 어짊을 편안히 여겼다. 그리고 단지 안연이 석 달 동안 어짊을 어기지 않았다고 승인했고, 나머지는 모두 하루나 한 달에 그쳤을 뿐이니, 어짊을 체득하고 실행하는 어려움이 본디 이와 같다. 오직 어짊을 편히 여기는 자라야 도와 덕을 온전히 할 수 있으니, 사람이 부지런히 힘써 이르러야 하지 않겠는가?

【謹按】在人之仁道, 正天地之元氣, 發生萬物者, 可謂體天之大者. 故惟尼師安仁, 而只許顔子以三月不違, 餘皆日月至焉, 則體仁行仁之難, 固如是也. 惟其安仁者, 可以全道全德, 人可不黽勉跂及哉?

68　『공자가어孔子家語·삼서三恕』에 보인다.
69　『논어·옹야雍也』에 보인다.
70　『논어·술이述而』에 보인다.
71　『논어·이인里仁』에 보인다.
72　『논어·자한子罕』에 보인다.
73　'달덕達德'은 사람이 마땅히 해야 할 덕으로,『中庸』에서 "知仁勇三者, 天下之達德也, 所以行之者一也."라고 한 데서 유래했다.

공자가 말했다. "군자는 삼가지 않는 것이 없지만, 몸을 삼가는 것을 크게 여긴다. 몸은 부모에게 받은 가지(枝)이니, 어찌 삼가지 않을 수 있겠는가? 자기 몸을 삼가지 못하면, 이는 자기 뿌리를 해치는 것이다. 그 뿌리를 해치면 가지는 따라서 망할 것이다."[74] 또한 말했다. "효자의 부모 섬기기란, 거처함에는 그 공경을 다하고, 봉양함에는 그 즐거움을 다하고, 병수발에는 그 근심을 다하고, 초상에는 그 슬픔을 다하고, 제사에는 그 엄숙함을 다한다. 다섯 가지를 갖춘 뒤에야 능히 부모를 섬길 수 있다." 또한 말했다. "살아 계시면 예로써 섬기고, 돌아가시면 예로써 장사를 지내고 예로써 제사 지낸다." 또한 말했다. "몸을 세워 도를 행하고 후대에 이름을 떨치는 것이 효도의 끝이다.[75] 또한 말했다. "천자부터 서민에 이르기까지 효를 처음부터 끝까지 제대로 하지 않고도 우환이 미치지 않은 사람은 없었다."[76] 또한 말했다. "아래부터 배워 위로 통달한다."[77]

孔子曰 "君子無不敬也. 敬身爲大. 身也者, 親之枝也. 敢不敬乎? 不能敬其身, 是傷其本矣. 傷其本, 枝從而亡矣." 又曰 "孝子之事親. 居則致其敬, 養則致其樂, 病則致其憂, 喪則致其哀, 祭則致其嚴. 五者備矣, 然後能事親." 又曰 "生, 事之以禮. 死, 葬之以禮, 祭之以禮." 又曰 "立身行道, 揚名於後世. 孝之終也." 又曰 "自天子以至庶人, 孝無終始, 而患不及者, 未之有也." 又曰 "下學而上達."

【안설】 성인이 어짊을 구하라고 사람들을 가르쳤다. 어짊은 사랑의 리理요,

---

74 『예기禮記・애공문哀公問』에 보인다.
75 『효경』 원문은 "立身行道, 揚名於後世, 以顯父母, 孝之終也."로, 본문의 인용에서는 '부모를 드러내는 것(以顯父母)' 한 구절이 빠져 있다.
76 이 두 구절은 모두 『효경孝經』에 그 내용이 보인다.
77 『논어・헌문憲問』의 글이다.

본성의 덕이다.[78] 사랑을 세움은 오직 어버이로부터 말미암기에, 효가 어짊
을 행하는 근본이 된다. 그러므로 사람의 도에서 가장 큰 것이 효만 한 게
없다. 그런데 오직 유교만이 반드시 먼저 아래부터 배워 부모 섬기는 도를
다하고 나서야 하늘에 효도하기로 옮기니, 이치가 극히 순리에 맞고 올바르
다. 다른 종교의 경우는 직접 위로 [하늘에] 통하려고(上達) 한다. 그러므로
부모에게 효도하는 한 가지 절목節目을 누락하니, 생각이 미혹되어 지극한
이치를 살피지 않기 때문이다. 그들은 영혼을 중시하는 까닭에 육신을 낳은
부모를 업신여긴다. 그런데 어째서 또한 '사람이 부모가 아니라면 이 몸과
영혼이 어디서 생겨나겠는가'를 생각하지 않는가? 나를 낳느라 힘들이고 수
고한 부모의 은혜를 잊지 않는다면, 부모에게 효성스런 감정이 뭉글뭉글 저
절로 일어나지 않을 때가 없을 것이다. 나는 다른 종교의 뭇 지도자들 역시
먼저 효도를 다하고 나서 하느님께로 효성을 옮기길 바라니, 하느님도 반드
시 칭찬하고 권장할 것이 틀림없다. 아! 우리 온누리 사회가 이 말을 헤아려
밝혀야 하지 않겠는가? 이는 대체로 보통의 어짊과 효도이며, 순임금과 증
자曾子의 지극한 효도(至孝)와 무왕과 주공의 한결같은 효도(達孝)는 위로 [하
늘에] 통하는 도덕이라고 말할 수 있다.

【謹按】聖人敎人以求仁. 仁者, 愛之理, 性之德也. 立愛惟親, 孝爲行仁
之本, 故人道之最大者莫如孝也. 然惟儒敎則必先下學, 以盡事親之道
而移孝於天者, 理極順正矣. 如別敎則要直上達, 故闕遺孝親一節, 慮或
不察至理故也. 他主重靈魂之故, 蔑視肉生之親. 然盍亦念及於人非父
母, 則此身此魂, 何由生乎? 生我劬勞之親恩, 若能不忘, 則油然孝親之
感情, 無時不自發矣. 竊願別敎諸君子, 亦先盡孝道而移孝于上帝, 上帝
亦必嘉奬無疑. 噫! 我宇內社會俯燭此言乎否? 此蓋普通仁孝者, 而若夫
舜 · 曾之至孝, 武 · 周之達孝, 則可謂上達之道德也.

---

78   주희朱熹가 어짊(仁)에 대해 "사랑의 리(愛之理)요 마음의 덕(心之德)"이라고 하면서, 성性의
     견지에서 말하면 인이 사덕四德(仁 · 義 · 禮 · 智)을 통섭統攝한다고 하였다. 전병훈은 주희
     가 말한 '마음의 덕(心之德)'을 '본성의 덕(性之德)'으로 바꾸어 말하였다.

공자가 말했다. "군자는 말이 어눌하되 행동은 민첩하고자 한다."⁷⁹ 또한 말했다. "나는 말을 하지 않으련다. 하늘이 무슨 말을 하더냐? 사계절이 운행하고 만물이 생장하는데…."⁸⁰ "군자의 말과 행동은 천지를 감동시키는 것이다."⁸¹

孔子曰 "君子欲訥於言而敏於行矣." 又曰 "予欲無言. 天何言哉? 四時行焉, 百物生焉." 又曰 "君子之言行, 所以動天地也."

【안설】 성인이 가르침을 세워, [백성들이] 아래를 배워 위로 통달(下學而上達)하도록 했다. 그런데 성인은 하늘을 대리해서 말하는 자이니, 그가 하늘로 자처했던 것⁸² 여기서 알 수 있다. 사회 가운데 현인이 되고자 하고, 성인이 되고자 하고, 하늘을 본받고자 하면서⁸³ 도덕을 배우는 자가 어찌 이를 모를 수 있겠는가?

【謹按】 聖人立敎要使下學而上達. 然聖是代天言之者也. 其以天自處, 於斯可見矣. 社會中希賢・希聖・希天以學道德者, 曷可不知此乎.

『중용』에서 말했다. "위대하다! 성인의 도여. 넘실넘실 한없이 만물을 자라게 하고, 높이 치솟아 하늘 끝에 가닿는다." 또한 말했다. "공자가 요・순을 근본으로 삼아 진술하고 문왕・무왕을 준칙으로 삼았다. 위로는 천시天時

---

79 『논어・이인里仁』의 글이다.
80 『논어・양화陽貨』의 글이다. 원문에는 '四時行焉, 百物生焉' 뒤에 '天何言哉?'가 다시 한번 반복되어 "사계절이 운행하고 만물이 생장하는데, 하늘이 무슨 말을 하더냐?"라는 완결된 문장을 이룬다.
81 이는 『주역・계사전』에서 온 글로, 본래 글귀는 "言行, 君子之所以動天地也. 可不愼乎?"이다. "말과 행동은 군자가 천지를 감동시키는 것이니 삼가지 않을 수 있겠는가?"라는 뜻이다.
82 호안국(胡安国, 1074~1138年)의 『춘추전春秋傳』에 "聖人以天自處"의 글귀가 보인다.
83 주돈이周敦頤가 『통서通書・지학志學』에서 말한 "聖希天, 賢希聖, 士希賢"에서 유래한 구절이다.

를 따르고, 아래로는 물과 땅의 이치를 좇았다. 비유컨대, 하늘이 덮고 땅이 싣지 않는 게 없고, 사계절이 갈마들어 운행하고, 해와 달이 번갈아 밝은 것과 같다. 따라서 명성이 중국에 가득 넘칠 뿐 아니라 만蠻·맥貊에도 시혜가 미친다. 배와 수레가 이르는 곳과 해와 달이 비추는 곳과 서리와 이슬이 내리는 곳에, 무릇 혈기가 있는 자라면 [공자를] 존경하고 친애하지 않는 자가 없다. 그러므로 하늘에 짝한다고 말한다."

『[中]庸⁸⁴』曰 "大哉! 聖人之道. 洋洋乎發育萬物, 峻極于天." 又曰 "仲尼, 祖述堯舜, 憲章文武. 上律天時, 下襲水土. 譬如天地之無不覆載, 四時之錯行, 日月之代明. 是以聲名洋溢乎中國, 施及蠻貊, 舟車所至, 日月所照, 霜露所隊,⁸⁵ 凡有血氣者莫不尊親. 故曰配天."

【안설】 공자의 성스러운 덕이 이처럼 하늘에 짝하니, 도덕이 하늘에서 근원한다고 내가 말하는 취지 역시 아주 명백하도다! 자공子貢은 "사람이 생겨난 이래 공자보다 성스러운 인물은 없었다"고 말했다. 맹자는 "큰 덕업으로 만민을 교화하니 이를 일러 성스럽다고 한다"고 말했다. 신학문의 지식인이 온 세계의 뭇 성인을 참고하여 하늘에서 근원하는 철리·도덕을 살펴 찾는다면, 마땅히 성인 공자를 사표로 삼되 도가와 철학을 아울러 궁구한 연후에 거의 치우치지 않으며 하늘에 짝하는 겸성을 희구하여 이룰 것이다.
【謹按】 孔夫子之聖德如是配天, 則余謂道德之原天之旨, 亦明甚乎! 子貢曰 "自生民以來, 未有聖於夫子也." 孟子曰 "大而化之之謂聖." 凡新學之士, 參以宇內羣聖, 體訪以原天之哲理道德, 則當以尼聖爲師表, 而兼致道哲然後, 庶乎不偏, 而希作配天之兼聖矣.

---

84 본문에 中庸의 '中'자가 빠져 있다.
85 『중용』 원문은 '霜露所隊墜'이다. '隊'는 '墜'와 동자이다.

증자曾子[86]가 말했다. "도에서 귀한 것이 세 가지이다. 용모를 움직일 때는 포악하고 거만함을 멀리하고, 얼굴빛을 바르게 할 때는 믿음직하게 하고, 말을 할 때는 비루하고 어긋남을 멀리한다."[87] 또한 말했다. "하루에 세 번 내 몸을 반성한다. 남을 위해 도모함에 충직하지 않았는가? 친구와 사귐에 성실하지 않았는가? 배운 것을 익히지 않았는가?"[88] 또한 말했다. "장례를 극진히 모시고 조상 제사를 정성스레 올리면 백성의 덕이 순후하게 돌아올 것이다."[89]

曾子曰: 所貴乎道者三: 動容貌, 斯遠暴慢. 整[正][90]顔色, 斯近信. 出辭氣, 斯遠鄙背.[91] 又曰: 日三省吾身. 爲人謀而不忠乎? 與朋友交而不信乎? 傳不習乎? 又曰: 愼終追遠, 民德歸厚矣.

또한 말했다. "효자가 연로한 어버이를 봉양할 때는, 그 마음을 즐겁게 해 드리고, 그 뜻을 어기지 않고, 그 귀와 눈을 즐겁게 해 드리고, 그 잠자리와 거처를 편안케 해 드리고, 그 음식을 정성껏 봉양한다. 그렇기에 부모가 사랑하는 것을 또한 사랑하고, 부모가 공경하는 것을 또한 공경한다. 개와 말도 다 그럴진대 하물며 사람이야!"[92]

---

86 증자曾子(B.C.505~B.C.435)는 공자의 만년 제자로, 이름은 삼參('참'이라고도 부름), 자는 자여子與이다. 『논어』의 편찬에 참여했으며, 『대학大學』『효경孝經』『증자십편曾子十篇』 등을 찬술했다. 공자의 수제자로 안연顔淵이 손꼽히지만 젊은 나이에 죽고, 증자에서 자사子思를 거쳐 맹자孟子로 이어지는 계보가 훗날의 성리학자들에 의해 선진 유학의 적통으로 인정받았다. 전병훈 역시 이런 도통론에 따라 본장(제3장 사유의 도덕)에서 공자, 증자, 자사자, 맹자의 순서로 인용했다.

87 『논어 · 태백泰伯』에 보이는 글이다.

88 『논어 · 학이學而』에 보이는 글이다.

89 『논어 · 학이』에 보이는 글이다.

90 '정整'은 『논어』 원문에 '정正'으로 되어 있다.

91 '배背'는 『논어』 원문에 '배倍'로 되어 있다. 뜻은 서로 통하여 '도리에 어긋남'을 가리킨다.

又曰: 孝子之養老也. 樂其心, 不違其志. 樂其耳目, 安其寢處, 以其飮食
忠養之. 是故父母之所愛亦愛之, 父母之所敬亦敬之, 至於犬馬盡然, 而
況於人乎!

또한 말했다. "효자로 부모를 깊이 사랑하는 자는 반드시 온화한 기운(和
氣)이 있고, 온화한 기운이 있는 자는 반드시 안색이 부드럽고, 안색이 부드
러운 자는 반드시 용모가 온순하다. 효자는 옥을 잡은 듯이 하고 가득한 것
을 받드는 듯이 하여, 공손하고 정성스레 이기지 못할 듯이 하며 장차 잃어
버릴 듯이 한다. 위엄과 엄격함은 어버이를 섬기는 도리가 아니다. 소리 없
는 데서 듣고 형체 없는 데서 본다."[93]

又曰: 孝子之有深愛者, 必有和氣; 有和氣者, 必有愉色; 有愉色者, 必有
婉容. 孝子如執玉, 如奉盈, 洞洞屬屬然, 如不勝, 如將失之. 嚴威儼恪, 非
所以事親也. 聽於無聲, 視於無形.

【안설】 증자는 5대 성인의 반열에 들며, 특히 지극한 효도로 칭송받는다. 학
인들이 표준으로 삼을 만하다. 그 '삼귀三貴' '삼성三省' '귀후歸厚'[94] 역시 미덕
이 된다. 또한 "책임은 중하고 길은 멀다" "견문이 많은 사람이 도리어 견문
적은 사람에게 묻는다"는 말이 있는데, 모두 겸손하고 이치에 맞는 덕스러
운 가르침(德敎)이다.

---

92   『예기 · 내칙內則』에 보인다.
93   『예기 · 제의祭義』에 보인다. "소리 없는 데서 듣고 형체 없는 데서 본다(聽於無聲, 視於無
       形)"는 것은 부모가 말하지 않아도 듣는 것처럼, 부모가 기색을 내비치치 않아도 보는 것처
       럼 그 뜻을 헤아린다는 뜻이다.
94   '삼귀三貴' '삼성三省' '귀후歸厚'는 위에서 인용한 "도에서 귀한 것 세 가지(所貴乎道者三)" "하
       루에 세 번 내 몸을 반성하기(日三省吾身)" "백성의 덕이 순후하게 돌아올 것(民德歸厚)"을
       각각 가리킨다.

【謹按】曾子位於五聖, 而特以至孝稱焉. 學人可以爲標準也. 其三貴三省歸厚者, 亦爲美德. 又有任重道遠, 以多問寡之言, 皆攄謙理到之德敎也.

자사자子思子[95]가 『중용』에서 말했다. "덕성을 높이며, 묻고 배우는 길을 따른다.[96] 넓고 큼에 이르면서도 정교하고 미세함을 다해야 한다. 높고 밝음의 극치에 이르면서도 중용의 길을 따라야 한다. 옛 것을 익히면서도 새 것을 알고, 덕을 돈독히 하면서도 예를 숭상해야 한다."

> 子思子『中庸』曰: 尊德性而道問學, 致廣大而盡精微, 極高明而道中庸, 溫故而知新, 敦厚而崇禮.

또한 말했다. "넓게 배우고, 자세히 묻고, 신중하게 생각하고, 밝게 변별하고, 독실하게 행하여, 할 수 없다고 그만두지 말라. 남이 한 번에 그것을 잘 한다면 나는 백 번을 하고, 남이 열 번에 그것을 잘 한다면 나는 천 번을 하라. 비록 어리석어도 반드시 밝아지고, 비록 유약해도 반드시 강해진다."

> 又曰: 博學之, 審問之, 愼思之, 明辨之, 篤行之, 弗能弗措. 人一能之, 己百之. 人十能之, 己千之. 雖愚必明, 雖柔必强.

또한 말했다. "진실함(誠)에 말미암아 밝아짐을 본성(性)이라고 하고, 밝아

95　공급(孔伋, B.C.483~B.C.402)은 공자의 손자로, 자字가 '자사子思'이다. 증자에게 학문을 배웠고, 훗날 맹자가 자사의 문인에게서 배웠다고 전한다. 흔히 『중용』을 자사가 저술했다고 알려져 있는데, 학계에서는 훗날 진秦·한漢대의 자사학파에 의해 편술된 것으로 보는 게 통설이다. 어찌됐든 자사가 『중용』의 주요 사상을 정립한 인물이라는 데는 큰 이견이 없다. 전병훈은 자사가 『중용』을 저술했다는 전제에서 논의를 전개한다.

96　타고난 선한 덕성을 존중하고 지켜야(尊德性) 할 뿐만 아니라, 묻고 배우는 것을 통해 학문의 길을 가야 한다는(道問學) 뜻이다. 전자가 선천적인 도덕본성의 순수함을 보전할 것을 강조한다면, 후자는 학문을 통한 후천적인 도덕함양의 꾸준한 노력을 강조한다.

짐(明)에 말미암아 진실해짐을 가르침(敎)이라고 한다. 진실함은 스스로 이루는 것이요, 도道는 스스로 가는 길이다. 진실함은 사물의 처음과 끝이니, 진실함이 아니면 사물이 없다. 진실함은 스스로 자기를 이룰 뿐만이 아니라 사물을 이뤄 주는 것이다. 자기를 이룸은 어짊(仁)이요, 사물을 이룸은 지혜(智)다. 본성의 덕은 안팎의 도를 합한 것이다. 그러므로 때에 따른 조치가 합당하다."

又曰: 自誠明謂之性, 自明誠謂之敎. 誠者, 自成也. 道者, 自道也. 誠者, 物之終始, 不誠無物. 誠者, 非自成己而已也, 所以成物也. 成己, 仁也. 成物, 智也. 性之德也, 合內外之道也. 故時措之宜也.

또한 말했다. "진실함(誠)은 하늘의 도요, 진실하고자 함은 사람의 도이다. 진실한 사람은 힘쓰지 않아도 [도에] 들어맞고, 사려하지 않아도 얻으며, 저절로 도에 들어맞으니, 성인이다. 진실하고자 하는 자는 선을 택하여 굳게 잡는 자이다."

又曰: 誠者, 天之道也. 誠之者, 人之道也. 誠者, 不勉而中, 不思而得, 從容中道, 聖人也. 誠之者, 擇善而固執之者也.

【안설】『중용』은 집중執中[97]의 고전이다. '용庸'은 작용함에 지나침과 모자람이 없다는 뜻으로, 능하기 매우 어렵다. 자사가 도덕의 근원을 천성에 두고 '진실함(誠)'을 본성의 실체로 삼으니, 곧 우주의 주된 동력이다. 그러므로 '진실함'이 이 책[『중용』]의 혈맥이 된다. 요·순으로부터 처음 열린 철리·도덕이 여기에 이르러 더욱 분명히 밝혀지니, 학인들이 이 책에 마음을 다하지 않을 수 있겠는가?

---

97 '집중執中'은 치우침이 없이 마땅하고 떳떳한 중도를 취하는 것이다.

【謹按】『中庸』是執中之傳. 庸是用之無過不及之義, 甚難能也. 子思以
道德原於性天, 而誠爲性之實體, 乃宇宙之主動力也. 故以誠爲此篇血
脈. 自堯舜始啓哲理道德者, 至是而益闡明, 學人可不盡心於此書乎.

자사자가 말했다. "군자의 도는 부부에게서 그 단서가 만들어진다. …98
『시경』에서 '솔개는 하늘로 날아오르고 물고기는 연못에서 뛰어오른다'고
하였으니, 그것[중용]이 위아래로 드러난다는 말이다."

子思子曰: 君子之道, 造端乎夫婦. 『詩』云 "鳶飛戾天, 魚躍于淵", 言其上
下察也.

【안설】예禮가 부부간에 삼가는 것에서 시작하니, 그런 까닭에 수신修身은 홀
로를 삼가는(愼獨) 데 있다. 『시경』에서 이르기를 "아내에게 모범이 된다"고
하였다. 극결郤缺99이 기冀 땅에서 농사를 짓는데, 그 아내가 점심을 가져오
니 서로 손님처럼 대했다. 군주가 "공경함은 덕이 모인 것이니, 능히 공경하
면 반드시 덕이 있다"고 말하고, 중대부中大夫로 삼았다.100 여기서 솔개와
물고기의 시를 인용하는 것은, 실로 천지의 지극한 이치101가 담겨 있기 때
문이다. 공경함(敬)은 마음을 잡는 근본이니, 이를 사회로 넓히면 어디를 가

---

98 『중용』 원문에는 두 단락의 앞뒤 사이에 생략된 여러 구절이 있다. 따라서 문장의 연결이
    순조롭지 못하다. 하지만 근대 이전의 동아시아 전통 지식인들에게 『중용』은 전문을 대개
    암송하다시피 하는 텍스트였으므로, 이런 과감한 생략에도 불구하고 그 문맥을 전달하거
    나 이해하는 데는 큰 어려움이 없었다고 판단된다.
99 극결郤缺은 춘추시대에 진晉나라 사람이다.
100 여기서 군주(君子)는 진나라 문공을 가리킨다. 극결의 고사는 『춘추좌전春秋左傳・희공僖
    公33年』에 보인다
101 '천지의 지극한 이치(天地之至理)'란 곧 중용의 도를 말한다. '중용'은 시간・공간과 사물의
    어떤 확정된 산술적 중간값이 아니라, 끊임없이 약동하는 만물이 저마다의 자발적 생기生
    機에 따라 적절함을 얻어 조화를 이루는 것이다. 새가 하늘로 날아오르고 물고기가 연못에
    서 텀벙거리는 그 모든 생명의 운동 제각각에 시시각각 유동하는 최적의 중심이 있으니,
    여기서 '천지의 지극한 이치'로서의 중용을 본다는 문맥이다.

더라도 합당하지 않겠는가? 공자가 말했다. "안평중은 사람과 잘 사귀니, 오래도록 공경한다."[102] 하물며 연장자를 섬기고 윗사람을 섬기는 데 공경함이 아니라면 무엇으로 하겠는가? 위대하다! 공경함의 쓰임 됨이여.

【謹按】禮始於謹夫婦, 所以修身之在愼獨也. 『詩』云 "刑于寡妻." 冀缺耨, 其妻饁之[敬], 相待如賓. 君子曰 "敬, 德之聚也. 能敬, 必有德." 薦爲中大夫. 此引鳶魚之詩, 誠有天地之至理存焉故也. 敬爲操心之本, 推之社會, 何往而不適哉. 孔子曰 "晏平仲, 善與人交, 久而敬之." 況事長事上, 非敬則奚以哉? 大哉敬之爲用也!

또한 말했다. "진실로 지극한 덕이 아니면, 지극한 도가 응결되지 않는다." 또한 말했다. "『시경』에서 이르기를 '덕은 터럭처럼 가볍다'고 했는데, 털은 오히려 비교할 만한 것이라도 있다. '하늘이 행하는 것은 소리도 없고 냄새도 없다'[103] 하니, 지극하여라!"

又曰 "苟不至德, 至道不凝焉." 又曰: 『詩』云: "德如輶毛."[104] 毛猶有倫. "上天之載, 無聲無臭", 至矣!

【안설】 이 책은 아주 정밀하고 심오하다. "응결되지 않는다"고 말한 것은, 덕이 지극한 데로 나아가면 그런 뒤에 도가 반드시 응결하기 때문에 이처럼 말한 것이다. 내가 일찍이 도가 어디에 응결되고 현상이 어떤가를 스스로 징험했다. 오직 참되게 전하는 도학이라야 끝내 [정신이] 응결되어 신통神通하는 징험이 있으며, 그 요령은 모두 현관에 있다. 그러므로 [도에] 합치하기를 간절히 원하는 자는 이로써 정성을 다해야 한다. 아! 철리 · 도덕의 학문

---

102 『논어 · 공야장公冶長』에 보이는 구절이다.
103 『시경 · 대아 · 문왕십文王什』의 구절이다.
104 『시경 · 대아大雅 · 증민丞民』에 나오는 구절인데, 원문은 '德輶如毛'로 전병훈의 인용과 약간 다르다.

이 여기에 이르러 더욱 분명해진다.

【謹按】此書極其精深. 言至於不凝者, 德進於極至處, 然後道必凝, 故言
之如此也. 余曾自驗道凝於何處而景象何如耶. 惟眞傳道學, 果有凝結
神通之驗, 其要都在玄關. 故痴願合致者, 誠以此也. 烏乎! 哲理道德之
學, 至此而益加明矣.

맹자가 말했다. "천하의 넓은 곳에 거처하고, 천하의 올바른 자리에 서며, 천하의 큰길을 간다. 뜻을 얻으면 만민과 함께하고, 뜻을 얻지 못하더라도 홀로 그 길을 간다. 부귀로 미혹되지 않고, 가난으로 변절하지 않으며, 무력으로 굴복시킬 수 없으니, 이를 일컬어 '대장부'라고 한다."[105] 또한 말했다. "하늘이 장차 그 사람에게 큰 사명을 맡기려고 할 때는, 반드시 먼저 그 마음과 뜻을 고통스럽게 하고, 그 근육과 뼈를 피로하게 하고, 그 육신을 굶주리게 하며, 그 몸을 궁핍하게 하고, 그가 하는 일마다 어지럽게 한다. 이는 마음을 움직여서 참을성을 길러 주어, 그가 할 수 없었던 것을 더 잘하게끔 하려는 까닭이다."[106] 또한 말했다. "군자가 도를 깊이 탐구하는 것은, 스스로 터득하려는 것이다. 좌우에서 취하여 그 근원을 만나게 된다."[107] 또 말했다. "직위가 높은 사람을 설득할 때는 그를 경시하고, 그 위세를 보지 말아야 한다."[108]

孟子曰: 居天下之廣居, 立天下之正位, 行天下之大道. 得志與民由之, 不
得志獨行其道. 富貴不能淫, 貧賤不能移, 威武不能屈, 此之謂大丈夫. 又
曰: 天之將降大任於是人也. 必先苦其心志, 勞其筋骨, 餓其體膚, 空乏其

---

105 『맹자·등문공하滕文公下』의 글이다
106 『맹자·고자하告子下』의 글이다.
107 『맹자·이루하離樓下』의 글이다.
108 『맹자·진심하盡心下』의 글이다.

身, 行拂亂其所爲. 所以動心忍性, 增益其所不能. 又曰: 君子深造之以道, 欲其自得之也. 取¹⁰⁹之左右逢其源. 又曰: 說大人則藐之, 勿視其巍巍焉.

【안설】 맹자의 이 논의에서 그의 광대한 흉금, 웅대한 변론의 성스러움과 지혜를 볼 수 있다. 공자는 도가 있는 사람을 '군자'로 칭했다. 여기서 말하는 '대장부' 역시 도가 있는 사람이다. 천하의 넓은 곳에 거처하고(廣居) 천하의 큰 길을 가는(大道)¹¹⁰ 것은 인의에 근본을 두고, 이를 도덕의 실제 작용으로 삼는다. [맹자가] 왕도를 말하여 나라를 다스리는 큰 법을 밝혔고, 양기론養氣論의 여러 학설은¹¹¹ 옛 사람이 미처 발휘하지 못했던 철리·도덕을 발명한 것이다.
【謹按】 孟子此論可見其博大智襟, 雄辯之聖智也. 孔子稱有道者曰君子. 此云大丈夫, 亦有道者也. 廣居大道本仁義, 以爲道德之實用. 言王道以明經國之大法, 而養氣論諸說, 發前人之所未發之哲理道德也.

또한 말했다. "자기를 해치는 자와는 더불어 말할 수 없고, 자기를 버리는 자와는 더불어 행할 수 없다. 말했다하면 예의를 비난하니, '자기를 해친다'(自暴)고 한다. 내 몸은 인仁에 거하고 의義를 따를 수 없다고 하니 '자기를 버린다'(自棄)고 한다."¹¹² 또한 말했다. "천하의 영재를 얻어서 교육하니, 세 번째 즐거움이다."¹¹³

---

109 국중본에는 '推', 명문본에는 '取'로 되어 있다. 원문에 따르면 '取'가 합당하다.
110 위에서 『맹자·등문공하』의 "居天下之廣居, 立天下之正位, 行天下之大道"를 인용한 구절을 가리킨다.
111 여기서 '양기론養氣論'은 맹자가 호연지기浩然之氣와 야기夜氣를 기르고 보존하라고 말한 것 등을 가리킨다. 앞서 제2편과 제3편에서 이에 관해 논한 부분을 참고한다.
112 『맹자·이루상離婁上』의 글이다.
113 『맹자·진심상盡心上』의 글이다. 맹자가 말하는 군자의 3가지 즐거움 가운데 첫 번째는 부

又曰: "自暴者, 不可與有言也. 自棄者, 不可與有爲也. 言非禮義, 謂之自暴, 吾身不能居仁由義, 謂之自棄也." 又曰 "得天下英才而敎育之, 三樂也."

【안설】인성이 본래 선하기 때문에 사람이 모두 요·순이 될 수 있다. 그런데 간혹 물욕에 가리워 몸을 망치고 덕을 업신여기는 것은 그 양심을 버리는 잘못이니, 이것이 곧 '자기를 해치는'(自暴) 것이다. 성찰해서 덕업을 닦기에 힘쓰지 않을 수 있겠는가? 세 번째 즐거움은, 실로 도덕이 많은 사람들에게 영향을 끼치기 때문에 즐거울 수 있다.

【謹按】人性本善, 故人皆可爲堯舜, 而其或蔽於物欲, 敗身蔑德者, 放其良心之咎, 是乃自暴者也. 可不省察而電勉進修哉? 三樂者, 實道德之及於人者衆故, 可樂也.

또한 말했다. "하고자 할 만한 것을 선善이라고 하고, 자기에게 있는 것을 신信이라고 하며, 충실한 것을 미美라고 한다. 충실하면서도 밝게 빛나는 것을 크다(大)고 하고, 크면서도 변하여 가는 것을 성聖이라고 하고, 성스러우면서도 알 수 없는 것을 신神이라고 한다."[114] 또한 말했다. "뜻을 펴게 되면 온 천하 사람들과 선을 함께 나누고, 곤궁하면 홀로 그 몸을 선하게 한다."[115]

又曰 "可欲之謂善, 有諸己之謂信, 充實之謂美, 充實而有光輝之謂大, 大而化之之謂聖, 聖而不可知之之謂神." 又曰 "達則兼善天下, 窮則獨善其

모형제가 모두 건재한 것(父母具存, 兄弟無故, 一樂也)이고, 두 번째는 하늘과 인간에게 공히 부끄러움이 없는 것(仰不愧於天, 俯不怍於人, 二樂也)이다. 그리고 본문에서 말하는 세 번째 즐거움이 있다.

114 『맹자·진심하盡心下』의 글이다.
115 『맹자·진심상盡心上』의 글인데, 원문은 "窮則獨善其身, 達則兼善天下"로 두 구절의 순서가 전병훈의 인용과 다르다.

身."

【안설】 이는 앎과 실행(知行)이 표리를 이루어 얕은 데서부터 점차 깊어지다
가, 궁극에는 성聖·신神에 이르는 것을 말한다. 도덕을 함양하는 공부가 성
과 신에 이르면, 천지와 그 덕을 합한다. 그런데 '성聖'이 지극한 선善의 극치
라서 소리도 없고 향기도 없다면, 이른바 '신神'은 크면서도 변하여 가는(大而
化之) 것 이상이다.[116] 아득한 옛날 하늘에서 내려온 황인皇人이 신인神人이
아니던가? 중국의 광성자와 기백岐伯,[117] 한국의 단군이 모두 그런 사람들
이다.

【謹按】 此言知行表裏, 由淺及深, 極至於聖神. 蓋造道入德之功, 至於聖
神, 則與天地合其德矣. 然聖則至善之極致, 無聲無臭, 所謂神者, 大而
化之以上也. 邃古之天降皇人者非神人乎? 如中之廣成·歧伯, 韓之檀
君, 皆其人也.

---

116 『맹자』 「진심하盡心下」에서 "大而化之之謂聖. 聖而不可知之之謂神"이라고 한 것을 염두에 둔
말이다.
117 기백岐伯은 『황제내경黃帝內經』에서 황제黃帝와 의학에 관해 문답을 나누는 전설적인 인물
로 등장한다.

제4장 보통 도덕
第四章 普通道德

【안설】 우리 유학의 원천도덕原天道德 전통이 본디 이와 같다. 그런데 근세에 신학문을 전해 들은 식자들이 유학의 철리 관점을 논하면서 도가에 미치지 못한다고 운운한다. 여기서 응당 도가의 도덕으로 뒤를 이어야 하지만, 이 글이 역사 서술의 편제는 아니므로 죄다 순서에 따를 필요가 없어 뒤편에 싣는다.[118]

정나라의 자산(鄭子産)·진나라의 숙향(晉叔向)·제나라의 안영(齊晏嬰)·오나라의 계찰(吳季札)·초나라의 자서(楚子西) 같은 인물을 모두 '도덕경제가道德經濟家'로 부를 만하지만, 죄다 채록하지는 못한다. 그 밖에 관중管仲·열자列子·장자莊子·순자荀子·신불해申不害·회남자淮南子·양웅楊雄 제자諸子의 저서가 족히 찬탄할 점이 있는데, 순전한 도덕이라고 말할 수 없으므로 취하지 않는다. 전국戰國시대에 오직 송경宋牼[119]이 전쟁 종식(息兵)을 논했

---

118 앞서 요순 삼대부터 맹자까지 원시 유학의 도덕을 논했으므로 해당 시기의 도가 도덕 역시 논해야 하나, 책의 편제상 이를 별도로 분리해 다루겠다는 문맥이다. 실제로 '도가의 도덕'은 제7장에서 전적으로 논구한다.

119 송경(宋牼, 대략 B.C.370~B.C.291)은 중국 전국시대 송宋나라 사람으로, '송자宋子'로도 불린다. 그는 『장자莊子』에 송견宋銒으로 『한비자韓非子』에는 송영자宋榮子로 나타나며, 『한서』「예문지」에는 『송자宋子』 18편의 책 이름이 전한다. 송경이 진나라와 전쟁 중인 초나라로 가다가 맹자를 우연히 만나 대화하는 구절이 『맹자』「고자하告子下」에 보인다. 송경

으니, 그 도덕이 특히 아주 가상하다. 진나라의 기해(晉祈奚)는 그 군주가 현자를 구하자, 자기 자식과 원수를 함께 천거했다.[120] 실로 크게 공정하고 사사로움이 없는 심덕心德이다. 뒷사람이 귀감으로 삼을 만하지 않겠는가?

【謹按】吾儒原天道德之統傳, 固如是也. 然近世傳聞新學之士, 至論儒之哲理觀, 不及道家云云. 於斯當繼以道家之道德, 然此非史體, 故不必盡從序次, 而載於後篇也. 如鄭之子産, 晉之叔向, 齊之晏嬰, 吳之季札, 楚之子西, 皆可謂道德經濟家而不及盡采. 外他管仲·列·莊·荀·申·淮南·楊雄諸子之著書有足多者, 然不可謂純全道德, 故不取也. 當戰國之時惟宋牼有息兵之論, 其道德殊甚可尚也. 晉祈奚因其君求賢, 薦其子, 薦其讎, 誠大公無我之心德也, 後人可不作柯則乎?

노연자魯連子[121]가 진나라 장수 신원연新垣衍[122]에게 말했다. "장차 진나라

은 전쟁이 두 나라에 이롭지 못하다고 양국 군주를 설득하려고 했는데, 맹자는 그가 인의仁義가 아닌 이로움을 말한다며 "선생의 뜻은 크나 선생의 외침은 옳지 않다(先生之志則大矣, 先生之號則不可)"고 반박한다. 하지만 이것은 맹자 일방의 진술일 뿐이다. 송경은 전국시기 직하학파稷下學派의 사상가로 명성을 떨쳤으며, 특히 윤문尹文 등과 함께 노자의 철학을 계승하는 황로학黃老學을 대표하는 인물이었다. 그는 감정과 욕망을 줄이고, 사물을 구별하지 않는 마음으로 모든 것을 받아들여 조화시키고, 백성들 사이의 싸움을 없애고, 국가 간의 공격을 금하고 군대를 폐지해 세상의 전쟁을 종식할 것을 끊임없이 호소하며 천하를 떠돌았다고 한다.(『장자』「천하天下」) 전병훈은 이런 송경의 사상을 반전론의 선구로 높이 평가했다.

120 기해(祈奚, B.C.620~B.C.545)는 춘추시대 진晉나라에서 중군정위中軍正尉를 지냈는데, 그 후임의 추천을 의뢰받아 처음에는 원수인 해호解狐를 천거했다가 불발하자 자기 아들을 다시 천거했다. 사적인 관계로는 극과 극이지만 두 차례 모두 최적의 적임자를 추천했으므로, 공명정대한 인재 선발의 귀감으로 회자되었다. 『좌전左傳』「기해거현祁奚擧賢」에 그에 관한 고사가 전한다.

121 노중련(魯仲連, 대략 B.C.305~B.C.245)은 전국시대 말 제齊나라 사람으로 노련魯連, 노중련자魯仲連子 혹은 노련자魯連子 등으로 불린다. 그는 전단田單을 도와 제나라를 부흥시켰고, 조趙와 위魏나라에 유세를 하여 진秦나라에게 대항하도록 했다. 큰 공을 세웠음에도 불구하고 벼슬을 마다하고 "부귀하여 남에게 굽히기보다는 차라리 빈천하더라도 세상을 경시하며 마음대로 살겠다"(吾與富貴而詘於人, 寧貧賤而輕世肆志焉)며 바닷가에 은거한 지조 높은 선비로 칭송받았다. 『사기史記』「열전」에 그에 관한 고사가 보인다.

가 황제를 자처한다면, 나는 동해에 빠져 죽겠다."

魯連子對秦將新垣衍曰: 如將帝秦者, 我蹈東海而死矣.

【안설】노연자는 실로 도가 높고 덕이 순수한, 백세百世의 참된 철인 선비였다. 신원연이 탄복해 말했다. "이제 선생의 옥모玉貌를 보고 마침내 군대를 30리 물립니다."[123] 아! 또한 장군으로 덕이 있는 자이다.
【謹按】魯連子誠道高德純, 百世之眞哲學士也. 新垣衍[124]歎服曰 "今見先生之玉貌, 而遂退兵三十里." 吁! 亦將之有德者也.

동중서董仲舒[125]가 말했다. "어진 사람은 그 도를 밝히고 그 공을 계산하지 않으며, 그 올바름을 바르게 하고 그 이로움을 도모하지 않는다."

董仲舒曰: 仁人者, 明其道不計其功, 正其誼不謀其利.

【안설】동중서의 이 말은 일 처리를 절실하게 하는 순전한 철리·도덕이다. 따라서 송대의 현자들이 찬탄해 기려 말하기를 "한漢의 여러 유학자로 오직

---

122 국중본에는 申袁衍, 명문본에는 新垣衍으로 되어 있다. 고사의 출처인『사기』원문에 따라 '新垣衍'으로 표기한다. 신원연은 진나라의 침공 위협에 놓인 조趙나라 왕에게 위魏나라 왕이 보낸 객장군客將軍으로, 진나라 왕을 '황제(帝)'로 불러 주고 적당히 달래 전쟁을 피하자고 조나라 왕을 설득하고자 했다. 한데, 그 전에 먼저 노중련 만나 역으로 설득당하여 "다시는 진나라에 굴복하지 않겠노라"고 다짐하며 조나라로 돌아갔다고 한다.(『사기·열전』「노중련魯仲連·추양鄒陽」) 신원연을 '진나라 장수(秦將)'라고 한 것은 전병훈의 오류이다.
123 신원연이 노중련에게 설복당해 위나라로 돌아가자, "진나라 장수가 이 소식을 듣고 군대를 50리 뒤로 물렸다"(秦將聞之, 爲却軍五十里)는『사기·열전』의 기록을 전병훈이 잘못 인용한 것이다.
124 국중본과 명문본 모두 申袁衍으로 되어 있는데, 본래 이름인 '新垣衍'으로 바로잡았다. 위의 각주 두 항목 참고.
125 동중서(董仲舒, B.C.170?~B.C.120?)는 한나라의 학자이자 관료로, 유교를 국교로 만들어 경학經學의 토대를 놓았다. 『춘추번로春秋繁露』,『동자문집董子文集』등의 저서가 있다.

동중서가 유자儒子의 기상이 있다"고 하니, 실로 이 때문이다. 나머지 여러 저서는 채록할 만하지 않다.

【謹按】董子此言, 切爲處事之純全哲理道德也. 是以宋賢贊頌曰漢之諸 儒, 惟董子有儒子氣象者, 良以此也. 餘多著書, 不及采也.

제갈량諸葛亮126이 말했다. "담박함으로 뜻을 밝히고, 고요함으로 멀리 이른다. 편안함으로 성性을 다스리고, 검약함으로 덕을 기른다.127 정성된 마음을 열고, 공정한 도를 베푼다.128 생각을 모아 이익을 넓힌다.129" 또한 말했다. "마음과 몸을 다해 애쓰고, 죽어서야 그친다."130

諸葛武侯亮曰: 澹泊以明志, 寧靜以致遠. 恬以理性, 儉以養德. 開誠心, 布公道. 集思廣益. 又曰: 鞠躬盡瘁, 死而後已.

【안설】제갈량은 참으로 이윤伊尹과 같은 사람이다. 이 짧은 구절로 보건대, 그가 삼대三代 이후 도덕철학 최고의 첫 번째 경세經世 진화가進化家131임을 또한 알 수 있다. 억지로 남의 결점을 찾는132 유학자들의 경우는, 단지 자

---

126 제갈량(諸葛亮, 181~234)은 삼국시대 촉蜀의 대신이자 걸출한 정치가로, 자는 공명孔明이다.
127 제갈량의 『계자서誡子書』에서 인용한 글로, 원문은 "夫君子之行, 靜以修身, 儉以養德. 非淡泊無以明志, 非寧靜無以致遠"이다.
128 "開誠心, 布公道"는 『삼국지三國志』「제갈량전諸葛亮傳」에 보이는 구절이다.
129 제갈량이 『교여군사장사참군연속教與軍師長史參軍掾屬』에서 "무릇 관직에 참여한 자는 여러 사람의 생각을 모아 충성과 이익을 넓혀야 한다(夫參署者, 集衆思, 廣忠益也)"고 말했다. '집사광익集思廣益'의 성어가 여기서 유래했다. 여러 사람의 지혜를 모아 더 큰 이익을 본다는 뜻이다.
130 '鞠躬盡瘁, 死而後已'는 제갈량의 『출사표出師表』에 나오는 명구이다.
131 '첫 번째 경세經世 진화가進化家'는 삼대三代 이후 제갈량에 이르러 세상 다스리기(經世)가 첫 번째로 진화했음을 말하는 것인데, 전병훈이 사용한 개념을 그대로 살려 썼다.
132 '취자吹疵'는 취모멱자吹毛覓疵의 줄임말로, 털을 입으로 불어 가며 털 속에 있는 작은 흉터를 찾아낸다는 뜻이다. 『한비자韓非子』「대체편大體篇」의 "털을 불어 작은 흉터를 찾는다" (吹毛而求小疵)는 구절에서 유래했다.

기 역량을 모른다는 것만 남에게 보여 줄 뿐이다.

【謹按】諸葛公眞是伊尹同儔. 觀此短句, 亦可知其爲三代以後, 道德哲學
最高之第一經世進化家也. 如儒者之吹疵者, 多見其不知量也.

진晉의 도연명陶淵明[133]이 쌀 다섯 말에 허리를 굽히는[134] 벼슬살이가 수치
스러워 『귀거래사』를 지어 말했다. "세 오솔길 황폐한데, 소나무와 국화는
그대로 남아 있네. 구름은 무심히 산 동굴에서 나오고, 산새는 나는 게 권태
로워 둥지로 돌아간다. 맑은 바람 북쪽 창을 두드리는데, 갈건葛巾[135] 벗어 술
을 걸러 마신다. 스스로 복희(羲皇) 이전 사람이라 부르고, 마침내 국화 이슬
로 진사晉史를 쓴다네."

晉陶淵明恥折腰五斗米, 賦 『歸去來辭』曰: 三逕就荒, 松菊惟存. 雲無心
而出岫, 鳥倦飛而遲還. 淸風北窓, 葛巾漉酒. 自謂羲黃上人,[136] 遂以菊
露寫晉史.

【안설】정절靖節[도연명][137]은 흉금이 밝고 넓고 창달暢達하여 한 점 얽매임
도 없었으니, 실로 노자의 진전眞傳을 얻은 자였다. 그 국화 울타리와 남
산[138]의 은일한 정취는 세상에서 뛰어난 절개와 맑은 덕이 있었으니, 진실

---

133 도잠(陶潛, 365~427)은 중국 동진東晉 때 강서江西 출신의 시인으로, 자는 연명淵明이고 시
호는 정절선생靖節先生이다. 『오류선생전五柳先生傳』, 『도화원기桃花源記』, 『귀거래사歸去
來辭』등의 작품이 있다.
134 쌀 다섯 말(五斗米)을 녹봉으로 받고 상부上府에 허리를 굽힌다는 뜻이다.
135 갈건葛巾은 거친 칡베로 만든 머리두건이다.
136 도연명의 『귀거래사歸去來辭』 원문은 "自謂是羲皇上人"으로, 희황羲皇은 곧 복희伏羲를 가리
킨다. 본문의 '羲黃'은 '羲皇'을 잘못 인용한 것이다.
137 정절靖節은 도연명의 호이다.
138 "동쪽 울타리 아래서 국화를 따다가 유유히 남산을 바라보네."(采菊東籬下, 悠然見南山)라는
도연명의 시구를 가리킨다.

로 천년의 은자 가운데 최고로 현철한 선비였다. (내 큰아버지 전기지소基之 선생은 문장이 뛰어났으나, 날마다 술에 취해 세상을 업신여겼다. 도연명의 은일한 덕을 참되게 배웠지만 전함이 없었으니, 아! 슬프다.)

【謹按】靖節胸襟, 昭曠暢達, 無一點物累, 眞有得於老子之眞傳者也. 其菊籬南山之逸趣, 有高世之抗節淸德, 眞是千載隱逸中最高哲之士也. (余之伯考基之先生文章超絶, 日醉傲世. 眞學淵明之逸德而無傳, 嗚乎! 悲夫.)

수나라의 왕통王通[139]은 북방의 사상을 이어받아 저술하는 것을 자기 소임으로 삼았다. 논어와 육경을 모방해 책을 지었지만 모두 전하지 않는다. 이교異敎의 견해를 조화하여 '삼교가 일치한다'(三敎一致)고 하였다.

隋之王通以紹述北方之思想爲己任. 仿論語六經著書, 然皆不傳. 惟調和異敎之見解, 曰三敎一致.

【안설】문중자文仲子[왕통][140]의 말은 과장이 심하고 정밀한 뜻이 없다. 하지만 그 문하에 장상將相을 망라했으며 삼교일치의 논의에서 특히 고명한 도덕이 드러났으니, 내 마음을 앞서 얻은 자라고 말할 수 있다. 다만 그 책이 전하지 않아 깊은 속뜻을 다 알지 못하고, 유일하게 이 논의가 참으로 탁월하다.

【謹按】文仲子之言, 夸大無精義. 然其門羅將相, 而三敎一致之論, 則殊

---

139 왕통(王通, 584~617)은 수나라의 사상가로, 자는 중엄仲淹이고 호는 문중자(文中子 혹은 文仲子)이다. 저서로 『속서續書』, 『속시續詩』, 『원경元經』, 『예경禮經』, 『악론樂論』, 『찬역贊易』 등을 남겼으나, 당나라 때 전부 소실되고 단지 그의 제자인 요의姚義와 설수薛收가 편찬한 『중설中說』(『문중자중설文中子中說』, 『문중자文中子』 등으로 불린다)만 전한다. 이 책은 『논어』를 모방해 왕통과 그 제자의 문답 형식으로 이뤄져 있으며, 삼교합일 사상을 주장해 후대에 영향을 끼쳤다.
140 왕통의 호가 '文中子' 혹은 '文仲子'였는데, 여기서는 본문의 표기에 따라 '文仲子'로 쓴다.

爲高明道德之發露處, 可謂先獲我心者也. 但其書不傳, 未盡底蘊, 然惟一此論, 誠卓絶也.

당나라의 육지陸贄[141]가 말했다. "반드시 [농사에] 실패할 땅을 사람들에게 주지 않고, 힘에 부치는 것[조세]으로 사람들에게 책임을 지우지 않는다."[142]

唐陸宣公贄曰: 不授人於必敗之地, 不責人於力分之外.

【안설】『육선공문집陸宣公文集』[143]은 전무후무한 첫 번째 경제 도덕 철리로, 주옥 같은 문장의 정수이다. 주자가 "육선공이라면 '경제학(經濟之學)'으로 부를 만하다"고 말했다. 범순인范純仁[144] 등이 일찍이 상찬하여 "지혜가 장량張良 같으나 문장이 그를 뛰어넘고, 변론은 가의賈誼 같으나 술법이 거칠지 않다"고 했으니, 실로 명언이다. 지금 이 몇 마디 말은 전황일우全鳳一羽[145]의 도덕에 지나지 않는다.

【謹按】陸宣公文集, 是乃空前絶後之第一經濟道德哲理, 金玉之文章精髓也. 朱子曰: 如陸宣公, 可謂經濟之學. 范純仁等嘗奏曰"智如張良而文過之, 辯似賈誼而術不疎." 誠名言也. 今此數言, 不過全鳳一羽之道

---

141 육지(陸贄, 754~805)는 당나라 중기의 정치가로, 시호가 선宣이다. 이에 흔히 육선공陸宣公이라고 한다. 저서로『육선공문집陸宣公文集』등이 있다.
142 당나라 중엽 이후 균전제均田制가 붕괴하고 토지겸병이 강화되면서 빈부격차가 극심해졌으며, 그에 따라 조租·용庸·조調의 과세제도의 시행이 어려워졌다. 거기에 더해 국내외의 빈번한 전쟁이 오랫동안 이어져, 백성의 요역徭役 부담이 크게 늘었다. 백성이 곤궁하고 국가재정이 파탄나 경제가 붕괴하기에 이른 상황에서, 육지가 세금 부과를 줄이고 백성을 구휼할 방책을 제안한 것으로 유명하다. 본문은 육지의 이런 경제개혁 사상을 대변한다.
143 위의 각주 참고.
144 범순인(范純仁, 1027~1101)은 송대 유학자로, 범중엄范仲淹의 둘째 아들이다. 저서에『범충선문집范忠宣文集』이 있다.
145 '전황일우全鳳一羽'는 봉황의 몸 전체에서 깃털 하나로, 매우 훌륭한 것에서 극히 일부에 불과하다는 뜻이다. 위에서 인용한 육지의 말이 그의 훌륭함을 보여 주는 작은 사례일 뿐이라고 찬탄하는 문맥이다.

德也.

곽자의郭子儀[146]는 적을 죽이지 않고도 이기는 신묘한 무장(神武)의 인덕仁德이 있었다. 단지 군대와 백성이 감복했을 뿐만 아니라, 회홀(回紇: Uighurs, 위구르)의 여러 오랑캐들 또한 모두 말머리를 도열해 조아려 환영했다. 그 덕화로 적과 오랑캐를 이처럼 항복시켰으니, 실로 대인의 도덕이라고 말할 수 있다.

> 郭汾陽子儀, 有神武不殺之仁德. 不惟軍民咸服, 而回紇諸夷, 亦皆羅拜馬首而歡迎. 其德化之降服敵蠻如是者, 誠可謂大人之道德也.

【안설】『주역』에서 말했다. "나는 용이 하늘에 있으니 대인을 보는 것이 이롭다."[147] 주자가 늘 곽공郭公[곽자의]이 여기에 들어맞는다고 여겼으니, 마땅하다. 진실로 원천도덕이 곽공처럼 두터웠던 자가 삼대 이후 다시 몇 사람이나 있었는가? 아! 성대하다.

【謹按】『易』曰: 飛龍在天, 利見大人. 朱子輒以郭公當之, 宜矣. 信乎原天道德, 如郭公之豐厚者, 三代以後復有幾人哉? 烏乎! 盛矣.

한유韓愈[148]가 말했다. "요가 이것으로 순에게 전했고, 순이 이것으로 우에게 전했고, 우가 이것으로 탕·문왕·무왕·주공에게 전했다. 주공이 공자

---

146 곽자의(郭子儀, 697~781)는 당나라의 정치가이자 군인이다. 안사安史의 난을 비롯한 여러 전란을 평정하고, 분양군汾陽郡 왕에 봉해졌으므로 세간에서 곽분양郭汾陽으로 칭했다.

147 『주역·건괘乾卦』의 글이다.

148 한유(韓愈, 768~824)는 당나라의 문학가이자 사상가로, 자는 퇴지退之 시호는 문공文公이다. 형부시랑刑部侍郎, 조주자사潮州刺史 및 이부시랑吏部侍郎 등을 지냈다. 주요 저작으로 『창려선생집昌黎先生集』, 『외집外集』, 『선문遺文』 등이 있다.

에게 이를 전했고, 공자가 맹자에게 이를 전했지만, 맹자가 죽자 그것을 전하지 못했다." 또한 말했다. "선왕의 가르침이 어떠한가? 널리 사랑하는 것을 '어짊'(仁)이라 이르고, 행하여 이치에 합당한 것을 '의로움'(義)이라 이르고, 이것[仁·義]에 따라가는 것을 '도道'라고 이르고, 자기로 충분하여 밖에서 기대할 게 없는 것을 '덕德'이라 이른다."

> 韓文公愈曰: 堯以是傳之舜, 舜以是傳之禹, 禹以是傳之湯·文·武·周公. 周公傳之孔子, 孔子傳之孟軻. 軻之死, 不得其傳. 又曰: 先王之教何也? 博愛之謂仁, 行而宜之之謂義, 由是而之焉之謂道, 足乎己無待於外之謂德.

【안설】 한공韓公[한유]은 팔대八代의 문장이 쇠락한[149] 끝자락에서 도덕인의 道德仁義의 리理를 창명했다. 은연중에 도통道統의 전승을 자임했으니, 그가 도를 보위한 공이 위대하다. 그러나 세간의 논객들이 한공을 가리켜 문인文人이지 학자는 아니라고 여기는데, 나 역시 그렇게 여긴다.

【謹按】 韓公當八代文衰之餘, 倡明道德仁義之理. 隱然自任以道統之傳, 其衛道之功, 偉矣! 然論世之士指韓公以爲文人, 非學者也, 余亦以爲然也.

---

149 북송의 소식(蘇軾, 1037~1101: 소동파蘇東坡)이 한유의 묘비에 "문장이 팔대의 쇠락을 일으켜 세웠다"(文起八代之衰)고 썼다. 여기서 '팔대八代'는 서한 이후 당나라 이전의 동한東漢·위魏·진晉·송宋·제齊·양梁·진陳·수隋를 가리킨다.

한위공韓魏公(기琦)[150]은 큰일에 임하여 크게 의심이 들 때 결단하기를, 마치 여울물이 골짜기로 밀려들어 뒤돌아보지 않고 세차게 달리는 것처럼 하였다. 사찬史贊에서 말하였다.[151] "큰 띠를 드리우고 홀笏을 바르게 하여 목소리와 얼굴빛을 움직이지 않고, 천하를 태산처럼 안정되게 했다."

> 韓魏公(琦)臨大事, 決大疑, 如湍水赴壑, 奮不顧後. 史贊曰: 垂紳正笏, 不動聲色, 措天下於泰山之安.

---

150 한기(韓琦, 1008~1075)는 북송北宋에서 인종仁宗·영종英宗·신종神宗 3대에 걸친 명재상으로, 자는 치규稚圭, 호는 공수贛叟, 시호諡號는 충헌忠獻이다. 저서로 『안양집安陽集』이 있다.

151 한기는 20세의 약관에 진사에 급제하고 송宋 인종仁宗 때 재상을 지냈다. 인종 지화至和 2년(1055) 한기는 병을 이유로 자청하여 고향인 상주相州의 태수가 되어 돌아왔다. 취임한 지 얼마 되지 않아 관청 후원에 당堂을 세워 '주금당晝錦堂'으로 이름지었는데, 대낮에 비단옷을 입고 있는 곳이라는 뜻으로 자신의 금의환향錦衣還鄕을 비유했다. 그로부터 10년 뒤(1065) 구양수歐陽脩가 『상주주금당기相州晝錦堂記』를 지어 천하를 안정시킨 한기의 공덕을 찬상했으며, 본문에서 말하는 사찬史贊은 여기에서 유래했다. 『상주주금당기』의 해당 원문은 다음과 같다. "至於臨大事, 決大疑, 垂紳正笏, 不動聲色而措天下於泰山之安, 可謂社稷之臣矣."

【안설】 한위공韓魏公152의 덕량과 풍모는 드물게 기품 있고 뛰어나고 슬기로웠다. 마치 큰 산에 신이 강림한 듯하여, 윤길보尹吉甫153의 재능에 문무를 겸비했던 사람이다. 문인 학자가 감히 견주어 비길 수 없는 참된 철인이자 덕이 높은 현자였다. 일찍이 자객을 만났으나 편안히 누워 그가 하는 대로 맡겨 두니, 자객이 항복하고 성의를 다했다. 그 덕이 남을 감화한 것이 모두 이런 종류였다.

【謹按】 韓魏公之德量道範是間氣英賢. 如嶽降神, 尹吉甫之才兼文武者也. 非文人學士所敢比擬之之眞哲碩德也. 曾逢刺客而偃臥, 任其所爲, 則客降服輸誠. 其德之感人者, 類皆如此.

주렴계周濂溪154가 말했다. "움직여서 올바르면 '도'라고 하고, 작용하여 조화로우면 '덕'이라고 한다. 인·의·예·지·신이 아니면 모두 사특하다. 사특한 것이 움직이면 욕되니, 그러므로 군자는 움직임을 삼간다." 또한 말했다. "성인의 도는 인仁·의義·중中·정正일 따름이다. 이를 지키면 귀하고 이를 행하면 이로우니, 이를 확충하여 천지와 짝한다. 어찌 쉽고 간단하지 않은가? 어찌 알기 어렵겠는가?"155 (이정二程으로 하여금 공자와 안연이 즐기던 곳이 어디에 있는지 찾도록 하였다.156)

---

152 한기는 신종神宗 때 위국공魏国公에 봉해져 '한위공韓魏公'으로도 불린다.
153 윤길보尹吉甫는 서주西周의 전설적인 명재상이다.
154 주돈이(周敦頤, 1017~1073)는 북송의 유학자로 성리학의 기초를 놓았다. 호남성湖南省 영주永州 출신으로, 자는 무숙茂叔 호는 염계濂溪이다. 『태극도설太極圖說』, 『통서通書』「애련설愛蓮說」 등의 저서와 문장이 전한다.
155 이 글은 모두 주돈이의 『통서通書』에 보인다.
156 주돈이는 정호程顥·정이程頤 형제를 가르치면서 "매번 공자와 안자顔子의 즐거움이 있는 곳을 찾아보도록 하였거늘, 그 즐거움은 어떤 일일까?(每令尋仲尼顔子, 樂處, 所樂何事?)"[『二程集』卷1]라고 물었다고 한다. 이를 '공안낙처孔顔樂處'라고 하며, 후대의 성리학자들이 자주 언급하였다.

周子濂溪曰: 動而正曰道, 用而和曰德. 匪仁‧匪義‧匪禮‧匪智‧匪信, 悉邪也. 邪者, 動之辱也, 故君子愼動. 又曰: 聖人之道, 仁義中正而已. 守之則貴, 行之則利, 廓之而配乎天地. 豈不易簡哉? 豈爲難知哉?(令二程子, 尋仲尼顔子所樂處何在.)

【안설】 문원공文元公[157]이 태극을 분명히 드러내 밝혀 송宋의 이학理學을 열었다. 그 도덕의 논의가 또한 이처럼 순수하다.

【謹按】 此文元公, 闡明太極, 以啓宋之理學. 其道德之論, 亦如是醇粹哉.

사마온공司馬溫公(광光)[158]은 독실하고 충후忠厚했으며, 몸소 도덕을 행하여 당대에 모범이 되었다. 어린애도 군실君實[159]을 칭송하고 심부름꾼도 사마광을 알았다. 금나라 오랑캐가 그 변방 관리를 경계해 타이르기를 "송의 재상이 사마광이니, 일을 일으키지 말고 신중을 기하라"고 하였다.

司馬溫公(光)篤實忠厚, 躬行道德, 以作模範於當世. 兒童誦君實, 走卒知司馬, 金虜戒飭邊吏曰: 宋相司馬, 愼勿生事.

【안설】 공이 재상으로 쌓은 업적이 한기의 덕스러운 업적과 함께 역사서에 눈부시게 빛나니, 군더더기 말을 덧붙일 필요가 없다. 그 도덕에 관한 것 한두 가지만 간략히 논술할 따름이다. 공의 『가훈家訓』에서 집안을 교화해 나라에 미치는 도덕의 한 표본을 실로 볼 수 있다.

---

157 문원文元은 주돈이의 시호諡號다.
158 사마광(司馬光, 1019~1086)은 북송의 학자이자 정치가이다. 섬주陝州 하현夏縣 사람으로, 자는 군실君實, 호는 우부迂夫 또는 우수(迂叟), 시호는 문정공文正公이다. 통칭 '사마온공司馬溫公'이라 하였다. 저명한 『자치통감資治通鑑』을 편찬했고, 『온국문정사마공문집溫國文正司馬公文集』, 『계고록稽古錄』, 『속수기문涑水記聞』, 『잠허潛虛』 등을 남겼다.
159 '군실君實'은 사마광의 자字이다.

【謹按】公之相業, 與魏公之德業, 輝煌史册, 不須贅論, 而略敍其關於道
德者一二而已. 公之『家訓』, 誠可見化家及國之道德一斑也.

소강절邵康節[160]이 말했다. "이처럼 사람은 사물에 있어서 지극한 자요, 성
인은 사람에 있어서 지극한 자임을 안다. 사람에 있어서 지극한 자란, 그가
한 마음으로 수많은 마음을 보고, 한 몸으로 수많은 몸을 보며, 한 시대로 수
많은 시대를 볼 수 있음을 일컫는다. [또한] 마음으로 하늘의 뜻을 대신하고,
입으로 하늘의 말을 대신하며, 손으로 하늘의 솜씨를 대신하고, 몸으로 하늘
의 일을 대신할 수 있음을 일컫는다. 그리하여 [또한] 위로 천시天時를 인식하
고, 아래로 지리地理에 통달하고, 가운데로 사물의 실정(物情)에 통달하며, 인
간세상을 환히 통해 조망할 수 있음을 일컫는다. [또한] 천지를 두루 다스리
고, 조화에 들고나고, 고금을 왕래하고, 사람과 사물을 안팎으로 아우를 수
있음을 일컫는다."[161](『여순양집呂純陽集』에 따르면 순양[여동빈]이 강절을 방문
해 도를 전했다고 말하는데, 과연 그런지 아닌지는 모르겠다.)

邵子康節曰: 是知人者, 物之至, 聖人者, 人之至也. 人之至者, 謂其能以

---

160 소옹(邵雍, 1011~1077)은 북송의 학자이다. 범양范陽 사람으로 나중에 하남河南으로 옮겼
다. 자는 요부堯夫, 호는 안락선생安樂先生 또는 이천옹伊川翁이며, 시호가 강절邵康節이다.
소옹은 도교의 도서선천상수학圖書先天象數學을 배워 상수 역학의 대가가 되었고, 벼슬을
마다하고 일생을 낙양洛陽에 숨어 살았다. 『황극경세서皇極經世書』, 『관물내외편觀物內外編』
등의 저술을 남겼다.

161 『황극경세서皇極經世書』「관물내편觀物內篇」의 일부 내용을 전병훈이 가감해서 인용했다.
번역은 『황극경세서』를 반영해 문맥을 살렸다. 그 원문은 다음과 같다. "是知人也者, 物之至
者也; 聖也者, 人之至者也. 物之至者, 始得謂之物之物也; 人之至者, 始得謂之人之人也. 夫物之物者,
至物之謂也; 人之人者, 至人之謂也. 以一至物而當一至人, 則非聖人而何人? 謂之不聖, 則吾不信也.
何哉? 謂其能以一心觀萬心, 一身觀萬身, 一物觀萬物, 一世觀萬世者焉; 又謂其能以心代天意, 口代天
言, 手代天功, 身代天事者焉; 又謂其能以上識天時, 下盡地理, 中盡物情, 通照人事者焉; 又謂其能以彌
綸天地, 出入造化, 進退古今, 表裏人物者焉."

一心觀萬心, 以一身觀萬身, 以一世觀-萬世. 能以心代天意, 口代天言, 手代天工, 身代天事. 是以能上識天時, 下盡地理, 中盡物情, 而通照人世. 能彌綸天地, 出入造化, 進退古今, 表裏人物者也.(按呂純陽集純陽訪康節傳道云, 未知果否.)

【안설】소강절은 수數로 얻어서 리理로 귀결했다. 그 경세經世의 책[162]은 천지와 사람과 사물의 이치에 통달하고, 백세 이전과 견주어서 백세 이후에 합벽闔闢[163]하는 정해진 이치를 알 수 있었다. 이 논의처럼, 성인의 도덕은 만물일체의 평등계에 들어가는 것이라고 말할 수 있다. 그 우주 관념, 철리의 참된 증험이 실로 최고로 뛰어나고 슬기롭다.

【謹按】康節得之以數, 歸之以理. 其經世之書, 窮盡天地人物之理, 等百世以上, 可知百世以來, 闔闢之定理也. 如此論, 則可謂聖人之道德, 入萬物一體之平等界者也. 其宇宙觀念 · 哲理眞驗, 誠最高英賢也.

장횡거張橫渠[164]가 『서명西銘』[165]에서 말했다. "하늘(乾)을 아버지로 칭하고, 땅(坤)을 어머니로 칭한다. 내가 작고 미미하지만 혼연히 뒤섞여 그 가운데 산다. 그러므로 천지를 채우는 것[氣]을 내가 몸으로 하고, 천지를 이끄는 것[理]을 내가 본성으로 한다. 백성이 내 동포요, 만물이 나와 함께한다. 임금은 내 부모의 맏아들이고, 그 대신大臣은 맏아들의 가신들이다. 어른을 공경함은 연장자를 연장자로 모시기 때문이고, 고아와 약자에게 자애로움은 연약한 자를 연약한 자로 보살피기 때문이니, 성인은 그것과 덕을 합하고 현자

---

162 여기서 이른바 '경세의 책(經世之書)'은 곧 『황극경세서』를 가리킨다.
163 '합벽闔闢'은 음양 · 건곤(乾坤: 천지)이 닫히고 열리는 순환 변화의 작용을 가리킨다.
164 장재張載(1020~1087)는 북송의 유교 철학자이다. 자는 자후子厚, '횡거橫渠'는 그의 호이다. 성리학의 창시자 가운데 하나로 회자되고, 특히 기론氣論으로 후세에 큰 영향을 끼쳤다.
165 『서명西銘』은 장재가 서쪽 창에 걸어 놓고 늘 새겼다는 유명한 좌우명이다.

는 그것에 뛰어나다.

무릇 천하의 지치고 쇠약하고 상하고 병든 자들과 외롭고 의지할 곳 없는 자들은 모두 내 형제로, 곤궁하고 호소할 데가 없는 사람들이다. 때맞춰 그들을 보살피는 것이 [천지의] 자식 된 도리요, 그 도리를 즐기며 근심치 않아야 효에 온전한 것이다. [도리를] 어기면 '배덕背德'¹⁶⁶이라 이르고, 인仁을 해치면 '도적'이라 이른다. 악행을 일삼는 자는 못난 사람이고, 몸소 실천하는 자만이 오직 [천지를] 빼닮은 사람이다. 변화를 알면(知化) 그 일이 술술 풀리고, 신묘함을 궁구하면(窮神) 그 뜻을 잘 계승할 수 있다.¹⁶⁷ 방구석에서도 부끄럽지 않아야 욕됨이 없고, 마음을 지키고 본성을 길러야(存心養性) 나태하지 않게 된다.

맛난 술을 싫어함은 숭백崇伯의 아들이 부모를 봉양한 것이요,¹⁶⁸ 영재를 교육함은 영봉인潁封人¹⁶⁹이 선한 영향을 끼친 것이다.¹⁷⁰ 노력을 쉬지 않고

---

166 『서명』 원문은 '패덕悖德'이다.

167 '지화知化'와 '궁신窮神'은 『주역·계사전繫辭傳』의 "窮神知化, 德之盛也"에서 온 개념이다.

168 '숭백의 아들(崇伯子)'은 곧 우禹를 가리킨다. 우임금 때 그의 딸이 의적儀狄에게 명해 처음 술을 만들어 우에게 바쳤다. 우가 그 술맛에 감탄했지만, 후세에 반드시 술 때문에 나라를 망치는 자가 있게 될 것이라고 경계하며 멀리했다고 한다. 이 고사는 『전국책戰國策·위책魏策』에 보인다. "昔者, 帝女令儀狄作酒而美, 進之禹, 禹飮而甘之, 遂疏儀狄, 絶旨酒. 曰 '後世必有以酒亡其國者.'"

169 '영봉인潁封人'은 영고숙潁考叔을 가리킨다. 『좌전左傳·은공원년隱公元年』에 "潁考叔爲潁谷封人"이라는 구절이 보이고, 또 그에 관한 고사가 있다. 정鄭나라 장공莊公이 그 어머니와 동생이 모의한 반란을 진압하고 "황천을 건너기 전에는 서로 보지 말자"고 딱 잘라 말했으나, 곧 후회하고 속앓이를 했다. 이에 영고숙이 장공을 찾아와 화해의 묘책을 전했다. 작은 수로를 내고 모자간에 서로 마주 선 뒤 그 수로를 건너며 "황천을 건넜다"고 외치는 상징적 행위를 제안한 것이다. 이를 실행하여 장공 모자가 화해했고, 영고숙은 훗날 부모자식 간의 불화를 해소하는 효도의 표상으로 회자되었다.

170 '석류錫類'는 '영석이류永錫爾類'의 준말로, 같은 부류의 사람들에게 계속 좋은 영향을 준다는 뜻이다. 이는 본래 『시경』에 보이는데, 영고숙潁考叔의 고사에 대해 뒷사람이 평가하기를 "영고숙은 순수한 효자로 그 모친을 사랑했을 뿐만 아니라 장공에게도 영향을 끼쳤다"며 시경의 이 구절을 인용했다. 『좌전·은공원년』에 그 내용이 보인다.

부모를 즐겁게 한 것은 순舜의 공이다. (한 구절 생략) 그 [부모에게] 받은 몸을 온전히 하여 돌아간 이는 증삼曾參이요, 용맹하게 부모를 따르고 명에 순종한 자는 백기伯奇이다.[171] 부유하고 귀하고 복되고 윤택함은 [하늘이] 장차 내 삶을 두텁게 하려는 것이요, 가난하고 비천하고 근심하고 슬픔은 [하늘이] 그대를 옥처럼 연마하여 완성시키려는 것이다. 살아서 내가 일의 순리를 따라야, 죽어서도 내가 평안하리라."

張子橫渠『西銘』曰: 乾稱父, 坤稱母. 予玆藐焉, 混然中處. 天地之塞吾其體, 天地之帥吾其性, 民吾同胞, 物吾與也. 大君者, 我父母之宗子. 大臣者, 宗子之家相也. 尊高年, 所以長其長. 慈孤弱, 所以幼其幼. 聖其合德, 賢其秀也. 凡天下之疲癃殘疾·鰥寡孤獨, 我兄弟之顚連而無告者也. 于時保之, 子之翼也, 樂且不憂, 純乎孝者也. 違曰背德, 害仁曰賊. 濟惡者不才, 其踐形惟肖者也. 知化則善述其事, 窮神則善繼其志. 不愧屋漏爲無忝, 存心養性爲匪懈. 惡旨酒, 崇伯子之顧養; 育英才, 潁封人之錫類. 不弛勞而底豫, 舜其功也. (一句略) 體其受而歸全者, 參乎, 勇於從而順令者, 伯奇也. 富貴福澤, 將厚吾之生也, 貧賤憂戚, 庸玉汝於成也. 存吾順事, 沒吾寧也.

【안설】여기『서명』의 '내 몸(吾身)'은 곧 천지의 자식(小子)으로, 부모에게 극진히 효도하여 하늘의 효자가 되는 이치를 찬연히 다 갖췄다. 이는 사람의 도덕을 더욱 경계하는 것으로, 지극히 위대하다. 옛 선비가 비평하기를 "맹자 이후 다만 한 편의 글로 일컬을 만하다"고 한 것은, 실로 지나친 논평이 아니다. 또한 태허太虛·합심合心과 우주론의 여러 학설 역시 모두 정밀하고 해박한데, 전부 실을 수가 없다.

【謹按】此『西銘』吾身, 卽天地之小子, 克盡孝道于親, 而爲天孝子之理,

---

171 증삼曾參은 공자의 제자이고, 백기伯奇는 주나라의 재상 윤길보尹吉甫의 아들이다. 모두 효자로 이름이 높았다.

粲然悉備. 其爲人之道德之徵益者至大也. 先儒批評, 以孟子以後只曰
一篇文字者, 實非過論也. 且太虛合心, 宇宙論諸說, 亦皆精博, 而不能
俱載耳.

또한 말했다. "천지를 위해 마음을 세우고, 백성을 위해 표준을 세우고, 옛
성현을 위해 끊어진 학문을 잇고, 만세를 위해 태평을 연다."[172]

又曰: 爲天地立心, 爲生民立極,[173] 爲往聖繼絶學, 爲萬世開太平.

【안설】사람 몸이 하나의 작은 천지로 [천지와 더불어] 참여해 삼재三才를 이
루니, 학인이 마땅히 이로써 뜻을 세우면 마침내 성공할 것이다.
【謹按】人身卽一小天地, 參爲三才者. 學人當以此立志, 乃克有成矣.

정명도程明道[174]가 말했다. "'낳고 낳는 것을 역易이라고 한다'고 하니, 곧
하늘이 도를 행하는 이유이다."[175] 또한 말했다. "천지의 떳떳함은 그 마음이
만물에 두루 미치면서도 무심無心하고, 성인의 떳떳함은 그 정감이 만사에
따르면서도 무정無情하다. 그러므로 군자의 학문은 거리낌 없이 넓고 크게
공정하여, 사물이 다가오면 그것에 순응하는 것이 가장 좋다."[176]

---

172 장재의 '사위四爲'로 불리는 명구로『횡거어록橫渠語錄』에 보인다. 중국 현대철학자 풍우란
   馮友蘭이 이 구절을 '횡거사구橫渠四句'로 칭하여 널리 알려졌다.
173 '爲生民立極'의 '立極'이『횡거어록』원문에는 '立命'(爲生民立命)으로 되어 있다. 여기서는 전
   병훈에 따라 '立極'으로 해석했다.
174 정호程顥(1032~1085)는 중국 북송北宋 중기의 유학자이다. 자는 백순伯淳 시호는 순純이
   고, 호가 명도明道이다. 일찍이 '성즉리性則理'을 주창했고, 그 사상이 동생 정이程頤를 거쳐
   주자에게 큰 영향을 주었다. 동생 정이와 함께 '이정二程' 혹은 '이정자二程子'로 불린다.
175 『정씨유서程氏遺書』권2에 보인다.
176 『정씨유서』권3에 보인다.

일찍이 왕안석王安石[177]과 일을 논하는데, 왕안석이 성난 안색으로 그를 대했다. 그러자 정명도가 천천히 말했다. "천하의 일은 한 집안의 사사로운 논의거리가 아닙니다. 원컨대 기운을 고르고 들으십시오." 왕안석이 이를 부끄럽게 여기고 머리를 굽혔다.[178] 또한 말했다. "천덕天德이 있어야 왕도王道를 말할 수 있으니, 그 요령은 단지 홀로 있을 때 근실함(謹獨)에 있다."[179]

程子明道曰 "生生之謂易, 卽天之所以爲道也." 又曰 "天地之常, 以其心普萬物而無心, 聖人之常, 以其情順萬事而無情. 故君子之學, 莫若廓然而大公, 物來而順應也." 嘗與王荊公議事, 荊公厲色待之. 明道徐曰 "天下事非一家之私議, 願平氣以聽." 荊公爲之愧屈. 又曰 "天德王道, 其要只在謹獨."

【안설】정명도는 실제로 도와 덕이 있어서 완전히 한 덩어리의 조화로운 기운이었고,[180] 온화하고 순수한 기운이 얼굴과 등에 넘쳐흘렀다.[181] 제자들이 수십 년을 따라 공부했지만, 그가 성내는 모습을 본 적이 없었다.[182] 송의 현자 가운데 가장 후덕했던 대현인이라고 말할 수 있다.

---

177 왕형공王荊公은 북송의 정치가이자 학자인 왕안석(王安石, 1021~1086)이다.
178 『송사宋史 · 도학전道學傳 · 정호程顥』에 그 고사가 보인다.
179 주희,『논어집주論語集註』권5「자한子罕」에 보인다. 다만 '天德王道'가 주희의 원문에서는 '有天德, 便可語王道'로 되어 있다. 본문은 원문을 축약해서 인용한 한 사례에 속하는데, 여기서는 원문의 문맥을 살려 번역했다.
180 이정二程의 문하에서 배운 사량좌(謝良佐, 1050~1103)가 정호의 인품을 평하여 "명도 선생은 온종일 단정히 앉아 있을 때에는 흙으로 만든 소상과 같았으나, 사람을 대하면 완전히 한 덩어리의 화기和氣였다"(明道先生, 終日端坐, 如泥塑人, 及至接人, 則渾是一團和氣)라고 한 데서 나왔다. 주희가『이락연원록伊洛淵源錄』에서 사량좌의『상채어록上蔡語錄』을 인용해 채록하여 후세에 전한다.
181 『송사 · 도학전 · 정호』에서 "정호는 자질과 성품이 남보다 뛰어나고 수양함에 도가 있어서, 온화하고 순수한 기운이 얼굴과 등에 넘쳐흘렀다"(顥資性過人, 充養有道, 和粹之氣, 盎於面背)고 한 데서 유래했다.
182 이에 관한 내용이『근사록近思錄 · 관성현觀聖賢』에 보인다.

【謹按】明道實有道有德, 渾是一團和氣, 和粹之氣, 盎於面背. 門人從游
數十年, 未嘗見其忿厲之容, 可謂宋賢中之最有德大賢也.

범문정范文正(중엄仲淹)[183]은 십오륙세 때부터 천하의 일을 자기의 소임으
로 여겼다. 재능이 도덕과 문무를 겸비해서, 전장에 나가서는 장수요 조정에
들어와서는 재상이 되었다. 임금에게 충성하고 백성에게 혜택을 베푸는 일
에 최선을 다하지 않음이 없었으니, 지극한 덕이 있는 자라 할 수 있다. 역사
서에서 송왕조 3백 년 간 첫째가는 인물로 칭송했으니, 마땅하다.

> 范文正公(仲淹)自十五六歲便以天下爲己任, 才兼道德文武, 出將入相. 致
> 君澤民之事, 靡不用極, 可謂有至德者也. 史贊以宋朝三百年第一人物,
> 宜哉.

【안설】범중엄(范公)은 한기(韓魏公)와 더불어 모두 한미한 출신으로 재상의
지위에 올랐다. 임금과 백성에게 미치는 뛰어난 공훈이 세상의 모범이 되었
다. 게다가 그는 가문마다 공유농지[義莊]를 설치해 가난한 혈족을 구휼토록
했으니,[184] 공적인 도덕을 한번 확충하는 여파를 남겨 또한 후세의 모범이
될 만했다. 그가 말하길 "선비는 마땅히 천하의 근심에 앞서 그 근심거리를
근심하고, 천하의 즐거움 뒤에서 그 즐거움을 즐겨야 한다"[185]고 했으니, 참

---

183 범중엄(范仲淹, 980~1052)은 북송의 정치가이자 학자이다. 자는 희문希文, 시호가 문정文正
이다. 뛰어난 경세가였으며, 시문詩文과 사詞를 잘 지었고, 만년에 지은 「악양루기岳陽樓記」
가 유명하다. 문집에 『범문정공집范文正公集』이 있다.
184 중국 송대 이후 가문마다 공유公有하는 의전義田을 두어 거기서 나오는 수입으로 동족을
부양하고 자녀를 교육하였으며 조상의 제사를 지내 가문의 단합과 경제적 복리를 도모하
였는데, 1050년 범중엄이 동족을 위해 재산을 기부하여 소주蘇州에 마련한 '범씨의장范氏義
莊'이 그 최초의 단초가 되었다.
185 범중엄의 『악양루기嶽陽樓記』에 나오는 구절로, 원문은 "先天下之憂而憂, 後天下之樂而樂"이
다. 전병훈이 인용 과정에서 각 구절 뒤에 '其憂'와 '其樂'을 추가했는데, 그 문맥이 보다 분
명하여 이에 따라 번역했다.

으로 지극한 말이다.

【謹按】范公與韓魏公俱以寒微致位. 其致澤巍勳, 模範宇宙. 況其置義莊, 救恤貧族, 亦一推廣公德之餘波, 亦可爲後世之模範也. 其曰 "士當先天下之憂而憂其憂, 後天下之樂而樂其樂." 誠至言哉.

주자朱子 회암晦菴[186]이 말했다. "거경居敬으로 그 뜻을 세우고, 독서로 그 이치를 궁구하며, 힘써 행하여 그 내용을 실천한다." 또한 말했다. "양기陽氣가 일어나는 곳은 쇠와 돌도 뚫리니, 정신을 한데로 모으면 어떤 일인들 이뤄지지 않겠는가?"[187] 또한 말했다. "도는 일상생활에서 마땅히 가야만 하는 길이요, 덕은 도를 행하여 마음에 얻음이 있는 것이다."[188] 또한 '밝은 덕(明德)'을 해석하여 말했다. "사람이 하늘로부터 받은 것으로 허령하고 어둡지 않으며, 온갖 이치를 갖춰서 만사에 응하는 것이다."[189]

> 朱子晦菴曰 "居敬以立其志, 讀書以窮其理, 力行以踐其實." 又曰 "陽氣發處, 金石亦透. 精神一到, 何事不成." 又曰 "道者, 日用當行之路. 德者, 行道而有得於心者也." 又釋明德曰 "人之所得乎天而虛靈不昧, 具衆理而應萬事者也."

(5번째는 아래의 도덕진화이다.)

(第五番在下道德進化.)

---

186 주자朱子는 곧 주희朱熹(1130~1200)로, '회암晦菴'은 그의 호이다. 성리학을 집대성한 남송 유학자로 워낙 널리 알려져 긴 주석이 필요 없다.
187 『주자어류朱子語類』 권8 「학이學二」에서 인용한 구절이다.
188 『논어집주論語集註 · 학이學而』에서 인용한 구절이다.
189 『대학장구집주大學章句集註』에서 인용한 구절이다.

【안설】주자가 여러 현자들의 가르침을 집대성하니, 또한 공자가 여러 성인의 가르침을 집대성한 것과 같다. 그리하여 이로부터 천하의 학문이 찬란하게 존숭되었는데, 조선의 경우에 더욱 심하였다. 근세에 학문을 논하는 자들이 그 후대의 폐단을 가리켜 헐뜯지만, 어찌 능히 그 공덕을 가리겠는가? 『주자대전』을 읽지 않아서 비롯된 잘못이다. 선생은 여동래呂東萊[190]와 절친했다. 여씨는 '자기 책망은 엄하게 하고 남의 책망은 가볍게 한다'는 가르침[191]의 요지를 얻어 거친 성정을 변화시켜 다시는 격노하지 않았으니, 참으로 기질을 변화시키는 법이다.

【謹按】朱子集羣賢而大成, 亦猶孔子之集羣聖而大成也. 故自是天下之學, 粲然尊尙, 如朝鮮者尤甚. 近世之論學者, 指訾其後弊, 然安能掩其功德哉? 由不讀『大全』之咎也. 先生與呂東萊友善. 呂得於躬自厚而薄責人之旨, 變化粗性, 更不暴怒, 誠變化氣質法也.

장남헌張南軒 선생(식栻)[192]이 말했다. "학자가 공자와 맹자에 마음을 푹 담그면 반드시 그 [배움의] 문에 찾아 들어가고, 의로움(義)과 이로움(利)을 분별하는 것보다 앞서는 게 없다고 여기게 된다. 성현聖賢은 하는 바가 없이도 그리된다. 하는 바가 있어야 그리되는 것은, 모두 인욕의 사사로움일 뿐 천리가 있는 곳이 아니다. 이것이 의로움과 이로움의 구분이다."

張南軒先生(栻)曰: 學者潛心孔孟, 必求其門而入, 以爲莫先於義利之辨. 蓋聖賢無所爲而然也. 有所爲而然者, 皆人欲之私, 非天理之所存. 此義利之分也.

---

190 남송의 유학자인 여조겸(呂祖謙, 1137~1181)으로, 동래東萊는 그의 호이다.
191 『논어論語 · 위령공衛靈公』에 보이는 공자의 가르침이다.
192 장식(張栻, 1133~1180)은 남송의 성리학자이자 교육가이다. 자는 경부敬夫 · 흠부欽夫 · 낙재樂齋이고, 호는 남헌南軒이다. 주희, 여조겸과 더불어 '동남삼현東南三賢'으로 불렸다. 국중본에는 '軾' 명문본에는 '栻'으로 되어 있는데, '栻'이 합당하다.

【안설】이것은 극단적인 동기를 논하며, 아직 드러나지 않은 것을 드러내 논하니, 주희朱熹와 육구연陸九淵 두 파가 공히 인정하는 바이며 참된 도덕의 근원이다.

【謹按】此論極端動機, 論發所未發者, 朱陸二派之所公認, 而眞道德之源也.

제6장 명·청 도덕 철리
第六章 明淸道德哲理

명나라의 양자호楊慈湖193 선생이 말했다. "역易은 내게 있지 남에게 있지 않다. 역을 책으로만 여기고 역을 자기로 여기지 않는 것은 옳지 못하다. '천지'란 나의 천지이고 '변화'란 나의 변화이지, 다른 사물이 아니다."

明楊慈湖先生(簡)曰 "易者, 己也, 非他也. 以易爲書, 不以易爲己, 不可也. 天地者我之天地, 變化者我之變化, 非他物也."194

【안설】여기서 우주변화가 내 마음의 변화를 벗어나지 않는다고 말하니, 도의 큰 근원이다. 왕양명王陽明195 선생이 육학陸學196을 중흥하여, 양지良智·

---

193 양자호(楊慈湖, 1141~1226)는 남송의 유학자다. 육상산陸象山을 만나 그의 제자가 되었다. 인간이 올바른 본심으로 되돌아가기 위해서는 모든 물욕을 제거해야 한다고 주장하였다.

194 『자호유서慈湖遺書』권7 「가기일이역家記一已易」에 나오는 구절이다. 본문은 다음과 같다. "易者, 己也, 非有他也. 以易爲書, 不以易爲己, 不可也. 以易爲天地之變化, 不以易爲己之變化, 不可也. 天地我之天地, 變化我之變化, 非他物也."

195 왕수인(王守仁, 1368~1661)은 명대明代 중엽의 이학자로, 호가 양명陽明이다. 육구연의 학설을 계승해 이른바 육왕학陸王學 혹은 양명학陽明學의 거두가 되었다.

196 '육학陸學'은 곧 남송 육구연(陸九淵, 1139~1192)의 학문을 가리킨다. 육구연의 자는 자정子靜이고, 호는 상산象山이다. 그는 우주가 리理로 충만하고, 인간에게는 "마음이 곧 리(心卽

양능良能과 지행합일설을 종지로 삼았다. 그 학설이 비록 주자와 많이 상반
되지만, 그 위대한 공훈과 정치업적은 실로 유학자에게서 보기 드문 철리·
도덕이다. 윗글이 도덕의 참된 진리를 찬술하니, 따라서 그 학설을 많이 언
급하지는 않겠다. (이 밖에『명유학안明儒學案』[197]에 죄다 실려 있다. 그러
므로 낱낱이 들어서 말하지 않는다.)

按: 此說以宇宙變化, 不外乎我心之變化者, 道之大源也. 王陽明先生乃
重興陸學, 而良智·良能·知行合一之說爲宗旨. 其學說雖與朱子多相
反, 然其偉勳政蹟誠爲儒子罕觀之哲理道德也. 此撰道德眞諦, 故其學
說不及多取.(按此外『明儒學案』俱存, 故不枚擧也.)

황리주黃梨洲 선생(종희宗義)[198]이 말했다. "뒷날 군주가 된 자는 천하의 이
해득실 권한이 모두 내게서 나온다고 여겼다. 내가 천하의 이익을 모조리 나
에게 돌리고 천하의 손해를 모조리 남에게 돌려도, 또한 안 될 것이 없었다.
천하 사람들이 감히 자기의 사사로움과 이익을 구하지 못하게 하면서, 자기
의 큰 사사로움은 천하의 큰 공익으로 삼았다."

黃梨洲先生(宗義)曰: 後之爲君者, 以爲天下利害之權皆出於我. 我以天
下之利盡歸於己, 以天下之害盡歸於人, 亦無不可. 使天下之人不敢自私,
不敢自利. 以我之大私, 爲天下之大公.[199]

理)"라는 명제를 확립했다. 육구연과 왕양명의 학문을 통칭해 육왕학陸王學이라고 한다.

197 『명유학안明儒學案』은 황종희의 저술이다.

198 황종희(黃宗義, 1610~1695)는 명말청초의 유학자로 주자학과 양명학에 비판적인 태도를
취하면서도, 기본적으로 양명학을 계승했다. 일생의 대작으로, 전제군주제의 폐단을 논하
는『명이대방록明夷待訪錄』이 있다. 그는 중국 최초의 체계적인 철학사라 할 수 있는『명
유학안明儒學案』과『송원학안宋元學案』을 저술했는데, 특히 각 철학자와 학파의 핵심 원전
자료를 소개하고 그에 대해 자기의 평가를 덧붙이는 이른바 '학안체學案體' 저술양식의 효
시가 되었다. 전병훈의『정신철학통편』역시 학안체로 저술되어, 황종희의 영향을 받았다
고 말할 수 있다.

199 『명이대방록明夷待訪錄』「원군原君」에 원문이 보인다.

【안설】황종희는 명나라 유민으로, 이는 그의 『명이대방록明夷待訪錄』200의 한 구절이다. 선생은 도를 이뤄 덕이 섰으며, 저서가 아주 많았다.(5백여 종이다.) 일찍이 일본에 파병을 요청할 정도로 명나라의 회복에 뜻을 두었으니, 실로 절개가 탁월하여 천고에 드물게 덕스러운 위대한 현자이다. 그는 학계의 지주砥柱201이자 서광이 되어, 서구의 칸트와 동일하게 성인에 버금가는(亞聖) 자질과 덕망을 갖췄다. 훌륭하고 훌륭하다!

【謹按】梨洲是皇明遺民, 此其 『明夷待訪錄』之一言也. 先生道成德立, 著書極多.(五百餘種) 嘗請兵日本, 以恢復爲志, 誠卓絶千古之逸德大賢. 其爲學界之砥柱曙光, 蓋與歐西之康德氏, 同一亞聖之資望也. 懿哉懿哉!

전사산全謝山 선생(조망祖望, 청나라 건륭乾隆 사람)202이 말했다. "'하나로 꿰뚫는다'(一貫)203는 학설은, 다만 『중용』을 읽으면 그것이 곧 주해이다. '하나'는 곧 진실함(誠)으로, 천지가 하나의 진실함일 따름이다. 그 사물됨이 둘이 아니어서, 그것이 만물을 낳는 것을 헤아릴 수 없다. '아! 천명이여. 아! 아름다워 그치지 않네'204라고 하니, 천지가 하나로 모든 것을 꿰뚫는 것이다. '진

---

200 명이 멸망하자 황종희는 당시 사회의 문제점들을 분석하고 새로운 질서를 모색하면서 그의 철학사상을 건립하였고, 그 결실로 『명이대방록明夷待訪錄』을 저술했다. 그는 극심한 전제군주제의 폐단에서 명나라가 망한 원인을 찾고, 군주 독재를 방지할 수 있는 제도개혁론을 제시하고, 전통적인 농본農本에서 벗어나 상업과 수공업도 근본 산업이라는 '공상개본工商皆本'의 경제사상을 전개했다.

201 '지주砥柱'는 하남성河南省 삼문협三門峽 동쪽을 흐르는 황하黃河의 거센 물살 한가운데 솟아 있는 돌기둥 산으로, 거친 세파에도 의연히 절개를 지키는 선비를 상징한다.

202 전조망(全祖望, 1705~1755)은 청나라 초의 학자로, '사산謝山'은 그의 호이다. 황종희의 미완의 저서 『송원학안』을 완성했고 『수경주水經註』를 교정했다. 즙산학원蕺山學院과 단계서원端溪書院 등지에서 후학을 양성했다. 『길기정집鮚埼亭集』, 『경사문답經史問答』, 『구여토음句餘土音』, 『한서지리지계의漢書地理志稽疑』 등의 저서가 있다.

203 공자가 "내 도는 하나로 꿰어 있다(吾道一以貫之)"고 말한 것을 가리킨다.

204 『시경 · 주송周頌』에 전하는 '유천지명維天之命'의 한 구절이다.

실함은 자기를 이루게 할 뿐만 아니라, 만물을 이루게 하는 것이다. 자기를 이룸은 어짊(仁)이요, 만물을 이뤄 주는 것은 앎(知)이요, 본성(性)의 덕은 안 팎의 도를 합함이다. 그러므로 때맞춰 조치함이 마땅하다'[205]고 하니, 성인 이 하나로 모든 것을 꿰뚫는 것이다. '충서忠恕가 도에서 멀지 않다. 자신에게 베풀어지기를 원치 않는 것을 또한 남에게도 베풀지 않는다'[206]고 하니, 학자 가 하나로 모든 것을 꿰뚫는 것이다."[207]

全謝山先生(祖望, 淸乾隆人)曰: 一貫之說, 但讀『中庸』便是註疏. 一者, 誠 也, 天地一誠而已矣. 其爲物不貳, 則其生物不測. "維天之命, 於穆不已." 天地之一以貫之也. 誠者, 非自成已也, 所以成物也. 成己, 仁也. 成物, 知 也. 性之德也, 合內外之道, 故時措之宜也. 聖人之一以貫之者也, 忠恕違 道不遠, 施諸己而不願, 亦勿施於人, 學者之一以貫之者也.

【안설】 선생은 은나라 왕 중종中宗의 후예로 가문의 계보가 뚜렷하다. 어려 서부터 총명하고 지혜로움이 남달리 뛰어났다. 경학·역사·문장의 재능을 겸비했으며 저서가 아주 많다.(3백여 종) 참으로 통달한 유학자이며 위대한 철인이다. 왕명으로 과거에 응시해 한림翰林이 되었으나, 은거하여 덕업을 쌓아 뒷사람에게 은택을 끼쳤다. 아! 어질도다.

【謹按】 先生是殷王中宗之後, 世譜昭然. 自幼聰睿超絶, 經學史資詞才, 兼而有之, 著書極多.(三百餘種) 誠通儒大哲也. 因親命應擧爲翰林, 然 隱而進德修業以惠後人. 烏乎! 賢哉.

유리초兪理初 선생(정섭正燮, 청나라 사람)[208]이 말했다. "야만인은 강자를 두

---

205 『중용』에 보이는 명구이다.
206 『중용』에 보이는 명구이다.
207 전조망의 『경사문답經史問答』에 보이는 글이다.
208 유정섭(兪正燮, 1775~1840)은 청나라 학자로, 자가 이초理初다. 실사구시를 위주로 훈고와

려워하고 약자를 깔보는 관습이 있다. 문명인은 강자에게 맞서고 약자를 돕는 관습이 있다. 강자에 맞서는 것은 자기를 보호하려는 인격이요, 약자를 돕는 것은 다른 사람을 보호하려는 인격이다. 서양은 일부일처제가 일찍 정해졌으며 기사騎士가 전쟁에서 용감하고 부녀자를 존중하여, 강자에 맞서고 약자를 돕는 미덕을 실행한다. 우리나라 부녀자의 도덕은 순종하고 질투하지 않는 것으로, 소극적이지 않은 것이 없다. 송나라 이후 모든 일에서 정감(情)을 버리고 리理를 말하여, 정이천程伊川 같은 자는 또한 과부가 재혼하면 절개를 잃는다고 지목하고, '굶어 죽음은 작은 일이지만 절개를 잃음은 큰일'이라고 말했다. 이로부터 부녀자가 더욱 궁지에 몰리고 하소연할 데가 없는 지위로 떨어지고 말았다. (중략) 재혼자를 비난하지 말아야 하며, 재혼하지 않는 자에게는 공경하는 예를 표해야 한다. 이것이 옳다."

俞理初先生(正燮, 淸人)曰: 野蠻人以畏强凌弱爲習慣, 文明人以抗强扶弱爲習慣. 抗强, 所以保己之人格. 扶弱, 所以保他人之人格也. 泰西一夫一妻之制早定, 而騎士勇於公戰而尊重婦女, 實行抗强扶弱之美德也. 我國婦女之道德, 卑順也, 不妬妬也, 無非消極者. 自宋以後, 凡事舍情而言理, 如伊川者, 且目寡婦之再醮爲失節, 而謂餓死事小, 失節事大. 於是婦女益陷於窮而無告之地位. (略) 再嫁者不當非之, 不再嫁者敬禮之. 斯可矣.

【안설】 부부는 동등한 한 몸으로, 화인華人과 한인韓人의 일부다처제는 이미 하늘의 법칙에 맞지 않는다. 더구나 한국 풍속에 이미 결혼했으면 남편이 죽더라도 재혼하지 않는 것이 있으니, 역시 심하지 않은가! 유공俞公의 이런 논의는 탁월한 창견創見이라고 말할 수 있고, 천지가 만물을 낳아 기르는 이

고중을 중시하여, 이른바 '이초학파理初學派'를 창시했다. 『설문부위교보說文部緯校補』, 『해국기문海國紀聞』, 『계사류고癸巳類稿』, 『계사존고癸巳存稿』 등의 저서가 있다. 특히 『계사류고』가 그의 대표 저서로 높은 평가를 받는다.

치라고 찬탄할 수 있다. 진실로 가식假飾을 제거하고 이 논의를 통용할 수 있다면, 곧 서구에서 흑인 노예를 폐지한 도덕과 무엇이 다르겠는가? 그러나 서양 역사에도 간혹 절개가 굳은 부인이 남편을 따라 죽은 사례가 있으니, 역시 하나의 천부적 양심이다. 이는 실로 자유 중의 미덕이니, 누가 이를 제지할 수 있겠는가?

【謹按】夫妻同等同體, 而華韓人一夫多妻之制, 旣不合天則. 況韓俗有結婚而夫死, 不改嫁者, 不亦甚乎! 兪公此論, 可謂卓絶創見, 可贊天地化育之理也. 苟能袪除假飾而通行此議, 則何異乎歐西之廢黑奴之道德者乎? 然西史, 或有節婦之殉夫者, 亦一天良也. 是固自由中之美德, 孰能制之乎.

증문정공曾文正公(국번國藩)[209]이 말했다 "하늘이 이 백성을 낳으니, 내가 건순健順·오상五常[210]의 본성으로 어찌 나만 깨끗해지고 말겠는가? 장차 백성을 기르고 세상을 구제하여 천지의 결함을 미봉하려 한다. 천하의 만물에 대해 마땅히 궁구하지 않을 것이 없으니, 음양의 배열, 일월성신의 질서, 백성의 생성, 귀신의 정황, 동식물 모두의 편안함,[211] 청소하고 응대하며 들고나는 일이 모두 내 성품과 본분에 속한 일이다. 그러므로 '만물이 모두 내게 구

---

209 증국번曾國藩(1911~1872)은 청나라 말기의 정치가이자 학자로, 본명은 자성子城이고, 자는 백함伯函, 호는 척생滌生이다. 그는 태평천국의 난을 진압했으며, 중국의 근대화 운동인 양무운동을 추진했다. 양계초가 근대 중국인 가운데 가장 모범적인 지도자로 꼽을 정도로 뛰어난 유자이자 경세가였으나, 만주족 정부를 무너뜨리고 한족이 주도하는 공화국을 세우려는 사람들에게 또한 비난의 대상이 되기도 했다.

210 '건순健順'은 강건함과 유순함으로 음양陰陽에 배합하는 덕이고, '오상五常'은 인·의·예·지·신으로 오행五行에 배합하는 덕이다.

211 '함약咸若'은 직역하면 '모두 그러하다'인데, 하나라의 옛 임금 때 그 덕이 성대하여 하늘의 재앙이 없으니 산천 귀신도 다 편안하고 짐승과 물고기도 모두 그러했다는 고사에서 유래하여 '모두 편안하다'는 뜻으로 쓰였다. 『書經』 「商書·伊訓」에 고사가 보인다. "嗚呼! 古有夏先后, 方懋厥德, 罔有天災. 山川鬼神, 亦莫不寧, 曁鳥獸魚鼈咸若."

비되어 있다. 사람이 천지의 마음이다.'라고 말한다."

> 曾文正公(國藩)曰 "天生斯民, 予以健順五常之性, 豈以自淑而已. 將使育
> 民淑世, 而彌縫天地之缺憾. 其於天下之物, 無所不當究. 二儀之奠, 日月
> 星辰之紀, 庶氓之生成, 鬼神之情狀, 草木鳥獸之咸若, 灑掃應對進退之
> 事, 皆吾性分之所有事. 故曰: 萬物皆備於我. 人者, 天地之心也."

또한 말했다. "덕업이 한결같지 않으면 날마다 사물로 [마음이] 옮겨 간다.
네가 두 번 먹는다고 꾸지람을 듣지는 않겠지만, [먹는 것이] 한 톨 한 톨 늘어
나 오래되면 한 말을 가득 채운다. 천군天君이 운명을 관장하는데, 마부처럼
미천한 내게도 감히 알려 주신다."212

> 又曰: 德業之不常, 日爲物遷. 爾之再食, 曾未聞或愆, 黍黍之增, 久乃盈
> 斗. 天君司命, 敢告馬走.213

【안설】증공曾公은 최근의 이름난 석학이다. 그가 벼슬에 올라 무력을 떨친
공훈, 학문을 쌓아 세속을 감화한 도덕은 송나라의 한기·범중엄·사마광
과 동일하게 뛰어나고 슬기롭다. 학식이 광대해서 훤히 비추지 않음이 없
고, 세밀하여 완비되지 않음이 없다. 위대하고 성대하도다! 이는 하늘에서
근원하는 철리·도덕을 실천한 것이 아니겠는가? 아! 역시 어질도다.

【謹按】曾公乃最近名碩, 其立朝振武之勳業, 積學陶世之道德, 可謂與宋
之韓范司馬同一英賢, 而學識大無不燭, 細無不該. 偉歟盛哉. 此非實踐
原天之哲理道德也耶? 吁! 亦賢哉.

---

212 이는 증국번의 「오잠五箴」 가운데 하나인 '유항잠有恆箴'의 일부 문구이다. 여기서 천군天君
   은 곧 천신天神을 가리킨다.
213 '마주馬走'는 마부를 뜻하는데, 여기서는 증국번이 자기를 낮춰 부르는 겸사謙辭이다.

총론
總論

　　원천도덕의 철리를 논하는 데서 중문공에 이르기까지, 역대에 도덕을 실행한 정치가와 성현들은 도덕의 큰 근원이 천지에서 나오며 천지가 한 몸에 갖춰져 있음을 모두 훤히 꿰뚫어 보아서, 행한 바와 말한 바가 하늘의 덕[天德]과 하늘의 이치[天理] 아님이 없었다. 그들이 도덕을 행한 경험과 사실이 어찌 그 시대의 모범으로 그치겠는가? 만세의 법칙이 될 만한 것이 많다. 하지만 근세에 도덕을 논하는 자들은 새것과 옛것을 분별하니, 도덕이 하늘에서 근원함을 모르기 때문이다. 무릇 물질 도구와 물리·화학 분야는 혁신하고 진화하는 것이 없을 수 없다. 하지만 도덕마저 전적으로 공리功利로 해석하니, 시험 삼아 묻건대 남에게 보이려는 선善도 '참된 선'으로 칭할 수 있겠는가? 서로 결점을 교환하고 도덕의 의미를 보완하면, 반드시 인도人道의 행복이 될 것이다.

　　아! 경험의 도덕이 참으로 위에서 진술한 바와 같다. 『춘추春秋』는 성인의 경세서經世書로, 근엄하게 권선징악하며 중화를 높이는[尊華] 데 치중했다. 그런데 중화가 예를 잃으면 곧 오랑캐로 떨어지고 오랑캐가 예를 지니면 곧 중화로 나아가니, 하늘의 섭리를 체득한 성인이 인도人道를 권장하고 진화시키는 공덕심公德心을 볼 수 있다. 이것이 유가 도덕의 정맥正脈이다. 아! 저들 선仙·불佛과 과학을 전적으로 숭상하는 인사들이라고 어찌 몰라도 되겠는가? 그리고 이처럼 성품을 다하고 세상을 다스리는 [유교의] 도덕에 어찌 또한 목숨을 보존하고 참 나를 이루는 [도교의] 도덕을 합하지 않겠는가? 그런 뒤에야 겸성兼聖하는 지극한 철학의 원만한 도덕이라고 비로소 말할 수 있다. 근세에 공덕심公德心을 논하는 학설은 하편에 상세히 구비한다.

自論原天道德哲理, 至此曾公. 歷敍實行道德之政治家聖賢, 皆洞見道德大源出於天地, 而天地備乎一身. 所行所言, 無非天德也·天理也. 其爲道德之經驗事實, 奚啻爲當世之模範而已哉, 可以爲萬世法則者多也. 然近世論道德者, 有新舊之辨, 由不識其原天故也. 凡物質器用, 理化之類, 不無維新進化者, 而專解道德以功利, 則試問善欲人見者, 亦稱許爲眞善乎? 庶可以互換缺點, 補完道德之義, 則未必不爲人道之幸福矣. 烏乎! 經驗之道德, 洵如上所述, 而『春秋』乃聖人經世書, 謹嚴彰善癉惡, 尊華爲重. 然華而失禮, 則黜之以夷. 夷而有禮, 則進之以華, 可以見體天聖人, 勸奬人道而進化之公德心也. 此乃儒家道德之正脈. 噫! 彼專尙仙佛科學之士, 安可不識? 而盍亦於斯盡性經世之道德, 合致以住命成眞之道德乎? 然後始可謂兼聖極哲之圓滿道德矣. 惟近世之論公德心說, 其詳下篇.

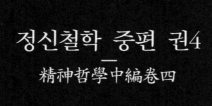

정신철학 중편 권4

精神哲學中編卷四

도덕철학

道德哲學

제7장(14절) 도가 철리 도덕
第七章(十四節) 道家哲理道德

광성자가 말했다. "지극한 도의 정수는 그윽하고도 아득하며, 지극한 도의 극치는 어둑어둑하고도 고요하다. 나는 그 하나를 지키고, 그 조화에 머문다."[1]

> 廣成子曰: 至道之精, 窈窈冥冥. 至道之極, 昏昏嘿嘿. 我守其一, 以處其和.

황제가 말했다.[2] "마음(心)을 기르고 몸(形)을 다스린다.[3] 신神이 노닐어 깨달음을 얻는다. 도는 밖에서 구할 수 없다. [정신이] 문 안으로 들어가고, [몸이] 근본으로 되돌아간다.[4] 신神으로 보고, 기氣로 듣는다.[5] 상망象罔이 구슬을

---

1 『장자莊子·재유在宥』에 보인다.
2 여기서 황제黃帝의 말은 여러 서책에서 전병훈이 가져온 것이다. 아래 이어지는 각주 참고.
3 '양심복형養心服形'은 '재심복형齋心服形'에서 연원한다. 『열자列子·황제黃帝』에 보인다. "退而閒居大庭之館, 齋心服形."
4 '입문반근入門返根'은 '精神入其門, 骨骸反其根'에서 연원한다. 『문자文子·구수九守』에 다음 구절이 있다. "精神本乎天, 骨骸根於地, 精神入其門, 骨骸反其根, 我尚何存? 故聖人法天順地, 不拘於俗, 不誘於人, 以天爲父, 以地爲母, 陰陽爲綱, 四時爲紀."

얻는다.[6] "길이 없어야 도를 얻는다."[7] 또 말했다. "내가 장차 수레를 멈추고 현포玄圃[8]에서 쉬며, 나의 참됨을 돌이키리라!"[9]

> 黃帝曰: 養心服形, 神游惺得. 道非外求. 入門返根. 神視氣聽, 象罔得珠. 無道得道. 又曰: 吾將息駕玄圃, 以返余眞.

『황제내경』에서 기백이 말했다. "청정 담박하고 허무하면, 참된 기(眞氣)가 따라온다. 정신을 안으로 지키면, 병이 어디에서 오겠는가?"

> 『黃帝內經』歧伯曰: 恬澹虛無, 眞氣從之. 精神內守, 病安從來?

【안설】 이는 수양하여 병들지 않는 조법祖法[10]을 일깨워서 생명과 사람을 한량없이 제도濟度한 것이니, 참으로 '지극한 덕'이라고 말할 수 있다.

【(秉薰)謹按】 此啓脩養不病之祖法, 以濟生度人无量, 誠可謂至德也.

---

5 '신시神視'와 '기청氣聽'은 『열자·탕문湯問』에 보인다. "唯黃帝與容成子居空峒之上, 同齋三月, 心死形廢. 徐以神視, 塊然見之, 若嵩山之阿. 徐以氣聽, 砰然聞之, 若雷霆之聲."

6 '상망득주象罔得珠'는 『장자·천지天地』에 보인다. "黃帝游乎赤水之北, 登乎崑崙之丘而南望. 還歸, 遺其玄珠. 使知索之而不得, 使離朱索之而不得, 使吃詬索之而不得也. 乃使象罔, 象罔得之. 黃帝曰: '異哉, 象罔乃可以得之乎?'" 황제가 아득히 먼 산하에서 노닐다가 돌아왔는데 현주玄珠를 잃어버렸다. 그 구슬은 곧 도를 상징한다. 지혜를 은유하는 지지知, 눈밝음을 은유하는 리주離朱, 변론을 은유하는 끽후吃詬를 보내 구슬을 찾게 했으나 모두 실패한다. 이에 상망象罔을 보내 찾게 하니 구슬을 얻어 돌아왔다. '상망象罔'은 판본에 따라 '망상罔象'이라고도 하며, '형체가 없음' 혹은 '형체를 잊음'을 의미한다. 성현영成玄英은 그것을 무심無心으로 풀이했다.("罔象, 無心之謂")

7 '무도득도無道得道'는 『장자·지북유知北游』에 보인다. "黃帝曰: 無思無慮始知道, 無處無服始安道, 無從無道始得道." '길이 없어야 도를 얻는다'(無道得道)는 것은 인위적인 방법에 의지하지 않고 심신을 텅 비운 가운데 비로소 도를 얻게 된다는 뜻이다.

8 '현포玄圃'는 곤륜산 위에 황제黃帝의 궁전이 있는 곳을 가리킨다. 아래 각주 참고.

9 "吾將息駕玄圃, 以返余眞" 구절은 『광황제본행기廣黃帝本行記』(『정통도장正統道藏·동진부洞眞部·기전류記傳類』)에 보인다. "我勞天下久矣, 息駕玄圃, 以反餘眞也. 玄圃在崑崙上, 有黃帝宮."

10 '조법祖法'은 선조로부터 전하는 법으로, 함부로 바꿀 수 없는 근본이 되는 법을 가리킨다.

노자 『도덕경』에서 말했다. "도라고 할 수 있는 도는 참된 도가 아니다. 이름 부를 수 있는 이름은 참된 이름이 아니다. 무명無名은 천지의 시작이고, 유명有名은 만물의 어머니다."[11] 또한 말했다. "큰 덕의 모습은 오직 도를 따른다."[12] 또한 말했다. "사람은 땅을 본받고, 땅은 하늘을 본받으며, 하늘은 도를 본받고, 도는 스스로 그러함(自然)을 본받는다."[13] 또한 말했다. "되돌아가는 것이 도의 움직임이고, 유약한 것이 도의 작용이다. 만물은 있음에서 생기고, 있음은 없음에서 생긴다."[14]

老子『道德經』曰: 道可道, 非常道. 名可名, 非常名. 無名, 天地之始. 有名, 萬物之母. 又曰: 孔德之容, 惟道是從. 又曰: 人法地, 地法天, 天法道, 道法自然. 又曰: 反者道之動, 弱者道之用. 萬物生於有, 有生於無.

노자가 또한 말했다. "도가 만물을 낳고, 덕이 만물을 기르며, 만물이 형태를 갖추고, 형세(勢)가 그것을 완성한다. 그러므로 만물은 도와 덕을 존귀하게 여기지 않음이 없다. 도와 덕의 존귀함은 누구도 이를 명령하지 않지만, 항상 스스로 그러하다. 그러므로 도가 낳고 [덕이] 길러서, 키우고 육성하고 여물게 하고 숙성하고 가꾸고 보호하는데, 낳고서도 소유하지 않고, 기르고도 주재하지 않으니 이를 '현묘한 덕'(玄德)이라고 한다."[15] 또한 말했다. "근본으로 돌아가는 것을 고요하다(靜)고 하고, 고요함을 복명復命[16]이라고 한

---

11   『노자』 1장에 보인다.
12   『노자』 21장에 보인다.
13   『노자』 25장에 보인다.
14   『노자』 40장에 보인다.
15   『노자』 51장에 보인다. 『노자』 원문에는 '道生之‧德畜之'인데, 여기에는 '德'자가 빠져 있어 [ ] 안에 보충한다.
16   복명復命은 '復還性命'(『老子河上公章句』), '復於本命'(『莊子‧則陽』成玄英疏) 등으로 해석된

다. 복명을 떳떳하다(常)고 하고, 떳떳함을 아는 것을 밝다(明)고 한다. 하늘
과 같아져야 도에 합하고, 도에 합해야 장구하다."[17]

老子又曰: 道生之, 德畜之, 物形之. 勢成之, 是以萬物莫不尊道而貴德.
道之尊, 德之貴, 夫莫之命而常自然. 故道生之·畜之·長之·育之·成
之·熟之·養之·覆之. 生而不有, 爲而不恃, 長而不宰, 是爲玄德. 又曰:
歸根曰靜, 靜曰復命, 復命曰常, 知常曰明. 天乃道, 道乃久.

【안설】노자의 학문은 실로 광성자와 황제에 연원을 두었으니, 수양의 올바
른 전승이다. "어떤 사물이 혼연히 이뤄졌으니 천지보다 먼저 생겨났다"[18]
고 말한 것에서 그가 형이상의 철리를 탐구했음을 알 수 있으니, 다른 학파
와 비교할 수 없다. 그런데 치세治世의 법을 논하면서 곧바로 순일함을 회복
하고 질박함을 돌이켜서 자연으로 돌아가고자 한 것은, 사람의 사대四大와
육근六根이[19] 모두 욕망임을 정녕 모르는 것이다. 성인이 절제로 세상을 다
스리는 것은 모두 과격한 이론에 반대하기 때문이니, 인정人情에 어긋남을
면치 못하면서 세상의 도가 또한 어찌 진화할 수 있을지 걱정하는 것이다.
하지만 이는 폐단을 바로잡는 논의에 불과하다. 그[노자의] 진실하고 올바른
주뇌主腦[20]의 철리는 한편으로 수양하여 신선이 되는 지극한 덕을 이루고,
한편으로 지극한 공화정치의 긴요한 도를 이룬다.(정치편에서 상세히 말한
다.) 어찌 예사로운 도덕론으로 논할 수 있겠는가? 「정치」편[21]을 읽는 데
이르러야, 그 도덕의 지극한 언설과 진리를 스스로 체득할 수 있을 것이다.

다. 본원으로 돌아가기, 본성의 회복을 함축한다.
17 『노자』 16장에 보인다.
18 "有物混成, 先天地生"은 『노자』 25장에 보인다.
19 불교에서 유래한 개념으로, 사람의 몸을 이루는 땅·물·불·바람의 네 요소가 '사대四大'
    이고, 감각과 인식을 낳는 눈·귀·코·혀·몸·뜻의 여섯 감각기관이 '육근六根'이다.
20 여기서 '주뇌主腦'란 뇌 안에 정신을 응결하는 것으로, 전병훈은 노자철학의 정수가 내단학
    의 원리에 있다고 보았다.
21 하편 권5의 「정치철학」편을 가리킨다.

【謹按】老子之學眞是廣成黃帝之淵源, 修養正傳也. 其曰 "有物混成, 先天地生"者, 可見其探形上之哲理, 非他家可比也. 然至論治世之法, 則正欲回醇反樸以歸自然者, 殊不知人之四大六根皆欲也. 聖人所以節制以治世者, 皆反對以偏激之論, 則恐未免違咈人情, 而世道亦何可進化乎. 然此不過矯弊之論也. 若其眞正主腦之哲理, 則一以爲修養成仙之至德, 一以爲共和至治之要道. (政治篇詳載) 何可以尋常道德論論哉? 讀至政治編, 其道德之至言眞理, 可自得之.

【안설】 세간에서 '노장老莊'이라고 칭하지만, 장자의 학문(莊學)은 상식에 어긋난 것이 아주 많다. 요순 이후의 정치를 전부 배척하고, 도덕을 논하는 것 역시 매우 과격하다. 그러므로 취하지 않는다. 그런데 세간의 논객들이 그 이론을 최근의 사회주의에 가깝다고 여기고, 순수한 철학에 속한다고 운운하는 것은 과연 알고 하는 말이겠는가? 내가 믿지 않는 바이다.

【又按】 世稱老莊, 然莊學尤多反常. 擧唐虞以來之政治, 詆斥備至, 且論道德, 亦極偏激. 故不取也. 然論世之士, 以爲其論近於最近之社會主義, 且屬於純粹哲學云, 果知言否? 余所不信也.

관윤자關尹子가 말했다. "정성껏 마음을 유지하고 간소하게 행하고 너그럽게 대하고 묵묵히 응하니, 내 도가 무궁하다."[22] 또한 말했다. "천하의 이치가 작은 것을 제어하지 않으면 커지고, 큰 것을 제어하지 않으면 통제할 수 없게 된다. 그러므로 한 감정을 능히 제어하면 덕을 이룰 수 있고, 한 감정을 능히 잊으면 도에 부합할 수 있다."[23] 또한 말했다. "성인의 도는 혹은 어짊을 어짊으로 여기고, 혹은 의로움을 어짊으로 여기고, 혹은 예를 지혜로 여기고, 믿음을 어짊으로 여긴다. 인의예지[신][24]이 각각 다섯 가지를 겸하니,

---

22   『관윤자關尹子 · 구약九藥』에 보인다.
23   『관윤자 · 오감五鑑』에 보인다.

성인은 한 가지에 집착하지 않는다. 천하는 이름을 지어 부른다고 얻을 수 없다."[25]

> 關尹子曰: 操之以誠, 行之以簡, 待之以恕, 應之以默, 吾道不窮. 又曰: 天下之理, 小不制而至於大, 大不制而至於不可制. 故能制一情者, 可以成德, 能忘一情者, 可以契道. 又曰: 聖人之道, 或以仁爲仁, 或以義爲仁, 或以禮爲智, 以信爲仁. 仁義禮智[信], 各兼五者, 聖人一之不膠. 天下名之不得.

【안설】 관윤자의 철리와 정론正論이 지극히 순수하다. 이런 도덕의 언명을 보면, 역시 순정한 철학이라고 말할 수 있다. 일찍이 『선감仙鑒』[26]을 상고하니, 열자·범려·편작·묵적·귀곡자·울료자·황석공이 모두 노자에게 도를 받아서 각자 그 그릇(技器)[27]을 이뤘다. [하지만] 도덕에 미흡한 것이 있어 다만 몇 사람을 거론할 따름이다.

【謹按】 尹子之哲理正論極其純粹. 觀此道德之言, 亦可謂順正哲學也. 嘗攷『仙鑒』, 列子·范蠡·扁鵲·墨翟·鬼谷子·尉繚子·黃石公, 皆受道於老子, 以各成其技器也. 有歉於道德, 故只擧數人而已.

묵자가 말했다. "본받지 않을 수 없구나. 하늘의 운행은 광대하고도 사사로움이 없어, 그 혜택이 두터워도 공덕을 내세우지 않고, 그 밝음이 오래가

---

24 본문에는 '신信'이 빠져 있는데 『관윤자』 원문에 의거해 보충했다.

25 『관윤자·삼극三極』에 보인다.

26 『선감仙鑒』은 명말청초明末淸初에 서도徐道 등이 편찬한 『역대신선통감歷代神仙通鑒』(일명 『三教同源錄』, 『神仙鑒』 등)을 가리킨다. 상세한 것은 1권 제2편 제1장의 각주 4를 참고한다.

27 '기기技器'는 고대의 의식용 제기(儀器)로, 늘 옆에 두고 보며 마음을 다스리는 그릇이라는 뜻에서 '유좌기宥坐器'라고도 했다. 이 그릇은 속이 비면 기울어지고, 넘치거나 모자라지 않게 적당히 차면 바르게 되고, 가득 차면 엎어진다. 이로써 마음을 가지런히 하여 스스로 적절한 기준을 지키도록 경계했다.

도 쇠퇴하지 않는다. 그러므로 성스러운 왕은 이를 본받는다. 이미 하늘로 법을 삼으니 동작과 행위가 반드시 하늘에 부합하여, 하늘이 바라는 것이면 행하고, 하늘이 바라지 않는 것이면 그만둔다." 또한 말했다. "하늘은 반드시 사람이 서로 사랑하고(相愛) 서로 이롭게 하기(相利)를 바라며, 사람이 서로 미워하고(相惡) 서로 해치기(相賊)를 바라지 않는다. [모두를] 아울러 사랑하면 [모두를] 아울러 이롭게 한다. [하지만] 도적은 자기 몸만 사랑하고 남을 사랑하지 않는다. 대부大夫들이 서로의 집안을 어지럽히고 제후들이 서로의 나라를 공격하기에 이른 것은, 모두 서로 사랑하지 않는 데서 기인한다. 만약 천하가 아울러 서로 사랑하도록 할 수 있다면, 나라와 나라 간에 서로 공격하지 않고, 집안과 집안 간에 서로 분란하지 않을 것이다. 도적이 사라지고 군신과 부자가 모두 능히 효성스럽고 자애롭게 되면, 곧 천하가 다스려진다."[28]

墨子曰 "莫若法夫, 天之行廣而無私, 其施厚而不德, 其明久而不衰. 故聖王乃之旣矣爲法.[29] 動作有爲必度於天, 天之所欲則爲之. 天所不欲則止." 又[30]曰 "天必欲人之相愛, 相利, 不欲人之相惡, 相賊也. 以其兼而愛之, 兼以利之也. 賊愛身不愛人. 雖至大夫之相亂家, 諸侯之相攻國者, 皆起不相愛. 若使天下兼相愛, 則國與國不相攻, 家與家不相亂, 盜賊無有, 君臣父子皆能孝慈, 則天下治.

【안설】묵자의 겸애설兼愛說이 맹자에게 배척을 당해, 무차별적으로 사랑하는 것을 '아비를 아비로 여기지 않는다'(無父)고 여겼으니, 그 뜻이 애석하다. 내가 남의 부모를 사랑하면 남도 또한 내 부모를 사랑한다. 그러니 '사랑은

---

28 『묵자・법의法儀』에 보인다.
29 "故聖王乃之旣矣爲法"은 뜻이 순조롭지 않은데, 『묵자』 원문에 "故聖王法之. 旣以天爲法"으로 되어 있다. 『묵자』 원문에 따라 번역했다.
30 명문본에 '友'로 되어 있으나, '又'의 잘못된 표기라서 바로잡았다.

먼저 친근한 이에서 시작함'(立愛惟親)³¹을 근본으로 삼고, 다만 묵자의 '하늘을 본받아 아울러 사랑하여 분란을 종식한다'(法天兼愛, 以息亂)는 견해를 취하면 거의 옳을 것이다.

【謹按】墨子兼愛之說, 見斥于孟子, 以愛無差別爲無父, 惜其意. 蓋我愛人之親, 則人亦愛吾親矣. 然立愛惟親爲宗, 而只取其法天兼愛, 以息亂之見, 庶乎可耳.

안기생安期生이 진나라에 초빙되어 진시황이 빈객賓客의 예로 대우했지만, [안기생은] 끝내 도를 전하지 않았다. 바다에서 신선을 찾는다고 핑계를 대어 진시황이 황금과 비단을 후하게 주었는데, 안기생은 그것을 다 향리鄉里에 나눠 주었다. 그리고 노자를 만나 진나라가 포악하니 속히 멸망시키는 도를 펴야 한다고 고하여 이로써 백성을 구했다.³²

安期生, 聘於秦, 始皇待以客禮, 然竟不傳道. 稱託求仙於海, 始皇厚遺金帛, 期生盡散鄉里, 而遇老子告以秦暴, 宜施速滅之道, 以救生靈.

【안설】『선감』에 따르면, 노자가 [안기생에게] 진나라를 멸망시키는 비책을 가르쳤다. 안기생의 경우 역시 도덕을 은밀히 행하여 세상을 구제한 자라고 말할 수 있다.

---

31 '입애유친立愛惟親'는 사랑을 확립함에 먼저 친근한 이(부모)에서 시작하여 점차 먼 사람에게 미친다는 뜻으로 『상서·이훈伊訓』에 나온다.

32 안기생에 관한 여러 전설이 있는데, 그 가운데 하나이다. 가장 오래된 기록인 『사기史記』「봉선서封禪書」에 따르면, 안기생은 연나라 사람으로 제나라 수도 임치臨菑에서 진시황을 잠시 만났다가 사라졌다고 하며, 봉래蓬萊와 방장方丈의 삼신산 인근에서 그를 보았다는 목격담이 전했다. 갈홍葛洪의 『신선전神仙傳』에는 안기생이 불사의 경지에 도달한 신선으로 등장하며, 장생을 추구하는 사람들이 그를 만나기를 갈망한 이야기들이 전해진다. 그리고 후대 도교 문헌에서 안기생은 신선 중 한 명으로 계속 언급되며, 도교 신화 속 불사의 상징적인 인물로 묘사되었다. 전병훈은 『선감仙鑒』(『歷代神仙通鑒』)에서 안기생에 관한 내용을 참고했다.

【謹按】『仙鑒』, 老子教以滅秦之策. 如安生, 亦可謂陰行道德以濟世者也.

울료자尉繚子[33]가 황석공黃石公을 범상氾上에 보내 장량張良에게 도를 전했다. 장량이 억지로 참고 [다리 아래로] 내려가 신발을 가져다주었는데, 이처럼 하기를 3번 만에 황석공이 "그대는 가르칠 만하다"고 말하며 『소서素書』병법兵法 및 진전眞傳을 전수했다.[34] 장량은 자字가 '자방子房'으로 훗날 진나라를 멸하고 한나라를 일으켰지만, 병을 핑계로 은둔해 벽곡辟穀[35]했다. 그가 말하길 "유留 땅에 제후로 봉해진 것만으로 충분하다"고 했다.

> 尉繚子送黃石公于氾上, 傳道張良, 良强忍下取履, 且如約三至. 石公曰: 孺子可教也, 乃授以素書兵法及眞傳. 張良, 字子房, 後乃滅秦興漢, 而仍謝病辟穀. 曰: 封留足矣.

【안설】장량의 공훈업적이 세상에 휘황찬란하니 일일이 들어서 말할 필요가 없다. 그는 한漢나라를 보좌하여 진秦나라를 멸망시켰고, 이로써 한韓나라의 원수를 갚았다.[36] 그런 뒤에 벼슬을 사절하여 헌신짝 버리듯이 했다. 그의

33　울료자尉繚子는 중국 전국시대 말기 사람으로, 귀곡자鬼谷子의 제자라고 하며 군사 이론에 밝았다고 한다. 『尉繚子』 24편이 전하는데, 1972년 산동성山東省 임기현臨沂縣 은작산銀雀山의 전한시대 무덤에서 출토된 병법서 뭉치 가운데 그와 동일한 내용의 문장이 발견되어, 늦어도 진秦나라 전에 『울료자』 초기 판본이 저술된 것으로 추정된다. 하지만 현존하는 『울료자』에 후대의 글이 첨가된 것은 분명하다.

34　장량張良이 범상氾上에서 한 노인으로부터 신비한 병서를 전해받았다는 고사는 『사기史記・유후세가留侯世家』에 이미 보인다. 노인이 다리 아래로 신발을 던지고 가져오라고 하며 장량의 사람됨을 시험했다고 한다. 한데 그 노인이 누구인지는 알 수 없고, 다만 장량에게 "다시는 나를 만날 수 없고, 나를 보려면 제북済北 곡성산谷城山 아래 와서 누런 돌(黃石)을 보면 그게 곧 나"라는 말을 남기고 사라졌다고 한다. 훗날 그 노인을 '황석공黃石公'으로 불렀고, 거기에 더해 울료자가 황석공을 보냈다는 설화가 덧붙여졌다.

35　'벽곡辟穀'은 곡물을 먹지 않는 양생법으로, 여기서는 장량이 은둔해 신선술을 닦았다는 뜻으로 쓰였다.

높은 뜻과 맑은 덕은, 삼대 이후로 자기 책무를 완수한 한 사람이라고 말할 수 있다. 주자朱子가 칭찬해 말했다. "노자가 말하기를 '유약한 것이 도의 작용'이라고 했다. 오로지 장자방의 평생사업이 이 한 구절을 잘 활용해서 성취를 이뤘다." 진실로 그러하다.

【謹按】良之勳業輝煌宇宙, 不須枚擧, 而其佐漢滅秦, 以報韓讐. 然後卽謝絶爵祿, 如脫弊屣. 其高志淸德, 可謂三代以下之了債一人也. 朱子贊曰 "老子有云 '弱者, 道之用也.' 惟子房之平生事業, 善用此一言而成就." 誠然也.

허정양許旌陽[許遜][37]은 진晉나라의 천선天仙이다. 정양旌陽[38] 수령으로 음덕을 두텁게 행하고 많은 백성을 구활했으며, 마침내 천선이 되었다. 또한 지극한 효성이 하늘을 감동시켰고, 그리하여 신선이 강림해 구리부적으로 된 철권(銅符鐵券)[39]을 효자 난공蘭公에게 주어 이로써 도를 이루었다.[40]

---

36 장량의 집안은 선진시대 한韓나라의 귀족 가문으로, 그의 할아버지 장개지張開地와 아버지 장평張平이 모두 한나라의 재상을 지냈다. B.C. 230년 진나라가 한나라를 멸했는데, 장량이 유방을 도와 한漢나라를 일으키고 진나라를 멸했으므로 "한韓나라의 원수를 갚았다"고 한 것이다.

37 허손(許遜, 239~374)은 진晉나라 때의 관리이자 도사로, 태강太康 원년(280)에 효렴孝廉으로 천거되어 정양 현령(旌陽令)을 지냈으므로 '허정양許旌陽'으로 불린다. '旌'은 '旌'의 이형자로, 본문에서 '旌'으로 표기된 것을 '旌'으로 바로잡았다. 허손이 효도로 신선이 되었다는 신앙은 당나라 때 확산되기 시작했고, 송대에 와서 국가적으로 숭배되었다. 허손은 훗날 도교 정명충효도淨明忠孝道(통상 '淨明道'로 약칭)의 조사로 추존됐으며, 강남 일대의 민간에서 신공묘제진군神功妙濟眞君, 충효신선忠孝神仙, 허천사許天師, 허진군許眞君 등으로도 불린다.

38 지금의 사천성四川省 덕양시德陽市에 있었다.

39 철권鐵券은 왕이 공훈을 적어 공신功臣에게 나눠 주던 서책인데, 구리부적(銅符)으로 되어 있었기에 '쇠로 된 책'(鐵券)으로 불렸다.

40 난공蘭公은 위진魏晉 때 공자의 고향인 곡부曲阜 사람으로, 효행이 지극해서 천지를 감동시키니 두중진인斗中眞人이 그의 집에 강림해 '효제왕孝悌王'을 자칭하며 도를 전했다고 한다. 난공이 전해 받은 효도의 비법에 한 질의 보경寶經·한 상자의 금단金丹·동부철권銅符鐵券이 따로 있었으며, 허손이 난공으로부터 다시 그것을 얻었다고 한다. 『태평광기太平廣記』

許旌陽, 乃晉之天仙. 以旌陽令, 厚行陰德, 救活者甚衆, 竟成天仙也. 且
至孝感天, 故降眞授銅符鐵券書于孝子蘭公, 以成道也.

여순양呂純陽이 말했다. "충효는 도를 행하는 시작이다. 고금에 충효하지
않은 신선은 없다. 지극한 효도는 천지를 감동시키고, 귀신을 울리고, 바람
과 우레를 움직이고, 강과 하천을 요동치게 하고, 쇠와 돌을 쪼개며, [금수를
변화시키고, 초목을 감화시키고, 자손만대에 미치고, 성현이 되고, 부처와 신선을 이
룰 수 있으니, 보응이 무궁하고 공덕이 무량하다.]"

呂純陽曰: 忠孝爲行道之始. 古今無不忠孝神仙. 孝之至, 可以格天地, 可
以泣鬼神, 可以動風雷, 可以蹈江河, 可以開金石, 可以爲[可以化鳥獸, 可
以感草木, 可以遺子孫, 可以爲賢聖, 可以成佛仙. 報應無窮, 功德無量.]**41**

【안설】순양은 참으로 어진 신선(仁仙)이다. 신통변화로 구제한 사람이 이미
많은데, 도덕을 권면하는 말 역시 헤아릴 수 없이 많다.
【謹按】純陽眞仁仙也. 用神化度人已多, 而勸勉道德之言, 亦不能枚擧.

이필李泌**42**은 당나라 덕종德宗[재위 779~805]의 재상으로, 덕종이 그를 스승
으로 섬겼다. 앉아서 도를 논하고 나라를 경영하며, 군주의 그릇된 마음을

등에 이에 관한 고사가 전한다.

41 통편의 이 구절은 "可以開金石, 可以爲…"로 궐문이다. 이 글은 본래 『여조전서呂祖全書』의
    『충효고忠孝誥』에 보이는 것으로 원문에 의거해 빠진 문장을 [ ]로 보충하였다.

42 이필李泌은 당나라 중엽에 여러 군왕을 보좌했다. 또한 평생토록 신선과 불교를 연마하여
    '백의산인白衣山人'으로 불리기도 했다. 그는 안록산의 난 때 숙종肅宗(재위 756~762)의 부
    름을 받고 군사전략을 자문했다. 덕종 때는 황제의 스승이자 명재상으로 드높은 명성을 날
    렸다.

바로잡고 백성을 구제하여 한 시대를 풍미한 어질고 장수한 인물이다. 삼대 이후에 군주의 신임을 얻어서 그 철리·도덕을 행한 또 한 사람이라고 역시 말할 수 있다.

> 李泌相唐德宗, 德宗以師事之. 坐而論道經邦, 以格君心之非, 以濟生民 於一時仁壽者. 蓋三代以後, 亦可謂得君, 以行其哲理道德者, 又一人也.

【안설】 역사에서 이르길 이필의 근심이 안색에 드러나면 덕종이 연유를 묻고 그 의견에 따르지 않음이 없었다. 병사들이 "누런 옷을 입은 이는 우리 군주요, 흰옷을 입은 이는 산인山人이다"라고 말했다. 아! [신선의] 진전眞傳에서 참으로 얻은 바가 있는 사람으로,[43] 세상에서 백성을 구제하는 도덕을 행한 것이 실로 이와 같았다. 저 입산해서 홀로 깨끗해지려는 자들은 도대체 무슨 마음으로 그러는가?

【謹按】 史云泌憂形於色, 則德宗問而無不從之, 兵士曰 "黃衣者, 吾君也. 白衣者, 山人也." 烏乎! 眞有得於眞傳者, 行世濟民之道德, 固如是哉. 彼入山獨潔者, 抑何心哉.

구장춘邱長春[44]이 원 세조의 초빙에 응하자, 세조가 '구신선邱神仙'으로 부르

---

43 『신당서』에 따르면 이필은 박학다식하고 『주역』에 능통했으며, 늘 숭산·화산·종남산 사이를 오가며 신선술을 숭상했다고 한다. "及長, 博學, 善治『易』, 常遊嵩·華·終南間, 慕神仙不死術."(『新唐書』 권139「李泌傳」) 이에 그를 도사로서 정치에 종사한 대표적 인물로 꼽는데, 전병훈 역시 이필을 그렇게 보고 있다.

44 구처기(丘處機, 1148~1227)는 금말원초金末元初 때 도사로, 자는 통밀通密이고, 호는 장춘자長春子 혹은 장춘진인長春眞人이다. 19세에 출가하여 중양진인重陽眞人 왕철王喆의 제자가 되었다. 왕중양의 가르침으로 도가 깊어져 전진도 교단의 중추가 되었다. 구처기는 쇠락하는 금나라와 송나라의 부름에 응하지 않고 천하의 추이를 주시했으며, 1220년 칭기즈칸의 초대에 응해서 73세의 고령으로 산동山東의 호천관昊天觀을 출발해 1222년 현재의 아프가니스탄 북부에서 칭기즈칸을 알현했다. 그리고 양생의 비법을 묻는 칭기즈칸에게 살육을 멈추고 백성을 구휼하라고 권면한 것으로 유명하다. 그후 전진도는 칭기즈칸의 후원으로 크게 도약하는 계기를 얻었고, 훗날 중국 도교의 최대 문파인 전진도 용문파龍門派에

며 정성스레 도를 구했다. [구장춘이] 응대해 말했다. "몸을 닦는 법은 밖으로 음덕陰德을 쌓고, 안으로 정신을 견고히 하는 것입니다. 백성을 구휼하고 보호하며 천하를 안녕케 하는 것은 외면의 수행(外行)이고, 욕심을 줄이고 몸을 보전하는 것은 내면의 수행(內行)입니다. 다만 능히 욕망을 절제한다면 곧 도에 가깝습니다."

邱長春, 應聘元世祖, 號以邱神仙, 訪道以誠. 對曰: 修身之法, 外修陰德, 內固精神. 恤民保衆, 使天下懷安, 爲外行也. 省欲保身爲內行. 但能節欲, 則幾於道矣.

【안설】원 세조世祖가 출병할 때마다 장춘진인長春眞人이 동행했다.[45] 그가 은밀히 구활한 사람이 아주 많았는데, 이것이 정치하는 진인의 음덕이다. 이른바 '음덕'이란 남이 알지 못하게 내가 본연의 천성에 따라 편안히 행하며, 하는 바가 없이 하는 것이다.

세상에서 도를 배우는 자라면, 노자와 울료자가 사람들의 형편에 따라 세상을 구제했던 본뜻을 마땅히 우러러 본받아야 한다. 그리고 장자방·이필·구장춘이 세상에 나와 백성을 구제하려고 고심했음을 살피라. 살아 있는 백성(生民)을 간절히 구활救活하고 인간 세상을 도울 뜻을 세운 뒤에야, 지극히 참된 철리와 도덕의 본원을 거의 위배하지 않는다. 아! 학인學人들이여.

【謹按】元世祖每行軍時, 長春同之. 其密秘救活者甚衆, 此政眞人之陰德也. 凡所謂陰德者, 人所不知而我以天良安行, 無所爲而爲之者也. 世之學道者, 當仰法老子·尉繚, 因人濟世之本旨. 且觀子房·李泌·長春

서 구처기를 조사祖師로 추존했다.

45 이는 구처기가 칭기즈칸의 서역 정벌에 동행했던 사실이 와전된 것이다. 원 세조(쿠빌라이칸)는 1266년에야 북경에 도읍하고, 1271년 국호를 원으로 정했다. 그리고 구처기는 그보다 전인 1227년 장춘관長春觀(지금의 북경 백운관白雲觀)에서 임종했다. 따라서 구처기가 원 세조를 종사했다는 것은 사실이 아니다. 하지만 원 세조가 구처기를 '장춘연도주교진인長春演道主教眞人'으로 추존하여 높이 기렸던 일은 있다.

之出世救民之苦心. 切切以救活生民, 有補人世立志然後, 庶不背至眞
哲理道德之本源矣. 烏乎! 學人.

유기劉基[46]는 명나라의 개국공신이다. 그의 신통한 병법兵法이 실로 앞일을
훤히 알아서 여상呂尙·장량張良과 엇비슷했고, 공을 이루고 난 뒤에 역시 은
둔하여 세속과 인연을 끊었다. (【안설】도가는 장자방·이필에서 유기에 이르기
까지, 세상을 경영하는 도덕이 두세 번 진화했다고 말할 수 있다.)

劉基, 乃明之開國功臣. 其神通兵法, 誠明前知, 有類乎呂尙張良, 而功成
後亦肥遯絶世也.(按: 道家自子房·李泌, 至劉公, 則可謂經世道德, 再三進化也.)

【안설】유공劉公[劉基] 역시 세상에서 뛰어난 맑은 덕을 지녔다. 노자가 일찍
이 여상에게 도를 전해 세상을 구제했고, 울료자 역시 일찍이 어린 제갈공
명을 방문하여 세상을 구할 재목임을 알아보았는데, 이제 또한 유기에게 도
를 전해 세상을 구제했다. 아! 역시 신기하고도 절묘하다. 하늘에서 근원하
는 도덕의 더없는 철리가 이와 같다. 그러나 유가儒家는, [도가에서] 그처럼
탐악貪惡을 다스리는 것을 어떻게 아울러 취해 합치하지 않을 수 있겠는가?
(울료자가 유기에 이르기까지 생존한 것이 또한 기이하지 않은가! 『선감』에
기록이 있다.)[47]

---

46 유기劉基(1311~1375)는 원말명초元末明初의 군사가이자 정치가 문학가로, 자는 백온伯溫이
  다. 그는 경사經史, 천문天文, 병법兵法에 정통하였고, 주원장朱元璋을 보좌하여 명明나라의
  개국에 큰 공을 세웠다. 주원장이 여러 차례 그를 '나의 자방子房'으로 칭송했고, 후인들도
  그를 제갈량에 비견했다.
47 유기는 신출귀몰한 묘책과 병략으로 이름이 높았고, 『명사明史』 등에 따르면 어려서부터
  도골선풍道骨仙風이었다고 한다. 사람들이 그를 제갈량에 견주어 "천하를 셋으로 나눈 것
  은 제갈량이요, 강산을 하나로 통일한 것은 유기이다"(三分天下諸葛亮, 一統江山劉伯溫)라거
  나 "앞 왕조의 군사君師가 제갈량이라면, 뒤 왕조의 군사는 유기이다"(三分天下諸葛亮, 一統
  江山劉伯溫)라고 한 것이 유명하다. 수백 년에 걸쳐 유기는 점차 천기天機를 아는 신비로운
  '지혜'의 화신이 되었고, 그에 관한 많은 신화와 전설이 민간에 유포되었다. 그가 황석공에

【謹按】劉公亦高世淸德也. 老子嘗傳道呂尙以救世, 尉繚子亦嘗訪諸葛
幼時, 知爲濟世之才. 今又傳道劉基以救世, 吁亦奇絶哉. 其原天道德之
無上哲理, 乃如是哉. 然則儒家, 安得不並取其經其貪惡, 而合致哉?(尉
繚至劉生存, 不亦奇哉.『仙鑒』有.)

게 병서를 받았다거나 울료자를 만났다거나 하는 여러 이야기가 전하고, 명나라 이후 수백
년 뒤까지 미래를 예언한『소병가燒餠歌』등을 지었다고도 한다. 본문에서 말하는『선감仙
鑒』은 명말청초에 서도徐道가 편찬한『역대신선통감 歷代神仙通鑑』을 가리킨다.

제8장 조선의 도덕이 처음 개화하다
第八章 朝鮮道德始開化

신인神人이 태백산 정상(지금 묘향산)의 박달나무 아래에 있으니, 나라 사람들이 세워 임금으로 삼고 '단군檀君'이라고 하였다. 단군은 신령한 지혜와 성스러운 덕이 있었으며, 농기구를 제작하여 백성에게 농사를 가르쳤고, 글자를 만들어 옛사람들이 사용토록 하고, 백성의 덕을 바르게 하는(正德) 사업을 펼쳤다. 동명왕東明王이 이를 계승하여 백성이 편리하게 쓰고(利用) 살림을 윤택하게 하는(厚生) 사업을 더욱 확장하니,[48] 이것이 동한東韓이 처음 시작된 역사적 사실이다.

有神人于太伯山頂(今妙香山)檀木下, 國人立以爲君, 名曰檀君. 君有神智聖德, 制耒耜教民稼穡, 造書契爲前民用, 敷設正德之事. 東明王繼以利用厚生之業, 益拓, 是爲東韓創始之史實也.

---

[48] 『상서』 「대우모大禹謨」에 하나라를 세운 우禹가 "백성의 덕을 바르게 하고(正德), 백성이 편리하게 쓰고(利用), 백성의 살림을 윤택하게 하기(厚生)를 잘 조화해야 한다"(正德·利用·厚生惟和)고 말하는 대목이 있다. 전병훈은 고조선을 연 단군에서 고구려를 건국한 동명왕에 이르기까지, 우리나라 고대의 성왕들도 그와 같은 사업을 펼치고 확장했다고 말한다.

【안설】육상산이 "동해와 서해에 천백세千百世 전에 성인이 출현했어도, 그 마음은 한결같으며 그 리理도 한결같다"[49]고 말했으니, 도리에 맞는 말이라고 할 수 있다. 동한에 처음 신령한 성인(神聖)이 출현한 것은 요堯와 같은 때였으며, 문물을 제작하고 만물의 이치를 깨닫는 신령한 지혜와 성스러운 덕 역시 한결같았다. 책 첫머리의 『천부경』을 보고 여기에 이르면, 누군들 [동한이] 가장 오래된 신성한 나라임을 공인하지 않겠는가?

【謹按】陸象山云, 東海西海, 千百世之上, 有聖人出, 此心同, 此理亦同. 可謂知言哉. 東韓之首出神聖, 與堯同時, 而制作開物之神智聖德, 亦同也. 觀首篇『天符經』而至此, 孰不公認以最古神聖之邦乎?

기자가 임금이 되어 조선과 요양遼陽을 다스리고, 8조의 법을 세워 백성을 교화했다. 오륜五倫을 말했으니, 부모 자식 간에 친애하고, 군신 간에 의로움이 있고, 부부간에 분별이 있고, 어른과 아이 간에 질서가 있고, 친구 간에 믿음이 있다. 거기에 정덕正德·이용利用·후생厚生의 3가지 일을 더했다. (두 번째로 원천 철리 도덕이 진화했다.)

> 箕子君治朝鮮並遼陽, 設以八條敎民. 曰五倫, 父子有親, 君臣有義, 夫婦有別, 長幼有序, 朋友有信. 加正德·利用·厚生, 三事也. (第二番原天哲理道德進化.)

【안설】단군의 겸성兼聖에 또한 기자의 겸성이 아울러 더해졌으니, 실로 "세계에 없었던 겸성의 오래된 국가!"라고 말할 수 있다. 『선감』에서 조선을 단지 기자의 성스러운 국가로만 여기는 것은, 일찍이 단군의 겸성이 있었음을

---

49 『육구연집陸九淵集』 권36 「연보年譜」에 보이는 글을 축약한 것이다. 원문은 다음과 같다.
"東海有聖人出焉, 此心同也, 此理同也. 西海有聖人出焉, 此心同也, 此理同也. 南海北海有聖人出焉, 此心同也, 此理同也. 千百世之上有聖人出焉, 此心同也, 此理同也. 千百世之下有聖人出焉, 此心同也, 此理同也."

몰랐기 때문에 그리 말한 것이다. 『홍범』에서 하늘의 섭리를 체득해 세상을 경영하는 지극한 이치야말로 실로 최고의 철리 도덕이다. 그러나 애석하게 도 무왕武王이 그 도를 천하에 다 쓰지 않고, 또한 [기자를] 은나라 땅에 봉해 은나라 백성을 다스리게 하지도 않았다. 그리고 [기자가 탄] 흰말이 동쪽으로 간 뒤에야, 그를 조선에 봉하고 아울러 요동을 다스리게 했다. 가만히 생각건대 동한 백성의 행복이요, 은나라 백성의 불행이로다. 아!

【謹按】檀君之兼聖, 又箕子之兼聖並臻. 誠可謂世界所未有之兼聖古邦 乎. 『仙鑑』以朝鮮只爲箕子之聖國者, 不識曾有檀君之兼聖, 故云也. 蓋 『洪範』之體天經世之至理, 誠最高之哲理道德. 然惜武王不盡用其道於 天下, 而又不封殷之地, 以治殷民. 而白馬道東之後, 封以朝鮮, 兼治遼 東. 竊爲東民之幸福, 而殷民之不幸也. 吁!

을지문덕乙支文德[50]이 말했다. "도道로 하늘을 섬기고 덕德으로 백성을 덮으면 되겠는가?"[51] 주자가 『강목綱目』책[52]에서 말하기를 "고구려가 그 대신인 을지문덕을 파견해서 평화를 논의했다"고 한다.

乙支文德曰 "道以事天, 德以覆民, 可乎?" 朱子綱目書曰 "高句麗遣其大 臣乙支文德議和."

【안설】을지문덕은 고구려 평양 석다산石多山 사람으로[53] 재능이 문·무를

---

50   을지문덕(乙支文德, 6세기 중엽~7세기 초)은 고구려 제26대 영양왕(嬰陽王, 590~618) 때의 재상이자 장군으로, 살수薩水에서 수나라의 대군을 물리친 것으로 유명하다.
51   "도道로 하늘을 섬기고 덕德으로 백성을 덮는다"(道以事天, 德以覆民)는 을지문덕의 말은 국 내외의 사료 어디에서도 출처를 찾기 어렵다. 다만 『환단고기桓檀古記』「태백일사太白逸 史」'고구려국본기高句麗國本紀' 제6에 을지문덕이 "도道로 천신天神을 섬기고, 덕德으로 백 성과 나라를 덮는다"(道以事天神, 德以庇民邦)고 말하는 구절이 있다. 전병훈이 어떤 사료에 서 을지문덕의 말을 가져왔는지 알 수 없으나, 보다 상세한 비교 고증이 필요요할 것이다.
52   여기서 『강목綱目』은 주희가 지은 『자치통감강목資治通鑑綱目』을 가리킨다.
53   을지문덕의 가계에 관해서는 알려진 바가 거의 없다. 『삼국사기』도 "가문의 내력이 자세

겸하였고, 영웅으로 세상을 개조하는 덕이 있었다. 그가 동쪽 나라(東邦)에 있으면서, 나가서는 장수가 되고 들어와서는 재상이 되었다. 임금에게 충성하고 백성에게 은택을 베푸는 도덕의 공훈업적이 이윤·제갈량·한기·범중엄과 똑같은 마음 자취(心跡)였다. 하지만 애석하게도 그의 위대하고 탁월한 정치책략이 천하를 널리 구제하는 데 미치지 못하고 한 귀퉁이[54]에 제한되었으니, 마침내 후세의 영웅 철인들이 한탄해 마지않았다. [55]

【謹按】 文德是高麗平壤石多山人, 才兼文武, 有英雄造世之德. 其在東邦, 出將入相, 致君澤民, 道德勳業, 與伊·葛·韓·范, 同一心跡. 而惜其偉絶政略, 未及廣濟天下, 而限於一隅, 遂使後世英哲, 慷慨不已.

설총薛聰[56]이 말했다. "음절音節은 천지가 스스로 내보이는 글자이다." 마침

히 전해지지 않는다. 그는 자질이 침착하고 굳세며 지모가 있었고, 겸하여 글을 알고 지을 수 있었다"(未詳其世系, 資沈鷙有智數, 兼解屬文)고만 전한다. 을지문덕이 평양 석다산 사람이라는 것은 조선후기 문신 홍양호洪良浩가 1794년에 간행한『동국명장전東國名將傳』에 처음 보인다. 근대에는 1908년 단재 신채호가『을지문덕전』을 간행하면서 이 내용을『동국명장전』에서 인용하였다.

54 여기서 '한 귀퉁이(一隅)'는 대륙의 동쪽에 치우친 우리나라의 지정학적 한계를 말한다. 을지문덕이 온 천하에 그 재능과 덕량을 떨칠 수 있는 인물이었으나, 고구려에서 그 재덕才德을 다 펴지 못했음을 아쉬워하는 문맥이다.

55 단군, 기자, 동명왕처럼 고대의 성스러운 왕들이 도덕을 표상하던 시대는 동방에서도 막을 내렸다. 전병훈은 중국에서 이윤·제갈량·한기·범중엄 등이 출현했듯이, 한국에서도 그와 같은 유형의 도덕실천가들이 출현했음을 말하기 위해 을지문덕을 소환했다. 일찍이 신채호는 "한국 4천 년 역사에서 가장 위대한 사람"으로 을지문덕을 손꼽고 그에 관한 전기(『大東四千載第一大偉人乙支文德』, 廣學書鋪, 1908)를 발간했다. 또한 저명한『조선상고사』에서 "동양 고대 역사상 일찍이 없었던 전쟁"을 승리로 이끈 전쟁영웅으로 을지문덕을 높이 평가했다. 그런데 전병훈은 전쟁영웅 이전에, "문·무를 겸했으며" "임금에게 충성하고 백성에게 은택을 베푼" 도덕영웅으로서의 을지문덕에 주목했다.

56 설총(薛聰, ?~?)은 아명이 총지聰智로, 태종무열왕 때인 654~657년 사이에 태어나 경덕왕 때까지 살았던 것으로 알려진다. 강수强首, 최치원崔致遠과 함께 신라의 3대 문장가로 꼽힌다.『삼국사기』에 따르면, 설총은 "우리말로 구경九經을 읽고 후생을 훈도했다."(以方言讀九經, 訓導後生.)『삼국유사』는 "우리말로 중국과 이민족의 풍속 및 사물 이름에 통달하고, 육경과 문학을 훈해訓解했다"(以方音通會華夷方俗物名, 訓解六經文學)고 한다. 설총은 이두의 발명자로 흔히 알려졌다. 하지만 그에 대한 반론도 만만치 않다. 한자의 음과 뜻을 빌려 우

내 국문 27자를 창제하여, 자음과 모음이 서로 통용하여 천만 글자가 한없이 이어지기에 이른다.[57] 역시 하나의 창조적 지혜요 신묘한 식견으로, 창힐蒼頡이 글자를 만든 것과 동일하게 크고 훌륭한 덕이다. 하지만 간편하고 쉽게 통해 극히 편리하니, 한자나 다른 문자에 비할 바가 아니다.

薛聰曰 "音節, 天地自示之文也." 遂創制國文二十七字, 子母音互相通用至千萬字而不窮. 亦一創智神見, 與蒼頡之造書同一盛德也. 然簡易易通極便捷, 非漢字別文比也.

【안설】설공薛公은 신라인이다. 이로부터 중국의 경전과 역사서를 번역해 풀이하여 나라 안에 보급하니, 문학과 도의가 마침내 크게 일어났다. 비록 아주 우둔해도 열흘이면 통할 수 있으니, 지구상에 어찌 이처럼 쉬운 문자가 있는지 알지 못하겠다.

【謹按】薛公是新羅人. 自是譯解中國經史, 以遍國中, 文學道義, 遂大興也. 雖下愚旬日可通矣, 不知環珧[58]寧有若是易文乎.

리말을 표기하는 이두가 설총 이전부터 쓰인 흔적이 있기 때문이다. 한편 『삼국사기』와 『삼국유사』의 기록은, 한문에 우리말로 토를 달아 읽는 구결口訣을 가리키는 것이라고 추정하기도 한다. 한문을 읽는 신라만의 독특한 방식이 있었으며, 설총이 그것을 창안 내지 집대성했다는 사실은 대개 인정된다.

57 전병훈은 설총이 한글의 문자를 발명했다고 주장한다. 근세에 한글의 기원에 관해 여러 설이 분분했는데, 한글학자 김윤경(金允經, 1894~1969)이 1932년 「한글 기원 제설」(『한글』 제5호, 한글학회)이란 논문에서 전병훈의 견해를 '설총 창작설'로 소개하기도 했다. 박은식(朴殷植, 1859~1925)은 신라 승려 요희窈羲가 한글을 만들었다고 하고, 김택영(金澤榮, 1850~1927)은 상고시대부터 있던 글자를 고려 승려 요의了義가 후대에 전했다고 추정했다. 일본 에도시대의 학자인 히라타 아쓰타네(平田篤胤, 1776~1843)는 일본 신대神代의 문자가 한국에 전해졌다고 주장하기도 했다. 하지만 김윤경은 이런 여러 학설이 "학계에서 청산된 지 오래"라고 표명하며, 다른 여러 설과 함께 전병훈의 '설총 창작설' 역시 근거가 충분치 않다고 판정했다.

58 명문본에 '술珧'로 되어 있는데, '환술環珧'(둥근 옥)로는 문맥이 통하지 않는다. '珧'은 형태가 비슷한 '球'의 오자로 추정된다. '환구環球'는 지구(세계)를 가리키는 말로, 본문의 다른 곳에도 쓰인다. 여기서는 '球'로 해석했다.

왕인王仁[59]이 말했다. "도덕과 문장은 유자儒子 본연의 일(本分事)이다. 자기가 덕을 이뤘으면 남이 덕을 이루게 하는 것이 어진 도리가 아니랴! 나라 안에 가르침을 펴서, 멀어도 미치지 않는 곳이 없게 감화시킨다." 또한 일찍이 개탄하여 말하길 "내가 장차 일본에 문명교화(文敎)[60]를 널리 펴겠다!"고 했다. 일본 국사國史에 사실이 상세히 실려 일컫기를 "백제사람 왕인이 도래하여 문명교화를 폈다"고 운운한다.(세 번째로 문덕文德이 진화했다.)

王仁曰: 道德文章, 儒子本分事也. 旣成己德, 則及人成德, 不是仁理乎! 宣敎國中, 無遠不曁而動化矣. 亦嘗慨然曰: 吾將宣佈文敎于日本乎. 日本國史詳載事實曰: 百濟人王仁來宣文敎云. (第三番文德進化.)

【안설】조선이 비록 별도로 한 나라가 되었지만, 그 땅의 강역이 중국과 같은 분야分野[61]로 단지 압록강 한 줄기를 경계로 한다. 그리하여 천지가 개벽한 뒤로, 신령한 성인이 중국에서 먼저 출현하면 한국 역시 그와 같았으니, 그 또한 하늘이 정한 것이다. 그러므로 문명개화가 함께 출발해 한 궤도를 달렸다. 일본의 문명교화에 이르면, 그때 여전히 미개했으니 따라서 성인 왕인(王聖)이 가서 일본을 교화했다. 사람이 만약 지극히 어진 공덕심公德心이 아니라면, 같은 나라 동포에게도 오히려 경계를 나누는 편견을 벗어나기

---

59 왕인(王仁, ?~?)은 백제의 학자로 고대 일본에 학문을 전했다.『일본서기日本書紀』와『고사기古事記』등에서 그에 관한 기록을 볼 수 있다.
60 '문교文敎'는 좁은 의미로 유학儒學을 가리키고, 넓게는 문명교화 전반을 가리킨다.『고사기』에 의하면, 왕인은『논어』10권과『천자문』1권을 가지고 일본으로 건너갔다고 한다. 또한『일본서기』에 의하면, 우지노와키이라쓰코菟道稚郎子 태자가 왕인에게 서적들을 배웠는데 통달하지 못하는 게 없었고 또한 왕인이 문필을 전문으로 하는 씨족집단인 서수書首 등의 시조가 되었다고 한다.("十六年春二月, 王仁來之, 則太子菟道稚郎子師之, 習諸典籍於王仁, 莫不通達. 所謂王仁者, 是書首等之始祖也.") 이로써 볼 때 왕인은 유학을 위주로 폭넓은 학문을 일본에 전한 것으로 보이며, 따라서 본문의 '文敎'를 넓은 의미의 문명교화로 번역했다.
61 '분야分野'는 중국을 중심으로 지상의 영역을 하늘의 이십팔수二十八宿에 배당해 나누는 천문학 개념이다.

어렵다. 하물며 국경을 초월해 몸소 가서 교화하니, 어찌 성인의 지극히 어
진 공덕심이 아니겠는가? 내가 그러므로 왕공王公(왕인)을 성인으로 추존한
다. 오직 그가 능히 국경의 편견을 깨뜨려 실로 노자가 서쪽으로 가서 제도
한 것과 같았는데, 세계 만국에 아직 없었던 바이다. 어찌 위대하지 않은가?

【謹按】朝鮮雖別爲一國, 而其地疆與中國同一分野, 而只以鴨綠一水爲
界限也. 是以擧天地開闢後, 神聖先出中土, 而韓亦如之. 其亦天定也.
故文明開化, 同出一軌. 至若日本文教, 其時尙未開, 故王聖乃往教之.
蓋人非至仁之公德心, 於同國之同胞, 猶難免畛域之見. 況乎破國界而
身親赴教者, 詎非聖人之至仁公德心乎? 余故推王公以爲聖人. 惟其能
破國界之見, 誠如老子之西渡, 而世界萬國之所未有也, 曷不偉哉?

정포은鄭圃隱 선생(몽주夢周)⁶²이 말했다. "맹자가 말한 '호연지기浩然之氣'란
곧 천지의 올바른 기운(正氣)이다. 사람에게 있는 올바른 기운이 발동하여 효
孝·제悌·충忠·신信의 행위가 되는데, 조리와 절차를 갖춘 것이 곧 심리이
다. 이를 행하는 것이 '사람의 도리'(人道)이고, 이를 쌓는 것이 '덕'이다. 그
러므로 능히 하늘을 아는 자라면, 하늘을 본받아 사람의 도덕을 수립할 수
있다."

鄭圃隱先生(夢周)曰: 孟子所謂浩然之氣, 卽天地之正氣也. 正氣在人者
發而爲孝悌忠信之行, 具有條理節次者, 卽心理也. 行之者人道, 而蓄之
者德也. 然能知天者, 可以體天而植人之道德.

【안설】선생은 고려 말의 대신으로 충성을 다해 나라의 보존을 도모했고 마
침내 몸을 바쳐 순국하니, 그 핏자국이 개성 선죽교의 돌 위에 여전히 얼룩

---

62 정몽주(鄭夢周, 1337~1392)의 자는 달가達可이고, 호는 포은圃隱이며, 시호는 문충文忠이
다. 고려 말의 학자이자 충신으로 성균사성成均司成 등에 올랐다. 문집에 『포은집圃隱集』이
있다.

져 있다. 충의忠義의 큰 절개가 일월日月과 빛을 다투어 동방 이학理學의 으뜸이 되었다. 선생이 동한에 사람의 도리를 세우고 성학聖學[63]을 무궁토록 창도했으니, 어찌 한 시대를 구한 걸출한 인물이 아니겠는가?

【謹按】先生以麗季大臣盡忠圖存, 而竟以身殉國, 其血痕尚斑於松京善竹橋石上. 忠義大節, 爭光日月, 爲東方理學之宗. 先生植人道於東韓, 而倡啓聖學于無窮, 則詎非命世者[64]乎?

【안설】고려 말에 문장·도덕가들이 출현했다. 김부식金富軾·이익재李益齋(제현齊賢)·이목은李牧隱(색稿)·전국파全菊坡(원발元發) 같은 이들이 중국에서 벼슬에 올라 원나라 한림翰林이 되었다. 이로부터 정주程朱의 이학理學이 동쪽으로 전해져, 이왕李王 조선[65]시대에 철리·도덕 사상이 크게 열리고, 명현名賢·석덕碩德이 이로부터 번성했다.

【又按】麗季文章道德輩出. 如金富軾·李益齋(齊賢)·李牧隱(稿)·全菊坡(元發), 入仕中國, 爲元翰林. 自是程朱之理學東漸, 丕闡哲理道德思想於李王朝鮮時代, 名賢碩德, 於斯爲盛.

전채미全採微 선생(오륜五倫)[66]은 진현관進賢館 대제학大提學[67]으로 두문동杜

---

63 '성학聖學'은 성인의 학문으로, 곧 유교 성리학을 가리킨다.
64 '명세命世'는 한 시대를 구한다는 뜻으로, 『한서』를 지은 반고班固가 당대의 학자 유흠劉歆을 가리켜 한 말에서 비롯되었다. 이후 한 시대에 세상을 구할 만한 걸출한 인재를 가리켜 '명세지재命世之才' 혹은 '명세재命世才'로 불렀다.
65 '李王朝鮮'은 이씨가 왕노릇을 한 조선을 가리킨다. 전병훈은 우리나라 역사가 단군조선부터 시작해서 여러 왕조를 거쳐 끊임없이 이어졌다고 보았는데, '고조선'이라는 호칭을 사용하지는 않았다. 오히려 후대의 조선을 '이왕조선李王朝鮮'으로 칭하여, 단군과 기자의 '조선'과 구분하였다. '이왕李王'은 1910년 일본이 대한제국을 강제 병합하면서 대한제국 황실을 일본 천황天皇 체제의 하부 단위인 이왕가李王家로 격하하고, 고종과 순종을 각각 '이태왕李太王'과 '이왕李王'으로 봉작했던 역사의 비극을 담은 호칭이다. 하지만 일본의 의도와 달리, 전병훈은 고대의 조선을 계승한 동시에 그와 구분되는 역사상의 한 시대로 조선왕조를 호명하는 문맥에서 '이왕'을 사용한다.
66 전오륜(全五倫, ?~?)의 본관은 정선旌善이고 호는 채미헌採薇軒으로, 전병훈의 방계 조상이

門洞에 들어가서(72인)**68** 뭇 현인들과 더불어 그 뜻을 말했다. "백이伯夷는 고 사리를 캐먹다가 굶어죽었는데, 우리 무리가 어찌 옛사람보다 더 많은 음식 을 맛보겠는가?" 마침내 정선旌善 서운산瑞雲山에 은둔했는데, 매달 초하루와 보름이면 관복을 차려입고 개경을 바라보며 통곡했다. 시를 지어 읊었다. "요순 세상 멀어지니 내 어디로 가리? 서쪽 산을 향해 고개를 들고 속세와 절 연하네."**69**

全採微先生(五倫)以進賢館大提學入杜門洞(七十二人), 與諸賢言志曰: 伯 夷採薇而餓死, 吾輩**70**曷嘗多讓於古人哉? 遂隱旌[旌]**71**善瑞雲山, 每朔望 具朝服望松京痛哭. 詩曰: 唐虞世遠吾安適? 矯首西山繼絶塵.

【안설】 채미공採薇公은 또한 나의 방계 조상이다. 이목은李牧隱[이색]의 외삼

다. 고려 말에 우상시右常侍, 좌산기상시左散騎常侍, 형조판서를 거쳐 대제학에 올랐다. 조 선이 건국되자 고려에 대한 절의를 지킨 72명의 유생들과 함께 두문동杜門洞으로 들어갔다 가, 고향인 정선으로 옮겨 서운산瑞雲山에 은둔했다. '채미헌採薇軒'이라는 전오륜의 호는 고사리를 캐다 죽었다는 백이·숙제의 고사에서 따왔다.

67 진현관進賢館은 고려시대에 학식이 풍부한 문신들을 뽑아 학문 연구에 관한 일을 맡아보던 관아로, 종2품의 대제학大提學 1인을 두어 부서를 관장토록 했다.

68 두문동杜門洞은 이성계의 역성혁명에 반발한 고려 유신遺臣 72인이 집단으로 들어가 외부 와의 관계를 단절했던 저명한 은둔지로, 지금의 북한 황해북도 개풍군 광덕면光德面 광덕 산光德山 서쪽에 있는 골짜기였다. '두문동'의 이름은 중국 진秦나라 태자의 스승이었던 공 자건公子虔이 코를 베이는 형벌을 당하자, 8년간 문을 닫아걸고 밖으로 나오지 않았다는 '두문불출杜門不出'의 고사에서 유래했다. "公子虔杜門不出, 已八年矣."(『史記·商君傳』) 하지 만 고려 잔당의 소굴로 간주된 두문동은 곧 소탕되었고, 전오륜은 강원도 정선의 서운산瑞 雲山으로 옮겨 생을 마감했다.

69 전오륜이 남긴 시의 전문은 다음과 같다. "신하된 몸에 고려 관복 걸치고 동쪽으로 왔네. 멀리 개경을 바라보고 통곡하니 눈물로 두건이 흠뻑 젖누나. 요순 세상 멀어지니 내 어디 로 가리? 서쪽 산을 향해 고개를 들고, 속세와 절연하네."(東來高服在臣身, 搖望松京哭滿巾, 唐 虞世遠吾安適, 矯首西山斷絶塵.)

70 명문본에 '五輩'로 되어 있는데, '우리들(우리 무리)'을 뜻하는 '吾輩'의 오자로 보고 바로잡 았다.

71 명문본에 '旌'으로 되어 있다. '旌'은 '旌'의 이형자로, 정선 지명을 고려할 때 '旌'이 합당하다.

촌으로, 문학과 행의行義[72]에 실로 철리 도학을 터득한 바가 있었으니, 절조를 지켜 굽히지 않고 참됨을 지키는 맑은 덕이 오랫동안 여러 세대를 감화할 수 있었다. 아! 존경스러워라.

【謹按】此採薇公亦余之傍祖也, 爲李牧隱之表叔, 而文學行義, 誠有得於哲理道學, 抗節不屈, 眞逸淸德, 可風百代. 吁! 可欽哉.

조선의 이왕李王[73] 세종世宗[74]은 성인의 덕이 있었다. 예악을 제정하고 행정구역을 편제하여(體國經野)[75] 통치제도를 정립했고, 어진 정치를 폈으며 정치의 도에 밝았다. 실로 기자·주공과 기조가 같되, 일의 두서가 상세하고 완비함은 더욱 진보하여 정밀했다고 말할 수 있다. 일찍이 나이 80세(음력6월 폭염)에 강연에 임하여 이르기를 "군주의 마음이 온갖 변화의 근본이니 어찌 덥다고 태만하겠는가? 책을 들춰 보는 중에 얻은 바가 아주 많다"고 했다.(네 번째로 철리 도덕이 진화했다.)

朝鮮李王世宗有聖人之德. 制禮作樂, 體國經野, 以立爲治之制度, 而行仁政, 明治道. 誠與箕子·周公同調, 而條理之詳備, 則可謂愈進精微也. 嘗八耋(六月極炎)臨講曰: 人主一心, 萬化之本, 豈可以熱而怠哉? 披閱之間, 所得頗多也. (第四番哲理道德進化.)

【안설】세종의 하늘을 본받은 도덕, 문물을 제작한 성스러운 지혜는 삼대 이후의 군주와 재상(君相)들이 견주어 비교할 수 있는 것이 아니다. [정치철학

---

72   여기서 '문학文學'은 글로 하는 학문 전반을 가리키고, '행의行義'는 의로움을 행하는 실천적 태도이다. 즉 이론과 실천 두 방면을 아울러 말한다.

73   '朝鮮李王'은 앞의 각주 65에서 '李王朝鮮' 항목을 참고한다.

74   세종(世宗, 1397~1450)은 조선의 제4대 왕(재위 1418~1450)으로, 이름은 이도李祹, 자는 원정元正 등이다. 그 위업이 역사에 찬연하고 현저하여 일일이 열거하지 않는다.

75   '체국경야體國經野'는 도시를 정하고 읍리를 구획하여 행정체계를 갖추는 것이다.

의] '예치禮治'편에서 다시 상세히 논한다. 나라 글자가 비록 설총에 의해 창
시됐지만, 세종이 이를 교정하고 보완하는 데 이르러 극히 완선完善해졌다.

【謹按】世宗之體天道德, 制作之聖智, 非三代以下之君相所可比擬者, 而
再詳于禮治篇也. 國文雖創始於薛公, 至世宗校正而補益之乃克完善也.

황상국黃相國(희羲[76])[77]은 경륜과 도덕을 갖추고, 성군聖君을 받들어 따르며
문물의 제작을 보좌했다. 그리고 관직이 낮은 선비들에게 자기를 굽혔는데,
고관의 지위에 있으면서도 늘 몸을 굽혀 초가집의 한미한 선비 아무개들을
방문했다. 이로부터 선비들의 기상이 부쩍 일어났으니, 또한 어진 재상으로
겸손한 덕을 갖춘 사람이라고 말할 수 있다.

黃相國(羲)有經綸道德, 將順聖君, 輔翼制作, 而折節下士. 位在大僚, 常
屈訪白屋寒士某某, 由是士氣蔚興, 亦可謂賢相之有謙德者也.

【안설】동한의 문헌이 수백 권이지만, [조선을 떠나오면서] 지니고 올 수 없
었다. 그러므로 단지 이처럼 만의 하나만 기억해 간략히 기재하니, 실로 겸
연쩍다.

【謹按】東韓文獻數百卷, 而未克攜帶. 故只此萬一記憶, 以略載者, 誠歉
然也.

조정암趙靜菴 선생은 성현의 자질을 갖췄다. 영민하고 순수한 덕행과 용모
에 금옥金玉 같은 윤택과 정갈함이 넘쳐흘렀다. 사람들이 그를 한번 바라만

---

76 희羲는 희喜의 잘못이다.
77 황희(黃喜, 1363~1452)는 조선 초 세종임금 때의 재상으로, 18년간 영의정에 재임하여 세
    종이 신임하는 명재상으로 이름이 높았다. 본관이 장수長水이고 자는 구부懼夫, 호는 방촌
    厖村이고 시호는 익성翼成이다. 저서에 『방촌집厖村集』이 있다.

봐도, 그가 도를 이뤄 덕이 섰음을 알았다. [그 당시의 임금과 백성이] 항상 요순시대의 임금과 백성처럼 되게 할 것을 자임하고, 날마다 경연經筵에서 강의하였다. 대사헌大司憲이 되어 정사를 행한 지 3일 만에 길을 가는 사람이 땅에 떨어진 물건을 줍지 않고 남녀가 다른 길을 걸었으니, 요순의 정치를 며칠 만에 볼 수 있었다.(다섯 번째로 철리 도덕이 극도로 진화했다.)

趙靜菴先生, 具聖賢之資質. 英粹德容, 盎然玉潤金精. 人一望之, 知其爲道成德立也. 常自任以堯舜君民, 日講經筵. 及其爲大司憲, 行政三日. 途不拾遺, 男女異路. 唐虞之治, 指日可覩矣. (第五番哲理道德極進化.)

【안설】 역대를 두루 고찰하면, 오직 공자가 정사를 행한 지 3개월 만에 노나라가 크게 다스려졌다. 조공趙公이 정사를 행한 지 3일 만에 길을 가는 사람이 땅에 떨어진 물건을 줍지 않았던 것으로 말하자면, 실로 전대미문(空前未聞)의 지극한 덕이요 신묘한 교화이다. 돌이켜 보고 말하건대, 동서고금 여러 나라의 정치에 어찌 이런 일이 있었던가? 이는 덕례德禮의 정치를 세계에서 한번 크게 경험한 것이라고 할 수 있다. 아! 국운이 다하지 않았는데도 참소讒訴의 화禍가[78] 해괴망측하였으니, 하늘은 어떤 마음인가? 선생은 포은圃隱[정몽주]에 연원을 두고 김굉필金宏弼 선생의 문하에서 수학하였다.

【謹按】 遍攷曆代, 惟孔子行政三月, 魯乃大治. 至若趙公之行政三日, 途不拾遺者, 誠空前未聞之至德神化也. 憺言東西古今列邦之政治, 寧有是否? 此可爲德禮之治一大經驗於世界者矣. 嗚乎! 國運不竟, 讒禍罔測, 天何心哉? 先生乃圃隱淵源, 而受學于金先生宏弼之門者也.

이퇴계李退溪 선생이 말했다. "도의 본체(道體)가 일상생활 간에 유행하여

---

78 조선을 성리학 이상사회로 만들려는 개혁정책을 펴던 젊은 사림士林이 기묘사화己卯士禍로 일시에 화를 입고, 그때 조광조도 죽임을 당했던 것을 말한다.

잠시도 쉬지 않으니, 그러므로 일을 하되 반드시 [도의 본체를] 잊지 말아야 한다. [도의 본체가] 털끝만큼의 인위적 안배도 용납하지 않으니, 그러므로 효과를 미리 기대해 조장하면(正與助長)[79] 안 된다. 그런 뒤에야 마음과 리理가 하나가 되어, 내게 있는 도의 본체가 어그러지거나 결함이 없고, 막힘도 없을 것이다."[80] 또한 말했다. "부귀는 얻기 쉽지만, 명예와 절조는 지키기 어렵다. 말세의 문란한 풍속은 쉽게 일어나고, 험난한 길에서 [학문을] 다 마치기는 어렵다."[81]

> 李退溪先生曰: 道體流行於日用之間, 無有頃刻停息. 故必有事焉而勿忘, 不容毫髮安排, 故須勿正與助長. 然後心與理一, 而道體之在我者, 無虧欠, 無壅遏矣. 又曰: 富貴易得, 名節難保. 末俗易高, 險塗難盡.

이율곡李栗谷 선생이 말했다. "'도학'이란 격치格致[82]로 착함을 밝히고, 성정誠正[83]으로 그 몸을 닦는 것이다. [공부가] 몸에 온축되면 하늘의 덕(天德)이 되고, 이를 정사에 베풀면 왕도王道가 된다. 저들 글만 읽으면서 실천이 없는 자들이야, 앵무새가 말할 수 있는 것과 무엇이 다르겠는가?"

---

79 '正與助長'은 『맹자』 「공손추公孫丑」의 "必有事焉而勿正, 心勿忘, 勿助長也"라는 구절에서 유래하여, 사물을 미리 예단해서 조장하는 잘못을 가리키는 관용어로 쓰였다.

80 『퇴계선생문집退溪先生文集』 「답정자중서별지答鄭子中別紙」에 보인다.

81 퇴계의 「답정자중서答鄭子中書」에 보인다. 그런데 이 명구는 퇴계 이전에 중국 유학자들에게서 먼저 나온 것이다. 앞의 "富貴易得, 名節難保"는 송나라 한기韓琦의 『삼조명신언행록三朝名臣言行論』에 보인다. 뒤 구절은 왕안석王安石이 "哀俗易高名已振, 途險難盡學須強"이라고 말한 것을 주희가 "末俗易高, 險塗難盡"(「答鄭自明書」)이라고 인용한 데서 비롯하였다. 훗날 퇴계뿐만 아니라 여러 유학자가 이 명구로 덕행과 학문을 권면했다.

82 '격치格致'는 『대학』에서 말하는 '격물格物'과 '치지致知'의 줄임말로, 사물의 이치를 연구(格物)하고 지식을 획득(致知)하는 것을 가리킨다.

83 '성정誠正'은 『대학』에서 말하는 '성의誠意'와 '정심正心'의 줄임말로, 학문을 하는 데 필요한 정성된 뜻(盛意)과 올바른 마음가짐(正心)을 가리킨다.

李栗谷先生曰: 道學者, 格致以明乎善, 誠正以修其身. 蘊諸躬則爲天德, 施之政則爲王道. 彼讀書而無實踐者, 何異於鸚鵡之能言哉.

【안설】 동한의 철리 도학은 포은[정몽주]·정암[조광조]에서 비롯해, 퇴계[이황]·율곡[이이] 두 선생이 크게 천명하기에 이르러 온 나라의 학문과 도덕이 매우 발달하니, 갓 쓰고 경전을 외우는 선비로 도를 이뤄 덕이 선 자가 나라 안에 거의 빽빽했다. 그 찬란하고 왕성한 문명 도덕은, 수사洙泗[공자]84 이래로 비록 낙민洛閩[정주程朱]85이 학문을 성대하게 창도했으나, 또한 아마도 [조선에는] 미치지 못할 것이다. 그러나 오로지 정주의 학문만을 숭상하여, 너무 지나쳤다고 말할 수 있다. 바라건대 여기에 도교와 철학을 더하고 아울러 새로운 사상을 겸해 탐구한다면, 곧 원만한 덕을 이룰 수 있을 것이다. 아! 또한 늦었으니 어찌하리오?

【謹按】 東韓之哲理道學, 自圃隱·靜奄, 以至退栗兩先生大闡之以後, 通國之學問道德, 極其發達, 冠儒誦儒, 道成德立者, 殆遍國中. 其斌蔚之文明道德, 自洙泗以還, 雖洛閩唱學之盛, 亦恐不及也. 然專尙程朱之學, 可謂已甚. 苟於斯若加以道哲, 並新思想以兼致焉, 則可成圓德矣. 噫! 亦晚矣何哉?

이상국李相國(원익元翼)86이 일찍이 [임금을] 호종해 평양에 갔을 때, 적진에서 서명도 하지 않고 단지 "조선의 이상서李尙書 휘하麾下87에 편지를 보낸다"

---

84 '수사洙泗'는 수수洙水와 사수泗水라는 강 이름으로, 공자가 이 두 강 사이에서 강학講學을 했다고 하여 공자의 학풍을 지칭하는 대명사가 되었다.

85 이정二程이 낙양洛陽 출신이고 주희朱熹가 민중閩中 출신으로, 이 두 지명을 합한 '낙민洛閩'이 정주학의 대명사로 쓰였다.

86 이원익(李元翼, 1547~1634)은 조선 중기의 명신이다. 이조판서, 우의정, 영의정 등을 역임하며 임진왜란, 인조반정, 정묘호란 등의 국난을 극복했다. 저서로 『오리집梧里集』·『속오리집續梧里集』·『오리일기梧里日記』 등이 있다.

87 '휘하麾下'는 대장 깃발 아래를 뜻하며, 여기서는 이원익의 지휘 아래 있는 군대를 가리

고 하였는데,[88] 공이 배 한 척으로 적에게 가기를 자원했다. 그 덕량德量이 남
보다 뛰어나서 몸을 잊고 나라를 위해 죽고자 하기가 이와 같았다. 그때 영웅
현자 여럿이 [국난에 대처해] 함께 나아가니, 그러므로 전란을 극복하고 나라를
지킬 수 있었다.

> 李相國(元翼)嘗扈從平壤, 自敵陣不書名, 而只云馳書于朝鮮李尙書麾下,
> 公乃自願單舸赴敵. 蓋其德量過人, 忘身殉國如是哉! 于時英賢彙征, 故
> 能勘亂保邦也.

【안설】 그때 현자가 낱낱이 들어서 말할 수 없을 만큼 많았다. 다만 이상국李
相國(항복恒福)[89]의 지량智量이 남보다 뛰어나서 철리와 선견지명이 있었다.
모여서 상의하고 바로잡아 나라의 기틀을 재정립한 것은 뭇 현자들의 도학
의 힘이었다. 아! 역시 훌륭하다.

【謹按】 惟時多賢, 不須枚擧. 惟李相國(恒福)智量過人, 有哲理前知之
明. 僉謀匡救, 再奠邦基者, 乃羣賢道學之力也. 吁! 亦韙哉.

김농암金農嚴 선생(창협昌協)[90]이 말했다. "천지만물이 나와 한 몸이니, 이

킨다.

88 서명을 하지 않은 편지를 상대국에 보내는 것은, 동맹이 아니라는 적대적인 표현이다. 『춘
추좌전』에서 "不書名, 未同盟也."라고 한데서 유래하였다. 본문의 일화는 임진왜란 때의 일
이다.

89 이항복(李恒福, 1556~1618)은 조선 선조 때의 문신으로, 자는 자상子常, 호는 백사白沙 · 필
운弼雲이다. 임진왜란 때 병조판서로 활약했으며, 뒤에 벼슬이 영의정에 이르렀다. 광해군
때 인목대비 폐모론에 반대하다 북청北靑으로 유배되어 죽었다. 저서에 『백사집白沙集』,
『북천일기北遷日記』, 『사례훈몽四禮訓蒙』 등이 있다.

90 김창협(金昌協, 1651~1708)은 유학과 문학의 대가로 당대의 문장가이며 서예에도 뛰어났
다. 본관이 안동이고 자는 중화仲和이며, 호는 농암農巖 · 삼주三洲이고 시호는 문간文簡이
다. 집의執義 · 헌납獻納 · 대사간大司諫 · 동부승지同副承旨 · 대사성大司成 등을 역임했다.
주요 저작으로 『농암집農巖集』, 『농암잡식農巖雜識』, 『주자대전차의문목朱子大全箚疑問目』
등이 있다.

른바 '인仁의 리理[91]이다. 사람이 진실로 이를 보지 못하면, 남과 나를 구분해 서로 비교하고[92] 이해관계에 서로 기울어서, 비록 그러지 않으려고 해도 그 사사로움에 빠져 스스로 극복할 수 없는 것이 있다." 또한 말했다. "도는 근본을 세우는 연유이니, 만세에 걸쳐서 바꿀 수 없다. 법은 변화에 적응하는 연유이니, 마땅히 때에 따라 덜고 더해 그 중용을 취해야 한다."

金農嚴先生(昌協)曰: 天地萬物與我一體, 卽所謂仁之理也. 人苟無見於此, 則物我之相形, 利害之相傾, 雖欲勉焉以去其私, 而有不能自克者矣. 又曰: 道所以立本也, 亙萬世而不可易也. 法所以適變也, 當隨時損益而取其中也.

【안설】 동한의 근세에 명현名賢・석덕碩德이 아주 많아 참으로 헤아릴 수 없지만, 오직 김선생의 도학이 가장 정밀하고 심오하며 공평하다.
【謹按】 東韓之近世名賢碩德太盛, 實不勝枚擧, 惟此金先生之道學, 最精深公平也.

이왕李王 영종英宗[93]은 검소하게 덕을 기르고 경건하게 도를 행하여 인의仁義를 다했으니, 도덕의 지극한 정치가 50년간 융성했다. 아! 또한 성대하다.

李王英宗, 儉以養德, 敬以行道, 仁洽義盡, 隆成五十年道德之至治. 吁[94]!

---

91 '仁之理'는 주희의 말로 『맹자집주孟子集註』「진심하盡心下」에 나온다. "仁者, 人之所以爲人之理也. 然仁理也, 人物也, 以仁之理, 合於人之身而言之, 乃所謂道者也."

92 '物我之相形'은 타자(남)와 나를 구분해 서로 비교하는 것을 가리킨다. 주희가 『맹자집주』「양혜왕상梁惠王上」에서 말했다. "利心生於物我之相形, 人欲之私也."

93 영종英宗은 곧 영조英祖로, 조선의 제21대(재위: 1724~1776) 왕이다. 이름은 이금李昑, 자는 광숙光叔, 호는 양성헌養性軒이다. 영조의 묘호는 처음에 '영종英宗'이었으나, 뒤에 '영조英祖'로 고쳤다. 전병훈이 영종英宗으로 표기한 것도 이런 연유이다. 영조는 조선의 역대 왕 중 가장 긴 52년간을 재위했으며 83세에 세상을 떠났다.

亦盛哉.

【안설】 이조李朝에 현명하고 성스러운 임금이 예닐곱 일어나 덕례德禮의 정치를 다했는데, 이 책이 역사서는 아니므로 이를 생략한다.

【謹按】 李朝賢聖之君, 六七而作, 以盡德禮之治, 此非史編, 故畧之.

김상국金相國(재찬載瓚)[95]이 말했다. "임금은 불과 같다. 멀리하면 너무 차갑고 가까이하면 열기가 뜨거우니, 멀지도 가깝지도 않은 데 요점이 있다. 임금의 그릇된 마음을 바로잡기에 힘쓰면, 그것이 곧 나랏일에 몸 바치는(匡躬) 도이다." 항상 그 자제들에게 경계해 말했다. "어찌 그 몸을 바로잡지 않고 능히 그 임금을 바로잡을 수 있겠느냐?"

金相國(載瓚)曰: 君猶火也, 遠之則太冷, 近之則熱鬧, 要在不遠不近. 務格其非心, 乃匡躬之道也. 嘗誡其子弟曰: 安有不正其身而能正其君者乎?

【안설】 공은 최근 동한의 명재상으로 강직하게 임금을 바로잡은 일이 아주 많았으니, 성일誠一·정덕正德[96] 철학의 고상한 현자이다.

【謹按】 公爲最近東韓之名相, 抗直正君之事甚多. 誠一正德哲學之高賢哉!

---

94 명문본에 'ℍf'(吁?)로 되어 있는데, 탄사인 '吁'로 보는 것이 타당하다.
95 김재찬(金載瓚, 1746~1827)은 조선 후기의 문신이다. 본관은 연안延安, 자는 국보國寶, 호는 해석海石. 김호金鎬의 증손으로, 할아버지는 상석相奭이고, 아버지는 영의정 익爗이며, 어머니는 윤심재尹心宰의 딸이다. 영조·정조·순조 대에 여러 관직을 역임하고, 1818년에 중추부판사가 되었다가 다시 영의정을 지냈으며, 1823년 중추부영사가 되었다.
96 '성일誠一'은 마음과 뜻이 한결같이 참되고 성실한 것이고, '정덕正德'은 나와 남의 덕을 모두 바르게 하는 것이다.

신상국申相國(응조應朝)⁹⁷은 학문을 이뤄 도가 높았으며, 임금을 섬기고 백성을 다스림에 순전히 올바른 덕을 썼다. 악함을 물리치고 착함을 강화하는 것이⁹⁸ 거센 물살 가운데 지주砥柱⁹⁹와 같았을 뿐만 아니라, 산으로 돌아가 30년을 맑게 수련하여 다시는 한강을 건너지 않고 죽었다. 아! 지극하다. 덕이 온전한 사람이다.

申相國(應朝)學成道尊, 事君治民, 純用正德. 激濁而鎭頹者, 不啻若洪流砥柱, 還山淸修三十年, 不復渡漢江而歿. 烏乎! 至哉, 全德人也.

【안설】공이 일찍이 서쪽 지방을 다스렸는데,¹⁰⁰ 가르침과 깨우침을 다하여 권선징악하고 백성을 움직여 변화시켰으니, 그래서 백성이 지금도 그를 칭송한다. 학문과 덕이 순수하여, 우뚝하기가 마치 노나라의 영광전靈光殿¹⁰¹ 같았다. 노년에 더욱 수양하여 참나를 응결하고 덕을 이뤘으니(凝眞成德), 실로 세상에 드물게 뛰어난 영현英賢이라고 말할 수 있다.

【謹按】公嘗按治西路, 極其敎喩, 彰善癉惡, 動之斯化, 故民到於今稱之. 學純德粹, 巍然若魯靈光矣. 晩益修養, 以凝眞成德, 誠可謂高世間氣之英賢也.

97　신응조(申應朝, 1804~1899)는 조선 후기의 문신이다. 1852년(철종 3) 문과에 급제하여 검열檢閱·이조정랑吏曹正郞·부제학副提學 등을 역임하고, 1866년(고종 3) 이조참판·대사헌, 1871년 강원도 관찰사, 1873년 형조·이조의 판서, 1874년 예조판서가 되었다. 1882년 임오군란 후 이종사촌인 흥선대원군에 의해 우의정에 임명되었으나 사퇴하고, 후에 좌의정에 올랐으며, 연로하여 퇴임한 뒤에는 기로소耆老所에 들어갔다.

98　'격탁激濁'은 탁한 물을 흘려보내는 것으로, 악함을 없앤다는 뜻이다. 진퇴鎭頹'는 무너진 것을 메우는 것으로, 선함을 채운다는 뜻이다.

99　'지주砥柱'는 하남성河南省 삼문협三門峽 동쪽을 흐르는 황하黃河의 거센 물살 한가운데 솟아 있는 돌기둥 산으로, 거친 세파에도 의연히 절개를 지키는 선비를 상징한다.

100　신응조가 1873년 평안도 관찰사로 부임했을 때의 일을 말하는 것이다.

101　'노영광魯靈光'은 한漢의 노공왕魯恭王 유여劉餘가 건립한 영광전靈光殿을 가리킨다. 여러 차례 전란을 겪었어도 이 궁전만은 완전하게 보존되었다고 하여, 환난을 겪고도 끄떡없는 위용을 상징한다. 한나라 왕연수王延壽의 「노영광전부魯靈光殿賦」에 그에 관한 내용이 있다.

박운암朴雲菴 선생(문일文一)[102]이 말했다. "학문은 마땅히 존덕성尊德性과 도문학道問學[103]을 종주宗主로 하여, 앎과 행함이 아울러 나아가고, 성실함과 경건함을 꽉 잡아 지키고, 부지런한 덕행을 몸소 실천하는 것이 귀하다."

朴雲菴先生(文一)曰: 爲學當以尊德性・道問學爲宗主, 而知行並進, 誠敬以持守, 克勤德行以躬踐實者, 乃爲貴也.

【안설】 박선생은 얼계蘗溪 이항로李恒老[104]의 문인이다. 내가 일찍이 가르침을 받았는데, 그 일상의 언행을 보면 천리天理가 유행流行[105]하여 참으로 도덕을 성취한[106] 사표師表였다. 그 문인이 거의 3천 명에 가까웠다. 아! 성대하여라.

【謹按】 朴先生是蘗溪李丈恒老之淵源也. 余曾請教, 瞻其動靜語嘿之間, 天理流行, 眞是道成德立之師表. 其門人殆近三千, 嗚乎! 盛哉.

이보재李普齋(상설相卨)[107]가 말했다. "서양은 철학을 최고 학술로 삼으니,

---

102 박문일(朴文一, 1822~1894)은 본관은 밀양密陽이고, 자는 대수大殊이며, 호는 징암懲菴・운재雲齋・운암雲菴이고 시호는 문헌文憲이다. 도사都事・집의執義・지평持平에 임명되었으나 출사하지 않고 평안도 진천泰川에서 후진양성에 몰두했다. 문집으로『운암집雲菴集』이 있다. 전병훈이 어려서 그 문하에서 수학했다.

103 '존덕성尊德性'은 덕을 존숭하는 것이고, '도문학道問學'은 묻고 배우는 길을 따라서 가는 것이다.『중용』제27장에 보이며, 유교의 학문과 수양 방법을 대표한다.

104 이항로(李恒老, 1792~1868)는 조선 후기의 성리학자로, 위정척사론의 이론적 토대를 구축했다. 자字는 이술而述, 호는 화서華西이다. 그의 학문은 주리主理 철학에 바탕을 두었고, 호남의 기정진奇正鎭, 영남의 이진상李震相과 함께 조선말의 주리철학을 재건한 3명의 대가(三大家) 가운데 한 사람으로 손꼽힌다. 말년에 사직하고 고향인 양평 얼계蘗溪로 돌아와 후학을 양성하다가 별세했다.

105 '천리유행天理流行'은 주희가 말한 개념이다. 흐르는 물에서 천지의 조화가 잠시도 중단 없이 유행하듯이, 사람의 일상 언행에서 잠깐이라도 인욕이 개입되지 않고 천리가 유행하는 것을 곧 인仁의 경지로 보았다.

106 '道成德立'은 도를 이루어 덕이 선다는 뜻으로, 도덕을 성취한 것을 가리킨다.

107 이상설(李相卨, 1870~1917)은 조선말의 신구학문을 겸비한 학자이자 관료, 독립운동가였

왕양명의 학문 같은 것이 가장 비슷하다. 서양철학의 신물일체神物一體설과 태극이성太極理性론이 또한 형이상학이다. 법치의 경우는 근세에 비로소 완비되었지만, 모두 로마를 근본으로 한다. 법률은 진실로 도덕에 위배되니, 사용할 수 없다."

李普齋(相卨)曰: 西洋哲學爲最高學術, 如王陽明之學, 最爲近似. 西哲之神物一體說, 太極理性之論, 亦是形而上學也. 至若法治, 近始完備, 然皆以羅馬爲本. 法律苟背道德, 則不可用也.

【안설】이군은 학문이 새것과 옛것에 통하고, 진심으로 애국했다. 나이 50세가 되기 전에 비분강개하여 이국땅에서 죽었다. 아! 슬프다.
【謹按】李君學通新舊, 眞心愛國. 年未五旬, 慷慨以終于異域. 烏乎! 悲夫.

이퇴암李退菴(성렬聖烈)[108]이 말했다. "학문의 도는 응당 우주의 원칙과 고금의 사물에 대해 그 가장 순선純善하고 완미完美한 정수를 구하는 것이요, 기타는 알 필요가 없다. 하지만 오늘날 신학문을 어찌 함께 연구해 두루 쓰지 않을 수 있겠는가?" 그가 상소문에서 말하기를 "옛날의 성현은 모두 군주를 이끌어 도에 합당토록 하는 것을 평생의 의로움으로 삼았습니다. 신이 비록

다. 호는 보재溥齋 혹은 보재普齋이고, 본명은 순오舜五이다. 을사늑약이 체결되자 1906년 북간도 용정龍井으로 망명하였으며, 1907년 고종의 밀지를 받고 이준李儁·이위종李瑋鍾과 함께 헤이그 만국평화회의에 참석해 일본의 침략행위를 전 세계에 알리려고 하였으나 실패했다. 이후 미국과 연해주 등에서 국권 회복을 위해 애쓰다가 1917년 3월 니콜리스크에서 별세했다.

108 이성렬(李聖烈, 1865~?)은 조선 말의 문신이다. 본관은 예안禮安이고, 호는 퇴암退庵이며 경기도 안성 출생이다. 경상북도 관찰사 시절에 을사조약이 체결되자 사직하고, 여주驪州에 은거하여 의병을 규합하는 한편 군자금을 전담했다. 그러나 일본군에게 의병 명부를 빼앗겨 많은 의병이 추포되자, 자신의 불찰을 자책하며 단식으로 자결했다.

재주가 없으나 이로써 은덕에 보답하기를 원합니다" 운운하였다.

李退菴(聖烈)曰: 學問之道, 當於宇宙原則・古今事物, 求其最純善而完美精粹[109]者, 其他不須知也. 然今日新學, 安可不並究以作通用乎? 其袖劄略曰 "古之聖賢, 皆以引君當道爲平生義, 諦(臣)雖不才, 惟願以此報效" 云云.

【안설】 두 이군李君은 철리 도덕의 학문이 그처럼 숙성했는데, 홀연히 천고千古의 지음知音으로 죽었다.[110] 슬프다. 아!

【謹按】 兩李君哲理道德之學, 如彼夙成, 而遽作千古知音. 悲夫, 嗚乎.

조선이 나라를 세워 순전히 덕례德禮로 다스렸다. 주나라 전성기 같은 미덕이 있었으며, 면면히 5백 년의 장구한 세월을 이어 왔다. [그러나] 문약文弱의 극치에서 유신을 하여 과학과 물질을 아울러 다스리지 못했으니, 나라를 어찌 능히 보존할 수 있었겠는가? 하지만 조정암이 신묘한 조화로 예치를 구현하고, [정조 때의] 『향례합편鄕禮合編』・율곡의 『성학집요聖學輯要』・유형원의 『반계수록』 등의 경제・도덕 서적을 반포했던 일 같은 것은, 장차 오주五洲가 대동大同하는 날 어찌 모범으로 채택되지 않으리라고 장담할 수 있겠는가? 아! 위의 군주・재상・이름난 현자들이 모두 덕행을 실제로 증험했고, 성리학자들이 고려 말보다 갑절이나 많이 일어났다. 아! 물질문명의 회會[111]

---

109 명문본에 '粹'로 되어 있는데, '粹'로 보는 것이 타당하다.
110 이상설은 국권회복을 위해 힘쓰다 러시아 연해주에서 죽고 이성렬은 의병을 일으켰다가 죽었으니, 그 순국한 뜻이 한결같았음을 '천고의 지음'(千古知音)으로 표현한 것이다.
111 원元・회會・운運・세世의 역법에 따른 시간의 단위이다. 전병훈에 따르면 1만 800년이 1회會인데, 하나라 우왕 즉위 6년에 갑자오회甲子午會의 한 주기(午會)에 들어갔다고 한다. 본문에서 이른바 '물질문명의 회'(物質文明之會)는 그 시기의 전반 5천4백 년에 해당하며, 그 정점이자 변곡점(午會正中)인 현재 시기를 지나 다시 정신문명의 회(精神文明之會)로 전

에 한국이 유독 예치 문명을 실행했으니, 어찌 동주東周 이후에 한 번 크게 징험할 수 있었던 것이 아니리오? 진실로 단군·기자가 겸성兼聖했던 기풍이 오래도록 변치 않은 것이 이와 같다. 아!

朝鮮之立國, 專以德禮爲治, 有如成周之美, 而綿至五百年之久. 文弱之極, 不能維新而兼治科學物質, 則國何能存乎? 然如趙靜菴神化禮治之具, 頒敎 『鄕禮合編』, 粟谷 『聖學輯要』, 柳馨遠 『磻溪隨錄』等經濟道德之書, 將於五洲大同之日, 安知不取作模範乎? 噫! 以上君相名賢皆實驗德行, 而惟理學禮儒之作倍勝於麗季. 嗚乎! 物質文明之會, 韓惟獨行禮治文明者, 詎非東周以後之一大可驗者乎? 信乎檀·箕兼聖之風氣, 久而不渝者如是哉. 噫!

환된다고 본다. 전병훈은 앞으로 정신문명 시대가 도래해 실현될 수 있음을 증험하는 대표적인 역사적 사례로 조선의 예치 문명을 들었다. 「정치철학」편 제12장 참고.

서구 도덕철학의 중고 · 근세 · 최근을
아울러 논하다
第九章 歐西道德哲學中古近世最近竝論

소크라테스가 말했다. "천지간에 만물이 벌여 있으나, 반드시 스스로 존재하는 하나의 큰 지혜[112]가 이것[천지 만물]을 정리하여 지극히 선한 경지에 이르도록 하는 것이 틀림없다." 또한 말했다. "사람이 만약 도덕학(道德之學)에서 하나라도 터득하는 바가 있다면, 아무리 선하지 않으려고 해도 다시는 그럴 수 없다. 저들 세상 사람이 선하지 않게 되는 까닭은, 모두 선이 선하게 되는 연유를 진실로 모르기 때문이다."

> 梭格拉底曰 "天地間庶物羅列, 必自有一大智慧以整理之, 使以達於至善之境, 無疑矣." 又曰 "夫人若一有得於道德之學, 卽雖欲爲不善, 不可復得也. 彼世人之所以爲不善者, 皆由不眞知善之所以爲善故耳."

---

112 여기서 '스스로 존재하는 하나의 큰 지혜'(自有一大智慧)는 곧 신이다. 앞서 「심리철학」 편에서 소크라테스를 인용하여 말했다. "세계에 하나의 큰 지혜를 스스로 가진 자가 존재함을 알 수 있으니, 그것이 이른바 '신'이다."(是知世界自有一大智慧者存也, 此卽所謂神也.) 도덕은 이런 신의 지혜, 즉 우주에 본래부터 있는 하나의 큰 지혜로부터 비롯된 것이다. 서우의 문법으로 말하자면, 곧 '하늘에서 근원하는 도덕'(原天道德)에 다름 아닌 셈이다.

【안설】소크라테스는 과연 서양철학에서 이미 성인의 지위에 오른 사람이
니, 이 도덕의 여러 논의를 보면 알 수 있다.

【謹按】梭氏果是西哲之學已到聖人地位者, 觀此道德諸論可知矣.

소크라테스가 또한 말했다. "소위 '군자'는 이미 말(言: Logos)[113]이 있을 뿐
만 아니라 또한 덕이 있다. 그[군자]는 천하의 일에 대해 경중輕重·고하高下·
시비是非·선악善惡을 능히 식별하여, 말로 논함은 물론이고 행위에 이르기까
지 한결같이 모두 사리에 맞아 어긋나지 않는 자이다. 선하면 말하고 행하
며, 선하지 않으면 말하지 않고 행하지 않는다. 군자가 또한 이와 같을 뿐이
다. 학문의 길은 여러 가지 의미와 취지에 따라 구별하고 분류하는데, 그 선
善한 것이 최상을 차지하여 [다른 것과] 서로 뒤섞이지 않는다. 행위를 할 때
설령 이를 어기려고 해도 역시 그럴 수 없다면, 반드시 덕 있는 사람이 될 수
있다. 그러므로 '학문이 이미 성숙하면 도덕이 빠르게 진보한다'[114]고 한다."

梭氏又曰: 夫所謂君子者, 旣有言, 亦有德. 其於天下之事, 能識別輕重高
下是非善惡, 無論言論以及行爲, 一皆合於事理而無違者. 善則言之行之.
不善則不言不行之. 君子亦如是而已矣. 學問之道, 因諸種義旨而區別分
類, 其善者則居之最上, 互不相混. 當其行爲之際, 雖欲背之, 亦不可得,
必能爲有德之人矣. 故曰學問旣熟, 則道德長進.

소크라테스가 또한 말했다. "정의正義 및 덕행德行은 모두 지식智識이다. 일
이 정의에 부합하고 덕행이 모두 선과 아름다움을 다할 때, 사람들이 그 아

---

113 그리스 철학에서 '말(言)'은 곧 로고스(Logos)로, 언어를 통해 표현되는 이성의 원리, 즉 진
리를 의미한다.
114 '장진長進'은 장족진보長足進步의 줄임말로 '빠르게 진보한다'는 뜻이다.

름다움과 선을 알게 되면, 비록 그것을 행치 않으려 해도 또한 그럴 수 없다. 도를 갖춘 사람이 되려면, 오로지 이치를 연구하는 학자(理學者)가 되어야만 한다."

梭氏又曰: 夫正義及德行者, 皆乃智識也. 夫事之合於義, 以及德行皆盡善盡美者, 使人而苟知其美善, 則雖欲不行之, 亦不可得矣. 欲爲有道者, 惟當爲理學者可矣.

【안설】 소크라테스가 도덕을 말하며 지극한 선(至善)과 지혜(智)·믿음(信)·정의(義)·용기(勇)·과욕(寡欲)을 주로 하는 것이, 실로 우리 사유師儒[115]의 설과 딱 들어맞는다. 아! 역시 위대하다.

【謹按】 梭氏言道德, 主至善與智信義勇寡欲者, 誠與吾師儒之說脗合. 吁, 亦韙哉!

소크라테스가 또한 말했다. "당신들은 과연 이 법률이 누구의 손에서 나왔다고 여기는가? 이는 신이 만들어 정해[116] 우리에게 명하는 것이다." 또한 말했다. "사람이 정한 성문법(有字法律)은 이를 범해도 죄에 걸리지 않는 자가 아주 많다. 만약 신이 정한 불문법(無字法律)이라면, 이를 범하면 반드시 도망갈 데가 없다. 신이 바야흐로 이 법률을 만들 때 일찌감치 여기까지 이미 계산하여, 도피할 수 없도록 하였다. 이 법률이란 곧 '선'이다. 만약 이를 범하면 그것이 불선不善이다. 불선을 행하면 반드시 응보를 받으니, 다만 빠르고

---

115 '사유師儒'는 주나라에서 교육과 학문을 담당하던 관직이었는데, 춘추전국 이후로 남의 스승이 될 만한 뛰어난 유학자를 가리켰다. 전병훈은 '사유'로 공자·맹자 등의 원시 유학자들을 주로 지칭했다. 「도덕철학」 제3장을 참고한다.
116 '저정著定'은 저술하여 정리하는 것인데, 여기서는 신이 선善의 불문법을 만들어 정했다는 문맥이다.

늦음이 있을 뿐이다. 무릇 법률을 만들어 정해[117] 사람들이 그 벌을 피할 수 없도록 하니, 인류의 위에 뛰어난 자가 아니라면 그가 능히 이럴 수 있겠는가?

梭氏又曰 "汝果以此法律, 出自誰手乎? 是爲神所著定, 以命於吾人者也." 又曰 "人所定有字之法律, 犯之而不罹罪者甚多. 若神所定無字之法律, 則犯之, 必無所逃矣. 蓋神方作此法律之時, 早已計及於此, 而使之不能逃避也. 夫此法律者乃善也. 苟有犯之, 是爲不善也. 爲不善則必獲報, 惟在早晚而已. 夫著定法律, 而能使人不能避其罰, 非高出人類之上者, 其能如是乎?"

【안설】 소크라테스의 이 논의는 권선징악의 뜻이 아주 절실하다. 대개 성문법은 불문법에서 근본을 취한다. 그러므로 일이 정의에 부합하는 것이 곧 법률이고, 또한 도덕이다. 이 또한 옛 유학자가 이른바 "도덕은 법률이 숨어 있는 것이고, 법률은 도덕이 드러난 것이다"라고 했던 설[118]과 더불어 정확하게 서로를 밝힌다. 아! 지극하다. 서양철학이여!

【謹按】 梭氏此論, 勸善懲惡之意極切. 蓋有字法律, 卽取本無字法律也. 是以事之合於義者, 卽法律也, 亦卽道德也. 此亦與先儒所謂"道德者法律之隱, 法律者道德之顯"之說正相發明. 烏乎! 至哉, 西哲!

그 제자 크세노폰[119]이 평론해 말했다. "소크라테스는 어진 사람이다. 그

---

117 '저정著定'은 통상 저술해 정리한다는 뜻인데, 여기서는 신이 불문법을 분명히 정한다는 뜻이다.

118 송의 호굉(胡宏, 1105~1161)이 『지언知言』 권1에서 "法制者道德之顯爾, 道德者法制之隱爾"라고 했던 것을 가리킨다.

119 즈눠펀芝諾芬은 그리스의 철학자, 군인, 역사가인 크세노폰(Xenophon, B.C. 431?~350?)을 가리킨다. 크세노폰은 소크라테스의 제자로 철학을 공부했으며, 페르시아에 내전이 발발하자 그리스 용병대의 수장으로 참전한다. 그의 대표작인 『아나바시스Anabasis』가 당

가 인자함을 사람의 의무로 여겼고 그리하여 부녀자를 남자와 평등하게 여겨 다시는 높고 낮은 차별이 없었다. 그 밖에 노예를 능욕하고 공업을 천시하는 설을 모두 비판하고 예로부터의 악습을 크게 타파했으니, 이는 모두 그 인자한 마음이 발현된 것이다."

其弟子芝諸芬評之曰: 夫梭氏者, 仁人也. 彼旣以仁慈爲人之所務, 於是以婦女與男子平等, 無復尊卑之別. 其餘辱沒奴隸, 賤視工業, 皆爲說而非之, 大破古來之陋習, 是皆其仁慈之心所發也.

플라톤[120]이 말했다. "평범한 군중의 사랑은 매우 변덕스러운데, 이는 다름이 아니라 그 사물이 지극한 선(至善)이 아니며, 감정이 지극한 사랑(至愛)이 아니기 때문이다. 군자라면 당연히 층층이 올라가 사랑의 극치에 도달해 몸을 편안히 할 곳으로 삼아야 한다. 진실로 그렇지 않다면, 그 사랑이 바람을 잡고 그림자를 뒤쫓듯이 허망하여[121] 결국 끝없는 기약만 남을 뿐이니, 진정으로 사물을 사랑하지 않기 때문이다."

柏拉圖曰: 庸衆之愛, 多所變遷, 是無他, 以其物非至善, 情非至愛故也. 爲君子者所當層累而上, 以達愛之極地, 爲安身之所. 苟若不然, 則其愛如捕風逐影, 終無窮期, 非所以愛物之眞也.

시의 참전을 다뤘다.

120 플라톤(Platon, B.C.428~B.C.348)은 고대 그리스 아테네 출신의 철학자로서 형이상학의 수립자이다. 영원불변의 개념인 이데아(idea)를 통해 존재의 근원을 밝히고자 했다. 주요 저서에 『소크라테스의 변명』, 『파이돈』, 『향연』, 『국가론』 등이 있다.

121 '포풍축영捕風逐影'은 통상 '포풍착영捕風捉影'이라고 하며, 바람과 구름을 붙잡으려는 듯이 허망한 언행을 가리킨다.

또한 말했다. "우리가 사랑하는 바가 있으니, 이는 그 사물을 사랑하는 것이 아니라 반드시 취하는 것이 별도로 있다. 오로지 지극한 선(至善)을 사랑하는 데 이르러야 비로소 참된 사랑을 얻을 수 있다. 그러므로 학자는 일체의 사랑하는 외물外物에 대하여 부디 '지극한 선'이라고 인식하지 말라. 실로 '지극한 선' 외에는, 모두 우리의 마음과 눈을 기쁘게 하는 것에 불과할 뿐이다. 아! 사람이 오직 마음과 눈을 기쁘게 하는 금은보화만 사랑할 줄 알고 참으로 사랑할 것이 있음을 모르니, 어찌 슬프지 않은가?"

又曰: 吾人之有所愛, 是非愛其物, 必別有所取焉. 惟至於愛至善, 斯可得爲眞愛. 故學者於一切所愛外物, 愼勿認爲至善. 誠以至善之外, 皆不過爲怡吾人心目而已. 嗚乎! 人惟知愛怡悅心目之金錢貨寶, 而不知有所眞愛者, 豈不哀哉?

【안설】 플라톤은 서방의 성스러운 철인이다. 이제 '참된 사랑'과 '지극한 선'을 도덕의 목적으로 삼으니, 실로 지극한 말이요 성스러운 교훈이다.
【謹按】 柏氏是西邦聖哲. 今以眞愛至善爲道德之目的, 誠至言聖戒也.

플라톤이 또한 말했다. "도덕적 아름다움의 전형典型[122]은, 그것을 사랑하면 다시는 '외형의 아름다움'과 비교할 수 없다." 또한 말했다. "이른바 '의로움'이란 뭇 덕의 통칭이다." 또한 말했다. "이른바 '자기에게 이롭다'는 것은, 그 이로움을 사랑하는 마음을 넓혀서 남김이 없는 것을 말한다. 사람이 이처럼 이로움을 사랑할 수 있으면 반드시 타인의 이로움도 사랑하고, 참으로 타인의 이로움을 사랑하면 반드시 타인의 몸도 사랑한다. 타인의 몸을 사랑하

---

122 여기서 '전형典型'은 어떤 개별 사물의 배후에서 변화하지 않는 그 사물의 원형이자, 개별자가 마침내 실현돼야 할 이상으로서의 이데아(idea)를 의미한다.

기에 이르면, 그 사람의 인자함과 관용은 실로 말할 나위가 없다."

> 柏氏又曰 "道德之美之典型, 其愛之, 非復形貌之美可比矣." 又曰 "所謂
> 義者, 乃諸德之總稱也." 又曰 "所謂利於己者, 乃博其愛利之心, 而無所
> 遺之謂也. 人能愛利如此, 則必愛他人之利. 苟愛他人之利, 則必愛他人
> 之身. 至於愛他人之身, 是其人之仁慈寬恕, 固不待言矣."

또한 말했다. "'의로움(義)'이란 각 개인의 이익을 위한 것이 아니라 오히려
국가의 이익을 위한 것이니, 뭇 백성이 함께 경사롭고 복된 은택을 누릴 수
있도록 한다. 뭇사람의 지식, 사랑, 행위는 모두 그 절대적인 극치[곧 이념(意
思)[123]를 지향한다. 뭇사람이 동일한 진리의 극치, 정의의 극치, 아름다움의
극치를 모두 일정하게 나눠 가지고 있다. 그러므로 모든 인류가 서로 합하여
하나의 대가족을 이루는 것이다. 도덕 정치의 목적이 대개 여기에 있다. 그
러므로 도학道學은 우리 정신의 여러 능력을 합해 하나로 만드는 것이고, 정
치는 국가의 여러 능력을 합해 하나로 만드는 것이다."

> 又曰 "義者, 毋論爲人人之利益, 抑爲國家之利益, 而使衆庶共沐慶福之
> 澤也. 衆人之智識與其愛情, 其行爲, 莫不嚮往彼至大之極致(卽意思), 衆
> 人同一眞理之極致, 正義之極致, 美麗之極致, 皆有所分貸. 是則凡屬人
> 類者乃相合, 以爲一大家族者也. 道德政治之目的, 蓋在於此也. 是故道
> 學者, 乃合吾人精神之諸能面爲一者也.[124] 政治者, 乃合國之諸能而爲一
> 者也."

---

123 여기서 '이념(意思)'도 문맥상 이데아(idea)의 의미를 함축한다.
124 '乃合吾人精神之諸能面爲一者'에서 '面'은 '而'의 오자로, 이 구절은 뒤에 나오는 '乃合國之諸能而
爲一者'와 대구를 이룬다.

【안설】 플라톤은 정의正義·지극한 선(至善)·남을 사랑함(愛人)으로 도덕으로 삼았으며, 유일한 이익利益의 설은 이른바 '이용利用'[125]의 의미였다. 또한 지혜(哲)·용기(毅)·절제(節)·올바름(正)을 4덕으로 나누니, 대개 과하거나 부족한 뜻이 없었다. 배움이 얕은 식자들이 번번이 신新·구舊와 공公·사私의 도덕을 나누고, 군중을 이롭게 하는 것이 새로운 공덕公德이라고 논한다. 그것이 원천原天[126]의 의미와 공·사의 견해에 대하여 심히 어두우니, 더 이상 논할 필요가 없다.

【謹按】 柏氏以正義·至善·愛人爲道德, 而惟一利益之說, 卽所謂利用之義也. 又分哲·毅·節·正爲四德, 蓋無過不及之意也. 淺學之士, 輒分新舊公私道德, 而論利羣爲新公德. 其昧於原天之義·公私之見甚矣, 不足多辨也.

아리스토텔레스가 말했다. "무릇 사람이 실천하는 행위는 그 행위 자체만으로는 덕이 되지 못한다. 고상한 목적이 반드시 있어야만 하고, 그 후에야 비로소 덕이 된다. 관조[觀念: theōria][127]에 있어서는 그렇지 않아서, 관조가 곧 그 덕행이 되며 목적이 따로 있는 게 아니다."

---

125 유교에서 '이용利用'은 여러 도구를 제작하여 백성이 편리하게 쓰도록 하는 것을 가리킨다. 그런데 플라톤이 본문에서 말하는 '이익利益'은 정의로움(義)에 수반하는 이익으로, 이를 유교적 '이용'의 의미로 해석하는 것은 논란의 소지가 있다.

126 여기서 '원천原天'은 하늘에서 근원한다는 의미이다. 전병훈은 사람의 정신·심리·도덕이 모두 '하늘에서 근원'(原天)한다고 보고 이를 논증하였으며, 플라톤 등의 덕 윤리학(Virtue Ethics) 역시 이른바 '원천도덕原天道德'의 문맥에서 파악하였다.

127 원문의 '觀念'은 뒤 구절에서 '조용히 관조하고 깊게 생각한다'(靜觀深念)고 하는 것이다. 이는 통상 '관조'로 번역되는 'theōria'를 가리킨다. 아리스토텔레스에게 '관조'는 행복의 가장 중요한 요소로, 이성적 존재로서 인간이 가장 높은 수준에서 발휘하는 능력이자, 신과 공유하는 능력이다. 관조적(theōretike) 활동은 가장 즐겁고, 자족적이며, 자기 목적적이다. 아리스토텔레스는 "관조적 활동이 자신의 고유한 탁월함에 일치할 때, 그것이 바로 완전한 행복"이라고 한다. 원문의 '觀念'을 '관념'으로 그대로 번역하면 문맥상 오해의 소지가 있으므로, 통상의 관례에 따라 '관조'로 번역한다. 뒤 구절들의 '관조' 역시 이와 같다.

> 亞里士多德曰 "凡人實踐之行, 不得直以其行爲德. 須必別有高尙之目的, 在然後始可得以爲德. 若至於觀念則不然, 觀念卽爲其德行, 非別有目的也."

또한 말했다. "무릇 관조의 덕은 그 자체로서 지극히 큰 쾌락을 가지고 있다. 그 쾌락이 있으므로 더욱 사람들이 끊임없이 관조하게 된다."

> 又曰: 凡觀念之爲德, 其間自有至大之樂. 惟其有樂, 故益令人觀念不已也.

아리스토텔레스가 또한 말했다. "우리가 관조할 수 있는 것은, 인류 자체에 의존하는 것이 아니라 우리 정신 안에 있는 일종의 신적 지성(神智)[128]에 의존한다. 그러므로 '관조'의 순일한 덕은 실제로 우리 인류를 초월한 높은 데서 나온다."

> 亞氏又曰: 吾人之所能觀念者, 非賴其人類而然, 乃賴吾人精神中有一種神智而然. 故觀念一德, 實出於吾人人類之上也.

또한 말했다. "하급의 여러 덕행은 모두 실천하기 위해 몸이나 힘을 고달프게 하며, 현재에 해야 하는 뭔가가 있다. 이 등급의 덕행은 모두 우리의 여러 기능이 제멋대로 방종하지 못하도록 제어하며, 이를 통해 조용히 관조하

---

[128] 문맥상 '신지神智'는 아리스토텔레스가 『니코마코스 윤리학』과 『형이상학』에서 언급하는 '누스nous'에 해당한다. 누스는 인간이 최고의 진리나 존재의 본질을 직관적으로 파악하는 능력으로, 인간이 가장 신적인 상태에 도달할 수 있는 수단으로 여겨진다. 이는 이성적 활동 중에서도 가장 높은 단계에 위치하며, 경험이나 감각적 지각을 넘어서는 초월적 통찰을 포함한다.

고 깊이 생각하는(靜觀深念) 덕이 작용하도록 돕는다. 이를 제어하는 것은 또한 다름이 아니라, 단지 '지나침과 부족함 없이 중용의 도를 얻게 함'에 지나지 않는다. 현재 우리가 실험해 관찰하면, 지나침과 부족함은 모두 큰 해를 가져온다. 예를 들어 음식·노동·오락 같은 것들이 모두 지나치면 해롭고, 부족해도 또한 해롭다. 그러므로 덕 있는 군자들은 모두 중용을 지키며 지나침과 부족함의 염려가 없도록 한다."

又曰: 下級之諸德行, 皆所以實踐者或勞身或勞力, 乃於現在, 有所施行也. 蓋此等德行, 皆所以檢制吾人之諸技能不得自肆, 以供夫靜觀深念之德之用也. 而檢制之亦無他, 不過使其無過去**129**不及, 得中庸之道耳. 今夫就吾人實驗而觀之, 過與不及, 並有大害. 譬之如飮食, 如勞作, 如娛樂, 皆過則有害, 而不及亦有害. 故有德君子, 皆務守中庸而無過不及之患也.

【안설】 아리스토텔레스가 도덕을 논하며 중용의 덕을 주로 하니, 역시 성손聖孫[子思]**130**이 중용을 말한 것과 같다. 그가 서양철학에서 또한 성스러운 지혜와 덕을 진술한 자라고 말할 수 있다. 그리스 세 철인[의 철학]은, 실로 우리 공맹孔孟**131**이 제작했던 것과 같았다. 아! 역시 기이하도다.
【謹按】 亞氏之論道德, 主中庸之德, 亦猶聖孫之言中庸. 其在西哲, 亦可謂有述聖之智德者矣. 希臘三哲, 誠如我鄒魯之制作. 吁! 亦異哉.

아리스토텔레스가 또한 말했다. "남과 사귀는 도에 두 가지가 있다. 충분히 나라를 위하고 가정을 위하면 '우애'라고 일컫고 '정의'라고 일컬으니, 그

---

129 여기서 '과거過去'는 '과지過之'와 같은 뜻이다. 『중용』에 "아는 자는 지나치고, 어리석은 자는 모자란다"(知者過之, 愚者不及)는 구절이 있다.
130 여기서 '성손聖孫'은 공자의 손자로 『중용』을 저술한 자사子思를 가리킨다.
131 '추노鄒魯'는 곧 공맹孔孟을 가리킨다. 공자가 노魯나라의 사람이고, 맹자가 추鄒나라 사람인 데서 유래했다.

것이다."

    또한 말했다. "사랑의 성질은 다른 사람의 이익을 바라는 일념이 극도로 활발해진 것이다. 내가 사람을 사랑하는 것은 마음속에서 극도로 즐거움을 느끼기 때문이다. 그 이유는 사랑이란 가장 활발하고 능동적이며, 사람이 본디 가진 심정(本情)에 가장 적합하기 때문이다. 모든 사람을 사랑하는 것은 바로 자신을 사랑하는 것이다. 사랑은 자기의 여러 사념 가운데 가장 고상하고 가장 깊고 미묘한 데서부터 일어나는 것이다. 내가 이 사람을 사랑하면 바로 이 사람의 몸속에서 자기를 사랑한다. 내가 이와 같으면 어찌 혼탁한 감정이 있겠는가? 사랑이란 사랑하는 능력을 말하며, 본성이 좋아하는 것들이 거기서 나오는 것이다. 부모 자식의 사랑, 부부의 사랑, 친구의 사랑은 그 근원이 모두 한가지다. 그러므로 사람이라면 다른 사람에 대하여 사랑하지 않는 바가 없다. 만약 오늘날 세상의 모든 사람이 서로를 자신처럼 사랑한다면, 인류 사이에 정의가 필요 없을 것이다. 그렇지 않은 것은 인류가 처음부터 애정이 없음이니, 비록 정의가 있다고 한들 다시 장차 어디에 쓰겠는가?"

【안설】아리스토텔레스가 전적으로 '사랑'을 도덕의 작용으로 본 것은, 역시 소크라테스·플라톤과 동일한 궤적이다. 연원이 있는 학문이라고 말할 수 있다.

【謹按】亞氏專以愛爲道德之用者, 亦與梭柏二氏一轍也. 可謂淵源之學也.

아리스토텔레스가 또한 말했다. "정의(義)는 타인의 이익을 존중함을 일컫는다. 천하에 무엇이 정의와 나란히 아름다운 것이 있을까? 비록 해와 달이라도 이것에 견주기는 부족하다. 정의는 교제交際에서 [둘로 나뉘어] 한편으로는 교역의 정의가 되고, 한편으로는 분배의 정의가 된다. 정의의 여러 덕은 과도함과 부족함 사이에 함께 있으며, 또한 심하게 지나치지 않도록 지켜야 마땅하다. 심하게 지나치면 정의가 반대로 변해 불의不義가 된다."

亞氏又曰: 義者, 重他人利益之謂也. 天下何物有與義齊美者? 雖日月未足以比之也. 義於交際, 一爲交易之義, 一爲分配之義. 義之諸德, 同存於過不及之間, 亦宜守不之可過甚, 過甚則義反變爲不義也.

【안설】타인의 이익을 중시하는 정의 역시 플라톤의 학문에 연원을 둔다. 그러나 '정의'를 위주로 도덕을 말하니, 아마도 우리 유학에서 인애仁愛를 위주로 도덕을 말하는 분명함만은 못한 듯하다. 하물며 하늘에서 근원하는 정의라면, 누가 우리 옛 성인 같은 자가 있겠는가?

【謹按】重他人利益之義, 亦淵源於柏氏之學. 但主義以言道德, 恐不如吾儒之主仁愛以言道德之分曉也. 況原天之義, 孰有與我先聖者乎?

몽테스키외가 말했다. "공정한 정치(公治)가 필요로 하는 도덕은 아주 쉽고도 간단하며, 복잡하고 난해한 것이 아니다. 한마디로 말해, 공동으로 다스리는 국가를 서로 함께 보배롭게 여겨 사랑할 따름이다. 그러므로 그 공덕

公德은 내 마음의 감정에 근본을 두는 것이지, 배운 뒤에 얻는 것이 아니다. 오직 그것이 감정이기 때문에 그 덕은 귀하고 천하고 어리석고 지혜로운 사람에게 똑같은 것이 된다. 게다가 어리석고 천한 사람이 항상 착하고 독실하니, 매번 평민이 한 가지 아름다운 말과 교훈을 지켜서 순수하게 견지하는 것을 보면, 실제로 지식인과 문인들보다 낫다. 평민이 나라를 사랑하여 그 덕이 순박해지고, 또한 덕이 순박하여 그 사랑이 더욱 도타워진다. 그렇지 못한 사람은 사욕이 그 덕을 해친다. 사욕의 영역에서 제멋대로 방종하지 않으면, 그 따르는 바가 공덕에 있게 된다."

孟德斯鳩曰: 公治所需之道德, 乃極易簡之物, 非奧衍難言者也. 一言蔽之, 相與實愛其公治之國家而已. 故其公德, 本於吾心之感情, 非學而後得之. 惟其爲感情, 故其德爲貴賤智愚之所同. 有且愚賤, 常顒而篤, 每見常民, 守一嘉言彝訓, 其持循純固, 實勝於學士文人者. 民以愛國而其德以淳, 又以德淳而其愛彌摯. 其不能者, 私欲害之也. 私欲之地不自縱, 則其所縱在公德矣.

【안설】 몽테스키외는 실로 근세의 철학 대가이다. 그가 평민의 성실하고 진실함이 배운 사람보다 낫다고 논하니, 여기서 동서양 사람의 심리가 같음을 알 수 있다. 사욕이 해를 입히지 않으면 공덕이 된다는 것은, 실로 지극한 말이다. 사덕과 공덕의 분별에 대해 사람들이 구차하게 자꾸 지껄이는데, 어찌하여 여기서 반성해 그 비루한 학설을 고치지 않는가?

【謹按】 孟氏實近世之哲學大家. 其論常民之誠篤, 勝於學士, 此可見東西人心理之同然耳. 如私欲不害則爲公德者, 誠至言也. 人之呶呶於私德公德之辨者, 何不反省於此, 以改其陋說乎?

몽테스키외가 또한 말했다. "이른바 '공덕公德'이란, 공덕이 다른 것이 아니라 사덕私德으로 그 공익公益을 위할 따름이다. 다만 지금 사덕을 말할 겨를이 없고, 종교의 도덕에 이르면 더욱더 논할 겨를이 없다."

> 孟氏又曰: 所言公德, 公德非他, 以私德爲其公益耳. 但今不暇言私德, 至
> 於宗敎之道德, 則尤所不遑.

【안설】 이 구절에서 말하는 "공덕은 사덕으로 공익을 위한다"는 이야기가 아
주 명백하고 절실하여, 더 이상 남아 있는 것이 없다.
【謹按】 此節之言"公德者, 以私德爲公益"之語, 極明白切實, 無復餘蘊耳.

몽테스키외가 또한 말했다. "천지의 착한 기운이 인간에게 끊이지 않으며,
그 아래 도를 닦고 덕을 좋아하는 백성이 있다. 마치 상서로운 벼이삭(嘉禾)
이 잡초를 뚫고 솟아오르는 것과 같다." 또한 말했다. "군자가 그 나라를 사
랑하는 것은, 나라에 이로운 것으로 그 사랑을 바치는 것이다. 소인이 그 나
라를 사랑하는 것은, 자기에게 이로운 것으로 그 사랑을 바치는 것이다." (자
주自註[132]에서 이르길 "군자·소인은 모두 국민의 공덕에서 비롯하여 말한다"고 했
다.)

> 孟氏又曰: 天地之善氣, 不絶於人間, 而其下有修道好德之民焉. 猶嘉禾
> 之擢於稂莠. 又曰: 君子之愛其國也, 以利於國而致其愛者也. 小人之愛
> 其國也, 以其利於己而致其愛者也. (自註云: 君子·小人皆自國民之公德而
> 言.)

【안설】 이 논의 역시 아주 절실하고 분명하다. 군자·소인의 구분에 동서東
西가 일치하는 것이 어찌 이처럼 똑같은가?[133] 아! 천박한 학자들이 사덕·

---

132 '자주自註'는 자기가 쓴 글에 직접 주를 다는 것으로, 여기서는 몽테스키외가 자기 글에 단
주를 가리킨다.

공덕을 나누지 않는 것이, 어찌 여기서 얼음 녹듯이 확 풀리지 않는가?

【謹按】此論亦極深切著明. 君子小人之分, 東西一致, 何如是之酷肖哉. 嗚呼! 淺學之不分私德公德者, 盡於此渙然冰釋乎?

칸트가 말했다. "도덕학(道學)은 원리학原理學이 나오는 곳이지만, 원리학은 도덕학이 나오는 곳이 아니다.[134] 우리가 무릇 도덕의 경지에 한결같이 뜻을 둔다면, 양지良知의 능력이 나로 하여금 도덕적 책임이 있음을 알게 한다. 하지만 이는 본래 교육의 공으로 얻어진 것이 아니고, 또한 제도의 힘으로 정해진 것도 아니다. 사람으로 살면서 이를 아는 것은 이른바 '도덕의 선험적 인식에 속하는' 것으로[135] 도덕적 책임이요, 도덕의 법령이다. 도덕의 법령은 우주 안에 제한되지 않고, 영겁永劫 중에 제한되지도 않는다. 따라서 그것[도덕의 법령]이 존엄하고 고귀할 수 있으며, 멀고 가까움을 논할 수 없고, 고금을 나눌 수 없다. 그것은 우주 밖에서 광대하게 일어나며, 그것은 영겁 뒤에서 유구하게 일어난다."

康德曰 "道學者, 乃原理學之所由出, 而原理學則非爲道學之所由出也.

---

133 여기서 동서양이 일치한다는 것은, 군자와 소인을 나누는 기준이 권력 유무나 신분 고하에 있지 않고 공덕公德의 유무에 있다는 문맥이다.

134 도덕학에서 원리학이 나왔으나, 원리학에서 도덕학이 나온 것은 아니라는 말이다. '소유출所由出'은 그로부터 말미암아 나온 것으로, 곧 원인이 되는 바를 가리킨다. 여기서 '道學'은 칸트가 말한 'Moralphilosophie', 즉 '도덕학' 혹은 '도덕철학'을 가리킨다. '원리학原理學'은 칸트 철학의 정확한 용어가 아닌데, 문맥상 여기서는 칸트가 말한 '사변적 이성'(Spekulative Vernunft, Speculative Reason) 또는 '이성의 변증'(Dialektik der reinen Vernunft, Dialectic of Reason) 활동을 가리키는 것으로 보인다.

135 '도덕의 선험적 지식'(道德之事前之識)은 도덕적 원칙이 경험에 의존하지 않고 이성에 의해 인식될 수 있음을 의미한다. 칸트는 도덕적 법칙이 보편적이고 필연적이어야 한다고 주장하는데, 이는 경험적 사실에 의존하지 않고 모든 이성적 존재에게 적용될 수 있는 도덕 법칙이 있어야 한다는 것이다.

夫吾人若一致意於道德之境界, 則良知之能, 使我知存有道德之責任矣. 然此固非有敎育之功所致, 亦非制度之力所定. 乃爲人生而知之者, 卽所謂屬於道德之事前之識也, 道德之責任, 道德之法令也. 道德之法令, 不限於宇宙之內, 不限永劫之中. 是以其可尊可貴, 無論遠邇, 無分今古也. 其普博出於宇宙之外, 其悠久出於永劫之後也."

【안설】 칸트는 성스러운 철인이다. 여기서 도덕원리의 뜻을 논하며 "우주 밖과 영겁 뒤에서 일어난다"는 것이, 정확하게 도가의 지극한 철리와 같고 또한 유가의 근본적인 견해와도 일치한다.

【謹按】 康氏聖哲也. 此論道德原理之義, 出於宇宙之外永劫之後者, 正與道家之極致哲理同, 而亦脗合於儒家本原之見也.

칸트가 또한 말했다. "우리가 이미 도덕의 법령을 무겁게 스스로 짊어졌다면, 우리 마음에 반드시 자유의 품성(自由之性)이 없을 수 없다. 만약 마음에 자유가 없다면 밖으로부터 강제로 저지당하게 되니, 어찌 다시 책임이 있겠는가? 그렇다면 도덕의 법령이 있다고 한들 역시 어쩔 수 없다. 내가 때때로 이를 어겨도 또한 스스로 뉘우칠 도리가 없으니, 내가 이를 어기는 것이 부득이하기 때문이다. 지금 도덕의 법령이 있고 내가 그것이 중요함을 스스로 알면, 그것을 한번 어길 때 후회와 자책이 생길 것이니, 이는 내 마음의 자유가 크게 드러나 현저해진 것이다."

康氏又曰 "吾人旣以道德之法令, 重以自負, 自吾人之心, 必不可無自由之性. 若心無自由, 則爲外來所牽阻, 何復責任之有? 卽有道德之法令, 亦無奈之何? 我時或犯之, 亦無自悔之理矣. 蓋以我犯之, 是不得已也. 今有道德之法令, 我自知其可重, 且一犯之, 則有悔恨, 是我心之自由, 大爲彰明較著矣."

【안설】이 말 역시 일상적인 행위나 일을 성찰하는 데 아주 적절하니, 하루 3번 내 몸을 살피는(三省吾身) 덕이 있다고 말할 수 있다. 우리 유학이 마땅히 서양철학과 합치해서 원만한 덕을 이뤄야 하는 것은, 이런 칸트의 학설을 보면 또한 아주 분명하지 않은가?

【謹按】此言亦甚切於日用行事省察之功, 可謂有三省吾身之德也. 吾儒當合致西哲以成圓德者. 觀此康氏之學說, 不亦明甚乎?

칸트가 또한 말했다. "우리가 도덕의 법령에 대해 반드시 스스로 삼가고 권면해야 비로소 어기지 않게 된다면, 이는 여전히 귀하게 여길 만한 것이 못 된다. 반드시 생각하지 않아도 적중하고, 힘쓰지 않아도 합당하며, 자연스레 우러나와 조금의 가식도 없어야, 이에 비로소 순수한 경지에 도달한다. 하지만 이는 우리 육신의 삶으로 능히 얻을 수 있는 바가 아니다. 우리의 삶은 단지 육신으로만 사는 것이 아니고, 장차 반드시 영겁에 유구한 것이다. 만약 그렇지 않다고 여기면, 이 도덕 정수의 영역은 우리가 얻기를 기대할 수 없는 것이 된다. 따라서 도덕의 이치로 미뤄 규명하면, 우리의 정신은 육신과 더불어서 함께 생멸하지 않는 것이 틀림없다. 만약 육신의 속박을 벗어난 뒤에도 오히려 능히 스스로 행하여 서고, 더욱 자기를 수양하고 단련하여 도덕의 극치에 이른다면, 이것 또한 자연의 질서이다."

康氏又曰 "吾人之於道德之法令, 若必須自行惕礪, 乃得以不背犯之, 是仍未足爲貴. 必也不思而中, 不勉而當, 出之於自然, 而少無假借, 斯乃得達於精粹之地也. 然此非吾人肉身之生所能得者. 蓋以吾人之生, 非只生於肉身, 將必有久於永劫者. 若以爲不然, 是道德精粹之域, 爲吾人不可得而期望矣. 以故自道德之理以推究之, 則吾人精神, 當必不與色身俱生滅. 侯一退脫肉身之纏縛後, 猶能自行樹立, 益加以自修自礪, 以至於道德之極點, 此亦自然之秩序也."

【안설】칸트의 학문은 도·불 양가兩家의 극치를 겸해 얻은 것이라고 말할 수 있다. 하지만 그 정신을 응결해 참나를 이루는 오묘함은, 아마도 참된 가르침을 반드시 다 얻은 것이 아닌 듯하다. 이것이 내가 서양의 벗들에게 한 간격만 뛰어넘기를 간절히 바라는 이유이다.

【謹按】康氏之學, 可謂兼得道佛兩家之極致者也. 然其凝神成眞之妙, 則恐未必盡得眞傳矣. 此余所以拳拳屬望於西友之要透一間者也.

칸트가 또한 말했다. "사람 마음의 '자유의 이법'과 '불멸의 이법'을 우리가 예전에 관찰하고 연구했지만, 또한 모두 망상과 추측으로 귀결되어 아무것도 얻지 못했다. 실천이성(實行之智)[136]으로 검핵檢覈[137]하는 법을 행해야, 이 두 이법이 모두 '도덕의 큰 이법'이자 '자연의 효과'임을 알고, 다시는 의문점이 없게 된다. (이미 도덕의 법령이 있다면, 반드시 행복의 지극한 즐거움도 있어서 서로 표리를 이룬다.) 정신이 불멸하고 신이 임하는 두 가지를 만약 원리학으로 연구한다면 얻을 게 없지만, 만약 도덕의 이치로 관찰하면 반드시 그 지극한 이치를 얻으니, 종교의 큰 근본이 이로부터 정립한다. 도덕학을 아는 것이 곧 종교가 성립하는 근거이며, 도덕학을 벗어나 별도로 종교를 유지하려고 한다면 반드시 얻을 수가 없다. 세간에서 원리학 및 신학을 근본으로 삼고 도덕학을 말단으로 여기는 것 또한 잘못이라고 말할 수 있다."

康氏又曰 "人心自由之理·不滅之理, 吾人往者以觀察之·研究之, 亦徒歸於妄想測度, 一無所得. 及以實行之智, 行其檢覈之法, 以知此二理, 皆爲道德大理自然之效果, 無復疑義焉. (旣有道德之法令, 則必有幸福之至樂,

---

136 여기서 '실행하는 지혜'(實行之智)는 도덕적인 실천의 의지를 규정하는 이성으로, 이른바 '실천이성'(praktische Vernunft, practical reason)을 가리킨다.

137 '검핵檢覈'은 본래 사실대로 조사해서 파헤치는 감찰을 의미한다. 여기서는 '실행하는 지혜'(실천이성)인 '도덕의 지혜'로 세계를 파악하는 것을 가리킨다.

相爲表裏.) 夫精神之不滅・神之存臨, 兩者若以原理學研究之, 未有所得, 若以道德之理察之, 則必獲其至理, 而宗敎之大本, 於斯以立矣. 是知道學者, 乃宗敎之所由立, 而外於道學, 欲別立以扶持宗敎, 則必不可得也. 世之以原理學及神學爲本, 而以道學爲末者, 其亦可謂謬矣.

【안설】 칸트의 이 논의에서 그 도덕의 순수하고 존귀함을 볼 수 있다. 진실로 학문이 성스러운 경지에 이르지 않았다면, 어떻게 이럴 수 있겠는가?
【謹按】 康氏此論, 可見其道德之純且尊焉. 苟非學到聖處者, 能若是乎?

칸트가 또한 말했다. "도덕의 법령은 반드시 마음의 '자유의 이법'을 따르지 않을 수 없으며, 행복의 지극한 즐거움을 얻기 위해서는 반드시 마음의 '불멸의 이법'을 추구하지 않을 수 없다. 따라서 신神의 위엄과 덕이 발현되어도 무릇 관찰의 지혜(觀察之智)로 이를 구해 얻을 수 없으니, 반드시 도덕의 지혜(道德之智)로 보아야 한다. 이것이 이 검핵檢覈[138]의 법식이 실로 다른 여러 법식보다 뛰어난 이유이다."

康氏又曰: 夫道德之法令必不可不從斯心之自由之理, 以生幸福之至樂之必不可不求斯心之不滅之理以作. 以故, 神之威德之有發現, 而凡夫觀察之智所不得求之者, 則須夫道德之智見. 此所以此檢覈之法式, 實過於他諸法式者也.

【안설】 '극도의 즐거움'으로 도덕을 말하는 것 역시 실제로 얻은 경험이다. 진실로 극도의 즐거움이 아니라면, '도덕적 취향'(道德之趣)[139]이라고 말하기

---

138 위의 각주 참고.
139 '道德之趣'는 마음에서 도덕의 진정한 즐거움으로 쏠리는 천부적 취향을 가리킨다.

엔 부족하다.

【謹按】以至樂言道德者, 亦實得之驗也. 苟非至樂, 則不足以言道德之趣
味矣.

칸트가 또한 말했다. "사물의 현상은 변하는 것이요, 사물의 본질은 불변
하는 것이다. 변하는 것은 실로 허공과 영겁 사이에 삶을 의탁하며, 생기면
소멸함이 없을 수 없다. 하지만 불변하는 것은 시간 · 공간과 조금도 교섭함
이 없다. (공간은 횡으로 말하고 시간은 종으로 말하니, 우리 '우주宇宙'의 뜻과 같
다.140) 우리에게는 이 하등생명(감각141 · 육체적 생명) 외에 다시 어떤 고등생
명이 존재하는데, 고등생명이란 곧 본질이고, 곧 참나(眞我)이다. 이 '참나'는
항상 시간 · 공간의 밖에 초연하게 존립하고, 자유롭고 활발한 한 사물이 되
어 다른 것에 의해 속박되지 않는다. 그러므로 '자유의 이법(自由之理)과 위반
할 수 없는 이법(不可違之理)이 함께 존재하면서 배치되지도 않는다'고 말하
니, 이것이다."

康氏又曰 "物之現象, 其變者也, 物之本質, 其不變者也. 其變焉者, 固託
生於虛空與永劫之間, 有生而不能無滅. 至其不變者, 則與時間空間, 了
無交涉. (空間以橫言, 時間以竪言, 如吾宇宙之意.) 吾人於此下等生命之外
(五官肉體之生命), 復有其高等生命者存, 高等生命者, 卽本質也, 卽眞我
也. 此眞我者, 常超然立於時間空間之外, 爲自由活潑之一物, 而非他之
所能牽縛. 故曰自由之理與不可違之理, 並存而不背者, 此也.

---

140 전국시대 문헌 『시자尸子』에 "상하사방을 우宇라고 하고, 예로부터 지금까지를 주宙라고
    한다"(四方上下曰宇, 往古來今曰宙)는 구절이 나온다. 즉 '우宇'는 공간 '주宙'는 시간을 뜻하
    여, '우주' 개념이 곧 '시공時空'의 의미였다. 전병훈이 칸트의 시간 · 공간 개념을 우주와 같
    은 뜻으로 본 까닭이다.
141 '오관五官'은 시각 · 청각 · 후각 · 미각 · 촉각의 오감五感을 일으키는 눈 · 귀 · 코 · 입 · 피
    부의 다섯 감각기관이다.

【안설】 여기서 이르길 참나가 사물의 현상(物表)으로부터 초연하게 존립하는 것이 '자유'라고 하니, 단지 불법의 바다(佛海)를 본 것에 그치지 않고 도교의 진수(道眞)를 아울러 얻었다.

【謹按】 此云眞我超然立於物表以爲自由者, 非但有見乎佛海, 而兼有得於道眞也.

칸트가 또한 말했다. "우리 평생의 행위는, 모두 내 '도덕상의 성질'(道德上之性質)이 표현된 것이다. 그러므로 우리 본성이 자유로운지 아닌지를 알려면, 단지 육체의 현상만으로 논구할 수 없으며, 본성의 도덕으로 논구해야 마땅하다. 무릇 도덕상의 성질은, 그것에 추호라도 자유롭지 않은 것이 있다고 누가 말할 수 있겠는가? 도덕상의 성질은 생겨나지도 않고 소멸하지도 않으며, 공간과 시간 사이에 제한되고 속박되지 않는 것이다. 과거도 없고 미래도 없으며, 항상 현재인 것이다. 사람 각자가 모두 이처럼 시공을 초월하는 자유권에 의지(憑藉)하여, 스스로 그 도덕의 성질을 만들어 낸다. 그러므로 나의 '참나'는 비록 내 육안으로 스스로 볼 수 없지만, 도덕의 이법으로 추론하면 그가 현상 위로 엄연히 초월하여 그 너머에 존립하는 것을 알 수 있다. 그렇다면 이 참나는 반드시 항상 활발하고 자유로워서, 육체가 항상 불가피한 이법의 범위에 제한되는 것과 다름이 명백하다. 이른바 '활발하고 자유로운' 것은 무엇인가? 내가 착한 사람(善人)이 되고자 하거나 악한 사람(惡人)이 되고자 하는 것이, 모두 나로부터 말미암아 자기가 선택하는 것이다. 이미 선택해서 정하면, 육체가 그 명령에 따라서 선인·악인의 자격을 만들어 낸다. 이로부터 볼 때, 우리 몸에는 이른바 '자유로운 성질'(自由性)과 '자유롭지 않은 성질'(不自由性) 두 가지가 동시에 병존하니, 그 이치가 비교적 분명하고 이해하기 쉽다."

康氏又曰 "吾人畢生之行爲, 皆我道德上之性質所表見也. 故欲知吾性之
是否自由, 非可徒以軀殼之現象論, 當以本性之道德論. 夫道德上之性質,
則誰能謂其有絲毫不自由者哉? 道德上之性質, 不生不滅, 而非被限被
縛[142]於空劫之間者也. 無過去, 無未來, 而常現在者也. 人各皆憑藉此超
越空劫之自由權, 以自造其道德之性質. 故我之眞我, 雖非我之肉眼所能
自見, 然以道德之理推之, 則見其有儼然迥出於現象之上, 而立乎其外者.
果爾則此眞我, 必常活潑自由, 而非若肉體之常範圍於不可避之理明矣.
所謂活潑自由者, 何也? 吾欲爲善人, 欲爲惡人, 皆由我所自擇. 旣已擇
定, 則肉體乃從其命令, 以鑄成善人惡人之資格. 由是觀之, 則吾人之身,
所謂自由性與不自由性兩者, 同時竝存, 其理較然易明也."

【안설】여기서 "현상 위로 엄연히 초월하여 그 너머에 존립한다"고 말하는
것은 실로 자기의 정신에서 본 바가 있는 것 같으니, '성스럽다'고 말할 수
있다.
【謹按】此云儼然迥出現象之上, 立乎其外者, 誠若有見乎自己之精神者,
可謂聖矣哉.

칸트가 또한 말했다. "무릇 명령의 성질을 지닌 것은 모두 '법률'로 부를 수
있다. 명령에는 두 종류가 있다. 첫째는 "해야 할 것'이라고 하고, 둘째는 '하
지 말아야 할 것'이라고 한다. 예를 들어, 남에게 '네가 건강하기를 바란다면
네가 먹고 마시는 것을 삼가고 너의 욕심을 절제하라'고 말한다면, 이를 '해
야 할 것'이라고 한다. 그 명령 가운데 반드시 하나의 목적이 포함되어 있으
면, '이렇게 해야만 목적을 달성할 수 있다. 그러지 않으면 안 된다'라고 말한
다. 그렇지만 그가 이 목적을 달성하고자 할지 말지는, 실로 그 사람이 제멋

---

142 명문본에 '전縛'으로 되어 있는데, 문맥상 '박縛'의 오자로 보는 게 타당하다.

대로 하기에 달렸다. 어떤 사람이 여기에서 기꺼이 질병과 고통을 자처하고
도 뉘우치지 않는다면, 비록 하루 종일 본성을 파괴하는 행위에 탐닉하고 부
패한 쾌락에 빠져 있어도, 실로 다른 사람이 금지할 수 없다. 무릇 이익을 목
적으로 하는 것은 모두 이런 부류에 속한다. 대개 이를 일러 '해야 하는 명령'
이라고 한다. 해야 하는 명령은 도덕과 티끌만큼도 관계하지 않는다. (【안설】
지극하다! 이익을 경계하는 말이여.)

　도덕의 책임은 이와 다르다. 무릇 '책임'이라고 말하는 것은, 모두 '해야 할
것을 하는 것'이 아니다. 이를 수단으로 삼아 다른 목적을 달성할 수도 없다.
어째서인가? 수단이 곧 목적이기 때문이다. 그러므로 비유컨대 우리가 '너의
자유를 존중하여 결코 포기하지 말라'고 말한다면, 이른바 '자유를 존중하는'
것은 그 수단이 아니다. 그가 존중하는 자유 이외에 다른 목적은 존재하지
않는다. 무릇 도덕의 책임은 모두 이런 부류에 속한다. 그 지고 있는 책임이
실로 귀중하고 더할 나위 없이 중요하여, 다른 종류의 이익과 비교할 수 없
다. 그것은 수단을 행하여 이익을 구하는 것과 같지 않아서, 혹은 물러나는
것이 나의 자유로운 선택을 따른다. (【안설】그 목적을 위해서 행하기 때문에 이
를 '수단'이라고 말한다.)

康氏又曰 "凡帶命令之性質者, 皆可謂法律. 命令有兩種. 其一曰有所爲
者. 其二曰無所爲者. 譬諸語人曰, 爾欲爾康强, 則愼爾飮食, 節爾嗜欲,
此之謂有所爲. 蓋其命令中, 必含有一目的者存焉, 曰必如此乃足以達而
目的, 不然則否也. 雖然, 彼之欲達此目的與否, 則固其人所得自肆矣. 有
人於此, 甘自罹疾苦而不悔者, 則雖日夕自耽於伐性之斧, 目湎於腐腸之
樂, 固非他人所得而禁也. 凡以利益爲目的者, 皆屬此類. 皆謂之有所爲
之命令. 有所爲之命令, 與道德釐然無涉也. (按: 至哉! 戒利益之言乎.)
　若夫道德之責任, 則異是. 凡曰責任云者, 皆非有所爲而爲者也, 不得

以之爲手段, 而求達他之目的者也. 何以故? 手段卽目的. 故比諸語人曰,
尊重爾之自由, 無或放棄, 則所謂尊重自由者, 非其手段也. 其所尊重之
自由之外, 更無有他目的者存也. 凡道德之責任皆屬此類. 蓋其所負之責,
實貴重而莫京, 與他種利益, 絶比較. 非如彼行手段以求利益者, 或趨或
舍, 聽吾之自擇也. (按: 爲其目的而發, 故謂之手段.)

【안설】 이는 참으로 성스러운 철인의 지극한 말이다. '해야 할 것'은 사욕私欲
이요, '하지 말아야 할 것'은 공심公心이다. 오로지 천리天理의 공심이 곧 도덕
이다. 이것은 남헌南軒 장식張栻[143]의 의義・리利의 분별과 뜻이 같은데, [칸
트의] 말이 더욱 친절하다. 지극하도다. 성스러움이여! 아! 저들 근세에 오
로지 이익으로 도덕을 해석하는 자들은 또한 칸트의 이런 말을 아직 듣지
못했던가? 아!

【謹按】 此眞聖哲之至言也. 有所爲者是私欲, 無所爲者乃公心. 惟天理
之公心, 卽道德也. 此與張南軒義利之辨, 意同而語尤親切. 至哉, 聖乎!
噫! 彼近世專以利益解道德者, 抑未聞康氏此言否耶? 嗚乎!

칸트가 또한 말했다. "인간의 몸을 존중하여, 어떤 경우에도 그것을 나의
수단으로 삼지 말라. 이는 특히 도덕의 기초일 뿐만 아니라, 또한 제도와 법
률의 본원이다. 법률에 두 종류가 있다. 첫째는 안에서 제어하는 것을 말하
니, '도덕'이 그것이다. 둘째는 밖에서 제어하는 것을 말하니, 곧 흔히 말하는
'법률'이 그것이다."

康氏又曰 "尊重人身, 而無或以之供我之手段. 是不特爲道德之基礎而已,
亦制度法律之本原也. 蓋法律有二種, 一曰制之於中者, 道德是也, 二曰

---

143 장식(張栻, 1133~1180)은 남송의 성리학자이자 교육가이다. '제5장 송현宋賢 철리 도덕'을
    참고한다.

制之於外者, 則尋常所謂法律是也."

【안설】서구에서 예로부터 내려오는 철리 도덕학이 칸트에 이르러 비로소 조제調劑 · 도태淘汰하여[144] 크게 완성되었다. 그 광명이 한낮의 태양과 같으며 매우 친절하다. 그러나 저들 이타 · 이기, 공公 · 사私, 신新 · 구舊의 설에 대해 구차하게 자꾸 말하는 자들은, 반드시 자기를 그르치고 남을 그르치며 나라를 그르치는 일이 많을 것이니, 경계하지 않을 수 있겠는가?

에피쿠로스[145]가 항상 마음을 맑게 하고 욕심을 줄이며, 담담하게 안정함으로써 자기를 수양하고, 이를 가장 큰 행복으로 여겼다. (실로 어진 철인이다.) 벤담[146]의 공리주의(樂利主義)는 사람 한 개인의 사리私利와 다중의 공리公利가 본래 서로 화합한다고 인식한다. 그러므로 내가 만약 어떤 일을 하여 남에게 이익이 된다면 또한 내게도 반드시 이익이 있을 것이니, 이른바 '실질적인 조화의 이론'이다. 그러나 서양철학에서 이처럼 이익을 논하는 설은, 반드시 공리功利와 권리權利를 다투는 폐해의 근원이 된다. 아! 성인 칸트는 서구에서 하늘을 찌를 듯이 솟아오르고 대지에 우뚝 섰으며, 아울러 온 세계에 영향을 끼쳤다고 말할 수 있다.

【謹按】歐西古來之哲理道德學, 至康氏始乃調劑陶汰而大成也. 其光明如日中天, 極其親切, 而彼尙呶呶於利他利己公私新舊之說者, 其必自誤誤人誤國多矣, 可不戒哉? 伊璧鳩魯, 常澄心寡慾, 恬澹安靜以自養, 而以爲最大幸福.(誠賢哲哉.) 邊沁樂利主義, 以爲吾人一己之私利, 與衆之公利, 本相和合. 故我苟有所爲而益於人, 則亦必有益於我, 所謂實地調諧之說也. 然西哲如此論利益之說, 必流爲功利權利之弊源矣. 嗚

---

144 '조제調劑'는 여러 가지를 적절히 조합해 약을 짓는 것이고, '도태淘汰'는 쌀을 물에 일고 씻듯이 쓸데없는 것을 가려서 버리고 깨끗하게 하는 것이다. 특히 조제는 전병훈이 강조하는 학문 방법론이다.

145 에피쿠로스(Epicuros, B.C.341~B.C.270)는 고대 헬레니즘 시대의 그리스 철학자로, 정원 공동체 생활을 토대로 이른바 '에피쿠로스학파'로 불린 사상적 유파의 시조가 되었다.

146 벤담(J. Bentham, 1748~1832)은 근대 영국의 공리주의 사상가이다.

乎! 康聖, 可謂撐天柱地於歐西, 而並及宇內乎.

리놀[147]이 말했다. "결론적으로, 선한 덕(善德)은 사랑할 만하다. 정의는 선한 덕이며, 따라서 정의는 사랑할 만한 것이다." 또한 말했다. "진리를 정렬해 구별할 수 있으며, 셋으로 나눌 수 있다. 그 전부가 무형에 속하는 것을 '무형의 진리'라고 일컫는다. 실제로 이상에 부합하는 것을 '유형의 진리'라고 일컫는다. 올바른 이치(正理)와 공정한 도리(公道)에 관한 것을 '도덕의 진리'라고 일컫는다."

李奇若曰: 總之善德者, 可愛也. 蓋正義者, 善德也, 故正義者, 可愛者也.
又曰: 眞理者, 可設以區別之, 可分爲三. 其全屬無形者, 謂之無形的眞理. 實有合於理想者, 謂之有形的眞理. 關於正理公道者, 則謂之道德之眞理是也.

【안설】 리놀이 선한 덕을 논하며, 역시 정의를 위주로 말한다. 서양철학에서 '의로움'(義)을 위주로 하는 것이 동양철학에서 '어짊'(仁)을 위주로 하는 것과 같다.
【謹按】 李氏之論善德, 亦主正義而言. 蓋西哲之主義, 猶東哲之主仁也.

워싱턴[148]은 혈전血戰 8년 만에 마침내 영국에서 벗어나 독립하여 민주공

---

147 리치뭐李奇若는 일본에서 활동한 프랑스 선교사 리놀(Ligneul, François-Alfred-Désiré, 1847~1922)이다. 『철학논강哲學論綱』은 리놀이 구술한 것을 일본의 마에다 조타(前田長太, 1867~1939)가 기록하여 1897년 출간한 책이다. 1903년 진붕陳鵬이 한역한 『철학논강』(상해광지서국上海廣智書局)은 1903년(光緖 癸卯)에 간행되었다. 『철학논강』은 20세기 초 중국 독서계에서 제법 널리 읽혔고, 우리나라에서는 이인재(李寅梓, 1870~1929)가 이 책을 토대로 1912년 서양 고대철학사 관련 저술인 『철학고변哲學攷辨』을 출간하기도 했다.
148 워싱턴(George Washington, 1732~1799)은 미국의 초대 대통령이다.

화국을 창건했다. 대통령을 국민이 선거하여 교체하는 제도는 요·순의 선양에 비해 조리條理[149]가 상세히 구비되었다. 그 순정純正한 도덕심은, 온 세상에 요임금의 하늘을 만세토록 다시 열었다고 말할 수 있다.

> 華盛頓血戰八年竟能離英而獨立, 創建民主共和國. 統領民選替代之制, 比堯舜相禪條理詳備. 其純正道德心, 可謂重開堯天於宇內萬世者也.

【안설】나그네의 탁자에 서적과 역사 자료를 갖추지 못해서 상세히 고찰하기 어렵다. 하지만 여기서 표출한 워싱턴의 영웅도덕은 요·순에 비교하더라도 더욱더 하기 어렵고 더욱더 빛나는 것이다. 무릇 도덕을 논하는 자가 요임금과 워싱턴의 공변된 마음(公心)을 살피면 홀연히 그 근원을 볼 수 있다.

【謹按】旅榻未具書史, 不能詳攷, 然槪此表出華氏之英雄道德, 以譬唐虞, 則尤有難焉, 而尤有光焉. 凡論道德者, 觀堯華之公心, 可以恍然見其源矣.

독일의 비스마르크[150]는 처음부터 끝까지 개혁하는 것을 유일한 종지宗旨로 견지했다. 일찍이 말하길 "나를 제일 먼저 국민에게 바치니, 내가 세상 모든 사람에게 감사드리는 이유는 이것이 전부이다"라고 했다."

> 德國俾士麥, 始終改革, 主持維一宗旨. 嘗曰: 以我首授國民, 我之所以謝天下蒼生者, 盡於斯矣.

【안설】워싱턴의 도덕심은 성스럽다고 말할 수 있다. 비스마르크 재상의 업

---

149 '조리條理'는 사물의 근본적 이치이다. 공동생활의 원리인 도리, 사회통념, 공공질서, 선량한 풍속, 신의성실, 정의, 형평 등으로 표현되는 이치를 가리킨다.
150 비스마르크(Fürst Bismarck, 1815~1898)는 독일의 명재상으로, 19세기 독일의 통일을 가져왔다.

적 역시 지혜·용기·정의·믿음의 4덕을 다 갖춰 온전한 것이라고 말할 수 있다. 동아시아에서 찾더라도, 역시 그와 견줄 인물이 드물다. 아! 훌륭하다. 이뿐만이 아니다. 카보우르[151]는 사르디니아의 한 작은 정부를 이끌고 이탈리아 통일의 사업을 시작했으니, 그 심덕心德과 공적 역시 위대하지 않은가! 그러나 이 책이 역사서가 아니고, 따라서 덕이 높은 명재상(名公碩德)[152]들을 일일이 열거할 수 없다. 하지만 또한 반드시 실제로 증험한 도덕을 몸소 깨닫고 인식해야(體認)만 비로소 유익할 것이다.

【謹按】華氏之道德心, 可謂聖矣. 惟俾公之相業, 亦可謂智勇義信四德俱全者也. 求之東亞, 亦罕其倫. 烏乎! 盛矣. 不特此也. 如加布兒之以尼亞蕘爾之一小朝廷, 叛意大利統一之業, 其心德事功, 不亦偉乎. 但此非史編, 故其名公碩德, 不能一一枚擧. 然亦須以實驗之道德體認, 方能有益矣.

스펜서[153]가 말했다. 선을 행하는 이유는 무엇인가? 이롭기(利) 때문이다. 이롭다는 것은 무엇인가? 희열의 감정을 일으킬 수 있고 비애의 감정을 없앨 수 있는 모든 것이 그것이다. 희열이란 것은 무엇인가? 원하는 바를 얻음이 그것이다. 비애란 것은 무엇인가? 원하는 바를 잃음이 그것이다. 사람을 기쁘게 하는 것이 매우 다양하지만, 그 근본을 깊이 사유하면 오직 이 머릿속의 한 생각일 뿐이다. 무엇을 생각해야 완비될 수 있는가? 이는 결핍감(缺憾)에 대한 한 가지 생각이다.

---

151 카보우르(Camillo Cavour, 1810~1861)는 이탈리아의 정치가로 농업장관 겸 재무장관, 총리를 지냈다. 나폴레옹 3세의 지지로 오스트리아군을 격파, 롬바르디아를 해방시켰고 사르디니아(Sardinia) 왕국을 중심으로 점진적인 국가통일을 이루었다.
152 명공名公은 뛰어난 재상이고, 석덕碩德은 덕이 높은 사람이다.
153 스펜서(Herbert Spencer, 1820~1903)는 영국의 철학자로, 특히 진화론과 사회적 다원주의의 대중화에 결정적으로 기여하였다.

斯賓塞爾曰: 爲善者何? 利是矣. 利者何? 凡屬可以生欣悅之情, 去悲哀之感者是矣. 欣悅者何? 得其所願, 是矣. 悲哀者何? 失其所願, 是矣. 凡屬爲人所喜者極爲多端, 而深維其本, 則惟有此一念頭而已. 何所念乃欲完備? 此缺憾之一念也.

【안설】 스펜서는 최근의 철학 대가인데, 낙리주의樂利主義[154] 위주로 도덕을 이처럼 해석했다. 그 또한 잘못된 견해인가?

【謹按】 斯氏最近哲學大家, 而主樂利主義以解道德如此. 其亦誤見歟?

스펜서가 또한 말했다. "세상사는 크건 작건 모두 바뀌지 않는 섭리를 보존하고 있다. 기쁨·슬픔·근심·즐거움이 무릇 인생에서 즐거울 수 있고 슬플 수 있는 일인데, 하나라도 부족하면 그 마음이 요동친다. 어쩔 수 없이 그렇게 될 수밖에 없다는 것을 깊이 알면, 그 마음과 정신이 평온하고 안정되며, 그 뜻과 기운이 편안하고 고요해진다. 이를 일컬어 '신의 무리'(神之徒)라고 하고, 이를 일컬어 '바뀌지 않는 섭리와 일체가 된다'고 하며, 이를 일컬어 '인생에서 가장 완비되어 결핍감이 없는 경지'라고 하니, 이것이 도덕의 궁극적 법칙이다.

斯氏又曰: 世界之事, 毋論巨細, 皆爲不易之理所存矣. 而欣戚憂喜, 凡爲人生可樂可悲之事, 一不足以動其心矣. 蓋以深知夫不得不然而然也, 其心神舒泰, 其志氣恬靜. 此之謂神之徒, 此之謂與不易之理爲一體, 此之謂人生最完備無缺感之境, 是爲道德之極則也.

---

154 '낙리주의樂利主義'는 쾌락적 공리주의(Hedonistic Utilitarianism)를 일본에서 번역하면서 만들어진 개념이다.

【안설】 이 논의가 비록 정밀하지만, 모두 칸트 이후의 군더더기라서 가치를 논하기에 부족하다.

【謹按】 此論雖爲精微, 然皆康德以後之緒餘, 不足以價値論也.

파울젠[155](서기 1846년 생, 독일인)이 말했다. "자기 한 사람의 양심이 인류 양심의 표준이 된다. 그렇다면 어떻게 해야 하는가? 반드시 객관적 표준에 따라 양심의 내용을 정해야 한다. 객관적 표준은 무엇인가? 지극한 선을 중심으로 삼아, 각종 행위가 지극한 선과 얼마나 밀접하게 관련되는가를 보고 그 가치를 판정하는 것이다."

泡爾生(西曆千八百四十六年生, 德國人)曰: 一己之良心, 爲人類良心之標准, 然則如何而可? 則必由客觀之標准, 而定良心之內容. 客觀之標準如何? 則以至善爲中心, 而各種行爲, 視其與至善關繫之疏密而定其價値是也.

【안설】 파울젠은 최근의 도덕가이다. 그가 도덕을 논하며 지극한 선을 위주로 말하니, 또한 그리스 철학자 및 칸트의 근본 취지(主旨)와 같다. 위대하고, 위대하다!

【謹按】 泡氏乃最近道德家, 而其論道德主至善而言, 亦猶希哲及康德之

---

155 파울젠(Friedrich Paulsen, 1846~1908)은 윤리학을 철학의 근본으로 삼은 독일의 철학자이자 교육학자였다. 우리나라에는 상대적으로 덜 알려졌지만, 20세기 초 중국에는 제법 큰 영향을 미쳤다. 당시 중국에 소개된 서양철학서의 상당 부분이 일본을 거쳐 중역重譯되었는데, 파울젠 역시 그 경로로 중국에 소개되었다. 1899년 일본의 가니에 요시마루蟹江義丸가 파울젠의 *System der Ethilk*(1851) 일부를 『파울젠의 윤리학(カント氏倫理)』으로 번역해 출간했다. 북경대학 교장을 역임했던 채원배蔡元培가 이 일어판을 1910년에 다시 중국어로 번역해 『윤리학원리倫理學原理』로 출판했다. 그 뒤로 이 윤리학 저술이 중국 독서계에 큰 영향을 끼쳤다. 이 책은 5·4운동의 주역이었던 진독수陳獨秀에게 영감을 주었고, 저명한 국학자인 왕국유王國維를 철학으로 인도했다고 알려져 있다. 하지만 무엇보다 청년 모택동毛澤東이 탐독하고 큰 영향을 받은 책으로 유명하다.

主旨. 偉哉偉哉.

파울젠이 또한 말했다. "사람의 성벽性癖[156]에 비록 차별이 없을 수 없지만 양심은 한가지이다. 이른바 '도덕'은 각 사람이 교제하는 데 필요한 양능良能[157]으로, 그것으로 인해 그 행위를 지속적으로 유지하고 사회생활을 할 수 있게 하는 것이다."

泡氏又曰: 人之性癖, 雖不能無殊別, 而良心則一也. 所謂道德者, 各人交際之良能, 所以使其行爲能維持不已, 及社會之生活者也.

또한 말했다. "일을 행하는 세력은 선악을 막론하고 언제 어디나 있으니,[158] 이는 사람들 모두가 아는 것이다. 식물 종자에 비유하면, 공기를 통해 전파되어 각지에 흩어져 떨어지는 것과 같아서, 그것을 적합한 성질의 흙에 심으면 반드시 기회를 타서 싹을 틔운다. 선악의 행위 역시 그러해서, 도덕의 공기를 통해 이를 전파하면 사람들 각각의 귀와 눈을 통해 그 정신에 깊이 새겨진다. 만약 서로 알맞은 성질에 심으면 역시 기회를 타서 싹을 틔우니, 이것은 곧 모방摹倣의 도이다."

又曰: 行事之勢力, 無論善惡, 無不有之, 此盡人所知也. 譬猶植物種子, 由空氣傳播, 散落各地. 凡植其所宜之土性, 故必乘機而萌芽. 善惡之行爲亦然. 以道德之空氣傳播之, 由人人之耳目而印入於其精神. 苟値其相

---

156 '성벽性癖'은 몸과 마음에 굳어진 좋지 않은 버릇이나 습관을 가리킨다. 칸트 철학에서 'Hang' 개념의 번역어로 쓰인다.
157 '양능良能'은 인간의 선천적인 도덕 실천 능력으로, 맹자가 일찍이 '사람이 배우지 않아도 능히 할 수 있는 것'(人之所不學而能者)이라고 하였다. 여기서도 그런 뜻으로 쓰였다.
158 '무불유지無不有之'를 직역하면 '있지 않음이 없음'으로, 언제 어디나 있다는 뜻이다.

宜之性質, 則亦乘機而萌芽, 是卽摹倣之道也.

【안설】 이 '모방의 도' 역시 이치에 닿는 말이다.
【謹按】 此摹倣之道亦理到之言也.

파울젠이 또한 말했다. "세상 사람들이 항상 '몸을 희생하여 인仁을 이루는'(殺身成仁)[159] 일을 말하는데, 공리론功利論의 도덕철학이 천명할 수 있는 바가 아니다."

泡氏又曰: 世人恒謂殺身成仁之事. 非功利論之道德哲學所能闡明也.

또한 말했다. "쾌락이 지극한 선이 됨을 무엇으로 증명하겠는가? 내가 그 뜻을 짐작건대, 사람의 천성에 말미암아 말하는 것에 지나지 않는다. 쾌락이 확실하게 드러나는 것은 귀중한 사실이다."

又曰. 何由而證明快樂之爲至善乎? 余揣其意, 不外乎由人之天性言之, 確見快樂, 爲可貴之事實云爾.

또한 말했다. "사람이라면 인륜을 경험하길 바라지 않는 자가 없으니, 따라서 형제가 있으면 그와 더불어 형제가 되고자 하고, 친구가 있으면 그와 더불어 친구가 되고자 하고, 동료가 있으면 그와 더불어 동료가 되고자 한

---

159 '살신성인殺身成仁'은 목숨을 바쳐 인仁이라는 높은 도덕적 이상을 이루는 것, 다시 말해 도덕적 원칙이나 신념을 지키기 위해서라면 자신을 기꺼이 희생할 것을 강조하는 명구이다. 공자가 일찍이 말한 것으로, 『논어』「위령공衛靈公」의 "子曰, 志士仁人, 無求生以害仁, 有殺身以成仁."이라는 구절에서 유래했다.

다. 공민公民에 있어서나 원수에 있어서나 역시 그러하다. 사랑하는 사람에게 연인이 되고자 하고, 처자식에게 좋은 남편과 자애로운 아버지가 되고자 하여, 일체를 경험하려고 힘쓴다. 이를 통해 그 생활의 내용을 유지하며, 또한 자녀를 사랑으로 양육하여 대를 잇고자 한다. 만약 그 경험하는 모든 일이 규범에 부합하고, 그가 정직한 사람임을 입증할 수 있다면, 비로소 인생의 목표(正鵠)에 도달하여 평생을 후회 없이 마칠 것이다."

又曰: 人莫不欲有人倫之經驗, 是故有兄弟則欲與之爲兄弟, 有朋友則欲
與之爲朋友, 有同僚則欲與之爲同僚. 在公民, 在仇敵, 亦然. 對於所愛,
則欲爲情人. 對於妻子. 則欲爲良夫, 爲慈父, 務欲一切經驗之. 以維持其
生活之內容, 而又欲字育子女, 以繼述. 苟其所經驗者, 事事合於軌範, 而
有以證其爲正直之人, 則始達人生之正鵠, 沒世而無憾矣.

【안설】이 말은 윤리학[160]에서 나왔는데, 서양 학문이 오륜五倫을 논한 것은 아직 보지 못했다. 이는 비록 간략한 말이라고 해도 효친孝親의 범절을 말하지 않으니, 그 결핍되어 부족한 부분이다. 내가 이 책을 편찬하는 것은, [동·서양 학문] 두 가지를 서로 조제調劑하고자 함이다.
【謹按】此言出於倫理學. 西學之論五倫者, 未嘗見焉. 此雖畧言, 而不言
孝親之節, 是其缺然不足處也. 余之編此者, 蓋欲兩相調劑之也.

파울젠이 또한 말했다. "무릇 도덕철학은 쾌락을 제외하면 이 설에 부합하지 않는 것이 거의 없다. 소크라테스·플라톤·아리스토텔레스의 말에 이르기를 '지극한 선은 본질적 상태 및 생활 행위가 관념에 부합하는 것이다. 인류의 행복은, 인류의 모든 도덕을 지키고 그것을 실천하는 데에 있다'

---

160 여기서 말하는 '윤리학'이 파울젠이 쓴 책(『倫理學原理』)을 가리키는 것인지, 혹은 윤리학 일반을 가리키는 것인지는 분명치 않다. 문맥상 전자로 보는 것이 비교적 합당하다.

고 하였다."

泡氏又曰: 凡道德哲學自快樂外, 殆無不合於此說者. 拉柏亞里**161**之言曰: 至善者, 本質狀態及生活動作之適合於觀念者也. 人類之幸福, 在執持人類一切道德而實習之.

또한 말했다. "자질의 조화로운 발전이 곧 인생과 우주의 법칙이다. 칸트역시 찬탄해 말했다. '인류의 가장 진실하고 가장 심오한 본질은 실천이성에의해 결정된 의지로 실현된다.' 아리스토텔레스는 '지극한 선'을 설명하며, 궁극의 목표라고 말했다. 이른바 '행복은 곧 덕행을 실행하는 데서 평안함을누리는 것, 특히 최고의 덕행을 실행하는 데 있는 것'이라는 말은 오늘날에이르러도 여전히 바꿀 수 없다."

又曰: 資質之調和發展, 卽人生及宇宙之軌則也. 康德亦贊曰: 人類最眞最深之本質, 卽由實踐理性所決定之意志而實現之. 亞里士多德說明至善, 卽究竟之正鵠之言, 所謂幸福者, 卽安寧在實行德行, 尤在實行最高之德行者. 雖至今日, 猶不可易也.

【안설】 이는 실로 명확한 논설이다. 하물며 하늘에 근원해 몸소 실천하는**162** 지극한 덕과 지극한 행위는, 하늘이 다하도록 잘못되지 않는 것이다. 저 배움이 얕은 식자들이 "새로운 도덕은 처지에 따라 달라지는 것"이라고 말하니, 도를 알지 못하는 것이다. 더불어 변론할 가치가 없다.

---

161 '拉Là'는 소크라테스(棱格拉底)를, '柏Bó'는 플라톤(柏拉圖)을, '亞里Yàlǐ'는 아리스토텔레스(亞里士多德)를 가리킨다.
162 '천형踐形'은 하늘이 부여한 형체(몸)의 능력을 발휘해 실천하는 것이다. 『맹자』「진심상盡心上」에서 "형체와 색은 하늘이 부여한 특성이니, 오직 성인인 뒤에야 형체가 가진 능력을 실천할 수 있다"(形色天性也, 惟聖人然後, 可以踐形)고 하였다.

【謹按】此誠確論也. 況原天踐形之至德至行, 可以極天罔墜[163]者乎! 彼淺學之士謂新道德隨所處而異者, 乃不知道者也. 不足與辨也.

파울젠이 또한 말했다. "진리를 지키고, 권리를 보호하고, 가족 질서를 유지하는 등의 적극적인 도덕은 모두 원만한 생활의 한 작용이다. 도덕은 세 가지로 구별되니, 첫째는 더할 나위 없는 가치가 있는 것이고, 둘째는 작용의 가치가 있는 것이고, 셋째는 작용과 아울러 목표의 가치가 있는 것이다."

泡氏又曰: 若乃守眞理, 保權利, 持家族秩序, 是等積極之道德, 皆爲圓滿生活之一作用. 道德有三別: 一有無上之價値者; 二有作用之價値者; 三有作用而兼正鵠之價値者.

또한 말했다. "우리가 과학의 규칙으로 목표의 중심점을 인식하는 것은, 철학의 영역이다. 이성에 기반을 둔 도덕을 실행하는 것은, 철학과 밀접한 관계가 있는 것이다. 문명이 진보하면 도덕의 문화 역시 따라서 진보한다."

又曰: 吾人以科學之規則, 認識正鵠之中心點者, 哲學之領域也. 擧其基於理性之道德而實行之者, 於哲學有密接之關繫者也. 文明進步, 則道德之文化亦隨之而進是已.

(【안설】여기서 말하는 권리가 고유한 자유인지는 의심스럽다.)

(按: 此云權利者, 乃固有之自由者也, 可疑.)

---

163 '墜'는 墜의 이체자이다. '극천망추極天罔墜'는 『소학』에 나오는 구절로 "하늘이 다하도록 추락함이 없다"는 뜻이며, 영원토록 잘못되지 않음을 비유한다.

또한 말했다. "착한 사람이 곤액困阨을 당하기도 하고 악인이 존귀해지기도 하지만, 역사에는 공론公論이 있다. 공덕功德이 이미 확립되면 천년토록 썩지 않지만, 그 동시대에 용렬하고 사악했던 무리들은 비록 궁극의 호화로움과 사치를 누려도 죽으면 이름이 드러나지 않는다. 이것이 역사가 교훈을 끼치는 연유이다."

又曰: 善人或蒙困阨, 惡人或被尊榮, 歷史則有公論焉. 功德旣立, 千載不朽, 其同時庸惡之流, 雖窮極豪侈, 而沒世則名不彰焉. 此歷史之所以垂訓者也.

【안설】 이것은 착하면 복을 받고 악하면 화를 입는 이치를 말한다. 시간이 문제를 해결하는 것은 공론公論으로 밝히는 것이니, 또한 내 학설과 같다.
【謹按】 此言福善禍[164]惡之理. 時成差忒者, 有公論以明之, 亦與吾說同也.

파울젠이 또한 말했다. "우리가 국민으로부터 비롯해 더욱더 높은 경지로 나아가면, 곧 세계의 한 분자가 되어 이른바 인도人道[165]를 지닌다. '인도'는 仁의 관념이 밑에 깔려 구체화하는 표현, 우리가 경험 세계에서 지극한 선을 고찰하는 효과, 그것을 최종 목표(終點)로 삼는다."

泡氏又曰: 吾人更由國民而進於更高之境遇, 則爲世界之一分子, 而有所謂人道. 人道者, 仁之觀念所籍而爲具體之表示, 而吾人經驗界考察至善之效果, 以此爲終點者也.

---

164 '禍'는 '화禍'의 이체자이다.
165 여기서 '인도人道'는 인도주의(Humanitarianism; humanism)를 말하는 문맥이다.

【안설】 여기서 비로소 "인도人道가 인仁의 관념"이라고 말하니, 유가에서 말하는 인仁의 뜻과 서로 딱 들어맞는다.

【謹按】 此始言人道者仁之觀念, 與儒家言仁之意相脗合也.

존 스튜어트 밀[166]이 자연을 논해 말했다. "인류가 귀중하게 여기는 성질은 자연이 준 것이 아니라 문명의 효력이다. 우리가 편안한 마음으로 이를 관찰하면, 용감·성실·청결·절제·정의의 여러 덕은 모두 후천적 성질이고, 공포·허위·불결·무절제·조야粗野·이기利己는 반대로 야만 인류의 특색이 된다."

約翰·穆勒之論自然也, 曰: 人類貴重之性質, 非自然之賜, 而文明之効力也. 吾人平心而觀察之, 勇敢·誠信·淸潔·節制·正義諸德, 皆爲後天之性質, 而恐怖·虛僞·不潔·無節·粗野·利己則轉爲野蠻人類之特色焉.

【안설】 근세에 도덕진화를 논하는 자들이 어째서 '이기利己가 야만'이라는 이 논설을 읽지 않는가? 여기에서 경계하고 성찰할 수 있다.

【謹按】 近世論道德進化者, 何不讀此利己爲野蠻之說乎? 於此可以警省.

파울젠이 또한 말했다. "비둘기가 공중에서 날 수 있는 것은 공기의 저항이 있기 때문인데, 저 새는 만약 공기가 없다면 오히려 더 자유롭게 날 수 있으리라고 생각한다. 이는 칸트가 사람을 풍자한 것으로,[167] 오성悟性의 작용

---

166 존 스튜어트 밀(John Stuart Mill, 1806~1873)은 벤담을 계승해 공리주의를 완성시킨 영국 철학자이다.

167 비둘기의 비유는 칸트가 사람 일반을 풍자했다기보다, 본래 플라톤의 형이상학을 비판하는 문맥에서 말한 것이다. "The light dove, in free flight cutting through the air the resistance of which it feels, could get the idea that it could do even better in airless

은 반드시 사실에 대한 경험을 필요로 한다는 것을 알려준다. 예수가 장차 죽음을 앞두고 제사장과 관원들을 꾸짖지 않고 신에게 기도해 말했다. '청컨대 저들을 용서하소서. 저들은 모두 그들이 악을 행함을 스스로 알지 못합니다.'"

泡氏又曰: 鳩之能翔於空中也, 以有空氣之抵抗, 而彼乃以爲苟無空氣則其翔也更自由. 此康德所以諷人, 使知悟性之動, 必須經驗實事者也. 耶穌之將死也, 不罵凡僧俗吏, 而禱於神曰: 請恕彼等. 彼等蓋自不知其爲惡也.

【안설】지극하다! 예수의 이 말에서 그가 신성한 종교의 교주임을 알 수 있다. 다만 그 가르침이 영혼을 중시하기 때문에 부모에게 효도하는 하학下學한 절목을 결여하는데,[168] 이는 서로 조제해 보완할(調補) 수 있다. 그것[기독교]이 사람들에게 선善을 권면하니, 자선·병원 등의 사업 같은 것은 도덕을 실행하고 사람을 구제하는 실질적인 일이라고 말할 수 있다. 또한 위대하지 않은가? 그런데 이것만이 전부가 아니다.

【謹按】至哉! 耶穌此言, 可見其爲神聖宗敎之主也. 但其爲敎也, 重靈魂, 故闕却孝親下學一節. 此可以互相調補者, 而其勸人以善, 如慈善病院等事業, 可謂實行道德, 濟人之實事. 不亦韙哉? 然不特此而已也.

---

space. Likewise, Plato abandoned the world of the senses because it posed so many hindrances for the understanding, and dared to go beyond it on the wings of the ideas, in the empty space of pure understanding."(Immanuel Kant, *Critique of Pure Reason*, Translated by Paul Guyer & Allen W. Wood, Cambridge University Press, 1998, p.129.)

168 '하학下學'은 '아래를 배워 위에 달한다'(下學而上達)[『논어·헌문憲問』]는 구절에서 비롯하여, 유교 공부론의 특징을 이룬다. 그러나 '하학'이 단지 낮고 쉬운 공부이고, '상달'이 꼭 어렵고 고상한 공부라는 문맥은 아니다. '하학'은 일상과 평범함, 속俗의 차원에서 인간의 윤리를 실현하는 것이다. 반면 '상달'은 탈속과 비범함, 성聖의 차원에서 진리를 구하고 하늘의 뜻에 합치하는 것이다. 전병훈이 보기에 기독교는 영혼을 중시하고 신을 믿는 '상달'을 갈구하지만, 효친孝親 같은 일상세계의 윤리적 실천(下學)에 소홀한 결함이 있다.

파울젠이 또한 말했다. "사람이 죽더라도 그 공훈과 업적이 후세를 이롭게 하기에 충분하면, 그 사람의 생애는 자손과 국민 속에 여전히 존재하는 것이며, 이를 '불멸'(不死)이라 해도 좋을 것이다. 양심良心은 신神의 소리이다. (【안설】여기서 '신神의 소리' 운운하는 것이 신기한 말인데, 그렇다면 이는 원신元神의 운용이다.) 칸트가 생각하기에, 박정薄情한 사람은 타인의 고통에 냉담하여 그 마음이 흔들리지 않는 자이고, 그에 비해 동정심 많은 사람은 하늘로부터 부여받은 바가 유독 두터워 도덕계에서 가장 풍부한 원천을 점유한 자이다. 그가 선을 행하는 것은 성벽性癖에 의존함이 없고 전부 다 의무의 감정에 따르니, 이것은 도덕계에서 더없이 고상한 성격을 지닌 것이다."

> 泡氏又曰: 人死而功業足以利後世, 則其人之生涯, 猶存於子孫國民之中, 雖謂之不死可也. 良心者, 神之聲也.(按: 此神聲云, 新奇之說, 然卽元神之運用也.) 康德以爲, 薄情之人, 漠視他人之苦痛而不以動其心者, 較之富於同情之人, 得天獨厚, 蓋占有道德界最富之源泉者也. 其行善也, 無藉乎性癖, 而悉循義務感情, 是其於道德界, 有至高無上之性格者矣.

파울젠이 또한 말했다. "가장 원만한 도덕은 또한 하늘로부터 타고난(天縱)[169] 바에 의해 본능적으로 실현하는 것이며, 윤리는 간여치 않는다. 인류가 도덕적 가치를 지니는 까닭은 결코 의무를 깊이 생각하는 데에 있지 않고, 그 행위의 동기를 의식하는 데에 있다. 억지로 하는 것과 편하게 하는 것은, 실로 서로 동일한 수준에서 말할 수 없다. 도덕은 선천적인 능력에 근본

---

169 '천종天縱'은 무엇이 그렇게 되도록 하늘이 용납한다는 뜻으로, 『논어』 「자한子罕」에서 자공子貢이 공자를 송하면서 "참으로 하늘이 그분을 성인이 되게 하시고, 또 다재다능하게 하셨다"(固天縱之將聖, 又多能也)라고 한 데서 유래했다. '천종'은 훗날 하늘이 그 성질을 부여했다(天賦)는 적극적인 뜻으로 확장되었다. 여기서도 '天縱'은 거의 '天賦'와 같은 의미로 쓰였다.

을 두며, 이른바 '실천이성' 및 '양심' 같은 것은 한순간에 얻어진다.(칸트 전 학설의 핵심은, 도덕률을 가장 보편적이고 정당한 본성으로 여기는 데 있다.)"

泡氏又曰: 最圓滿之道德, 亦由天縱者, 以其本能實現之, 而倫理不與焉. 人類所以有道德之價値者, 決不在深思義務, 而意識其爲行爲之動機. 蓋 勉强而行之, 與安而行之者, 固未可同年而語也. 道德者, 本於先天能力, 如所謂實踐之理性, 及所謂良心者, 一瞬而得.(康德全部學說中樞, 卽在以道 德律爲至普通至正當之性.)

칸트학파의 도덕철학에서 말했다. "생명은 파괴될 수 있지만, 규칙은 존재 하지 않을 수 없다. ('규칙'은 도덕의 명령이다.) 양심은 도덕의 자연 질서이다. 만약 모든 사람에게 이른바 '도덕'과 '양심'이 없게 만들고, 모든 일이 계산과 고려에 의해서만 결정된다면, 국민이 거의 하루도 살 수 없을 것이다. 공리 론자들이 도덕에 대해 실로 존경과 경탄의 감정을 가지고 고찰하며, 도덕을 조직하는 요소들이 수십이나 수백 년의 장구한 세월 동안 모여 집성되었다 는 것을 알았다. 인류에게 도덕이 없다면, 이는 마치 적극적인 규칙에 관여 하는 아주 무겁고 큰 기계가 졸지에 그 작동 원리를 잃어버린 것과 같다. 이 는 비록 정치가와 철학자가 있더라도, 장차 또한 해결할 방법이 없을 것이 다. 그리고 인류의 삶은 실로 토마스 홉스[170]가 말한 것처럼 '날로 적막하고 빈곤하고 비루해지고 날로 금수에 가까워져서 또한 오래 보존할 수 없게' 될 것이다."

康德派之道德哲學曰: 生命可壞, 而規則不可不存.(規則者, 道德之命令.)

---

[170] 토마스 홉스(Thomas Hobbes, 1588~1679)는 '사회계약설'로 유명한 영국의 철학자로, 근 대 국가와 시민사회의 철학적 토대를 마련했다.

良心, 卽道德之自然秩序. 使人人無所謂道德及良心, 而一切云爲皆決之
於計較及顧慮, 則國民殆不可以一日存. 蓋功利論者之於道德, 固以尊敬
驚歎之情考察之, 見其組織之分子, 經數十百年之久而成集者. 人類而無
道德, 則如有一至重至大之機械, 關乎積極之規則者, 猝失其所以運動之
之道. 此雖有政治家哲學家, 將亦無可如何. 而人類之生涯, 泂將 如霍布
斯所謂'日就於寂寥貧困陋劣, 且日近於禽獸而亦無以久存矣'.

【안설】 이상 몇 가지 조항의 논의가 매우 명쾌하며, 이처럼 간절하다. 아! 우
리 학인들이 어찌 서양 학문을 모를 수 있겠는가?

【謹按】 以上數條之論, 極其明快, 懇切如此. 嗟! 我學人, 安可不知西學乎.

파울젠이 또한 말했다. "도덕 가치는 남을 이롭게 하고 남을 기쁘게 하는
행위에서 생긴다. 그렇지 않다면 그 동기가 자기 한 사람의 이해득실에 있으
니, 이는 전적으로 이기적인 행위가 될 뿐 도덕적 가치가 없다. 남을 해쳐서
자기를 이롭게 하면, 이를 악惡으로 일컬을 따름이다."

泡氏又曰: 道德價値者, 生於利人悅人之行爲. 否則其動機在一己之利害,
是全爲利己之行爲, 而無道德之價値. 至於害人以利己者, 則謂之惡而已矣.

【안설】 여기서 '남을 이롭게 하기'(利人)와 '남을 기쁘게 하기'(悅人)를 말해 도
덕을 해석하는 것은 그래도 괜찮다. 오로지 '자기를 이롭게 하기'(利己)만 논
하는 자가 어찌 여기서 반성하지 않으리오! 스피노자[171]가 이른바 "우리는
자기를 이롭게 하는 것으로 남을 이롭게 해야 마땅하다"는 것이 이것이다.
그러니 방향을 바꿔 이를 구하면 사회의 공덕公德을 증익한다. 이를 실행하

---

171 스피노자(Baruch de Spinoza, 1632~1677)는 네덜란드의 철학자로, 일체의 예속에 맞서 자
유를 추구했다.

는 것은 반드시 자기의 안녕을 충분히 증진하지만, 이를 위배하는 것은 또한 자기에게 장애[172]가 될 뿐이다.

예나 지금이나 비밀스러운 행위로 행복의 효과를 얻은 자는 없다. 사람은 모두 근면 성실하고(勤愼), 공명정대하고(公正), 따뜻하고 착한(溫良) 것이 남을 대하는 의무임을 안다. 이는 스스로 많은 복을 구하는 도이다. 사람이 늘 자기를 미뤄서 남에게 미치어(推己及人) 친척과 벗들이 모두 평화와 복지를 얻을 수 있도록 하면, 그 평화와 복지가 먼저 반드시 자기에게 돌아온다. 그러나 오만·교활狡獪·모질고 악착스러운(獰惡) 행위로 남에게 고통을 주면, 그 고통이 가서 [자기에게] 돌아오는 것 또한 마찬가지다. 이로써 보건대, 남에 대한 의무와 자기에 대한 의무가 결코 확연히 분리된 것이 아니다. 한 몸의 안녕은 가족·사회·국가와 서로 복잡하게 얽혀 있으니, 스스로 그 의무를 다할 수 있는 자가 이를 통해 사회의 안녕을 증진한다. 사회를 위해 의무를 다하는 자 역시 이를 통해 자기의 안녕을 증진한다.

【謹按】此言利人悅人, 解道德者, 猶之可也. 若專論利己者, 盍於此反省乎! 斯寶那莎所謂'吾人當以利己者利人'是也, 而轉而求之, 則凡裨益社會之公德實行之者, 必足以增一己之安寧, 而違背之者, 亦適足爲一己之障礙. 古今以秘密行爲得幸福之效果者, 未之有也. 人皆知謹愼·公正·溫良爲對人之義務, 然此則自求多福之道. 人常能推己及人, 使親戚朋友皆得平和福祉, 則其平和福祉之先, 必反射於己, 而以傲慢·狡獪·獰惡之行爲, 貽苦痛於人, 其苦痛之反射亦然. 由是觀之, 對人之義務與對己之義務, 決非截然分立者. 一身之安寧, 與家族社會國家互相錯綜, 能自盡其義務者, 卽以增社會之安寧, 而爲社會盡義務者, 亦卽以增自己之安寧.

【안설】파울젠의 논의가 이처럼 명철하니, 만민과 내가 동포(民吾同胞)인 근원을 훤히 본 자라고 말할 수 있을까? 아! 성대하다.

---

172 여기서 말하는 '장애障礙'는 사람의 도덕이나 양심이 본래의 제 기능을 하지 못하거나 정신 능력에 결함이 있는 것으로, 권세나 이욕 등의 포로가 된 상태를 가리킨다.

【謹按】泡氏之論, 至此明哲, 可謂洞見民吾同胞之源者歟? 烏乎! 盛哉.

파울젠이 또한 말했다. "무릇 자기에게 손해가 되는 일이라도, 만약 그것이 남에게 이익이 된다면, [나의] 손해가 커 보이더라도 반드시 이를 행한다. 만약 그것이 남에게 주는 이익이 [나의] 손해보다 작다면, 이를 반드시 행할 필요는 없다."(【안설】이것은 진정으로 덕이 있는 자의 지극한 말이다.)

泡氏又曰: 凡損己之事, 苟其所益於人者, 視所損爲大, 則必行之. 其或所益於人者, 小於所損, 則不必行之. (按: 此正有德者之至言.)

스펜서가 말했다. "인류가 더욱 진화하면, 그 성정性情이 점차 교제의 생애[173]에 부합하고, 전쟁의 재앙은 세월과 함께 모두 줄어든다. 문명 국민은 평화를 정상으로 여기고 전쟁을 변고로 여기지만, 야만인은 이와 반대이다. 인류의 운명이 지극히 공정해지면, 착한 사람이 상을 받고 악인은 벌을 받는다. 하지만 또한 정상에 반하는 것이 있으니, 교활한 여우 소설(狡狐小說)[174]이 이것이다. 덕이 있는 자가 반드시 행복하고 덕이 없는 자가 반드시 불행에 빠지는 올바른 법칙은, 결코 우연한 변칙으로 요동치지 않는다."

斯賓塞爾曰: 人類益進化, 則其性情漸與交際之生涯相洽, 而戰爭之禑
[禍], 與年俱減. 文明之國民, 以平和爲常而戰爭爲變. 野蠻人反是. 人類

---

173 여기서 말하는 '교제의 생애'(交際之生涯)란, 전 생애에 걸쳐 남과 반목·투쟁하지 않고 조화를 이루며 어울리는 것을 말한다. '반목'과 '전쟁'을 야만 상태로 보고, 인류가 더 진화하면 '교제'와 '평화'의 문명이 전개된다고 본다.

174 교활한 여우가 주인공으로 등장하는 소설은 전 세계적으로 매우 오래전부터 널리 분포한다. 그 이야기는 대개 영악하고 교활한 여우가 일으키는 소란, 내지는 정상正常의 파괴를 다룬다.

之運命, 至公至正, 善人受賞, 惡人受罰. 然亦有反常者, 狡狐小說是也. 有德者必有幸福, 不德者必陷於不幸之正則, 固不以偶有變則而撓動也.

【안설】 이 또한 도가 있는 자의 지극한 말이다. 내가 보건대, 실로 칸트 이후의 첫 번째 위대한 철학자이다.

【謹按】 此亦有道者之至言也. 以愚觀之, 實康德以後之第一大哲也.

파울젠이 또한 말했다. "도덕을 실행하는 것이 곧 정신의 행복이다. 스피노자가 '행복은 도덕의 결과(應報)가 아니라, 곧 도덕이다'라고 말한 것이 이것이다. 세상에서 두려워하고 미워할 만한 것은, 뽐내고 교만하며 사치스러운 것보다 더한 게 없다. 만약 어떤 사람이 쉽게 화내는 버릇이 있다면, 스스로 그것이 잘못임을 알고 이를 억제하려고 해도, 반드시 즉각적으로 효과를 볼 수는 없다. [그러므로] 적당한 예방법에 의지해 이를 점차 없애는 것이 바람직하다. 예를 들어 화낼 기회를 여러 번 피하면, 시간이 지나면서 화내는 버릇이 점차 사라질 것이다. 만약 반드시 피할 수 없다면, 분노가 악덕이 되는 이유와 극기克己가 미덕이 되는 이유를 시시각각 상기하고 반복적으로 되새겨 잊어버리지 않으면, 화내는 습관 또한 점차 사라질 것이다."

泡氏又曰: 實行道德, 卽精神之幸福也. 斯賓那莎曰: 幸福者, 非道德之應報, 而卽道德也, 是也. 蓋世之可畏可疾者, 固未有過於矜伐而驕侈者也. 如人有易怒之癖者, 自知其非, 而欲抑制之, 非必能猝然而效也, 宜資於適當之預防法而漸去之. 如屢避發怒之機會, 則積久而怒癖漸去. 其或必不能避, 則時時舉怒之所以爲凶德, 克己之所以爲美德, 而反復尋繹之, 毋使遺忘, 則怒癖亦漸消焉.

【안설】 파울젠의 도덕서道德書는 다른 여러 윤리학자의 말에 비하여 더욱 정

명精明하고 순정純正하여, 견줄 데 없이 뛰어나다. 최근 도덕서 가운데 제일 가는 금과옥조로 삼을 만하다. 이는 일본의 가니에 요시마루(蟹江君: 蟹江義丸)[175]가 처음 번역한 것을 채원배(蔡子民君: 蔡元培)[176]가 거듭 번역하여, 세상에 [널리 혜택을] 베푼 것이다. 거기서 가장 긴요한 말만을 가려 뽑아, 이로써 본 편을 종결한다.

【(秉薰)謹按】 泡氏道德之書, 比他倫理諸家之言, 尤爲精明純正, 卓絶不羣. 可以爲最近道德書之第一金科玉律也. 是以日儒蟹江君始譯, 而重爲蔡子民君所譯而惠斯世者也. 僅選其最要之言, 以終此篇焉.

---

175 가니에 요시마루(蟹江義丸, 1872~1904)는 일본의 철학자로, 1897년 동경제국대학東京帝國大學 철학과를 졸업하고 동경사범대학東京師範大學 교수로 재직하다가 1903년 32세로 사망했다. 『서양철학사西洋哲学史』(博文館, 1899年), 『파울젠의 윤리학パウルゼン氏倫理学』(育成会, 1900年), 『칸트의 윤리학カント氏倫理学』(育成会, 1901年), 『분토의 윤리학ウント氏倫理学』(育成会, 1901年), 『일본윤리휘편日本倫理彙編』(育成会, 1903年), 『공자연구孔子研究』(金港堂, 1904年) 등을 저술했다. 그의 책을 왕국유王國維·양계초梁啓超·전목錢穆 등이 중국에서 번역했다.

176 채원배(蔡元培, 1869~1940)는 중국 근대의 철학자이자 교육자이다. 1907년 독일에 유학해 칸트철학을 공부했으며, 손문孫文 정부의 초대 교육부장관과 북경대학北京大學 총장 등을 역임했다.

총결론
總結論

　도덕의 요지는 간단히 말해서 단지 몇 줄로 설명하면 충분하다. 왜 굳이
동·서양 여러 학설을 총괄해서 이처럼 장황할 필요가 있겠는가? 아! 세계가
바야흐로 차츰 문명화하고 심리·도덕의 학술이 날로 정밀해져서 저처럼 융
성하건만, 옛것을 지키는 자는 오히려 신학문을 업신여기고 새로 배우는 자
역시 옛 경전을 폐기하여, 신·구 학문의 이치와 동·서양 성인의 견해가 하
나임을 전혀 모른다.(중국의 요·순·이윤·주공·공자·맹자, 동한의 단군·기
자·왕인·세종대왕·조광조, 서양의 그리스 3대 철학자와 예수·칸트·워싱턴은,
학설과 사업에 비록 크고 작고 상세하고 간략한 차이가 있었지만 모두 성인이다.)

　그러므로 또한 두 가지를 서로 조제調劑한 뒤에야 비로소 원만해질 것이
다. 세계가 장차 영구히 평화롭고(永久平和) 정치를 통일(統一政治)할 방책으
로, 만약 이처럼 조제된 더없이 원만한 도덕을 사용하지 않는다면, 어찌 그
날이 있으랴? 우리 공자가 대동의 정치이론을 창립했고 루소·칸트 같은 여
러 철인 역시 서양에서 논의를 일으키니, 또한 위대하지 않은가? 내가 이를
모범으로 삼아 말하건대, 그것[177]이 반드시 오회정중午會正中[178]에 있다.(『선

감仙鑒』에 경세론經世論이 있으며, 소강절邵康節이 이를 이어받아 밝혔다.) 내가 믿기지 않는다고 말하더라도, 하루의 운행을 추산할 수 있다면 저절로 훤히 꿰뚫을 수 있다.

훌륭하다! 서양과 동양의 견해가 모두 지선至善 · 애중愛衆 · 쾌락快樂으로 도덕의 체용體用[179]을 삼은 것이 다르지 않다. 그리고 이른바 '조제調劑'란, 서

---

177 세계의 영구평화와 정치통일을 가리킨다.
178 원회운세元會運世는 북송의 소옹邵雍이 『황극경세서黃極經世書』에서 정립한 천체운행의 도수(曆數)로, 사계절이 순환 반복하는 이치로 우주적 시간대의 여러 주기를 계산했다. 그리하여 '선천先天' · '후천後天'이나 우주의 정오를 의미하는 '오회午會' 같은 시간대로 인류의 역사를 사유한다. 하지만 그 연원은 도교의 연단술에 운용되던 도상학과 선천상수학先天象數學에서 비롯되었다. 소옹은 이지재李之才로부터 하락도서河洛圖書와 선천상수先天象數의 학술을 배웠는데, 이지재는 당시의 저명한 도사인 진단陳摶에게서 이를 전수받았다고 알려져 있다. 본문에서 밝히듯이, 전병훈은 도교 전적인 『선감』과 소옹에게서 원회운세의 역법을 가져왔다. 이에 따르면 1원元(=12회)은 천도天道가 운행하는 대주기의 1년으로 소주기인 평년의 12만 9600년에 해당한다. 1회會(=30운)는 대주기의 한 달로 평년의 1만 800년이다. 1운運(=12세)은 대주기의 하루로 평년의 360년이고, 1세世는 대주기의 한 시간으로 평년의 30년이다. 이를 간략히 도표화하면 다음과 같다. 이렇게 보면, 천도가 운행하는 한 주기인 1원은 모두 12회로 이뤄진다. 첫 회인 자회子會에서 시작해 6회째인 사회巳會까지가 그 전반부에 해당한다. 7회째인 오회午會부터 해회亥會까지 후반부가 된다. '오회정중午會正中'은 그 가운데 '오회가 정중앙에 이르는 때'를 의미한다. 1원의 정오에 해당하는 제7회 오회에서도, 전반과 후반의 변곡점에 도달하는 때를 가리킨다. 즉 '우주의 정오 중의 정오'인 셈이다. 이는 천도운행에서 양의 기운이 극치에 이르고, 다시 음의 기운이 자라기 시작하는 시점이다. 전병훈은 이때 지구의 문명이 극치에 이르며, 세계가 하나로 통일되고 영구평화의 시대가 열리게 된다고 보았다. 그는 하나라 우왕 즉위 6년에 한 주기의 오회가 시작됐으며, 그로부터 5천여 년이 지난 현 시대가 바야흐로 오회정중의 때라고 추산했다. 원회운세를 대조표로 만들면 다음과 같다.

	원元	회會	운運	세世
원	1원	1/12원	1/360원	1/4,320원
회	12회	1회	1/30회	1/360회
운	360운	30운	1운	1/12운
세	4,320세	360세	12세	1세
년年	129,600년	10,800년	360년	30년

179 '체용體用'은 본체(體)와 그것의 작용(用)을 가리키는 짝개념이다. 고대에는 주로 도교와 불교에서 논의되던 철학적 범주인데, 송대 이후 유교 성리학에서도 이를 원용해 사용했다.

양철학은 하늘에서 근원하는 도리를 더욱 연구하고 아래로 효친孝親의 범절을 배우며, 우리는 반대로 사회 단결과 공익적 자원 활용에 더욱 힘써야만 한다. [그러면] 비로소 '원만하고 잘 통한다'(圓滿通暢)고 말할 수 있을 것이다. 이것은 하늘의 뜻이 그들 [동·서양] 사이를 알선함[180]과 관련된 것이 아니겠는가? 지금 이 책을 편찬하며 다시 서양 학설을 고찰하니, 매번 '정의'(義)를 주로 말하는 것이 또한 우리가 '어짊'(仁)을 주로 말하는 것과 같다. 『주역』에서 이른바 "어진 사람이 보면 어질다고 말한다[181]"는 부류에 가깝지 않은가? 하지만 이뿐만이 아니다.

道德之旨, 簡而言之, 則只以數行解之足矣. 何必總括東西諸說, 以至此張皇爲哉? 烏乎! 世界方漸文明, 心理道德之學, 日臻精密如彼其盛, 而守舊者尙藐視新學, 新學者亦蔑棄舊經, 殊不知新舊學理, 與東西聖人之見則一也.(中之堯·舜·伊·周·孔·孟, 東韓之檀·箕·王仁·李世宗·趙光祖, 西之希臘三哲·耶蘇·康德·華盛頓, 學說事業, 雖有大小詳略, 而皆聖人也.) 故亦有兩相調劑, 然後始臻圓滿者焉. 世界將永久平和統一政治之策, 苟不用此調劑圓滿無上之道德焉, 則寧有其日乎? 惟我孔子唱立大同政論, 而勒氏·康德諸哲, 亦叛論于西, 不亦偉哉? 余則以謂其必在午會正中乎.(『仙鑒』有經世論, 邵康節紹明之.) 謂余不信, 能推一日之運, 可自洞透矣. 韙歟! 西東之見, 均以至善·愛衆·快樂爲道德之體用者不殊, 而所謂調劑者,

---

여기서는 '지극한 선'(至善)·'두루 사랑함'(애중愛衆)·'행복'(快樂)을 동서양 철학이 공히 도덕의 본체와 작용의 차원에서 다뤘다는 문맥이다.

180 '간선幹旋'은 일이 잘 되도록 양자 간에 교섭을 진행하는 것으로, '주선周旋' '알선斡旋'과 뜻이 통한다.

181 『주역』「계사상繫辭上」에 보이는 전문은 다음과 같다. "어진 사람이 보면 어질다고 말하며, 지혜로운 사람이 보면 지혜롭다고 말하는데, 백성은 날마다 쓰면서도 알지 못한다. 그러므로 군자의 도가 드물다."(仁者見之謂之仁, 知者見之謂之知, 百姓日用不知, 故君子之道鮮矣.) 주역의 이런 논법에서 보면, '정의'를 위주로 말하는 서양인은 정의로운 사람(義者)들이고 '어짊'을 위주로 말하는 동양인은 어진 사람(仁者)들인 셈이다. 더 나아가, 전병훈은 이어지는 글에서 동·서양인의 이런 차이를 음양오행의 기질적 성향 차이로 설명한다.

則西哲當加勉 以原天之理, 下學孝親之節, 而吾則益勉團結社會 · 公益物質之用, 始可謂圓滿通暢矣. 然此非攸關於天意之幹旋其間者乎? 今茲編役, 再攷西說, 每主義而言, 亦猶我主仁而言者, 殆『易』所謂'仁者見之謂之仁'之類者耶? 然不特此也.

천지의 올바른 이치가 동쪽은 목木·인仁의 양방陽方[양의 방위]이 되고, 서쪽은 금金·의義의 음방陰方[음의 방위]이 된다. 그러므로 음의 고요함(陰靜)에 뿌리를 두고 생기는 것은 움직임을 귀히 여기고, 양의 움직임(陽動)에 뿌리를 두고 생기는 것은 고요함을 귀히 여긴다. 동서양 사람의 체격(서양 여성은 건장하고 동양 여성은 유약하다), 교법敎法의 선교(동양은 가서 선교하는 법이 없다)에서 관찰하면, 서양인은 움직임을 귀히 여기고 동양인은 고요함을 귀히 여기는(귀인마다 외모가 침착하고 정숙한 사람이 많다) 것을 증험할 수 있으니, 살필지어다. 아아! 일본인이 감수한 『만국사萬國史』에서 논하기를, 스위스가 풍경이 매우 뛰어나며 인물이 맑고 수려한 것은 조선인과 같다고 하니, 공정한 평론이라고 말할 수 있다. 하지만 어찌 다만 맑고 수려한 것뿐이겠는가? 도덕과 성현이 예로부터 성대했으나, 세상에 이를 아는 사람이 없어진 지 오래되었다.

세상에서 장차 사람마다 도덕을 실천하면 군대가 쓸모없게 될 것이며, 경찰과 법률도 또한 무엇에 쓰겠는가? 진실로 도덕이 대동·태평세의 기본이 되니, 또한 아주 명확하지 않은가? 이것이 실로 편자編者가 바라는 것인데, 어찌 멀다 하겠는가? 만약 처지에 따라 습관을 바꿔 변덕스럽다면(착한 사람과 함께 사귀면 착해지고, 악한 사람과 함께 사귀면 악해진다), 늘 아래로 흐르지 않으니[182] 어찌 도덕을 논하겠는가? 본 편은 처음부터 끝까지, 특히 군주·재상·성인·현자(君相聖賢)들이 실행한 도덕을 서술하여 이로써 경험의 증거로 삼았으니, 실로 빈말의 이상적인 비유가 아니다. 학인들 스스로 이를 터득할 수 있을 것인저!

天地之正理, 東爲木仁之陽方, 西爲金義之陰方. 故根陰靜而生者, 以動爲貴, 根陽動而生者, 以靜爲貴. 觀於西東人之體格(西女壯, 東女弱), 教法之往教(東無往教之法), 可驗西人以動爲貴, 東人以靜爲貴(貴人每多外貌沉靜)也. 審矣. 噫噫! 日人監本『萬國史』論瑞士風景絶勝, 人物之淸奇, 若朝鮮人. 可謂公評矣. 然奚特淸奇而已[183]哉? 道德聖哲, 自古爲盛, 而世無知者久矣. 世將人人踐行道德, 則兵可不用, 而警察法律, 亦安用哉? 信乎道德爲大同太平世之基本也, 不亦明甚乎. 此誠編者之願欲也, 何遠乎哉? 若夫隨地而遷異習慣以變化者(與善人處則善, 與惡人處則惡), 則無常下流, 何論道德哉. 此編自首至末, 特敍君相聖賢實行之道德, 以作經驗之證據, 誠非空言理想之比也. 學人可自得之乎!

객이 난감해하며 말했다. "선생께서 이 책을 편찬하니, 옛것과 새것을 조제하고, 중국과 외국을 포괄하며, 선비들이 원만한 덕을 이루고, 세상이 어진 덕을 갖추고 장수하게 되기를 바랍니다. 하지만 정전井田제가 폐지된 뒤로 민산民産이 텅 비고 불균등해져서 이미 극에 다다랐습니다. 글 읽는 자가 입에 풀칠할 방책도 없는데, 어느 겨를에 도덕을 수행하겠습니까? 관이오管夷吾[관중管中]가 말하기를 '창고가 가득해야 예절을 알고, 의식이 풍족해야 영예와 치욕을 안다.(예는 부유하면 생겨나고 가난하면 사라진다.) 군자가 부유하면 그 덕을 행하길 좋아하고, 인의가 따라붙는다'[184]고 했습니다. 이것이 실

---

182 맹자가 위에서 아래로 흐르는(下流) 것이 물의 본성이라고 했다.(『孟子』「告子」) 그런데 그 흐름이 오르락내리락한다면 그것으로 물의 본성을 말할 수 없다. 사람 역시 처지에 따라 착했다 악했다 하는 것으로는 도덕을 갖췄다고 말할 수 없음을 비유한다.

183 명문본에 '巳'로 되어 있으나, '已'의 오자인 게 분명해 수정했다.

184 여기서 인용하는 관중의 말은 『史記』「貨殖列傳」에 보인다.

제적인 말이 아니겠습니까?"

내가 여기서 부지불식간에 놀라 경계하고 반성했다. 하지만 정전井田과 균산均産을 갑작스레 논의해 회복할 수는 없지만, 나라의 정무를 맡은 사람들은 어째서 먼저 실업과 지방자치제에 주력하지 않는가? 세상에는 반드시 성스러운 영웅이 있으니, 능히 천지의 도덕을 체현하는 사람이 출현하여 통치권을 잡은 연후에, 천하의 도가 있는 사람들을 이끌고 세계통일과 공화의 사업을 함께 이루면, 좌계左契[185]를 손에 쥔 것과 같을 것이다. 아!

客有難者曰: 子編是書, 欲以調劑新舊, 範圍中外, 士成圓德, 世躋仁壽之希望也. 然向自廢罷井田以後, 民産之蕩然不均, 已達極點. 讀書者糊口沒策, 何暇修行道德乎?管夷吾云: 倉廩實而知禮節, 衣食足而知榮辱.(禮生於有, 而廢於無.) 君子富, 好行其德, 仁義附焉. 此非實際語乎? 余於斯不覺戚然儆省也. 然井制均産, 有不可遽然議復者, 惟當國之人, 盡先致力于實業與地方自治制乎. 世必有聖雄, 能體天地之道德者出, 秉軔然後, 驅策天下之有道, 共濟一統共和事業, 如執左契. 嗚乎!

위에서 도덕의 요지를 서술하여, 더 이상 남겨 놓은 것이 없다. 하지만 학문은 실천을 귀하게 여겨 두루뭉술한 데 머무르지 않는다. 옛날에 조보趙普[186]가 이르길 "『논어』 절반으로 국가의 창업을 보좌하고, 나머지 절반으로 나라를 지키며 태평에 이르렀다"[187]고 했으니, 핵심을 지키며 신묘하게

---

185 둘로 나눈 부신符信의 왼쪽 조각을 좌계左契라고 하여 자기가 가지고, 오른쪽 조각을 우계右契로 하여 상대방에게 준다. 『노자老子』에 그 개념이 보인다.

186 조보(趙普, 922~992)는 송宋의 건국공신이자 재상으로, 『논어』를 애호했던 것으로 유명하다.

187 조보趙普가 본문의 인용구를 말했는지는 분명치 않다. 다만 남송南宋 때 임동(林駉, ?~?)이 편찬한 『고금원류지론古今源流至論』 「유리儒吏」에서 "趙普, 一代勳臣也. 東征西討, 無不如意. 求其所學, 自 『論語』之外無餘業."이라고 하고, 그 주석에 "趙普曰, 『論語』二十篇, 吾以一半佐太

운용한 사람이라고 말할 수 있다. 그러므로 말이 간략한 것이 도에 가깝다.[188] 공자가 말했다. "말하는 사람이 반드시 덕이 있는 것은 아니지만, 덕이 있는 사람은 반드시 [도리에 맞는] 말을 한다."[189] 신중히 말하고 근면히 행하는(愼言勤行) 것이 덕을 이루는 하나의 요령이다. 내가 경전을 상고해도 '진眞'자를 보지 못했다.[190] 아! 사람이 반드시 진실한 마음자리를 쓰고, 근면하게 도道를 향해 나아가고, 검소하게 덕을 기르면서, 성공하지 못한 사람은 아직 없었다. 어찌 또한 진실 · 근검한 것으로 나를 남과 비교하지 않는가?

> 右敍道德之旨, 無復餘蘊. 然學貴踐實, 不在汎博. 昔趙普云 "以論語半部, 佐成創業, 半部守成致平." 可謂守約而神用者也. 是以言簡者近道. 孔子曰: 有言者不必有德, 有德者必有言. 蓋愼言勤行, 爲一成德之要也. 余攷經傳未見眞字焉, 嗟夫! 人必用眞實心地, 勤以進道, 儉以養德, 未有不成就者矣. 盍亦以眞實勤儉, 爲自況乎?

祖定天下."라는 구절이 보인다. 주희가 『논어』를 사서四書의 하나로 삼은 뒤에, 후대의 이학자들이 『논어』의 중요성을 강조하는 과정에서 조보의 고사가 부풀려지고 확산되었다는 것이 학계의 통설이다.

188 "말이 간략한 것이 도에 가깝다"(言簡者, 近道)는 구절은 이이李珥가 저술한 『격몽요결』'지신장持身章'에 보인다.

189 『논어 · 헌문편憲問篇』에 보이는 글이다.

190 문자 '眞'이 "경전에 보이지 않는다"는 것은 사실로, 유교 13경經에 이 글자가 나오지 않는다. 이 글자는 서주의 금문金文에 으로 보이는데, 글자의 형태와 본래 뜻이 불명확하다. 중국 최초의 자전인 『설문說文』에서 '眞'을 "신선이 형체를 바꿔 하늘에 오르는 것"(仙人變形而登天也)으로 풀이했다. 여기서 'ヒ'는 승천하는 신선을, '目'은 눈을, 'ㄴ'은 타좌를, '八'은 앉는 자리 · 등걸 · 좌탁 · 단상 등을 함축한다. 깊이 정좌를 하고 앉은 구도자의 눈 위, 즉 현관玄關에 응결된 정신이 출신出身하는 형상이 곧 '眞'으로 표상된다. 본문 제2편의 내용을 상기하면 쉽게 연상할 수 있다. 고대 유교에서 '眞'자를 그 경전 안에 채택하지 않았던 까닭도 글자의 이런 의미와 관련된 것으로 보인다. 반면 『장자』는 도를 체득한 사람을 '진인眞人'으로 불렀다. 하지만 한대漢代를 거치며 이 글자의 뜻이 '진실하다' '참되다' 등으로 확장되었고, 지금까지 그런 의미로 널리 사용된다.

『상서』에서 이르길 "착한 사람에게는 복이 오고 못된 사람에게는 재앙이 온다"[191]고 했다. 『주역』도 말했다. "선善을 쌓는 집안에는 반드시 경사가 넘치고, 불선不善을 쌓는 집안에는 반드시 재앙이 넘친다."[192] 모두 어긋남이 없는 하늘의 섭리이다. 우연히라도 어길 수 없으니, 하느님께서 굽어보시며 조화로 이를 심판하여 인과응보가 반드시 나타나는 것에 의혹이 없다.[193] 사람의 곤궁과 영달(窮通) 영예와 욕됨(榮辱)에는 모두 운명이 있다. 하지만 채서산蔡西山[194]은 "운수(氣數)가 일정하여 하늘이 이를 바꿀 수 없지만, 오직 사람이 이를 바꿀 수 있다"고 말했다. 아! 오직 그 덕과 어짊을 쌓고(積德累仁) 사람을 살리고 세상을 구하는(活人救世) 극치에서, 신神이 반드시 그를 보우하여 정해진 운수를 돌려 바꾸는 것은, 이치가 확실하기 때문이다. 검증된 효험이 실로 많으니, 어찌 또한 '지극한 선'을 스승으로 삼지 않겠는가?

> 『書』云: 福善禍淫. 『易』曰: 積善之家, 必有餘慶; 積不善之家, 必有餘殃. 皆不忒之天理也, 不可以偶然或違者, 遂疑其上帝臨監, 造化審定之果報應驗矣. 蓋人之窮通榮辱, 皆有命存焉. 然蔡西山云: 氣數一定, 天不能易之, 惟人能易之. 嗟夫! 惟其積德累仁, 活人救世之極, 神必佑之, 斡易其定數者, 理勝故也. 攷驗實多, 盍亦以至善爲師哉?

『시경』에서 말했다. "온화하고 공손한 사람이여, 오직 덕의 기틀이로

---

191 『상서·탕고湯誥』에 보인다.

192 『주역·곤괘困卦·문언전文言傳』에 보인다.

193 『정신철학통편』의 여러 판본에서 원문에서는 단락을 "~遂疑其. 上帝臨監~"으로 나눈다. 이는 임금이나 상제를 가리키는 글자가 등장하면 문장을 끊고, '上帝' 등의 글자를 위로 올리는 관례에 따른 것이다. 그러나 문맥상으로는 "遂疑其上帝臨監"으로 이어서 읽어야 한다. '수의遂疑~'는 ~에 대한 의혹이 사라져 없다는 뜻이며, 비슷한 말로 '결의決疑'가 있다.

194 채원정(蔡元定, 1135~1198)은 남송학南宋學의 대가로, 자가 계통季通이며, 호가 서산西山이다. 주자의 영향을 받아 『율려전서律呂全書』 등을 저술했다.

다."[195] 『예기』에서 말했다. "흰 바탕에 물이 든다."[196] "겸손하면 이익을 얻는다."[197] 온화하고 공손하고 겸허한 것이 덕으로 나아가는 근본인데, 하물며 청명함이 몸에 있고(淸明在躬) 뜻과 기상이 신과 같음(志氣如神)이랴! 그러므로 사람이 모두 [덕을 성취하는 게] 가능하다. 오직 그것이 능치 못함은 물욕物欲이 그 청명함을 어둡게 하고, 그 뜻과 기상을 나태하게 하여, 끝내 그 식신識神[198]을 어지럽혀서 덕을 해치기 때문이다. 반드시 겸손하고 공손하며 욕망을 줄인 뒤에야 도덕을 말할 수 있다.

> 『詩』曰: 溫溫恭人, 惟德之基. 『禮』曰: 白受采. 謙受益. 蓋溫恭謙虛, 爲進德之本, 而況淸明在躬, 志氣如神! 故人皆可能也. 惟其不能者, 物欲昏其淸明, 惰其志氣, 遂亂其識神以喪德矣. 必也謙恭寡慾, 然後可以言道德乎!

또한 서양의 논의를 고찰하건대, 자연선택의 생존경쟁(天擇物競)과 우승열패優勝劣敗의 설이 비록 학계의 환영을 받지만, 내가 보기에 이것은 공리功利와 강권强權에 점차 빠져들게 한다. 덕을 존중하는 사람은 취하고 버릴 것을 알며, 현혹되지 않을 수 있다. 『능엄경』에서 말했다. "청정함의 극치에서 밝음이 생기고, 밝음의 극치에 깨달음이 가득하다." 실로 이치에 맞는 지극한 말이다. 내가 일찍이 익숙한 곳(熟處)에서 밝음이 생기는 것[199]을 스스로 징

---

195 『시경‧소아小雅』 '즐남산지십櫛南山之什'에 보인다.
196 『예기‧예기禮器』에 보인다.
197 『상서』에 보이는 구절이다.
198 '식신識神'은 원신元神과 대비하여 신神의 두 측면을 이룬다. 앞의 「정신철학」장에서 "뇌 가운데의 원신元神은, 순전한 천리로 곧 도심이다. 몸뚱이의 식신識神은, 형기形氣의 사욕私慾으로 곧 인심이다"라고 말한 바 있다. 하지만 그 두 가지가 서로 별개인 것은 아니다. 원신이 물욕으로 물들어 오염되면 식신이 되고, 심신을 수양해서 식신의 오염을 정화하면 원신의 참된 면모가 드러난다.

험했으니, 그러므로 역시 추천하여 사람들에게 누차 권한다.

학인들에게 간절히 말하니 능히 정신·심리·정의·공도公道를 밝히며, 도덕을 익히고 실천해서 점차 성숙하면, 도덕에 대해 더욱 밝아지면서 깨달음이 널리 가득 차게 된다. 공리功利·강권強權의 설이 자연스럽게 물러날 뿐만 아니라, 동아시아의 '글월만 숭상하여 글월에 찌든 병폐'와 '도를 배반하여 도를 잃어버린 풍조'가 모두 녹아서 소멸한다. 그리고 신·구와 동·서의 도덕을 조제調劑하며, 도를 응결하고 덕을 갖춰서 우뚝하게 하늘에 닿으면, 곧 위육位育200의 공功을 이룰 수 있다. 자유·평등·애국 같은 것은 족히 말할 것도 없고, 겸성兼聖하여 세계를 개조하고 하늘에 합하는 사업을 어찌 자연스레 성취하지 않겠는가?" 사가四家201를 합해서 원만한 덕을 이루는 실제 증험은, 정치에서 더욱더 [그 증험을] 볼 수 있다. '정치철학'편으로 뒤를 잇는다.

又攷西論云, 天擇物競·優勝劣敗之說, 雖爲學界之歡迎, 而愚見則此啓功利強權之漸也. 尙德者知所取舍, 而可以不眩乎!『楞嚴』曰: 淨極明生, 明極覺滿. 誠理到之至言也. 余嘗自驗明生於 熟處, 故亦推而勸人屢矣. 惰202言學人, 能明乎精神·心理·正義·公道, 習踐道德漸熟, 則於道德

---

199 '숙처熟處'는 익숙한 장소이다. 하지만 깨달음을 얻으면 익숙한 곳도 생경한 신세계가 되고, 역으로 생경한 곳도 곧 익숙한 곳이 된다. 익숙함과 생경함의 경험적 분별이 해소되고, 하나의 큰 도 안에서 모든 것이 생소한 동시에 익숙해지기 때문이다. 이를 "생처방교숙生處放敎熟, 숙처방교생熟處放敎生"이라고 한다. 송대의 승려 석지명釋智朋이 『게경169수偈頃一百六十九首』에서 읊었다. "人情濃厚道情微, 道用人情世豈知. 鹽鹹醋酸, 阿誰不知. 只要熟處放敎生, 生處放敎熟. 道用人情日久, 自然打成一片. 猶是蹲坐在淨地上, 要得大方獨步, 柏山與你草鞋." 전병훈은 "익숙한 곳에서 밝음이 생겼다"(明生於熟處)고 하는데, 이로써 "청정함의 극치에서 밝음이 생긴다"는 『능엄경』의 언명을 보충하는 동시에 자신의 깨달음도 표술한다.
200 '위육位育'은 만민이 제자리를 잡아 만족하고 만물이 충분히 육성되도록 하는 것이다.
201 여기서 '사가四家'는 유·불·도·서양철학을 가리킨다.
202 '惰'은 憕의 이형자로 추정된다.

明益進, 覺彌滿. 不惟功利强權之說自然退聽, 而東亞之尚文文朽之弊, 叛道道喪之風, 一切泮渙消除. 而調劑新舊・東西道德, 而道凝德備, 峻極于天, 則可致位育之功矣. 如自由平等愛國不足道, 而兼聖之造世合天事業, 詎非自然到手以成者乎? 合四家以成圓德之實驗, 於政治, 尤可以見矣. 繼以政治篇.

사람이 한밤중에 별들이 빽빽이 벌여 있는 천상天象을 보면 그것이 인간 세상에 거울처럼 응하니, 사람 선악의 응보가 또한 분명하지 않은가! 오직 성인이 하느님의 천덕天德과 자기의 덕을 합한다.

凡人夜觀星辰森羅之象, 則其鑒應人間, 人善惡之報, 不亦昭然乎! 惟聖人與上帝之天德合其德也.

위에서 진술한 "음陰에 뿌리를 두고 생기는 것은 움직임을 귀하게 여긴다" 는 논의는, 대개 상식적인 이치로 미뤄 말한 것이다. 하지만 실제로 증험한 지극한 이치로 구명究明하면, 동・서양 사람을 막론하고 명상(隱几)[203]을 하여 배움을 쌓을 때는, 반드시 고요함을 위주로 하는(主靜) 공부를 해야 이치에 통달하고 도를 얻을 수 있다. [하지만] 어른이 된 뒤에 처세處世・재물宰物・경방經邦・제인濟人[204]하는 수많은 덕업에 대해서는, 실로 하늘에 따라

---

203 '은궤隱几'는 앉는 의자(案席)에 기대앉거나 눕는 것으로, 거리낌 없이 편안하거나 고요한 상태를 은유한다. 『장자・제물론』에서 "남곽자기가 은궤隱机하고 앉아 하늘을 올려다보며 한숨을 쉬었다"(南郭子綦隱机而坐, 仰天而噓)고 한다. 이는 자기를 잊는(吾喪我) 좌망坐忘의 정신 경지를 표상한다. 본문에서도 '은궤'는 정신을 응결하는 타좌打坐의 깊은 명상을 의미한다.

204 '처세處世'는 세상에서 살아가는 것, '재물宰物'은 사물을 주재하는 것, '경방經邦'은 나라를 다스리는 것, '제인濟人'은 사람을 구제하는 것을 각각 가리킨다.

움직이는 동공動功이 아니라면 어떻게 가능하겠는가? 아! 우리 학인學人들이 어찌 태극에 운동능력(動能力)이 있다는 나의 학설을 더욱 깊이 생각하여, 덕을 증진하는 수업의 총체적인 오묘함으로 삼지 아니하리오!

上述根陰而生者, 以動爲貴之論, 蓋推常理以言也. 然究以實驗之至理, 則毋論東西人, 於隱几積學之時, 必用主靜工夫, 可以通理得道也. 至若成年以後, 處世宰物經邦濟人, 許多德業, 苟非動以天之動功, 則何可能乎? 嗟! 我學人, 盍益致思乎太極有動能力之鄙說, 爲進德修業之統體至妙乎!

정신철학 하편 권5

精神哲學下編卷五

제5편

정치철학

政治哲學

서론

緒論

사람의 자유는, 참나가 겸성兼聖하여1 세상을 개조하고2
하늘에 합하기보다 큰 것이 없다.

人之自由, 莫大於眞我兼聖造世合天者.

---

1   전병훈은 앞서 이 책의 「서론」에서 "이른바 '겸성'이란, 황제黃帝가 임금이 되어 천하를 다
     스리면서 아울러 수양을 해서 능히 신선이 되었으니, 그리 말하는 것이다. 그리고 동한東韓
     단군의 『천부경』을 얻어 책의 첫머리로 삼으니, 그 지극한 철리와 겸성이 황제와 같되, 더
     욱 신비하고 기이한 것"이라고 했다. 그리고 또한 도진겸성道盡兼聖(도에 극진하면서 성스
     러움을 겸한다), 지신겸성至神兼聖(지극히 신령하면서 성스러움을 겸하다), 태선겸성胎仙兼
     聖(태선胎仙으로 성스러움을 겸하다), 상선겸성上仙兼聖(최고의 신선으로 성스러움을 겸하
     다), 신통겸성神通兼聖(신통하고 성스러움을 겸하다), 정신겸성精神兼聖(정신이 성스러움을
     겸하다), 원덕겸성圓德兼聖(원만한 덕이 성스러움을 겸하다) 등의 개념을 쓴다. 여기서 말
     하는 '진아겸성眞我兼聖'(참나가 성스러움을 겸하다)도 일맥상통한다. '진아眞我'는 도진道
     盡·지신至神·태선胎仙·상선上仙·신통神通·정신精神·원덕圓德 등과 함께 정신 수련의
     최고 경지를 여러 각도에서 표현할 뿐, 실은 하나의 경지이다. 이런 정신 수련에 더해 세상
     을 잘 다스리고 구제하는 성인人의 자질을 함께 갖춰야 하니, 이를 '겸성'이라고 한다. 이
     런 문맥에서 '정치철학'은 앞의 정신·심리·도덕 철학에 이어 최종적이고도 실질적으로
     '겸성'을 실현할 것을 말한다.

도덕은 하늘에서 근원하고, 정치제도는 땅에 근본을 둔다. 따라서 정치제도를 말하려면 반드시 형이하의 기器를 먼저 바로잡고 나서 형이상의 도道를 모두 실어야 하니, 그런 뒤에야 완벽하고 완미하다고 말할 수 있다. 그러나 동아시아의 정치학은 오직 『상서』(정치사)와 『주례』 외에 전문 서적이 없고, 경전들 가운데 혼잡스럽게 이론이 제시되기 때문에 학자가 요령을 얻기 힘들다. 그래서 진서산眞西山[3]이 『정경政經』[4]을 편찬했으나, 전제專制 시대의 어설픈 저작에 불과하여 엉성함을 면할 수 없었으니, 하물며 다른 것을 논하겠는가? 정자程子[정이程頤]가 "천 년간 참된 선비가 없고 백세百世에 좋은 정치가 없었다"고 탄식했는데, 예로부터 그랬다고 말할 수 있다.

슬프다! 근세에 하늘이 어째서 그 인물을 서구에만 두텁게 낳아서 물질·정치·법률의 문명을 크게 열고, 반대로 동양에는 문을 닫고 인색하였는가!

----

2   동아시아에서 정치를 말할 때 통상 '세상을 다스린다'(治世, 經世) 혹은 '세상을 구제한다'(濟世)고 하며, '조세造世' 개념은 드물다. '造世'는 세상을 만든다는 뜻인데, 이는 자칫 '세상을 창조한다'는 세계 창조론으로 오독될 수 있다. 하지만 그것은 세상을 개조改造 내지 재조再造한다는 뜻으로, 거의 문명 재창조의 수준에서 세계를 혁신한다는 문맥이다. 따라서 이 책 전편을 통틀어서 실제로 이 개념을 적용한 사례는 복희·신농·황제·단군·기자 그리고 을지문덕 정도에 지나지 않는다. 전병훈은 이들을 인류문명 초기에 겸성兼聖한 영웅으로 묘사했다. 그리고 가까운 미래에 그런 겸성의 자질을 갖추고 세상을 개조할 정치 영웅이 다시 출현하기를 기대했다. 전병훈이 말하는 미래의 '造世'는 인류의 정치 시스템을 새로 만드는 수준에서 정치 원리를 재정립하고, 이를 토대로 세계 통일정부를 구성하여 영구 평화를 이루는 새로운 지구문명을 건설할 것을 겨냥한다. 한편 안중근이 이토 히로부미(伊藤博文)를 저격하기 전날 지었다는 「하얼빈 노래(哈爾濱歌)」의 "時造英雄兮, 英雄造時"(시대가 영웅을 만드노니 영웅이 시대를 만들도다)라는 구절에서 '조시造時'를 말하니, 당시 새로운 세상을 희구하던 선인先人들의 강렬한 열망이 '造世' '造時' 등의 적극적인 '세계 개조' 개념으로 표출되었음을 알 수 있다.

3   진덕수(眞德秀, 1178~1235)는 송나라의 학자이자 관리로, 호가 '서산西山'이고 시호는 문충文忠이다. 『서산문집西山文集』, 『독서기讀書記』, 『사서집편四書集編』, 『대학연의大學衍義』 등의 저서가 있다.

4   『정경政經』은 여러 전적에서 정치에 관한 명구들을 채록하고, 또한 여러 역사적 사건들을 선별하여 진덕수가 편찬한 책이다.

그렇지만 하늘의 뜻을 계승하고 법도를 세워 지혜와 신묘한 식견으로 이룩한 성스러운 제도는, 옛것이 지금보다 뛰어난 점이 있다. 정밀함을 더해 정수를 궁구하고 경험하여 혁신하는 제도는, 지금이 옛날보다 뛰어난 것이 또한 많다. 이는 서로 결점을 맞바꿔 종합할 수 있으니, 그런 뒤에야 천지의 원만한 정치가 제자리를 잡고 육성된다(位育)[5]고 말할 수 있다. 내가 나의 고루함을 생각지 않고 마지못해 마침내 이 ['정치철학'] 편을 엮는 이유이다.

道德源於天, 政制本乎地也. 是以若言政治制度, 則必先整理形下之器, 而具載形上之道, 然後可謂完善而俱美也. 然東亞政治之學, 惟『尙書』(政史)『周禮』外, 未有專書, 而經傳中, 混雜說去, 故學人難得要領也. 於是眞西山編有『政經』, 然不過專制時代之杜選者, 故猶未免疏漏也, 況論其他哉? 程子云 "千載無眞儒, 百世無善治"之歎, 可謂自古然矣. 嗟乎! 近世, 天何篤生其人於歐西, 大開物質政法文明, 而反閟嗇於東球也耶. 雖然, 繼天立極, 創智神見之聖制, 則古勝於今者有焉. 精益究精經驗維新之制, 則今勝於古者亦多. 此可以互換缺點而合成, 然後可謂位育天地之圓滿政治矣. 余所以忘其固陋, 不得已竟成此編者也.

천지의 변화는 차츰차츰 이뤄지며, 따라서 사람의 일 역시 그러하다. 동아시아의 정치제도가 요·순부터 하·상을 거쳐 주나라에 이르러 비로소 찬연하고 크게 완비됐으니, 모두 민의民意를 위주로 했다. 설령 이를 '민주제'라고 하더라도 안 될 것은 없을 듯하다. 서구가 로마 민주제부터 근세까지 점차 민주정치를 이룬 것이, 역시 이와 같다. 어찌 하늘의 뜻이 아니겠는가? 아! 동서양 초창기의 시대를 거슬러 탐구하면, 비록 임금(君皇)의 명칭이 있더라

---

5   '위육位育'은 모든 것이 제자리를 잡고 잘 육성된다는 뜻이다. 『중용中庸』 제1장에서 "중화中和를 지극히 하면 하늘과 땅이 자리를 정하고 만물이 육성된다"(致中和, 天地位焉, 萬物育焉)고 하였다.

도 '민주'가 아닌 것이 없었다. 어째서인가? 처음에 가족에서 시작하여 부락 추장이 되고, 추장으로부터 임금을 세운 것이 필연적이다. 한결같이 군중의 합의를 좇아 [임금을] 추대해 정하였으니, 그러므로 "민주로 부를 수 있다"고 한다. 결코 정복전쟁이나 투쟁으로 세운 게 아니다. 이는 역사의 실증이 없더라도 의심할 수 없는 것이다. 중국의 복희·신농·요·순, 동한의 단군·동명東明은 백성이 추대해 세운 인물이라는 것이 명약관화하다.

> 夫天地之化, 寖而成之, 故人事亦然. 惟東亞之政治制度, 自堯·舜歷夏·商而至周, 始乃粲然大備, 皆以民意爲主. 雖謂之民主制, 恐無不可也. 歐西之自羅馬民主制, 以及近世寖成民主之治者, 亦猶是焉, 詎非天意乎? 烏乎! 溯究東西草叛之世, 雖有君皇之名稱, 而罔非民主者, 何哉? 始初自家族而部落酋長, 自酋長而立爲君皇者, 必也. 一從人羣之議諧, 推戴以成. 故曰 "可名爲民主也." 決非征戰爭鬪而立矣. 此非歷史之證確, 而可以無疑者乎. 中之羲·農·堯·舜, 東韓之檀君·東明, 爲民推立者, 照然若揭也.

그렇지만 정치제도가 아주 훌륭하고 아주 완비되었다면, 뒷날 이를 계승해 다스리는 자가 비록 사람됨이 현명치 않더라도 단지 갖춰진 법규만 준수하면 또한 충분히 다스릴 수 있다. 만약 이와 반대라면, 비록 현자가 있더라도 잘 다스리기 어렵다. 이것이 주나라 이후 3천 년간, 안타깝게도 우리 동양에서 최상의 정치를 아직 보지 못한 이유이다.[6] 세간의 논객들이 혹은 요·

---

6 동아시아의 문명 초기에 정치체제가 매우 훌륭하게 완비되었기 때문에, 역설적으로 그 체제의 우수함으로 인해 뛰어난 정치가가 출현해 이를 혁신하기보다는 기존의 체제를 유지하는 데 그쳤다는 말이다. 이는 고대의 예치禮治를 높이 평가하는 동시에 훗날 그것을 혁신하지 못했던 한계를 지적하는 것으로, 전병훈이 이 책에서 줄곧 강조하는 '온고유신溫故惟新' 문맥의 연장선에 있다.

순과 삼대三代를 군주정치로 지목하는데, 이는 요·순·주공이 모두 백성의 소리를 들어 정치를 했으며 공화·헌법의 예치禮治를 세워 만세의 도덕문명을 열었던 입법자였음을 전혀 모르는 것이다. 앞으로 순서를 따라 조목조목 열거할 것이니, 여기서 상세히 더하지는 않겠다. [요임금과 주나라 때 '공화'와 '헌법'의 명칭은 없었으나, 그 실제적 정황(實情)은 이미 실행되었다.]

천하 고금의 제도는 뒤에 나온 것이 더욱 정밀하고 완미完美하니, 그 역시 천도天道와 인사人事의 당연함이다. 요임금과 순임금이 서로 선양했는데, 이는 천하를 공변되게 여기는(公天下) 마음으로 '공화의 기틀을 연 것'이라고 말할 수 있다. 그리고 지금 서구의 국회 선거법은 '조리條理를 완비하여 더욱더 발전하고 훌륭한 것'이라고 말할 수 있다. 주례周禮의 경우는 나라에 큰일이 있으면 이를 서민이 논의하고 선비들이 논의했으니, '헌법의 기치를 먼저 세운 것'이라고 할 수 있다. 그리고 지금 서구의 의회에서 6법7을 세워 이로써 건국과 통치의 규범으로 삼으니, 역시 '조리를 완비하여 더욱 발전하고 정미로운 것'이라고 말할 수 있다.

[그러니] 동양이 반드시 서양에서 취하는 게 또한 옳지 않은가? 서양은 반대로 정전井田·예치의 제도에 어두웠으니, 이것을 동양에서 취해 한 화로에서 합해 야금(合治)8할 수 있을 것이다. 이처럼 조제하면 온 세계의 정치가 장

---

7 '육법六法'은 헌법·민법·상법·형법·민사소송법·형사소송법의 6가지 법을 가리킨다. 프랑스에서 민법·상법·민사소송법·형사소송법(治罪法)·형법으로 이뤄진 '나폴레옹 5법전'(cinq codes napoléoniens; Five Napoleonic Codes)을 제정한 데서 비롯하였고, 거기에 근대 영미법 중에서 대표적인 미국의 헌법이 더해져 이른바 '6법'이 근현대 시민법 체계의 기본 구성요소가 되었다.

8 호남湖南 장사長沙 출신으로 북경대학 윤리학 교수를 역임했던 양창제(楊昌濟, 1871~1920)가 "동서양의 문명을 한 화로에서 합해 녹인다(合東西兩洋之文明一爐而冶之)"는 합야合治를 주창했다. 그것이 전병훈의 사상과 일맥상통한다. 양창제를 북경대학에 초빙한 인물이 채원배蔡元培(당시 북경대학 총장)다. 그런데 채원배의 축사가 『정신철학통편』서두에 실려 있는 등, 채원배와 전병훈이 각별했다고 추정된다. 이런 배경에서, 전병훈과 양창제가 공

차 겸성兼聖·통일하는 데 도달할 것이다. 화평和平·대동大同하는 태평성대에 형벌을 두고도 쓰지 않는(刑措不用) 지극한 덕의 서광이 다시 드러나면, 천지의 할 일을 다 마치리라. 아! 하느님께서 굽어보시는데 (소자小子가) 대신해 진술하니, 어찌 감히 자신을 속이겠는가? 그것이 반드시 오회정중午會正中에 있을 것이다.[9] (진시황 전제專制의 폐해가 유전되는 해독이 다시는 천지간에 허용되지 않으니, 지금 나열해 논하지는 않겠다. 러시아·독일처럼 강권을 숭상하고 침략을 좋아하는 제국이 패망하니, 거울이 되지 않겠는가?)

雖然爲治之制度克善克備焉, 則後之繼治者, 人雖非賢, 而只遵守成規, 亦足以爲治也. 苟或反是, 則雖有賢者, 而難以致治. 此所以成周以降, 三千載間, 噫我東球, 未見至治者也. 論世之士, 或以堯舜三代, 指爲君主之治, 殊不知堯·舜·周公, 皆聽民爲政, 以立共和憲法之禮治, 啓萬世之道德文明之祖法者也. 將條擧編次, 故此不加祥焉. (堯周之時, 未有共和憲法之名, 而其實情則已行矣.) 凡天下古今之制度, 後出者愈精愈美, 其亦天道人事之宜然也. 堯舜之相禪, 是公天下之心, 可謂共和開基者, 而今歐西之國會選擧法, 可謂條理悉備, 愈進愈美者也. 如周禮, 國有大事, 則庶民議之·士論之, 可謂憲法之先覺幟者. 而今歐西之議院立六法以建邦治民之規, 亦可謂條理悉備, 愈進精美者也. 東必取西, 不亦宜乎? 惟西則尙昧井田禮治之制, 此可以取東以合治一爐. 如是調劑, 則宇內之政治, 將臻乎兼聖一統. 和平大同之郅隆, 復見刑措不用, 至德之曙光, 天地之能事畢矣. 烏乎! 上帝臨監, (小子)代述, 何敢自謬? 其必在午會正中乎. (秦始專制之弊害流毒, 更不容於覆載之間矣, 今不論列也. 帝國如俄德之尙强權, 好侵掠

히 '합야合治'를 말한 것이 흥미롭다. 양창제는 모택동毛澤東과 한 고향으로, 청년 모택동의 스승이자 모택동이 북경대학 도서관에서 근무하도록 주선한 인물이기도 하다. 이에 관해서는 더욱 깊은 연구가 필요하다.

[9] 가까운 미래에 동서양 문명의 정수를 조제하여 세계의 정치가 겸성兼聖·통일하게 될 것을 앞서 말했는데, 그 사건 혹은 시대가 반드시 오회정중午會正中 안에 있다는 문맥이다. '오회정중'에 관해서는 제12장 뒤의 '결론' 부분을 참고한다.

者, 破消, 可不爲鑒乎?)

엮은이가 쓰다.(무오년**10** 11월)

編者識(戊午至月).

다시 쓰다.

再識.

세간의 논객들이 『춘추春秋』 삼세三世의 뜻을 확장하여 난세亂世에서 승평
세昇平世·태평세太平世에 이르고 대동大同으로 끝난다고 하는데,**11** 지금 유럽
전쟁이 끝나고 국제연맹을 화의和義하니 실로 대동의 맹아萌芽가 열린다고 말
한다. 그러나 나는 그때가 아직 도래하지 않았다고 본다. 헤이그 국제회의**12**

---

10   여기서 무오戊午년은 1918년이다.
11   『춘추春秋』의 주석서인 『공양전公羊傳』에 "보는 것도 기이한 말(所見異辭), 듣는 것도 기이
     한 말(所聞異辭), 전해 듣는 것도 기이한 말(所傳聞異辭)"이라는 구절이 있다. 한나라의 동중
     서董仲舒가 이 구절에 대해, 『춘추』에서 노나라 12공의 시대를 '보고'(有見) '듣고'(有聞) '전
     해 들은'(有傳聞) 시대로 나누었다고 주석했다.(『春秋繁露·楚莊王第一』) 동한의 하휴(何休)
     가 이를 다시 '삼세三世'의 개념으로 재정립하여, 공자가 춘추시기 242년을 '쇠란衰亂' '승평
     升平' '태평太平'의 세 시대로 나누었다고 해석했다. 청말 서구에서 유입된 진화론, 특히 다
     윈의 적자생존 논리를 인간사회에 원용한 스펜서 류의 사회진화론을 접한 중국의 지식인
     들은 큰 충격을 받았다. 그리고 강유위康有爲와 양계초梁啓超 등이 사회진화론과 서구 근대
     정치체제를 수영해 이를 중국적인 이론으로 변용하는 과정에서 삼세설이 소환되었다. 그
     들은 『예기禮記』「예운禮運」에 보이는 소강小康·대동大同 개념과 삼세설을 결합하여, 군
     주전제에서 입헌군주제와 공화제의 민주정체로 발전하는 과정을 거란세據亂世-승평세升平
     世-태평세太平世에 짝지어 설명했다.
12   헤이그 회담(Hague Conventions) 또는 만국평화회의萬國平和會議라고 하며, 1899년과
     1907년 네덜란드 헤이그에서 두 차례 열린 국제 평화 회담이다. 특히 1907년 제2차 회의

개최처럼 밖으로는 공변된 도리(公理)를 핑계하며 속으로는 강권에 의지한다면, 마침내 어찌 세상에 보탬이 되겠는가? 오직 미국 대통령이 인도·정의를 주장하지만, 그것만으로 세계의 영구평화와 대동의 지극한 정치를 성취할 수 있겠는가? 만약 성스러운 영웅의 지극한 덕이 아니라면, 누가 능히 세계의 악한 기운을 말끔히 쓸어버리고, 태평·극락의 지극한 정치가 칸트가 말한 '조화의 오묘한 작용'(造化之妙用)[13]과 같아지게 만들겠는가? 아! (기미년[14] 여름에 다시 쓰다.)

論世之士, 引申春秋三世之義, 由亂世以至昇平世·太平世而終以大同之說者, 謂今歐戰告終, 和議聯盟, 實啓大同之萌芽. 然愚見尙未到其時也. 如海牙會之設, 陽託公理, 陰植强權, 究竟何補於世哉? 惟美總統主張人道正義, 其能成就世界之永久和平·大同至治否? 苟非聖雄至德, 孰能廓掃世界惡氛, 而太平極樂之致治, 有如康德所謂造化之妙用者乎? 噫!(己未夏再識)

때 대한제국 고종황제가 파견한 이상설·이위종·이준 일행이 회담에 참석하여 을사조약이 일본의 강압에 의한 것이었음을 폭로하여 파기시키려 하였다. 하지만 당시 동맹국 관계였던 일본과 영국군에 의해 입장이 거부되었고, 이 일을 빌미로 일제는 고종을 강제 퇴위시키며 조선 강점에 박차를 가했다.

13 이른바 '조화의 오묘한 작용'(造化之妙用)은 본 편(정치철학) 제36장을 참고한다.

14 여기서 기미己未년은 1919년이다.

제1장 민의를 좇아 나라를 열고 도읍을 세워 백성을 안정시킨 철리

第一章 從民意開國立都以安民之哲理

　　태곳적 일은 아득히 멀다. 『상서』에서 말했다. "천지는 만물의 부모인데, 오직 사람이 만물 가운데 영험하다. 진실로 총명한 자가 으뜸가는 임금이 된다."[15] 또한 말했다. "하늘이 백성을 내실 때 임금이 없으면 곧 혼란해질 것이니, 군주를 세우고 스승을 세워서 백성을 다스리고 교화하게 하였다."[16] 또한 말했다. "하늘은 우리 백성이 보는 것을 따라서 보고, 하늘은 우리 백성이 듣는 것을 따라서 듣는다."[17] 또한 말했다. "백성은 가까이할 수 있지만 얕잡을 수는 없다. 백성이 오직 나라의 근본이니 근본이 견고해야 나라가 편안하다."[18] 또한 말했다. "평이하게 백성을 가까이하면 백성이 반드시 귀의한다."[19] 『사기史記』에서 말했다. "임금된 자는 백성을 하늘로 여긴다."[20]

15　『상서・주서周書』에 보인다.

16　『상서・상서商書』「중훼지고仲虺之誥」에 보인다. 원문은 "惟天生民, 惟欲無主乃亂. 惟天生聰明時乂"이다. "立之君, 立之師, 使之治而敎之"는 연문衍文이다.

17　『상서・주서周書』에 보인다.

18　『상서・감서甘誓』에 보인다.

19　이 구절은 『상서』가 아니라, 『사기史記・노주공세가魯周公世家』에 나온다. 원문은 "周公曰 '夫政不簡不易, 民不有近, 平易近民, 民必歸之.'"이다. 주공이 "정치가 간소하고 쉽지 않으면 백

太古之事邈矣.『書』曰: 天地, 萬物父母, 惟人萬物之靈. 亶聰明, 作元后.
又曰: 天生民無主乃亂. 立之君, 立之師, 使之治而敎之. 又曰: 天視自我
民視, 天聽自我民聽. 又曰: 民可近, 不可下. 民惟邦本, 本固邦寧. 又曰:
平易近民, 民必歸之. 史曰: 王者以民爲天.

【안설】군장이 생겨난 이래, 정치를 행하고 일을 처리함에 있어, 항상 하늘
을 공경하고 천명을 두려워함을 준칙으로 삼았다. 천명을 경외하되 항상 민
심의 향배로 이를 알았으니, 백성이 좋아하는 것을 좋아하고 백성이 싫어하
는 것을 싫어했다.[21] 그래서 옛날에 비록 '군주'의 명호가 있었으나, 실제로
는 백성이 모두 그를 좌지우지하여 군장이 된 자가 감히 백성의 뜻을 위배
할 수 없었다. 군중이 협의하여 총명한 사람을 추대해 세워 군장을 삼고 나
라를 열었는데, 반드시 산천의 풍수와 기후가 적절하고 수륙교통이 편안한
땅을 점지해 살피며, 백성의 뜻을 물어 이에 따라서[22] 도읍을 세우고 관부
를 열었다. 이는 역대 도읍지에서 분명히 상고할 수 있다. 지금 서양의 도시
건설 역시 어찌 다르겠는가?

【(秉薰)謹按】自有君長以來, 施政擧措, 罔不以敬天畏命爲則. 敬天畏命,
罔不以民心向背知之, 民之所好, 好之. 民之所惡, 惡之. 是以古者, 雖有
君主之名, 而其實則民皆主之, 爲君長者, 莫敢違拂民志也. 僉謀羣議,
推立聰明, 以爲君長而開國, 則必占察山川風氣寒溫適宜, 舟車交通順便
之地, 而詢從民意, 以建都開府者, 歷代都邑之地, 班班可攷也. 今歐西
之建都者, 亦何以殊哉?

성이 친근하게 여기지 않지만, 평이하게 백성을 가까이하면 백성이 반드시 귀의한다."고
말했다는 것이다.

20 『사기·색은索隱』에 보인다.
21 "民之所好, 好之, 民之所惡, 惡之"는 『대학』에 보이는 구절이다. "詩云 '樂只君子, 民之父母.' 民
之所好, 好之. 民之所惡, 惡之.'" 이 문단의 원문에서 '망불罔不'은 "~하지 않음이 없다"라는
것으로, "항상 ~하다"는 의미를 강조한다.
22 "민의民意에 순종詢從한다"(詢從民意)는 것은 백성에게 묻고 그 뜻을 따른다는 뜻이다.

제2장 요·순이 서로 선양한 것 역시 백성의 뜻이다

第二章 堯舜之相禪亦民意

요임금이 말했다. "아! 순이여! 하늘의 역수歷數[23]가 네 몸에 있다."[24] 순임금이 우를 천거했는데, [그 인물됨이] 벼슬이 없고 한미함에 가려져 있었다.[25]

堯曰: 咨! 舜! 天之歷數在爾躬. 舜擧禹, 偏蔽側微.

【안설】맹자가 말했다. "요임금의 아들이 불초하고, 순임금의 아들 역시 불초했다."[26] 그러므로 그 아들에게 전하지 않고 현자에게 전했으니, 이것은 성인이 천하를 공변되게 여기는 마음이다. 우임금 역시 현자에게 선양하려고 했으나, 천하에서 군주를 알현해 소송을 하려는 자들이 익益(익은 선양하려던 사람이다)을 찾지 않고 우임금의 아들을 찾았다. 그리하여 마침내 천하를 집안으로 삼았다.[27] 역시 하늘의 뜻이라고 말할 수 있다. 천하를 가계

---

23 '역수歷數'는 왕위 계승의 차례를 가리킨다. '하늘의 역수'(天之歷數)는 왕위 계승의 차례가 천명에 의한 것임을 말한다.

24 『상서·대우모大禹謨』에 보인다.

25 『상서·순전舜典』에 "虞舜, 側微."라는 구절이 있다. 공영달孔穎達의 「소疏」에 따르면, 그것은 벼슬이 없고 빈천하다는 뜻이다.(此云側微, 即『堯典』側陋也. 不在朝廷謂之側, 其人貧賤謂之微.)

26 『맹자·만장萬章』에서 "丹朱之不肖, 舜之子亦不肖"라고 한다. 단주丹朱는 요임금의 아들이다.

세습(家天下)하는 제도가 이로부터 시작됐고, 천하를 공변되게 여기는(公天下) 큰 도는 점차 폐지됐다. 개탄하지 않을 수 없다! 다만 다행히 탕湯과 문왕·무왕이 임금이 되어 대대로 균산均産 제도를 시행하니, 복희·황제의 시대와 한결같았다. 그러므로 비록 왕조가 교체되었다고 말하지만, 백성은 예전처럼 평안하였다.

혹자는 요·순이 왕권(君權)을 남용했다고 여기지만, 이는 사심私心으로 성인의 공심公心을 억측한 것이다. 요가 순을 천거하면서 12목牧[28]에 자문하고 사방으로 민의民意의 향배를 살폈는데, 누구에게 물어도 대답이 다 같았다. 어찌 이를 왕권의 독단이라고 말하겠는가? 다만 그 시기가 문명의 초창기라, 민선民選의 제도가 아직 완비되지 않았을 뿐이다. 어찌 감히 이로써 하늘만큼 큰 신성神聖의 공심을 헤아리겠는가! 실로 동아시아 '공화'의 터를 닦은 선조의 법이다. '선양'과 '공화'가 명칭은 비록 다르지만, 천하·국가를 자손들이 사사로이 세습하는 이익의 대상으로 삼지 않은 것은 한결같다. 아! 공자가 말했다. "높고 높아 오직 하늘이 위대한데 오로지 요임금이 이를 본받으니, 넓고 넓어 백성들이 그의 덕을 뭐라고 표현할 수가 없었다."[29] 나역시 말하노니, 만세토록 본받을 만한 인물이 요·순이 아니라면 누구겠는가?

【(秉薰)謹按】孟子云: 堯之子不肖, 舜之子亦不肖. 故不傳其子而以授賢者, 是乃聖人公天下之心也. 禹亦禪與賢者, 而天下之朝覲訟獄者不歸

27　"천하를 집안으로 삼았다"(天下爲家)는 것은 왕위를 세습하여 대대로 후손에게 전하게 되었다는 뜻이다.

28　요·순 시대에 12주州의 우두머리를 '목牧'으로 불렀다. 백성 다스리기를 목자가 가축을 기르는 일에 비유한 것이다. 『상서尙書·순전舜典』에 "12목에게 자문했다"(咨十有二牧)는 구절이 나오고, 주희의 제자인 채침蔡沉이 『서경집전書經集傳』에서 "12목은 12주의 목牧이다"(十二牧, 十二州之牧也)라고 했다. 우리나라에서는 고려 성종 때 전국을 12목으로 구획했고, 조선시대에도 '목'은 행정구역의 한 단위였다. 목의 수령이 '목사牧使'였고, 지방관을 통틀어 '목민관牧民官'으로 부르기도 했다.

29　『맹자·등문공상滕文公上』에서 공자의 말로 인용한다. "大哉堯之爲君! 惟天爲大, 惟堯則之, 蕩蕩乎民無能名焉. 君哉舜也! 巍巍乎有天下而不與焉." 『논어·태백泰伯』에도 표현을 약간 달리한 공자의 이 말이 보인다.

益(益乃禪與之人), 而歸禹之子, 故遂以天下爲家也. 亦可以謂天意也.
家天下之制, 自此始焉, 而公天下之大道隨廢矣, 可不興慨乎! 惟幸成湯
文武之爲君, 世業均産之制, 則一如羲·黃之時. 故國姓雖云鼎革而民
則晏然如舊也. 或者以堯舜爲君權濫觴. 此以私心揆聖人之公心者也.
堯之薦舜, 諮及十二牧, 達四聰觀民意向背, 而詢謀僉同, 則何可謂之君
權獨斷乎? 但其草創時代, 民選之制, 未及盡備耳. 安敢以此, 遂貰其天
大之神聖之公心乎. 誠爲東亞共和之開基祖法也. 禪讓與共和, 名稱雖
殊, 而不以天下國家爲子孫家私之利, 則一也. 烏乎! 孔子曰"巍巍乎惟
天爲大, 惟堯則之, 蕩蕩乎民無能名焉." 余亦謂萬世之可法者, 非堯舜
而誰耶.

삼대에 민의를 좇아 천하를 가계 세습
하고 또한 백성을 두려워했던 철리
第三章 三代之家天下從民意而亦畏民之哲理

천하의 백성이 익益을 찾지 않고 우의 아들을 찾았으니, 이는 곧 하夏나라
에서 천하를 가계 세습한 것이다. 하지만 한결같이 민의를 따라 피할 수 없
었으니, 이것 역시 민주의 제도였다고 말할 수 있다. 따라서 『상서』에서 말
했다. "어리석은 지아비와 지어미 한 사람이 능히 나를 이긴다. 내가 뭇 백성
을 다스리며 무섭기가 썩은 줄로 여섯 마리 말을 모는 것과 같으니, 백성의
윗사람이 된 자가 어찌 공경하지 않겠는가?"[30] 또한 말했다. "왕께서는 속히
[덕德을] 공경하십시오. 크게 백성을 화합시키십시오. 민심의 험악함(民嵒)[31]
을 돌아보고 두려워하소서."[32] 또한 말했다. "백성은 물과 같고, 군주는 배와
같다. 물이 능히 배를 띄울 수 있지만, 또한 뒤집을 수도 있다."[33]

---

30 『상서 · 하서夏書』「감서甘誓」에 보이는 글이다.

31 '암嵒'은 들쭉날쭉하고 험악한 바위를 가리킨다. '민암民嵒'은 백성이 험난한 바위산과 같아
   서, 민심을 다스리기가 어려움을 경계하는 의미가 있다.

32 『상서 · 하서』「소고召誥」에 보이는데, 본래 다른 문장에 속했던 글귀들을 가려 뽑은 것이
   다. '王其疾敬' 뒤에 '德'자가 누락됐다.

33 이 글의 가장 오래된 출처는 『순자荀子 · 왕제王制』이다. "庶人安政, 然後君子安位. 傳曰: '君
   者, 舟也. 庶人者, 水也. 水則載舟, 水則覆舟.'" 한데 여기서도 '傳曰'이라는 것으로 보아, 순자

天下之民不歸諸益, 而歸禹之子, 是則夏之家天下也. 然一從民意, 而不
能避免焉. 此亦可謂民主之制也. 是以『書』曰: 愚夫愚婦, 一能勝予. 予
臨兆民, 凜乎若朽索之馭六馬, 爲人上者, 奈何不敬? 又曰: 王其疾敬, 丕能
誠于小民. 顧畏于民碞. 又曰: 民猶水也, 君猶舟也. 水能載舟, 亦能覆舟.

【안설】최초로 천하를 가계 세습한 것 역시 백성의 뜻을 따라 행하였다. 그
러나 주桀와 걸紂의 폭정에 백성들이 "이 해가 언제 없어지리오"(時日曷喪)**34**
라고 원망했으니, 그것은 요 · 순이 서로 선양한 것과 거리가 멀었다. 이처
럼 비록 나라를 가계 세습했다(家國)고 말하지만, 삼대三代의 임금이 백성을
공경하고(敬民) 백성을 존중하며(重民) 백성을 두려워하는(畏民) 예를 갖췄으
니, 단지 오늘날 공화국에서만 민의를 중시하는 것은 아니다. 아! 세상에서
정치를 강론하는 학자들이 어찌 이것을 모를 수 있으리오!

【謹按】最初之家天下者, 亦是從順民意而行也. 然桀紂之暴虐, 民有是日
曷喪之冤, 其不及堯舜之相禪也遠矣. 惟此雖云家國, 而三代之君長敬
民 · 重民 · 畏民之禮, 則不惟如今共和國之主重民意已也. 烏乎! 世之
講政治學者, 安可不知此乎!

이전에 이미 다른 텍스트의 전거가 있었음을 알 수 있다.

34 '시일갈상時日曷喪'은 하나라 말에 백성들이 폭군 걸傑의 학정을 한탄하며 했던 말로『상
서 · 탕서湯誓』에 보인다. '이 해(是日)'는 곧 걸임금을 가리킨다.

제4장 요·순의 책임제 철리
第四章 堯舜責任之制哲理

　　요임금의 제도와 다스림은 육부六府·삼사三事[35]를 설치하고 백관百官을 세
웠으며, 사물의 숨은 뜻을 열고 뭇 일을 성취했다.[36] 순임금은 우禹와 고요
皋陶[37]를 얻지 못함을 자기의 근심으로 여겼다. 현인을 임명해 의심치 않았
으며, 자기를 버리고 남을 좇았다. 4명의 흉악한 인물을 제거하고, 16명의
어진 재상을 등용하여 각자에게 한 가지씩 책임을 맡겼다. 3년에 한 번 실
적을 살피고, 3번 살펴서 직위를 삭탈하거나 높이니, 모든 일이 다 잘 처리
되었다.[38]

　　堯之制治, 設六府三事, 建官惟百, 開物成務. 舜以不得禹·皋陶爲己憂.

35　백성을 부양하는(養民) 데 긴요한 수水·화火·금金·목木·토土·곡穀이 '육부六府'가 되
　　고, 정덕正德·이용利用·후생厚生이 '삼사三事'가 된다.
36　'개물성무開物成務'는 본래 『주역』에 나오며, 복서卜筮를 통해 사물의 숨은 뜻을 열고 뭇 일
　　을 성취할 수 있다는 의미였다. 이후 만물의 이치를 깨달아 세상의 일을 이룬다는 의미로
　　널리 쓰였다.
37　고요皋陶는 요임금 시대에 주로 법과 재판을 담당했으며, 중국 고대의 법 제도에 큰 영향을
　　미쳤다고 전해진다. 훗날 법과 재판의 신으로 숭배되었다.
38　『상서·순전舜典』에 보이는 내용이다.

任賢勿疑, 舍己從人. 去四兇, 擧十六賢相, 各授一責. 三載攷蹟, 三攷黜陟, 庶績雍熙.**39**

【안설】 순임금이 16명의 어진 재상을 천거해 오랫동안 책임을 맡긴 것은, 만세토록 불변하는 정치의 큰 법도를 세운 것이다. 그러므로 공자가 순의 임금됨을 칭송해 말했다. "자기를 공손히 하고 남쪽을 향해 앉아 있을 따름이었네. 무위無爲로 다스림이여, 훌륭하도다!"**40** 그 지극한 덕치(至德之治)는 지금 책임내각의 정치와 의도치 않게 은연중 부합하는 것이다. 하지만 다른 것은, 지금 공리功利의 법치를 숭상하고 연구에 매진해서 책임에 이르렀지만, 요·순의 경우는 순전히 하늘을 본받은 도덕의 지극한 정치였는데 그 효과가 자연스레 여기에 이르렀다. 천리天理의 공심公心을 볼 수 있는가 아닌가의 차이일 뿐이다.

【(秉薰)謹按】 舜擧十六賢相, 久任責成者, 可謂立萬世不易之政治大法者也. 是以孔子稱舜之爲君. 曰恭已正南面. 無爲而治. 趨歟! 其至德之治, 與今責任內閣之治, 不謀而暗合者也. 然所異者, 則今尙功利之法治, 而竟硏究以至於責任, 若夫堯舜, 則純全體天道德之至治, 其効自然躋此也. 可以見天理之公心, 與否已耳.

---

39 「순전舜典」의 원문은 "三載考績, 三考黜陟幽明, 庶績咸熙"이다. 중국 고대사회에서 이 고적考績은 일종의 근무평정 제도였던 셈인데, 다만 여기 보이는 몇 글자만으로 그 내용을 구체적으로 알기는 어렵다.
40 『논어·위령공衛靈公』에 보인다.

제5장(24조) 우임금이 물과 땅을 평정하고 고을 경계와 정전을 구획해 황제의 구정법을 실행한 철리
第五章(二十四條) 禹平水土, 畫州井田, 實行黃帝邱井法哲理

『상서』에서 말했다. "하늘이 우임금에게 홍범구주洪範九疇**41**를 주셨다."**42** 물과 땅을 평정하고 고을과 들판의 경계를 구획해 백성의 거처를 정했으며, 구정邱井의 법으로 정전井田제도를 확립하고, 이로써 농지조세(田賦)법을 정했다. 구정법邱井法은 곧 황제黃帝가 창립한 구정법이다. 그 법은 다음과 같다.

『書』曰: 天乃錫禹洪範九疇. 平水土, 畫州分野, 以奠民居, 以邱井之法, 確立井田之制, 以定田賦之法. 邱井法乃黃帝之創立邱井法也. 其法如左:

제1조. 정전井田의 법은 사방 1리里가 정井이 되고, 사면이 전척田尺으로 300척이면 정방正方을 설치한다. 사방 모서리에 작은 흙무더기(小墩)를 쌓아 경계를 정하고, 표지를 세워 평방을 계산하면 곧 누적되어 9만 방척方尺이 되

---

41 '홍범洪範'은 큰 법이고 '구주九疇'는 9개 범주로, 곧 9개 범주로 이뤄진 큰 법을 가리킨다. 오행五行·오사五事·팔정八政·오기五紀·황극皇極·삼덕三德·계의稽疑·서징庶徵·오복五福·육극六極이다. 우왕이 하늘로부터 받은 낙서洛書를 보고 만들었다고 전하고, 주나라 무왕武王이 올바른 정치의 도리를 묻자 기자箕子가 홍범구주를 가르쳤다고도 한다.
42 『상서·주서周書』에 보인다.

니, 이것이 1정井이 된다. 1정 안에 작은 흙무더기를 쌓고 표지를 세운다. 십십++으로 방을 가르면 9경頃이 된다.

第一條. 井田之法, 方一里爲井, 四面田尺三百尺, 設爲正方. 方隅築小墩, 以正疆界. 而立表開方, 則積爲九萬方尺, 此爲一井. 一井之內, 築小墩立表. 十十開方, 則爲九頃也.

제2조. 9경 안 중앙의 1경은 공전公田으로 삼는다. 그 나머지 8경은 8가구에 나눠 주고, 대대손손 경작한다. 공전은 곧 힘을 나눠 함께 경작하고, 이로써 부세賦稅를 납부한다. 이것이 대개 삼대三代에 공히 행한 정법井法이다.

第二條. 九頃之內, 中央一頃爲公田. 其餘八頃, 則八家分授, 耕作以爲世業. 公田則分力合作以納賦稅. 此蓋三代共行之井法也.

제3조. 수량을 헤아려 정井을 획정하는 법은 반드시 수도(國都)부터 시작해서 지방 고을(州縣)까지 미친다. 성문城門에서 시작해 먼저 1정을 세우고, 동서남북으로 붙여 세우는 규칙이 마치 집을 세우는 것과 같다. 먼저 중간에 세우고, 차례차례로 붙여서 세운다. 무릇 산을 만나면 그치고, 강을 만나면 그치며, 각각 그 고을의 경계에서 마친다.

第三條. 起量畫井之法, 必自國都, 以及州縣. 自城門爲始, 先立一井, 而東西南北附立之規, 如立屋者. 先立當中間, 而次次附立. 凡遇山而止, 遇江而止, 各畢其州縣之境界也.

제4조. 장차 이 법을 거행코자 한다면, 반드시 먼저 1년을 기약해 나라 안에 측량 방식을 보급하고, 각 마을(鄕)에 1인의 전감田監을 두어 백성들이 익

히게끔 가르치고 나서 기약한 때가 되면 거행한다. 그러면 일이 쉽고 체계적이라, 비록 큰 고을이라도 열흘이 지나지 않아 측량을 마칠 수 있다.

第四條. 擬將擧行此法, 必須先期一年, 頒給量式于國內, 各鄕差一田監, 敎民習熟而臨期擧行, 故事易集成, 雖大州縣, 不過一旬可以畢量也.

제5조. 성인이 하늘을 본받아 만든 슬기로운 법이라 간편하고 쉽게 행하니, 비록 어리석은 지아비 지어미라도 모두 이를 행할 수 있다. 먼저 각 정井을 세워 가지런히 정비한 뒤, 전감이 각 정 안에 십십++으로 방을 갈라 9경을 만들도록 하고, 인민에게 각 1경씩 나눠 주어 오류와 누락이 없게 하니, 이것이 그 개략이다. 만약 그 논밭 도랑의 제도라면, 반드시 옛날과 같을 필요는 없다. 맹자가 말한 정전제의 개괄적 뜻(槪意)이 또한 아주 좋다.[43]

第五條. 聖人體天創智之法, 簡易易行, 雖愚夫愚婦, 皆可行之也. 先立各井, 整齊以後, 使田監於各井內, 十十開方, 以作九頃, 分授人民各一頃, 無或差誤遺漏, 此其槪畧也. 若其溝洫澮遂之制, 不必盡同於古也. 孟子之言井制槪意, 亦甚好.

아! 정전·균산의 법은 춘추시대부터 이미 행할 수 없었으므로, 따라서 맹자가 뭐라 뭐라 말했던 바가 있다. 무릇 옛 제도를 말할 때는 단지 그 큰 뜻을 본받지, 미세한 것까지 깊이 따질 필요는 없다. 진나라가 개국할 즈음에는 논밭의 두렁(阡陌)이 허물어져 다시 존재하지 않았다. 그리하여 부유한 자는 주현의 경계를 넘어 땅을 차지했지만 가난한 자는 송곳 세울 땅도 없었으

---

[43] 『맹자·등문공상滕文公上』에 정전제의 대략적인 내용에 관한 진술이 보인다.

니, 백성의 재산이 불균등하여 이미 극한점에 다다랐다. 그러므로 동중서가 백성이 소유하는 땅을 제한하자(限民名田)는 논의를 제기했으나, 결국 실행되지 않았다.

> 烏乎! 井田均産之法自春秋時, 已不能行, 故孟子有所云云. 凡言古制, 只師其大意, 不必甚究纖微也. 至秦開, 阡陌蕩然不復存矣. 於是富者跨據州縣, 貧者無立錐地, 民産之不均, 已達極點, 故董仲舒有限民命[44]田之議, 而不果行矣.

당나라(李唐)에 이르러 처음 공전公田제가 시행되었다. 육선공陸宣公[45]이 말했다. "옛날에 1정의 땅을 아홉 가구(九夫)[46]가 공동 경작했다. 공전이 가운데 있었는데, 토지 대장에 기재만 하고 세금을 걷지 않았다. [그런데] 사전私田이 좋지 않으면 벼슬아치를 비난하고 공전公典이 좋지 않으면 백성을 비난하니, 일이 몹시 미세해서 막아 단속하기 어려웠다. 그러므로 나라에서 그 요점만 계승하고 번거로운 것을 버렸다. 정남丁男[47] 한 사람에게 1백 무畝(이랑)의 농지를 주고, 매년 조속租粟 2석石[48]을 받았다. 말하자면 공전公田을 인민에게 빌려주고 그 조세를 거둬들이는 것이니, 그러므로 이를 '조租'라고 일컫

---

44 명문본에 '命'으로 되어 있으나, '名'의 오자이다. '한민명전限民名田'이 올바른 표기이다.

45 육지陸贄(754~805)는 당나라의 관료이자 학자로, 시호가 선宣이며 흔히 육선공陸宣公이라 한다. 『육선공주의陸宣公奏議』 등의 저서가 전한다.

46 '구부九夫'는 정전법에서 농지(私田) 각 1백 무畝씩이 배당된 아홉 가구의 가장(夫)을 가리킨다.

47 '정남丁男'은 건장한 남자라는 뜻인데, 당나라의 균전제均田制에서는 21세부터 59세까지의 건장한 남자를 가리킨다. 한편 16세 이상에서 20세까지의 남자인 '중남中男', 이에 해당하지 않는 독질인篤疾人(홀아비, 과부, 고아, 자식 없는 노인 등), 폐질인廢疾人(불치병 환자), 잔질인殘疾人(질병인, 장애인) 등의 분류기준에 따라 균전의 운용에 차등을 두었다.

48 '조속租粟'은 조세租稅로 거둬들이는 곡식을 가리킨다. 1석은 10말이다.

는다. 옛날에 땅의 적당한 산출에 의거해 이로써 부법賦法[49]을 건립했는데, 나라가 예전 제도에 근거해서 이를 하나로 간소화했다. 모든 정丁마다 각각 자기 마을에서 나온 것을 보내니, 해마다 비단(絹)·무늬비단(綾)·명주비단(絁) 따위는 모두 2장丈, 면은 3냥兩을 보냈다. 누에와 뽕이 없는 곳은 베(布) 2장5척, 마麻 3근을 보냈다. 정호丁戶[50]에 근거해서 고르게 취하니, 그러므로 이를 '조調'라고 일컫는다. 옛날에는 인력을 사용함에 한 해에 3일을 넘기지 않았지만, 후대에는 일이 많아져서 그것이 열 배로 늘었다. 나라가 사물의 적절함을 어림잡아 헤아려 중용의 도에 맞는 제도[51]를 세웠다. 모든 정丁마다 한해의 부역이 20일이고, 만약 부역하지 않으면 그 용세庸稅를 징수한다. 하루마다 3척尺을 기준으로 비단을 내어 [인력을] 직접 쓰는 대신 충당하니, 그러므로 이를 '용庸'이라고 일컫는다. 이 3가지 도道는 모두 옛 철인의 규범에 근본을 두고, 역대의 이익과 손해(利害)를 참고하였다. 그 법을 취함에 있어 멀리 내다보았고, 그 뜻을 세움에 있어 깊이가 있었으며, 그 재물을 거둠에 있어 고르게 하였고, 그 사람을 부림에 있어 확고하였다. 농지가 있으면 조租가 있고, 가구가 있으면 조調가 있고, 몸이 있으면 용庸이 있었으니, 천하가 집안이 되어 법제가 균일하였다."

泊夫李唐, 始行公田之制. 陸宣公云: 古者一井之地, 九夫共之. 公田在中, 籍而不稅. 私田不善, 則非吏, 公田不善, 則非民, 事頗纖微, 難於防檢. 故國家襲其要而去其煩. 丁男一人, 授田百畝, 但歲納租粟二石而已. 言以公田假人, 而收其租入, 故謂之租. 古者任土之宜, 以奠賦法, 國家推

---

49 '부부賦'는 주로 노동력을 조세로 제공하는 것을 의미한다. 정전제井田制에서 공전公田의 공동 경작에 참여하는 것으로 조세를 삼았는데, 이를 '부법'이라고 했다.
50 '정호丁戶'는 가구별로 세금을 부담하던 민호民戶를 가리킨다. 빈부 차이에 따라 한 가구 또는 몇 가구를 아울러서 한 호戶로 정하고, 그 세금 부담을 다르게 하였다.
51 '중제中制'는 사물의 한 극단에 치우치지 않고 중용의 도에 맞는 제도를 가리킨다.

因往制, 簡而一之. 每丁各輸鄕土所出, 歲輸若絹·若綾·若絁共二丈, 綿三兩, 其無蠶桑之處, 則輸布二丈五尺, 麻三斤, 以其據丁戶調而取之, 故謂之調. 古者用人之力, 歲不過三日. 後代多事, 其增十倍. 國家斟酌物宜, 立爲中制. 每丁一歲之役二旬, 若不役則收其庸, 日準三尺以其出絹而當庸直, 故謂之庸. 此三道者, 皆宗本前哲之規模, 參考歷代之利害. 其取法也遠, 其立意也深, 其斂財也均, 其役人也固. 有田則有租, 有家則有調, 有身則有庸, 天下爲家, 法制均一.

【안설】이것은 토지제도를 근거로 조·용·조를 고르게 부과하는 법이다. 후대에 나라를 다스리는 사람들이 이를 따라서 거울로 삼을 만하다. 그러나 지금은 화폐(泉貨)가 대량 유통하여, 백성에게 거두는 것을 모두 화폐로 바꿔 징수하니, 폐단을 줄이고 백성을 편하게 할 수 있다. 주자가 "후세에 오직 당나라의 국가 제도가 가장 옛날에 가까웠다"고 말했다. 지금 세상에서 다시 정전의 제도를 회복하자고 하면, 누군들 세상 물정에 어둡다고 비웃지 않겠는가? 그러나 이 제도를 시행해서 백성의 재산을 고르게 하지 않는다면, 곧 헛된 말의 선정善政일 뿐이다. 어찌 능히 지극한 정치로 나아가겠는가? 대개 이 법을 행하기 어려운 것은, 첫 번째로 말해 '부자의 토지를 뺏을 수 없기' 때문이고, 두 번째로 말해 '옛날에는 백성이 적고 땅이 넓었지만, 지금은 사람이 많고 땅이 분배하기에 부족하기' 때문이라고 한다.

【(愚)按】此因田制, 以及租調庸均役之法. 後代當國者, 可因以爲鑒也. 然今泉貨大通, 則凡取於民者, 皆換以泉貨收之, 可以省弊而便民. 朱子云: 後世惟唐之國制, 最爲近古也. 處今之世, 欲復井田之制, 孰不笑其迂闊乎? 然不行此制以均民産, 則徒言善政而已. 安能進於至治乎? 蓋以此法難行者, 一曰 "不能奪富人之田矣", 二曰 "古者民稀地廣, 今則人多而土不足分排矣".

【안설】두 가지 설로 말하자면, 죄다 이치에 통하지 않는 속된 말이다. 윗자리에 있는 사람이 진실로 천하를 공변되게 하려는 마음을 써서 공전제를 단

행한다면, 누가 감히 따르지 않겠는가? 하지만 세상에는 영웅으로 확고한 도덕을 겸비한 그 사람이 반드시 있으니, 그런 뒤에 거행을 논의할 수 있다. 토지에 대해서는, 결코 부족하다고 근심할 것 없다.

시험 삼아 고찰하면 동한 인구가 2천만인데, 그 강역 면적은 길이가 가히 2천 리요 너비가 가히 8백 리이다. [너비] 8백에 [길이] 2천을 곱하면, 사방 1리인 것이 160만이 되고, 얻는 농지가 1440만 이랑(頃)이 된다. 산림·하천·도로·공원·도시·마을 및 불모지로 10분의 8을 제외하면, 대략 얻을 수 있는 농지가 280만 이랑이 된다. 8인 가구로, 무려 300여 만 가구를 수용할 수 있다. 더구나 벼슬살이로 녹봉을 받는 집안, 공업과 상업의 실업實業에 종사하는 백성은 농지를 함께 나누지 않으니, 도리어 아주 넉넉하다.[52] 다만 윗자리에 있는 사람들이 삼대의 성인들처럼 천하를 공변되게 하려는 마음이 없어서 근심스러울 따름이다.

중국을 추산해도 또한 그렇다. 중국은 면적이 사방 3450만 리이다. 이로써 헤아리면 3억 1천50만 이랑의 농지를 얻고, 10분의 8을 제외하면 실제 농지가 6240만 이랑이니, 8인 가구 6천여 만을 수용할 수 있음이 틀림없다. 토지를 4만 민족에게 나눠 주면 실로 부족해질 염려가 없으니, 또한 명약관화하지 않은가? 더구나 백성을 이주시켜 황무지를 개간하는 정책을 함께 시행하지 않을 수 없다. 이로써 추측건대, 세상 모든 나라가 다 그렇지 않음이 없다.

(愚)以謂兩說, 均不通之常談也. 在上者苟用公天下之心, 斷行公田之制, 則夫孰敢不從乎? 然世必有英雄其人悍猛道德兼備者, 然後可以議擧也. 若夫土地, 則必無不足之患者. 嘗攷東韓人口爲二千萬, 其國疆面積長可二千里, 廣可八百里. 以八百乘二千, 爲方一里者, 爲一百六十萬, 得田爲一千四百四十萬頃. 除山林·川澤·道路·園場·城邑·閭里及不毛之地, 十分之八, 約可得田, 爲二百八十萬頃矣. 可容八口之家, 三百餘萬無慮也. 況仕宦食祿之家, 工商實業之民, 不并分田, 則綽有餘裕者乎. 但患在上者無公天下之心, 如三代之聖人焉耳. 推算中國

52 '작유여유綽有餘裕'는 여유작작餘裕綽綽과 같은 말로, 빠듯하지 않고 아주 넉넉하다는 뜻이다.

亦然. 中國面積爲三千四百五十萬方里. 以此打量則得田爲三萬[53]一千
零五十萬頃, 而除十分之八則實田爲六千二百四十萬頃, 可容八口之家
六千餘萬無疑. 分田於四萬民族, 實無不足之慮者, 不亦灼然明甚乎? 況
移民墾荒之政, 可不幷行. 以此推測, 宇內萬國, 罔不皆然矣.

당나라 이후 오직 고려가 공전제를 시행했으니, 또한 숭상해 높일 만하지
않은가? 하지만 내가 여기에 정전의 개략을 명료하게 기재하는 까닭은, 오늘
당장 실현하자는 것이 아니고, 온 세계가 하나로 통일되는 세상을 기다리는
것이다. 지극한 덕과 큰 안목을 지닌 사람이 반드시 와서 취하여 모범으로
삼지[54] 않으리라고 어찌 알겠는가? 아! 지금 이 세상에서 비록 정전제를 시
행하지 않더라도, 다만 그 법을 이용해 땅을 측량하고 세칙稅則을 바로잡는
것만으로도 또한 선정善政이 될 것이다. 내가 이미 땅의 품질을 9등분하고,
도화圖畫로 장부 만드는 법을 한 권의 책에 담아서 두 정부[55] 제안했는데, 지
금 여기에 모두 수록하지는 않는다. 그렇지만 지혜로운 사람(哲人)이라면 이
를 미루어 넓혀 실행할 수 있을 것이다.

> 李唐以後, 惟高麗, 行公田之制, 不亦可尙哉. 然余所以載明井田槪略于
> 此者, 實非遽今日, 而留待宇內大一統之世. 安知無至德大眼人者, 必來
> 取法乎. 嗟夫! 現世雖不行井制, 而但用其法量地, 以正稅則, 亦可爲善政
> 矣. 余旣分土品以九等, 圖畫成帳之法, 具有一冊, 進于兩政府, 今不俱載
> 於此. 然哲人可以推演而行之爾.

---

53 명문본에 '萬萬'으로 되어 있는데, '萬'의 잘못된 표기로 보고 수정했다.

54 "반드시 와서 취하여 모범으로 삼는다"(必來取法)는 것은 맹자가 등滕나라 문공文公에게 정
   전제의 시행을 권유하며 한 말을 가져온 것이다. 맹자는 "有王者起, 必來取法, 是爲王者師也"
   (『孟子』「滕文公」)라고 했다.

55 여기서 두 정부(兩政府)는 북양정권의 원세개袁世凱와 여원홍黎元洪 정부를 가리킨다.

정전 제도를 실행하든지 또는 토지를 측량하든지 간에, 모두 주나라 자(周尺) 4척7촌7푼5리를 사용하여 토지를 측량하는 1척으로 정할 수 있다. 어째서 그런가? 조선 세종은 성인으로 예악을 제정했다. 그때 해주에 거서巨黍가 났는데 이를 가지고 주척周尺을 제조했고,[56] 아직도 돌에 새긴(刻石) 것이 존재한다. 내가 그 자로 영국 자(英尺)에 대조해 보니 털끝만큼도 차이가 없었다. 영국 자[57] 4척7촌7푼5리로 토지를 측량하는 1척을 삼아 쓰면, 하늘의 도수에 딱 들어맞는다.

毋論實行井田, 或打量, 均可用周尺四尺七寸七分五釐, 定爲量田一尺, 可也. 何以然哉? 朝鮮李世宗以聖人制禮作樂, 時海州有巨黍出, 以此造周尺, 尙有刻石者存. 余以其尺, 照校英尺, 則毫釐爲不差也. 以英尺四尺七寸七分五釐, 爲量田一尺之用, 亶合於天度也.

---

56 '거서巨黍'는 기장의 일종으로 옛날에 척도를 재는 근거로 사용했다. 세종 15년 해주에서 나는 큰 기장 알갱이 1백 개의 직경을 1척(尺: 자)의 기준으로 삼아 악기를 제작하는 데 준용하여 '황종척黃鐘尺'으로 불렸는데, 그것이 머잖아 조선 관방의 공식적 자(官尺)로 사용되었다. 『경국대전經國大典』「공전工典」'도량형度量衡'에 따르면, 주척周尺의 6촌6리가 황종척 1척에 해당한다고("以周尺準黃鍾尺則長六寸六釐") 하였다. 본문에서 "이를 가지고 주척을 제조했다"는 것은, 황종척을 기준으로 도량하여 주척을 만들었다는 문맥이다. 세종대의 주척 1척은 약 20.81cm 정도였다.

57 영국 자는 피트(ft)를 단위로 하는데, 1피트는 30.48cm이다. 세종대의 주척 1척은 약 20.81cm 정도였는데, 본문에서 이 두 종류의 자를 대조할 때 "털끝만큼도 차이가 없었다"고 하는 것은 그 연유를 알기 어렵다.

십십개방[58]

十十開方

1경도

一頃圖

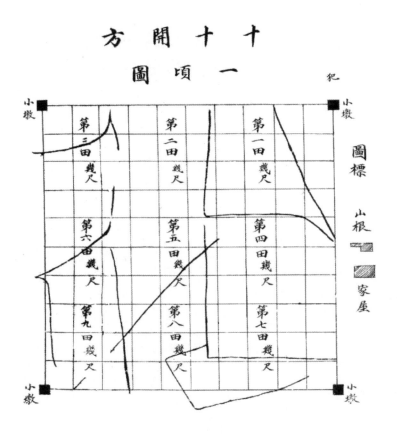

1정도

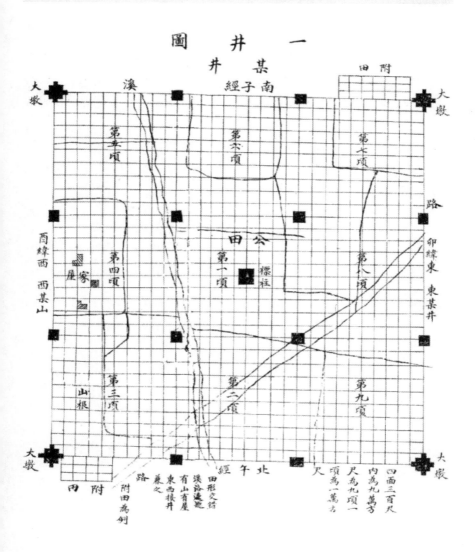

정井·경頃 도안은 측량을 마친 후에 합쳐서 도면 장부를 만들고, 이를 바탕으로 토지 대장(田案)을 작성한다. 각 촌락(鄕邸)부터 현縣·읍邑에 이르기까지 각각 도면을 보유한다. 자로 재는 법은, 각 정井마다 큰 돈대(大墩)[59]를 쌓아서 표지를 세우고, 그 뒤에 사면의 표목을 에워싸는 줄을 설치하며, 이에 따라 세로줄과 가로줄을 설치한다. 매 10척마다 서로 떨어진 사이에 작은 표목 하나를 세우고, 가로·세로가 서로 교차하여 한 돈대(墩)가 200방단方段이 되도록 나눈다.

> 井頃圖則量畢後, 合成圖帳, 以作田案, 自鄕邸至縣邑, 各有圖本. 尺量之法, 各井築大墩立表, 後設圍繩於四面表木, 而因設縱線橫線. 每十尺相距之間, 立一小表木, 使橫縱相交, 分一墩爲二百方段.

십십十十으로 방을 가르는 법(十十開方法)은, 매 100척을 둘레(圍)로 삼고, 매 10척 사이에 세로줄과 가로줄을 설치한다. 한 번은 가로로 한 번은 세로로 해서 정사각형을 만들어, 오류가 발생하지 않도록 해야 한다.(정井을 채우지 못하는 곳이라면, 토지를 붙이는 사례를 활용하여 가까운 정井에 덧붙인다.)

> 十十開方法, 每百尺爲圍, 而每十尺之間, 設經緯線. 一橫一縱, 務要正方, 使無差誤之弊. (如不滿井之處, 則用附田例, 附之於鄰井.)

무릇 세로줄과 가로줄은, 삼(麻)끈에 느릅나무즙 먹인 것을 사용해야 팽창과 수축이 없다.

---

59 '돈대(墩)'는 주변 지대보다 높고 두드러지게 흙이나 돌을 쌓아 올려서 평평하게 만든 소규모의 부지이다.

凡縱橫線, 用麻繩塗以榆汁, 則無漲縮也.

각 정井 도안의 끝에는 도설圖說을 첨부하고, 그 배열 상태와 경작하지 않는 토지의 수를 명기하며, 정井 사이의 가로선과 세로선을 먹으로 표시한다.

各井圖末, 附作圖說, 而註明其陳與不耕之田數, 井間紙經緯用墨.

밭과 논은 붉은색으로 표시하고, 토지 대장을 두 층의 도안과 그림으로 나누며, 농민 호구 수를 명기한다.(세금은 옛날에 10분의 1을 기준으로 삼았는데, 후세에 참작해서 증감해야 마땅하다.)

旱田·水田, 用朱. 田案分兩層圖畫, 而書明田民戶口數也.(稅則古以十一爲中正, 後世當參酌加輕也.)

【안설】이미 정井을 획정劃定해서 백성의 재산(民産)이 고르게 되면, 녹봉·학교·군대의 제도를 제정하되, 모두 백성 수에 따라 이를 조직한다. 그런데 내가 주장하는 정치의 종지宗旨는, 군비를 감축하고 평화 협력하며 세계를 통일해서 천지가 제자리를 잡고 만물을 육성하는(天地位育) 태평성대의 지극한 정치에 있으니, 따라서 군대 제도에 대한 설명은 생략한다.[60]

녹봉을 제정하고 [백성이] 풍요로워지도록 힘써서 염치를 기르니,[61] 지금 영미 각국의 제도와 같다면 더없이 좋다고 말할 수 있다. 학교 제도는, 옛날에 상庠·서序[62] 학교를 세워 대학과 소학으로 학생을 가르쳤고, 마을마다

---

60 이는 단지 군대에 관해서 논하지 않겠다는 것을 넘어, 반전反戰에 대한 의지를 강력히 표출하는 문맥이다.

61 '의식이 족해야 염치를 안다'는 옛말을 염두에 둔 것이다. 『관자管子』에서 "곳간이 차야 예절을 알고, 먹고 입는 게 충분해야 영욕을 안다"(倉廩實而知禮節, 衣食足而知榮辱)고 했다.

62 학교를 주나라에서 '상庠'이라고 하고, 은나라에서 '서序'라고 했다.

삼로三老⁶³가 동네 어귀에 앉아 일반 백성(凡民)이 드나들 때마다 효제충신의 행실로 가르쳤다. 또 독법讀法⁶⁴의 규정이 있어서, 백성 한 사람이라도 가르치지 않음이 없고 백성 한 사람이라도 배우지 않음이 없도록 하니, 지금 각 나라의 의무교육 제도와 정확히 합치하는 것이라고 말할 수 있다. 이는 모두 토지를 다스린 이후에 차례대로 거행하는 제도이다.(이하 무릇 19조이다.⁶⁵)

【(秉薰)謹按】 旣畫井以均民産, 則制祿・學校・兵車之制, 皆從民數而組織之. 然余所以主張之政治之宗旨, 乃在寢兵輯和, 世界一統, 天地位育⁶⁶之最郅隆至治, 故省略兵制之說也. 制祿, 務致豐厚以養廉恥, 如今美英各邦之制, 可謂盡善矣. 學校之制, 則古者設爲庠序學校, 大小學以敎之, 每鄕鄕三老坐於閭門, 凡民出入, 敎以孝悌忠信之行. 又有讀法之規, 要使無一民不敎, 無一民不學, 與今各國强迫敎育之制, 可謂脗合者也. 此皆治地以後次第擧行之制也.(以下凡十九條.)

---

63 '삼로三老'는 마을을 통솔하는 장로를 가리키며, 촌민 중에서 나이 든 유력자를 선임하여 마을의 교화를 담당하게 하였다. 통상 정직함(正直)과 강건함(剛克) 그리고 부드러운 리더십(柔克)의 3가지 덕(三德)을 기준으로 선임하였으므로 '삼로'로 불렀다고 한다.

64 '독법讀法'은 사람들을 모아놓고 법령을 읽어 주던 제도로, 주나라 때에 이미 시행되었다고 전한다.

65 전병훈이 북양정부의 두 총통(袁世凱, 黎元洪)에게 제안했다고 알려진 정치개혁안 19조를 가리킨다.

66 『중용』에 보이는 "致中和, 天地位焉, 萬物育焉"을 가리킨다.

『상서』에서 말했다.[67] "이윤伊尹이 다섯 번 탕湯을 찾아가고, 다섯 번 걸桀을 찾아갔다."[68] "어느 한 사람이라도 제자리를 얻지 못하면, 자기가 그를 구렁텅이에 빠트린 듯이 고뇌했다."[69] "불의不義를 한 가지만 행하고 무고한 한 사람만 죽이면 천하를 얻는다고 해도, 그런 일을 하지 않았다."[70]

『書』日: 伊尹五就湯, 五就桀. 以一夫之不得其所, 若己推而納之溝中. 行一不義, 殺一不辜而得天下, 不爲矣.

【안설】임성任聖[이윤][71]은 [자기를] 하늘이 낸 백성(天民)의 선각자로 자임하

---

67 이 단락의 인용문은 『맹자』의 여러 구절에서 온 것이다. 여기서 "『상서』에서 말했다"는 것은 오류이다.

68 『맹자』「고자하告子下」에 보인다. 원문은 다음과 같다. "五就湯, 五就桀者, 伊尹也."

69 『맹자』「만장상萬章上」에 보인다. 원문은 다음과 같다. "伊尹以一夫不被堯舜之澤, 若己推而納之溝中."

70 『맹자』「공손추상公孫丑上」에 보인다. 원문은 다음과 같다. "行一不義, 殺一不辜而得天下, 皆不爲也."

71 '任聖임성'은 사명감으로 충만한 성인이라는 뜻으로, 이윤을 가리키는 대명사처럼 쓰였다. 맹자가 이윤을 '임성', 유하혜柳下惠를 '화성和聖', 공자를 '시성時聖'이라고 한 데서 유래했

였다. 그가 세상을 구제하고 백성을 구원한 지극히 어질고 자비로운 심덕心德은, 하늘과 똑같이 공평하고 만세토록 본보기가 된다고 말할 수 있다. 후세에 권세와 이익·사욕에 물들어 부패한 자들이 거울로 삼아야 하지 않겠는가? 아! 윗자리의 군주와 재상에게는 실로 이처럼 지극히 어질고 지극히 공변된 마음이 있어야 하니, 그런 뒤에야 정전제를 논의해 거행할 수 있다.

【(秉薰)謹按】任聖, 自任以天民之先覺者. 而其救世拯民, 至仁·至慈之心德, 可謂與天同公, 而萬世爲法者也. 後世之昏敝權利·私欲者, 可不鑒乎? 烏乎! 在上之君相, 實有此至仁·至公之心, 然後可以議擧井制矣乎.

다.(『맹자』「만장하萬章下」)

제7장 옛날에 임금과 스승의 책무가 나뉘지 않았던 것 또한 하늘의 뜻인 철리

第七章 古者君師之責未分者亦天意之哲理

옛날에 총명과 예지가 그 무리에서 뛰어난 자를 임금으로 삼고, 스승으로 삼았다. 임금으로서 다스리고 스승으로서 가르쳤으니, 또한 하늘의 뜻이라고 말할 수 있다. 『상서』에서 말했다. "세 정승(三公)이 앉아 도를 논하며 나라를 다스렸다."[72] 이때 백성을 돌보던 것이 부모를 감싸는 자식의 보살핌과 같았다.[73]

> 古者聰明睿智, 出於其類者, 作之君, 作之師. 君以治之, 師以敎之, 亦可謂天意也.『書』曰: 三公坐而論道經邦. 于時保之, 子之翼也.

【안설】요·순·삼대에는 성인이 임금이 되었으므로, 임금이 사도師道의 책

72　『상서·주관周官』에 보인다. 원문은 다음과 같다. "立太師·太傅·太保, 玆惟三公, 論道經邦, 燮理陰陽."

73　"于時保之, 子之翼也"라는 구절은 장재張載의 『서명西銘』에 보이며, 원문은 다음과 같다. "凡天下疲癃殘疾惸獨鰥寡, 皆吾兄弟之顚連而無告者也. 于時保之, 子之翼也." 장재는 천하의 곤궁하고 힘든 처지의 모든 사람을 다 내 형제로 보며, 이에 그들을 잘 보호하는 것은 자식으로 부모를 보살피는 것과 같다고 하였다. 전병훈은 '于時保之, 子之翼也'로 상고시대에 지혜로운 재상들이 백성을 돌보던 것을 묘사했다.

무를 또한 아울러 자임했다. 그 역시 하늘의 뜻이로다! 그들이 이처럼 임금과 스승의 책무를 아울렀기 때문에, 임금의 존엄을 점차로 쉽게 일깨워 주었다. 그런데도 그때 군君·신臣의 구분은 후세에 어른과 아이의 예법 정도에 불과했다. 진나라가 전제정치를 시작하고 한번 형가荊軻의 비수[74]를 만나니, 그런 뒤에 군주를 높이고 신하를 낮추는(君尊臣卑) 폐단이 이미 극한에 다다랐다. 천하의 일은 되돌릴 수 없으니, 통탄스럽도다! 지금 오히려 세계가 정치·교육을 분리하여 교육에 진력하니, 급선무를 안다고 말할 수 있다.

【(秉薰)謹按】堯舜三代, 則聖人爲君長, 故師道之責, 亦幷自任也. 其亦天意歟! 然由其幷此君師之責, 故易啓君尊之漸. 然其時君臣之分, 克不過後世長幼之禮焉耳. 自秦政專制, 一遇荊軻之匕首, 然後君尊臣卑之弊, 已達極地. 天下之事, 不可復爲矣, 可勝歎哉! 今則世界分行政治敎育而盡力乎敎育, 可謂知所先務矣.

---

74 '형가의 비수'(荊軻之匕首)는 자객 형가荊軻가 연나라 태자 단丹의 청탁으로 진왕秦王 정政〔훗날의 진시황〕을 암살하려다가 실패한 사건을 가리킨다. 형가의 암살 시도가 실패하자 진왕은 연나라 왕에게 아들 단의 시신을 바치도록 했고, 이 사건을 계기로 진나라의 천하통일이 단지 시간문제인 기정사실로 굳어졌다. 부모로 하여금 자식을 죽여 바치게 한 사건은, 인륜과 예법이 모조리 파괴되고 그 위에 전제 군주의 절대 권력이 군림하는 시대의 개막을 알렸다. 그것은 '군존신비君尊臣卑'의 폐단이 이미 절정에 달한 시대의 한 표징이었다. 그 뒤로 동아시아에서 전제 군주제가 전개된 역사는, 전병훈이 볼 때 장기간의 정치적(정치철학적) 암흑기에 해당한다.

주공이 공화·헌법으로 다스린 철리
第八章 周公共和憲法治之哲理

『주례』에서 말했다. "관직을 세우고 직분을 나눠 백성이 지켜야 할 표준으로 삼았다. 천관총재天官冢宰[75]를 세워 국정을 관장하고 왕을 보좌케 했다."[76] 조례朝禮[77]에서 임금과 신하가 서로를 향해 절(揖)하는데, 왕이 침전문(寢門) 밖에 서서 먼저 절했다. 나라에 큰일이 있으면 서민들이 이를 상의하고, 선비들이 이를 의논했다. 다섯 가지 일(五物)을 뭇사람들에게 물으니,[78]

---

[75] '천관총재天官冢宰'는 주나라 관직 중 육관六官의 하나로, 국정 전반을 총괄하고 임금을 보좌하던 최고위직이었다.

[76] 전거가 『주례·천관총재天官冢宰』에 보이는데, 인용문과 약간의 차이가 있다. 『주례』의 원문은 다음과 같다. "設官分職, 以爲民極. 乃立天官冢宰, 使帥其屬, 而掌邦治以佐王均邦國."

[77] '조례朝禮'는 신하가 임금을 알현하는 예식禮式이다. 『주례周禮·춘관조춘官條』에는 제후諸侯가 각 계절과 수시로 천자를 배알拜謁하는 예로 조례朝禮(봄)·종례宗禮(여름)·근례覲禮(가을)·우례遇禮(겨울)·회례會禮(수시)·동례同禮(일제히)를 들고 있다. 훗날 조정의 관료들이 모여 임금을 조현하는 각종 예식을 통칭해 '조례'라고 하였다.

[78] '오물五物'에 관해서는 『주례·지관地官·향대부鄕大夫』에 다음과 같은 글이 보인다. "退而以鄕射之禮五物詢衆庶. 一曰和, 二曰容, 三曰主皮, 四曰和容, 五曰興舞. 此謂使民興賢, 出使長之. 使民興能, 入使治之." 주나라에서 고을의 원로(鄕老)와 대부(鄕大夫)가 고을 선비들을 모아 활쏘기를 하는 연회(鄕射之禮)를 베풀고, 활쏘기를 구경하는 관중에게 궁사에 대한 평가를 구하였다. 그 평가의 기준으로 맨 처음에 몸가짐(和)을 묻고, 두 번째로 용모(容)를, 세 번째로 과녁 적중(主皮)을, 네 번째로 리듬감(和容, rhythmic)을, 다섯 번째로 무용 감각(興舞)

곧 다수의 의견을 들어 정치를 했다.

> 周禮曰: 設官分職, 以爲民極. 立天官冢宰, 掌邦治以佐王. 朝禮, 君臣相
> 向揖, 王立寢門外, 王卻先揖. 國有大事, 則庶民議之, 士論之. 五物詢衆,
> 乃聽衆爲政也.

【안설】 이때 이 정치가 비록 아직 '공화'의 명칭을 세우지는 않았지만, 군·
신이 서로를 향해 읍揖하니 지금 공화·평등의 예법과 서로 부합한다고 말
할 수 있다. 서민과 선비가 국사를 논의해서 옳고 그름을 진술하면 집권자
가 이를 듣고 관결하여 정무를 집행했으니, 지금의 총통·행정·헌법의 제
도와 어찌 다르겠는가? 그때 비록 '헌법'의 명칭은 없었지만, 실제로 주공周
公이 앞서 이를 이미 시행했다고 말할 수 있다. 그러니 공화·헌법은, 어찌
순임금과 주공을 동아시아의 개창자로 삼지 않을 수 있겠는가? 시류에 편승
하는 식자들이 진실로 깊이 성찰해서 더 이상 서양에만 의지해서 전적으로
찬미하면 안 될 것이다. 그러나 그 조리·규범은, 뒤에 나온 것이 정밀하게
연구하여 더욱더 정미해진 것이니, 이를 알지 않을 수 없다. 지금 또한 『주
례』를 자세히 궁구하니, 왕을 정치적 책임이 없는 자리에 두는 것이 역시 근
세의 책임[정치]제도에 은연중 부합한다.

【(秉薰)謹按】 此時此治, 雖未立共和之名稱, 然君臣之相向揖者, 可謂與
今共和·平等之禮相孚者也. 庶民士子, 論議國事, 以陳可否, 而秉軸者
聽決行政, 則與今總統行政憲法之制, 何以異哉? 惟其時雖未有憲法之
名, 而其實則可謂周公先已行之也. 然則共和憲法者, 安得不以大舜·
周公爲東亞開山之祖也耶. 鶩時之士, 誠可以感省而不復專美於西乎.
但其條理規模, 則後出者精究而益進精美, 不可不知也. 今且詳究周禮,
置王於無責任之地, 亦闇合乎近世責任之制者也.

을 평가했다. 이로써 활을 쏘는 자의 덕행德行을 관찰할 수 있으니, 그 몸의 자세와 용모가
예에 맞고, 그 동작이 음악의 절주에 맞고, 과녁에 잘 맞히고, 춤을 추듯 신명 나게 활을 쏘
는 자를 뽑아 조정에 인재로 천거했다. 그리고 이를 통해 향촌민을 예와 덕행으로 교화하
는 계기로 삼았다.

제9장(9조) 주공이 예치로 형벌을 두고도 40년간 쓰지 않은 철리
第九章(九條) 周公禮治刑措四十年不用之哲理

『주례』에서 도비都鄙 · 향수鄕遂[79]의 제도는 바둑판과 흡사하다. 5가구로 비比를 삼고, 비에는 비장比長이 있다. 5비는 여閭가 되고, 여에는 여사閭師가 있다. 5여가 족族이 되고, 족에는 족장族長이 있다. 5족이 당黨이 되고, 당黨에는 당정黨正이 있다. 5당이 향鄕이 되고 향鄕에는 향대부鄕大夫가 있다. 1년의 24절기마다 백성을 모아 놓고 법을 낭독(讀法)[80]하여, 그 과실과 죄악(過惡)[81]을 살펴서 금지하고, 그 덕행과 도예道藝를 살펴서 진흥했다.

> 周禮都鄙鄕遂之制, 與棋秤[82]相似. 令五家爲比, 比有比長. 五比爲閭, 閭
> 有閭師. 五閭爲族, 族有族長. 五族爲黨, 黨有黨正. 五黨爲鄕, 鄕有鄕大

---

79 주나라에서 '도비都鄙'는 귀족과 왕자들의 봉지封地(채읍采邑)이고, '향수鄕遂'는 도읍에서 먼 시골이다. 왕성王城에서 100리를 향鄕, 2백리를 수遂라고 불렀다. 본문의 '도비향수'는 주나라에서 나라의 강역 안을 체계적으로 편제한 것을 가리킨다.

80 '독법讀法'에 관해서는 앞의 제6장에서 각주를 참고한다.

81 원문에 "糾其奇衺過惡"으로 되어 있는데, '奇衺'의 뜻이 잘 통하지 않는다. 『周禮 · 地官 · 州長』의 원문도 "正月之吉, 各屬其州之民而讀法, 以考其德行道藝而勸之, 以糾其過惡而戒之"로 '奇衺' 두 글자가 없다. 이를 글 가운데 잘못 들어간 군더더기 연문衍文으로 보고, 번역에서 제외했다.

82 '칭秤'은 '평秤'의 오자로 추정된다. '기평棋秤'은 바둑판이다.

夫. 歲二十四時, 屬(屬卽會也)[83]民讀法, 紏其[奇衺]過惡而禁制之, 察其德
行道藝而賓興之.

【안설】주공의 이 제도는 만세토록 태평한 도덕문명을 처음 열었던 조상의
법(祖法)으로, 다만 당시에 실제로 징험했을 뿐만 아니라, 이로써 40년간 형
벌을 두고도 쓰지 않는(刑措不用) 교화를 거두었다. 내가 또한 남의 부탁으로
이를 동한東韓 기자의 나라(箕邦)에서 시행하여,[84] 바람이 부니 풀이 눕는 듯
한 교화[85]가 그림자나 메아리처럼 빨랐던 경험을 이미 보았다. 아! 어린 나
무꾼과 목동도 모두 서로를 향해 절하는 예절을 알았고, 부모에게 불효하여
그 부모를 내쳤던 자들도 그제야 부모를 집에 다시 모시고 효자가 되었다.
(몇몇 사람이었다.)[86] 풍속이 마침내 크게 변해 예를 지켜 사양하고 도에 이
르니, 그러므로 나는 주공의 이 제도가 참으로 천하의 서광임을 믿는다. 장
차 세계를 통일하여 군비를 감축하고 평화 협력하는 정치는 칸트가 논한 바
와 같아지고, 대동大同하는 태평성대의 교화는 공자가 기대한 바와 같아지기
를 바란다면, 이것을 버리고 장차 무엇으로 하리오?

【(秉薰)謹按】周公此制, 肇啓萬世太平道德文明之祖法者, 非但爲當時實
驗, 以收四十年刑措不用之化, 而余亦因人以施於東韓箕邦, 已見風尙

---

83 괄호 안은 전병훈 자주自註로, 앞에 나오는 '속屬'이 곧 모은다는 뜻의 '회會'라고 주석하는
    내용이다. 번역에 그 의미를 반영했으므로 본문에 별도로 표기하지 않았다.
84 전병훈은 중국으로 망명하기 전에 조선에서 이미 향약鄕約을 조직해 운영한 풍부한 경험이
    있었다. 젊어서 동래東萊의 선비 유중교柳重敎(1832~1893)의 부탁으로 이 지역에 향약을
    성공적으로 건립했다. 또한 민영환의 부탁을 받아, 고향인 평안도에 존도재存道齋 64곳을
    세워 근 1천 명의 선비를 양성하고 경로효친 풍속을 고양해 칭송이 자자했다는 기록도
    있다.
85 '풍상초언風尙草偃'은 보통 '풍행초언風行草偃'이라고 하며, 덕으로 백성을 교화함을 은유
    한다.
86 '삼수인三數人'은 수삼인數三人과 같으며, 많지 않은 몇몇 사람이라는 뜻이다. 전병훈이 조
    선에서 풍속을 교화했던 사례로, 본문에서 부모를 내쫓았다가 다시 모신 것을 들었는데,
    이는 다소 극단적인 경우로 그런 사례가 많지는 않았음을 부언하기 위해 "수삼인이었다"고
    굳이 덧붙인 것이다.

草偃之化, 捷如影響之經驗焉. 噫! 樵童牧豎. 皆知向揖之禮. 而有不孝
其親而黜其親者, 於是迎還其家而孝奉者.(三數人.) 俗遂丕變, 禮讓至
道, 故余信周公此制, 誠天下之曙光也. 將欲世界統一, 寢兵輯和之治,
如康德之所論, 而大同郅隆之化, 若孔子之所期者, 舍此而將奚以哉.

　　독일 학자 라트겐[87]이 공화를 논해 말했다. "스위스와 미국은 지방자치가
크게 발달해서 공화제가 견고하다. 프랑스는 들쭉날쭉해서 공화가 오래갈
수 없다." 그러니 서구가 지방자치로 공화·헌법의 기초를 삼은 것이 또한
매우 명료하지 않은가? 이것과 예치의 규범은 서로 안팎을 이룬다고 말할 수
있다. 그런데 지금은 전적으로 법률에 의존하지만, 주나라 제도는 오히려 순
전히 덕례德禮에 의존했다. 만약 장래에 이 제도를 사용하는 사람들이 세상
에 두루 영향을 미쳐 형벌을 두고도 쓰지 않는 경험을 완성한다면, 저들 법
치하는 자들이 어떻게 모범으로 본받지 않을 수 있으랴? 그러므로 내가 감히
단언컨대, 전 세계 인도人道의 광명을 이끄는 사표와 대동의 기틀이 반드시
여기에 있을 것이다.

――――

87　라트겐(Karl Rathgen, 1856~1921)은 독일의 경제학자이다. 1882년부터 1890년까지 동경
　　제국대학 교수로 정치학(국가학)과 행정학·통계학 등을 강의했고, 일본 농상성農商省 고
　　문을 역임했다. 후에 독일로 돌아가 함부르크에 건립된 식민지연구소(Kolonialinstitut)의
　　교수가 되었다. 1919년에 연구소가 함부르크대학으로 병합되면서, 이 대학의 초대 총장을
　　지냈다. 그가 일본에서 행한 강의는 당시 독일의 여러 국가학(Staatswissenschaften)을 포
　　괄했다. 일본에서 그가 행한 강의의 교재들이 다수 출판되었는데, 특히 明法堂 등에서 여러
　　판본으로 출간된 『정치학』의 영향이 컸다. 이 책은 동경대학의 강의 내용으로, 그가 귀국
　　한 뒤에 일본인 제자들이 영문 강의록을 일어로 번역해 출간한 것이다. 한편 1901년 풍자
　　유馮自由가 이 책을 번역해 광지서국廣智書局에서 출간하는 등, 1901년부터 1903년 사이에
　　중국에서 두 종의 번역본이 출간됐다. 특히 입헌파와 혁명파가 대치하던 청말 근대화의 정
　　국에서, 주로 입헌파가 이 책을 선호했다. 이런 배경에서 전병훈 역시 라트겐에 주목했다.

德儒那特硜論共和曰: 瑞土美國, 地方自治大發達, 故共和堅牢. 若法國, 參差不齊, 故共和不能持久也. 然則歐西以地方自治, 爲共和憲法之基礎者, 不亦明甚乎? 此與禮治之規, 可謂相爲表裡. 然時方專以法律, 而周制則純以德禮, 將來用此制者, 苟能化洽天下, 以成刑措不用之經驗, 則彼法治者, 安得不取作師範乎? 故余敢斷爲世界人道之光明導師, 大同基業, 其必在此乎.

아! 시류에 편승하는 식자들이 예치禮治의 설說을 듣게 되면, 늙은 서생(老生)의 케케묵은 얘기라고 손가락질한다. 그렇다! 늙은 서생과 유학자들이 비록 예치를 말하지만 그 조리와 규모를 알지 못하니, 어떻게 신학문의 비웃음을 면하랴? 『주례』본장本章의 약권約劵 조례를 살펴보면 불과 10여 조목을 독법의 법규로 하였다. 그렇지만 무릇 나라의 제도는 반드시 그 큰 뜻을 모범으로 삼되 시의時宜에 적절해야 하니, 그런 뒤에야 제한 없이 시행하고 세상을 무량하게 구제할 수 있다. 이것이 변통變通[88]하며, 때맞춰 대처하는(時中) 성인[공자][89]이 귀하게 존중받는 이유이다.

烏乎! 鶩時之士, 如聞禮治之說, 則指爲老生常談. 有是哉! 老生宿儒者, 雖言禮治, 而不知其條理規模焉, 則安得免新學之譏笑哉? 余攷周禮本章約劵條例, 不過十餘目, 爲讀法之規也. 雖然, 凡爲邦制度, 必也師其大旨, 而參合時宜, 然後可以行之無礙, 濟世无量矣. 此所以變通, 而聖之時中者爲可貴也.

---

88 '변통變通'은 상황에 따라 융통성 있게 일을 잘 처리하는 것을 가리킨다.
89 '성지시중聖之時中'은 공자를 가리킨다. 맹자가 공자를 '성인 중에서도 때에 딱 맞게 대처한 성인'(聖之時者)이라고 한 데서 유래하였다.

내가 기존의 제도에 의거해 사례를 조목조목 밝히면, 육덕六德·육행六行·육예六藝·수신제가修身齊家·예속상교禮俗相交·공익상면公益相勉[90] 등을 장려하는 조목으로 세우고, 경계할 과실과 죄악은 불효不孝·부제不悌·불근실업不勤實業·황타荒惰·패란悖亂·범법犯法[91]의 죄를 조목으로 세운다.

> 余依成制, 條明事例, 擧此六德·六行·六藝·修身齊家·禮俗相交·公益相勉等, 立爲獎勵之目, 如過惡可戒者, 不孝·不悌·不勤實業·荒惰·悖亂·犯法之罪, 立作條目.

비比·여閭·족族·당黨·향鄕[92]에서 매달 초하루와 보름(朔望)에 백성들을 모아 집회를 열고, 부로父老·신사紳士[93]가 규범에 따라 타이르고, 가르치고,

---

90 '육덕六德'은 여섯 가지 도덕 품성으로, 지혜(智)·어짊(仁)·성스러움(聖)·정의(義)·충심(忠)·'육행六行'은 여섯 가지 도덕 실천으로, 효도(孝)·우애(友)·화목(睦)·혼인(姻)·책임(任)·'육예六藝'는 여섯 가지 기예와 지식으로, 예절(禮)·음악(樂)·활쏘기(射)·수레몰기(御)·글(書)·수학(數)이다. '수신제가修身齊家'는 나의 심신을 수양하고 내가 속한 공동체(가정, 국가)를 다스리는 것이다. '예속상교禮俗相交'는 예의로 서로 사귀는 것으로, 조선에서 향약鄕約의 4대 강목 중 하나였다. '공익상면公益相勉'은 공공의 이익을 서로 권면하는 것이다.

91 '불효不孝'는 부모에게 자식된 도리를 하지 않는 것이다. '부제不悌'는 웃어른에게 공손하지 않은 것, 혹은 형에 대한 아우의 도리를 지키지 않는 것이다. '불근실업不勤實業'은 실질적인 생업에 힘쓰지 않는 것이다. '황타荒惰'는 통상 황태荒怠라고 하며, 언행이 거칠고 게으른 것이다. '패란悖亂'은 정의에 어긋나고 올바른 도리를 어지럽히는 것이다. 단지 법을 어기는 '범법犯法' 말고도, 예를 어기는 악덕이 죄로 간주된다.

92 『주례』에 가족(家)을 기본단위로 중층적인 지역공동체를 구축하는 방안이 나와 있다. 그것은 낮은 단계부터 가家→비比→여呂→족族→당當→향鄕으로 묶는 일종의 향당자치제도다. 5가로 1비를 이뤄, 비장比長을 둔다. 5비로 1여를 삼고, 여사閭師를 둔다. 이런 식으로 족·당·향까지 확충해서 조직하고, 각각 족장族長·당정黨正·향대부鄕大夫를 세운다. 주나라에서는 이런 향당 체계를 토대로 24절기마다 그룹별로 회합을 가져, 서로 간의 잘못과 악행을 규찰하고 덕행과 도의를 권면했다고 한다.

93 '부로父老'는 향당의 대표자(원로)이자 질서유지 책임자이고, '신사紳士'는 예의 바르고 학덕이 높은 남자를 가리킨다. '신紳'은 의관을 갖춘 예복에 사용한 큰 띠(大帶)로, 신사란 이런 신을 두른 인사라는 뜻이다.

관찰하고, 금지시킨다. 만약 준수하지 않는 자가 있으면 관官에 보고해서 이를 다스린다. 이를 반년간 행하면, 백성으로 하여금 소송이 없게 하는 정치적 효과를 볼 수 있다.

自比閭族黨鄕, 每月朔望, 齊會民人, 父老紳士, 依規則諭之・敎之, 察之・禁之. 猶有不遵者, 報官而治之. 是行之半年, 可見使民無訟之政效矣.

독법 규칙讀法規則 ━ ▪ ━ ▪▪ ━ ▪▪ ━ ▪▪ ━

옛적에 '예禮' '법法' 두 글자를 통용했는데, 만약 경계의 뜻이 담기면 그것을 '법'으로 일컬었다.

古者禮法字通用, 而若寓戒意則謂之法也.

제1장. 조직기구의 임무와 역할[94]

第一章. 施設任目

제1조. 어느 나라를 막론하고, 경기京畿[95]부터 각 성省, 각 주州・현縣・읍邑・리里・향鄕・촌邨・방坊・항巷에 이르기까지, 반드시 지방제도를 세운다. 무릇 5가구로 비比를 삼고, 비에는 비장比長이 있다.(나이와 덕이 모두 높은 자이다.) 5비는 여閭가 되고, 여에는 여사閭師가 있다. 5여가 리里가 되고, 리에는 이장里長이 있다. 5리가 방坊이 되고, 방에는 방장坊長이 있다. 5방이 향鄕이 되고 향鄕에는 향장鄕長이 있다. 한결같이 (국전國典[96]에) 따라 차등을 정하고 독법 규칙의 일을 거행한다.

───────

94 여기서 '시설施設'은 지방제도에서의 각급 조직기구를 가리키고, '임목任目'은 그에 부여된 임무와 역할을 의미한다.

95 '경기京畿'는 수도(王京)를 둘러싼 외곽의 지방 행정 단위로, 왕도와 왕실을 보호하는 취지에서 설치되었다.

96 '국전國典'은 나라의 법전으로, 예컨대 조선의 『경국대전』같은 것이다. 본문을 역으로 말하자면, 향당 자치제도에 관한 구체적인 내용을 국법에 명시하도록 요구하는 것이다.

第一條. 毋論某國, 自京畿以至各省·各州·縣·邑·里·鄉·邨·坊·巷, 必立地方制度. 凡五家爲比, 比有比長.(年德俱高者.) 五比爲閭, 閭有閭師. 五閭爲里, 里有里長. 五里爲坊, 坊有坊長. 五坊爲鄕, 鄕有鄕長. 一依(國典)差定, 而擧行讀法規則事.

제2조. 비·여·리·방·향에서 각각 덕행과 도의를 갖춘 연장자를 공선公選하여 장長을 맡는 사람으로 삼을 수 있다. 각각 장을 맡을 사람을 추천해 정하여, 독법 교령敎令의 일을 관장케 한다.

第二條. 自比閭里坊鄕, 各以公選其有德行道義年邵, 可以爲長之人. 推定爲各任長, 司掌讀法敎令事.

제3조. 비·여·리·방·향에서는 매달 초하루와 보름에 모든 백성이 한자리에 모여 서로 절하고 좌정하며, 그런 뒤에 읽기를 잘하는 한 사람이 정부가 반포한 독법의 홀기笏記[97]를 낭독하여, 덕행과 도의를 서로 권면하고 과실과 죄악을 서로 경계한다.

第三條. 比閭里坊鄕. 當每月朔望, 老少民人, 齊會一處, 行相揖禮而坐定. 然後善讀者一人, 朗讀政府頒下讀法笏記, 相勸以德行道義, 相戒以過惡罪犯事.

제4조. 두 개의 장부를 두고, 덕행과 업적이 뛰어난 사람을 한 장부에 기록하고, 과오가 있어 지적할 만한 사람을 다른 장부에 기록한다.

第四條. 置兩籍, 德業可觀者, 書于一籍, 過失可規者, 書于一籍.

제2장. 홀기[98]
第二章. 笏記

제5조. 덕행 30조

---

97 대중의 집회·제례 등 의식에서 그 진행 순서를 적어서 낭독하게 하는 기록이다.
98 '홀기笏記'는 집회나 제례 등의 의식에서 그 진행 순서를 적어 낭독하게 하는 의례 문서이다. 주대周代에 이미 사용되었다는 기록이 있다.

第五條. 德行三十條.

부모에 효도하고, 나라에 충성한다.

형제와 우애하고, 어른을 공경한다.

남녀가 유별하고, 말은 반드시 충실하고 미덥게 한다.

행동은 반드시 독실하고 경건하며, 자식 교육에 방도가 있다.

친척과 화목하고, 인근 마을과 두루 화합한다.

환란을 서로 구제하고, 애경사를 서로 돕는다.

예속禮俗을 서로 권면하고, 마을(鄕·閭)에 학교를 세운다.

도예道藝를 수시로 익히고, 실업實業에 부지런히 힘쓴다.(선비·농부·공장工匠·상인이다.[99])

공익을 서로 권면하고(수리·황무지 개간·도로 정비·학교·병원·경찰·십가패법·농기구 상조·위생), 근검하며 아껴 쓴다.

청렴을 지킬 수 있고, 세금을 성실히 납부할 수 있다.

법령을 두려워하고, 학문에 부지런할 수 있다.

외롭고 약한 자를 업신여기지 말고, 예법 제도를 삼가 행한다.

올바름을 앞세우고 이익을 뒤로하며, 가난한 사람을 구제한다.

남의 억울함을 펴 주고, 남의 다툼을 풀어 준다.

공익에 힘써 직분을 다하고, 남을 인도해 착하게 한다.

孝

99　예로부터 선비·농부·공장工匠·상인(士農工商)을 '사민四民'으로 불렀다. 『관자管子·소광小匡』에서 "士農工商四民者, 國之石民也"라고 하여, 사민이 나라의 초석이 되는 백성(石民)이라고 강조했다. 『한서漢書·식화지食貨志(上)』에서는 "士農工商, 四民有業. 學以居位曰士, 闢土殖穀曰農, 作巧成器曰工, 通財鬻貨曰商"이라고 각 실업을 정의했다. 학문으로 지위를 얻는 것이 '사士'이고, 땅을 일궈 곡식을 심는 것이 '농農'이고, 재주를 부려 기물을 만드는 것이 '공工'이고, 재물을 유통시키며 물품을 파는 것이 '상商'이라는 뜻이다. 당시에는 사농공상이 비교적 고르게 중시되었는데, 훗날 유교가 지배하는 시대가 되자 사농공상을 직업에 따른 사회계급으로 수직 서열화하는 풍조가 일어났고, 특히 성리학이 지배한 조선에서 사농공상이 출생과 함께 정해지는 신분제적 사회계급으로 고착화하였다. 전병훈은 이런 사농공상을 사회계급이 아닌, 실업의 서로 다른 업종이라는 본연의 뜻으로 쓰고 있다. 이를 강조하기 위해 "실업에 부지런히 힘쓴다"는 덕목에 특히 '사농공상'을 부연하여 주해를 달았다.

於父母. 忠於國家.
友愛兄弟. 悌於長上.
男女有別. 言必忠信.
行必篤敬. 教子有方.
和睦宗姻. 周和鄰里.
患難相救. 哀慶相助.
禮俗相勸. 鄕閭立學.
道藝時習. 實業惟勤.(士農工商)
公益相勉(水利·墾荒·治道·學校·醫院·警察·十家牌法·農器相助·衛生), 勤
儉節用.
能守廉介. 能勤賦稅.
畏懼法令. 能勤學問.
勿侮孤弱. 謹行禮制.
先義後利. 救濟貧人.
伸人冤枉. 解人爭鬪.
奉公盡職. 導人爲善.

이상 30조를 준수하고 실천해서 덕행과 업적을 구비한 사람을 장부에 기록하여 [인재를] 선출해 천거할 때를 기다려서 공천하고, 또한 표창을 요청하는 보고를 올린다.

以上三十條, 遵守踐行德業俱備者書于籍, 以待選舉時公薦, 且報請然褒事.

제6조. 과오 20조

第六條. 過惡二十條.

부모에게 불순하여 명과 뜻을 어기고, 이로써 패악에 이르는 자.
우애를 다하지 않고 형제와 친척이 서로 다투는 자.
웃어른(尊長)을 공경하지 않고 친척 어른(族上)에게 공손치 않아 능욕하고 업신여기는 자.
부부간에 구타하고 욕하며 남녀 간에 구별이 없어, 집안의 도를 어지럽히는 자.

상중喪中에 술에 취하고 음사淫祀[100]를 멋대로 행하여, 법규를 파괴하는 자.

남의 자제를 유인해 몰래 노름판을 설치하여 재물을 빼앗는 자.

힘을 믿고 약자를 괴롭히며 마을을 위협해 재물을 강탈하여, 몰래 무단 행위를 하는 자.

자유를 오해하여 분에 넘치게 패거리를 지어서, 법으로 금하는 바를 행하는 자.

不順父母, 違命違志, 以至悖惡者.
不盡友愛, 兄弟族戚, 相爭相鬪者.
不敬尊長, 不恭族上, 凌辱侮慢者.
夫妻歐罵, 男女無別, 悖亂家道者.
居喪醉酒, 放行淫祀, 敗壞常典者.
誘人子弟, 潛設賭局, 以奪財貨者.
恃强凌弱, 脅貸村閭, 潛行武斷者.
誤解自由, 犯分締黨, 以蹈法禁者.

이상 8조를 위반한 자는 법률에 따라 정한 대로 행하되, 이는 중한 벌(上罰)로 다스린다.

以上八條, 如有犯者, 定行照律, 是上罰.

일체 공직자가 권세에 의지해 백성을 침해하고, 법을 농단해 폐단을 짓는 자.

남을 대리해 사기 치고 이치에 맞지 않는 소송을 일삼아, 남몰래 교묘하게 사기를 치는 자.

행동거지가 황당하고 이웃 마을과 불화하여, 분란을 일으켜 죄를 짓는 자.[101]

없는 말을 지어내고 남을 모함해 죄에 연루하여, 사소한 원한을 보복하는 자.

본업에 태만하고 조세와 부역에 힘쓰지 않아, 어려움이 없는데도 납세를 미루는 자.

공익에 힘쓰지 않고 주색에 방탕하여, 몸단속을 삼가지 않는 자.

---

100 '음사淫祀'는 예법에 어긋난 제사를 말하는데, 넓은 뜻에서 사교邪教에 의한 그릇된 종교 행위를 가리킨다.

101 여기서 '충화衝火'는 '불을 일으키다'라는 뜻으로, 사회나 공동체에 해를 끼치는 분란을 일으키고 악화시키는 행동을 의미한다. '작얼作孽'은 '죄를 짓다'라는 뜻이다.

> 一切官差, 挾勢侵民, 弄法作弊者.
> 代人挾詐, 非理好訟, 陰行撞騙者.
> 行止荒唐, 鄰里不和, 衝火作孼者.
> 造言搆虛, 陷人罪累, 以報微嫌者.
> 怠惰本業, 不勤租賦, 無難延欠者.
> 不勉公益, 放蕩酒色, 律身不謹者.

이상 6조를 위반한 자를 법률에 따라 정한 대로 행하되, 이는 중간 벌(中罰)로 다스린다.

> 以上六條, 犯者定行照律, 是中罰.

상업 거래에서 농간을 부려 남을 속이는 자.

관혼상제에 이유 없이 때를 넘기는 자.(사례四禮[102]에 관한 책을 순서에 따라 반포한다.)

환난에 처한 사람을 구제하지 않고, 궁핍해 굶주린 사람을 구휼하지 않는 자.(하는 일 없이 자기를 포기하는 자는 논하지 않는다.)

주고받는 것이 불분명하고, 채무의 기한을 넘기는 자.

농사철에 타인의 도랑물을 훔치는 자.

도로에서 남녀가 서로 피하지 않는 자.

> 販商賣買, 弄權欺人者.
> 冠婚喪祭, 無故過時者.(四禮冊, 從次頒行.)
> 不救患難, 不賙窮餓者.(若無業自棄者不論)
> 與受不明, 愆期債務者.
> 農時, 盜他人溝水者.
> 道路, 男女不相避畔者.

이상 6조를 위반한 자를 법률에 따라 정한 대로 행하되, 이는 약한 벌(下罰)로 다스

---

102 '사례四禮'는 성인식(冠)·결혼(婚)·초상(喪)·제사(祭)의 네 가지 예법을 말한다.

린다.

以上六條, 犯者定行照律, 是下罰.

이상 세 등급의 죄과를 범한 자가 있으면 비·리·방·향장의 여러 신사와 장로(紳耆)가 재차 삼차 깨닫도록 타이르고, 그래도 개전改悛[103]하지 않는 자를 고발하여 사법처리 하되, [죄의] 경중에 따라 공정하게 심판하여 결단코 사사로움을 허용치 않는다.

以上三等罪過, 如有犯者, 則比·里·坊·鄕長諸紳耆, 曉諭至再至三, 猶不竣[悛][104]改者, 擧報于行法司, 隨輕重公辦, 斷不容私.

제3장. 상벌의 거행
第三章. 擧行賞罰

제7조. 위에서 규정된 여러 조목을 국가 전역에서 혼연일체로 시행한다. (먼 곳은 두 달의 기한을 주고, 가까운 곳은 한 달의 기한을 준다.) 만약 성실히 시행하지 않는 지방관이 있으면, 처벌하거나 감봉하며 부과付科[105]에 처한다.

第七條. 右規諸條, 通國之內, 一體設行. (遠者限二個月, 近者限一個月.) 如有不勤實施之地方官, 則論罰或減俸付科.

제8조. 지방관이 [예치의 조목을] 장려해 실행하여 소송이 없는 효과를 보고 이로써 형벌을 사용치 않기에 이르면, 해당 장관長官이 포상과 승진을 요청한다.

第八條. 地方官奬勵實行, 第看無訟之效, 以至刑措不用者, 該長官, 請賞以奬陞秩.

제9조. 매월 말 마을(鄕里) 책임자가 각 지방관에게 실상을 보고하고, 매년 말 지방

---

103 '개전改悛'은 잘못을 뉘우쳐 마음을 고쳐먹는 것을 가리킨다.
104 명문본에 '준竣'으로 되어 있는데, '전悛'의 잘못된 표기로 위 각주의 '改悛'을 뜻한다.
105 '부과付科'는 관리나 군병들이 공무상 과실이 있을 때 이를 바로 처벌하지 않고 관원 명부에 기록하던 것으로, 오늘날 공무원 인사기록에 과실을 기재하는 것과 상통한다.

관이 성省 장관에게 보고하며, 성 장관이 중앙정부와 내무부에 보고한다.

第九條. 每月終, 鄕里任報告實狀于其各地方官; 每年終, 地方官報告于省長官; 省長官報告于中央政府幷內務部.

【안설】 주관周官[106]의 이 제도는 참으로 백성을 교화하여 날로 선하게 하고, 자연스레 죄를 멀리하는 지극한 덕과 성대한 뜻이 있다. 이를 '독법讀法'으로 명명하는데, 그 금지(禁制) 조목들은 또한 모두 법률에서 벌하는 것이다. 그렇지만 내가 생각건대, 예치禮治는 덕행과 도예道藝를 권장하고 사람마다 감화해서 형벌을 두고도 쓰지 않고 소송이 없는 자발적 승복(心悅誠服)[107]에 이르는 것이니, 법률이 참견할 수 있는 것이 아니다.[108] 그러므로 주공 예치의 규제規制에 따라 이를 존중한다. (그 조례의 경우는 후대의 철학을 참조하고 금지 조목들을 아울러서 그것을 완성한다.)

【(秉薰)謹按】 周官此制, 眞個是敎民日遷善, 而自然遠罪之至德隆意也. 名之曰讀法, 而其禁制諸條, 亦皆法律之當繩者. 然余以謂禮治者, 德行道藝之勸獎而人人感化, 以致刑措無訟之心悅誠服者, 則非法律之能過問者. 故尊之以周公禮治之規制也. (若其條例, 則參以後哲, 幷禁制條, 以成之也.)

학교 교육 외에도, 가르치지 않는 백성이 없어 아무리 멀어도 미치지 않는

---

106 '주관周官'은 『서경書經』 「주서周書」의 한 편명篇名으로, 주나라의 정치 체계와 관료 조직 · 제도 등을 상세히 기록한 문헌이다. 그 내용은 도덕적 모범과 올바른 행위의 중요성을 강조하여, 법적 제재보다는 교육과 교화를 통한 예치를 중시한다.

107 '심열성복心悅誠服'은 충심衷心으로 기뻐하며 성심誠心을 다해 따르는 것으로, 외적 강제 때문이 아니라 자발적인 동의로 규범과 제도를 흔쾌히 수용하고 따르는 상태를 말한다.

108 법치는 외적 강제를 통해 규범을 관철하는 데 그치지만, 예치는 교화와 감화를 통해 규범을 자발적으로 내재화할 것을 추구한다. 그 통제하는 내용이 비록 같더라도 그 도달하는 마음과 도덕의 수준이 현저히 다르므로, 법률로 감히 예치를 따져 물을 수 없다고 말하는 것이다.

데가 없는 덕화德化를 행하고자 했으니, 장차 이를 버리고 어찌하겠는가? 눈 밝은 사람[109]은 성인이 지극히 덕스럽고 지극히 교화했던 일에서 스스로 체득할 수 있고, 스스로 확연히 깨달을 수 있다. 아, 지극하다! (여기서 말하는 '관官'은 지금의 지방관이다. 서양인의 자치제라면, 정부에서 파견해 임명한 위원이 지방 독법의 정무를 행한다.)

> 凡學校敎育之外, 欲行無民不敎, 無遠不曁之德化者, 將舍此而奚以哉? 明眼人於聖人至德至敎之事, 可自得之, 可自豁然矣. 烏乎至哉! (此云官者, 今則地方官也. 若如西人自治制, 則政府之派任委員, 卽行地方讀法官政矣.)

---

109 '명안인明眼人'은 '밝은 눈을 가진 사람' 또는 '통찰력 있는 사람'을 의미한다. 즉 사물을 제 대로 이해할 수 있는 지혜로운 사람을 지칭한다.

제10장 학교 교육과 빈흥[110] 제도의 철리
第十章 學校敎育賓興之制哲理

악정樂正[111]이 사술四術을 숭상하고 사교四敎를 건립했다.[112] 봄·가을에는 예禮와 악樂을 가르치고, 겨울·여름에는 시詩와 서書를 가르쳤다.[113](이 제도를 삼대[114]가 공유했다.)『주례·대사도』에 의하면, 향교에서 세 가지 일(三物)[115]로 만민을 가르치고 인재를 등용했다.

樂正崇四術, 立四校[敎].[116] 春秋敎以禮樂, 冬夏敎以詩書.(此制三代共之.)

---

110 '빈흥賓興'은 주대周代에 인재를 등용하던 제도이다. 각 고을의 향음주례鄕飮酒禮에서 선발된 인재들을 추천받아 조정에서 귀빈으로 대우했는데, '빈객을 우대한다'는 뜻에서 이를 빈흥이라고 했다. 향촌의 대부(鄕大夫)가 인재를 추천하면, 조정의 대사도大司徒가 그들 가운데 현능賢能한 자를 가려 뽑아 국학國學에 입학시키고 조정에 천거했다. 훗날 과거제가 시행된 뒤에는, 향촌에서 초시(初試: 鄕試)로 인재를 선발하는 것을 또한 '빈흥'으로 불렀다.

111 악정樂正은 교육을 전담하던 고대의 관직이다.

112 '사술四術'은 시詩·서書·예禮·악樂의 네 가지 기예이고, '사교四敎'는 그 기예를 가르치는 교육을 가리킨다.

113 『예기禮記·왕제王制』에 보이는 구절이다. 원문은 다음과 같다. "樂正崇四術, 立四敎. 順先王, 詩·書·禮·樂, 以造士. 春秋, 敎以禮樂, 冬夏, 敎以詩書."

114 '삼대三代'는 중국 고대의 하夏, 상商, 주周 세 왕조를 의미한다.

115 '삼물三物'은 육덕六德·육행六行·육예六藝로, 이어지는【안설】에서 잘 설명한다.

116 명문본에 '校'로 되어 있는데,『예기·왕제』원문에 의하면 '敎'가 타당하다.

『周禮・大司[117]徒』以鄕三物, 敎萬民而賓興之.

【안설】 이때 교육은 전적으로 덕행과 도예로 하였다. 이른바 '세 가지 일'(三物)은 곧 지혜로움(智)・어짊(仁)・성스러움(聖)・의로움(義)・충실함(忠)・조화(和)[육덕六德], 부모에게 효도하기(孝)・형제간에 우애하기(友)・친족과 화목하기(睦)・외척外戚과 화목하기(婣)・친구 간에 서로 믿기(任)・어려운 사람 돕기(恤)[육행六行], 예법(禮)・음악(樂)・활쏘기(射)・말 몰기(御)・글쓰기(書)・수학數[육예六藝]의 과목이다.

각 고을에서 교육받아 양성된 자를 '조사造士'라고 하고, 그 우수한 자를 선발해 천거하여 조정에서 빈흥賓興하니 '승사陞士'라고 하며, 조정에서 그 승사들을 시험하여 인재를 뽑아 관직을 주니 '진사進士'라고 한다. 선비의 품계에 대개 세 등급이 있었으니, 상사上士・중사中士・하사下士이다. 그 가르치고 양성하는 도道가 아주 철저하고 상세하게 완비되었다. 한 사람의 백성도 배우지 않음이 없었으며, 한 사람의 백성도 가르침을 받아 법을 행하지 않음이 없었다.(소학小學의 제도가 이와 같았다.) 그 선발(選擧)・추천(陞薦)・임관(授官)하는 제도가 또한 이처럼 정밀하니, 그래서 사람들이 쉽게 인재가 되었고 조정에 준수한 선비가 많았다.

훗날 그 도를 잃어버리고, 당나라 측천무후에 이르러서 시부詩賦로 인재를 뽑는 법을 창시하니, 그리하여 천하의 인재가 죄다 쓸데없이 음풍농월이나 하는 덧없는 기예에 빠졌다. 그 폐단이 동한東韓 및 명明・청淸까지 이어지다가, 최근에야 비로소 폐지되고 서학西學을 모방하여 학교를 설치했다. 그러나 부패한 적습의 여파로, 어린 세대부터 [부패의] 싹이 트는 한탄스러움을 어찌 면할 것인가? 아! 신구新舊 인사들이 분발해서 이[학교 교육]를 진흥해야 할 것이다. 우리 덕례德禮의 순수하고 아름다운 것을 근원으로 삼고 여타 과학・물질의 정밀하고 우량한 것을 아울러 궁구하면, 탁월하게 통재通才・원덕圓德[118]하는 유용한 인재가 될 것이다. 다시 어찌 의심하리오! 지

---

117 명문본에 '可'로 되어 있는데, 『주례周禮』의 편명으로는 '司'가 타당하다.

금 대·중·소학교의 일반적인 여러 학과學科 제도는, 전에 없이 아주 성대
한 것이라고 말할 수 있다. 아!

【(秉薰)謹按】 此時教人, 專以德行道藝. 所謂三物者, 卽智·仁·聖·
義·忠·和, 孝·友·睦·姻·任·恤, 禮·樂·射·御·書·數之科
也. 教養於鄕塾者, 名曰造士, 選擧其優者而賓興于朝曰陞士, 自朝試取
其陞士而授之以官曰進士. 士之品, 大槪有三, 上士·中士·下士也. 其
敎養之道, 極其周盡詳備. 無一民不學, 無一民不敎爲法.(小學之制如
是.) 而其選擧陞薦授官之制, 又如是精密, 故人易成材, 而朝多俊彦也.
後失其道而至唐女后武則天者, 創行詩賦取人之法. 於是天下人才, 盡
壞於風花月露無用之浮技. 然其弊也, 至于東韓及明淸矣, 近始廢罷而
依倣西學以設校焉, 則積習腐敗之餘, 安得免幼穉萌芽之歎乎? 烏乎! 新
舊人士, 其舊發而振刷之. 宗我德禮之素美者, 而幷致他科學物質之精
良者, 則卓然成通才圓德之用. 夫復何疑哉! 今大中小普通諸科學之制,
可謂空前之尤盛者也. 吁!

---

118 '통재通才'는 온갖 사물과 사리에 능통한 재주이고, '원덕圓德'은 원만한 덕성이다. 전병훈은
요즘 말하는 지식의 융합·통섭 또는 융복합에 아울러 도덕적 자질을 갖춘 인재를 양성하
는 것을 교육의 목표로 삼았다.

주공이 말했다. "혼란스러운 나라에서는 엄격한 법을 사용하고, 새로운 나라에서는 가벼운 법을 사용한다."[120]

周公曰: 亂國用重典, 新國用輕典.

『상서』에서 말했다. "다섯 형벌(五刑)[121]로 다섯 가르침(五敎)[122]를 보조한다. 형벌은 형벌 없음을 목표로 한다."[123] 또한 말했다. "[순임금이] 공경하고

---

119 '형이필교刑以弼敎'는 '형벌로 교화를 돕는다'는 뜻으로, 형벌이 단순히 처벌을 목적으로 하는 것이 아니라, 사람들을 교육하고 바르게 인도하기 위한 보조적 수단임을 강조한다. '형기우무형刑期于無刑'은 형벌(刑)의 궁극적인 목표가 사회를 교화하여 결국 형벌이 필요 없도록(無刑) 하는 데 있음을 말한다. '형조刑措'는 형벌에 관한 규정과 제도를 존치하고도 이를 쓸 일이 없는 이상적인 예치의 상태를 가리킨다.

120 『주례・추관秋官・대사구大司寇』에 보인다. 원문은 다음과 같다. "一曰刑新國用輕典, 二曰刑平國用中典, 三曰刑亂國用重典."

121 '오형五刑'은 묵墨(살갗에 먹물 넣기)・의劓(코 베기)・비剕(발뒷꿈치 베기)・궁宮(생식기 제거하기)・대벽大辟(죽이기)의 다섯 형벌을 가리킨다.

122 '오교五敎'는 인・의・예・지・신의 다섯 가르침을 가리킨다.

123 『상서・대우모大禹謨』에 보인다. 원문은 다음과 같다. "汝作士, 明於五刑, 以弼五敎. 期於予

공경해서 오직 형벌을 신중히 삼가셨다."[124]

『書』曰: 五刑以弼五教. 刑期于無刑. 又曰: 欽哉欽哉, 惟刑之恤哉.

『주역』에서 말했다. "연못 위에 바람이 있는 것이 '중부中孚(☵)'괘다. 군자가 이를 본받아서 옥사獄事를 신중히 심의하며, 사형을 완화한다."[125]

『易』曰: 澤上有風, 中孚. 君子以議獄緩死.

『상서』에서 말했다. "하늘은 덕이 있는 자에게 명을 내리니, 다섯 가지 예복에 다섯 가지 문양이 있다.[126] 하늘은 죄가 있는 자를 벌하니, 다섯 가지 형벌을 다섯 가지 방법으로 사용한다."[127] 또한 말했다. [순임금의 덕이] 아랫사람에게 너그럽고 백성에게는 소탈했다. 벌罰은 자손에게 미치지 않게 하고, 상賞은 대대로 이어지게 하였다. 잘못을 용서할 때는 죄가 크더라도 따지지 않고, 형벌을 가할 때는 사소한 일도 놓치지 않았다. 죄가 의심스러우면 가볍게 처벌하고, 공은 의심스러워도 무겁게 상을 주었다. 죄 없는 사람을 잘못 죽이느니, 차라리 법을 가볍게 여긴다는 비난을 받았다. 살리기를 좋아하는 덕이 백성의 마음에 흠뻑 젖어들었으므로, 백성이 관리들에게 함부로 대들지 않았다."[128]

治, 刑期于無刑, 民協於中, 時乃功. 懋哉."
124 『상서·요전堯典』에 보인다.
125 『주역·중부괘中孚卦·상전象傳』에 보인다.
126 '오복오장五服五章'은 천자天子·제후諸侯·경卿·대부大夫·사士가 입는 복장인데, 여기서는 그 관작 자체를 가리킨다.
127 『상서·고요모皐陶謨』에 보인다.
128 『상서·대우모』에 보인다. 원문에는 "臨下以寬, 御衆以簡"이 "臨下以簡, 御衆以寬"으로 되어

『書』曰: 天命有德, 五服五章哉. 天討有罪, 五刑五用哉. 又曰: 臨下以寬,
御衆以簡, 罰不及嗣, 賞延于世. 宥過無大, 刑故無小, 罪疑惟輕, 功疑惟
重. 與其殺不辜, 寧失不經. 好生之德, 洽于民心, 玆用不犯于有司.

【안설】 성인이 정치를 하면 교화에 매진하며, 부득이하게 형벌을 사용하더
라도 그 총명함을 다하고 그 충심과 사랑을 다해서 반드시 사형을 완화한
다. 형벌은 형벌 없음을 목표로 하니, 그러므로 형벌을 두고도 쓰지 않는(刑
措不用) 지극한 정치에 반드시 이르게 된다. 후세에 사법·행정을 담당하는
책임자들이 거듭 그 뜻을 새겨야[129] 한다.
【(秉薫)謹按】 聖人致治, 克盡教化, 至于不得已而用刑, 則悉其聰明, 盡其
忠愛, 必以緩死. 刑期于無刑, 故必至刑措不用之至治也. 後世當司法·
行法之任者, 可三致意乎.

있다. 번역은『상서』의 원전을 따랐다.
129 '삼치의三致意'는 세 번 반복해서 그 뜻을 새기는 것으로, 깊이 마음을 쓴다는 뜻이다.

제12장 주례 임관 제도의 철리
第十二章 周禮任官之制哲理

　　『주례』의 관작 등급은 5등으로, 공公・후侯・백伯・자子・남男이다. 총재家
宰가 재정을 아울러 총괄했다. [목왕穆王이] 백경伯囧에게 명해 말했다. "속료屬
僚들을 신중하게 가려 뽑되 아첨하고 아양 떠는 자에게 현혹되지 마라."[130]

> 周禮官級五等, 公・侯・伯・子・男也. 冡宰兼總財政. 命伯囧曰: 愼簡乃
> 僚, 毋以便蔽側微[媚].

　　【안설】이 5등 관작의 질서가 지금 영국・일본 여러 나라에서 통용된다.[131]
성인이 만든 제도가 하늘의 뜻과 인간의 도리에 합치되므로, 이를 행하면
만세토록 폐단이 없음을 알 수 있다. 총재가 재정을 아울러 총괄한 것은 극
히 신중한 뜻이 있으니, 뒷사람이 어찌 받들어 거울로 삼지 않겠는가? 『대
학大學・치평장治平章』에서 예악禮樂과 형정刑政을 말하지 않고 오로지 재정

130 　『상서・주서周書』에 보이며, 원문은 다음과 같다. "愼簡乃僚, 無以巧言令色便辟側媚, 其惟吉
　　士." 이에 따라 본문의 '편폐측미便蔽側微'는 '편벽측미便辟側媚'로 번역한다.
131 　서양의 귀족 작위 역시 5등작이다. 특히 영국에서 성립된 듀크duke・마르체스marqess・
　　얼earl・바이카운트viscount・배런baron이 전형이다. 이것이 동아시아에 소개되면서 『주
　　례』의 전통에 따라 공작・후작・백작・자작・남작으로 번역되었다.

운용(理財)과 인재 등용(用人)을 말하는 것은, 대개 적절치 않은 사람을 등용하면 재정을 잘 다스릴 수 없고, 재정이 고갈되고 백성이 궁핍해지면 나라가 나라로 존립할 수 없기 때문이다. 무릇 학인이 나라의 정무를 맡는다면 반드시 여기에서 그 핵심을 깨달아야 할 것이다! 왕조는 단지 총리(長官)[132]를 임명하고 총리가 각료(僚佐)를 택해 임명하니, 지금의 헌법 정치와 다르지 않다.

【(秉薰)謹按】此五等爵秩, 現今通行於英日諸邦, 可見聖人制作, 合於天意人道, 故行之萬世而無弊也. 冢宰之兼總財政者, 極其愼重之意, 後人安得不奉以爲鑒乎? 如『大學 · 治平章』不言禮樂刑政, 而專言理財用人者. 蓋用非其人, 則不善理財, 財竭民窮, 則國不爲國矣. 凡學人與當國, 必於斯, 覺其肯綮乎! 王朝只命長官, 而長官擇任僚佐, 與今憲法之政, 無以異也.

【안설】주공의 제도에서 총재가 재정 운용을 아우르니, 특별히 중요하게 여겼음을 알 수 있다. 어찌하리오! 훗날의 유학자들이 정치를 논하면서 오히려 재정을 말하는 것을 수치로 여기니, 피부와 털을 유지하면서 뼛속의 골수는 버린다고 말할 수 있다. 이것이 부패의 한 원인이 아니겠는가? 내가 이를 늘 개탄한다.

秉熏又謹按: 周公之制, 冢宰兼理財, 可見所重特殊也. 奈何? 後之儒者, 論治則恥言財政. 可謂維持皮毛而遺棄精髓也. 此非腐敗之一源因乎? 余常致慨乎此.

【안설】주례의 제도를 다 열거하기 어렵다. 가령 나침반의 제작은 지금 여러 나라가 모두 이를 모방해 쓴다. 또한 '9부환법九府圜法'[133]은 금 · 은 · 동 3종

---

132 여기서 '장관長官'은 단지 중앙정부 각 부서의 최고 책임자(ministe)가 아니라, 그 각료들을 총괄하는 내각의 장(prime minister)을 가리키는 것으로, 오늘날 여러 나라에서 '총리'에 해당한다.

133 '구부환법九府圜法'은 주나라의 태공망太公望이 만든 제도로 알려져 있다. '9부'는 9종의 화

의 동전을 대·중·소 3단위로 주조해서 이[총 9종]를 통용했으므로 그렇게 이름 불렀다. 훗날 폐지되어 거행치 않았으나, 오직 관중管仲이 이를 독자적으로 실행하여 제나라를 패권국으로 만들었다. 지금은 서구 여러 나라에서 은행의 화폐 제도를 시행하여 민생의 편리함이 점점 더 진보하고 정밀해지지 않음이 없다. 아! 또한 위대하다.

【又謹按】周禮之制度, 難以盡擧. 如羅盤鍼之制, 至今列國皆慕用之. 且九府圜法, 乃金銀銅三錢, 鑄以大中小三層而通用之, 故名之也. 後卽廢而不擧, 惟管仲能獨行之, 以霸齊國. 今歐西各國罔不擧行, 其銀行紙鈔之法, 利用便民之愈進精美者, 吁! 亦韙哉.

폐를 맡은 관청이다. '환圜'은 화폐가 돌고 돌아 유통한다는 뜻으로, '환법圜法'은 화폐를 원활하게 운용하는 법이라는 뜻이다.

결론
結論

　　동아시아에서 가장 문명화된 덕례德禮의 지극한 정치로, 형벌을 두고도 쓰지 않기(刑措不用)에 이른 것은 오직 주공周公뿐이다. 그러므로 지금 이 책을 엮어 주공을 사표로 삼으니, 장차 온 세계가 형조刑措[134]하는 서광을 빚어내려는 것이 편자編者가 간절히 바라는 핵심 목표(正鵠)이다. 만약 성인이 일어나 형벌을 두고도 쓰지 않는 정치에 뜻을 둔다면, 정전井田·민산民産의 제도를 [그가] 있는 곳에서 선취해 이로써 기본을 세울 것이다. 아! 천지의 대운을 역수歷數로 궁구하면, 사람의 일(人事)이 마치 좌계左契를 잡은 것[135] 같아서 확실한 증거가 멀리 있지 않으니, 어째서인가? 『선감仙鑑』에 원회운세元會運世의 법이 있다. (1만800년이 1회인데, 하나라 우왕 즉위 6년에 갑자오회甲子午會[136]에 들어갔다.) 오회가 정중앙에 이르는 때(午會正中)를 맞으면, 문명이 극

134　여기서 '형조刑措'는 형벌을 두고도 쓰지 않기(刑措不用)의 줄임말로, 이 책에서 하나의 관용적 표현으로 쓰이기 때문에 한자어 그대로 표기한다.

135　둘로 나눈 부절符節 가운데 왼쪽 것을 좌계左契라고 한다. 좌계를 손에 잡고 다른 한쪽에 맞추듯이, 사물이 도리에 딱 부합하는 것을 비유한다.

136　'갑자오회甲子午會'는 오회午會가 처음 시작된 해를 가리킨다.

히 성대해지는 회會가 아니겠는가?[137] 인간사의 관점에서 살펴보면, 지금 전기·통신·선박·차량이 만국에 교통하며 사회 균산均産의 설이 성행하니, 장차 세계가 반드시 하나로 통일될 조짐이 이미 열린 것이다. 더구나 지금 유럽의 전쟁[제1차 세계대전]이 이미 끝나고 미국 대통령이 인도주의를 주장하니, 반드시 군비를 감축하고 평화 협력하여 영구적인 태평의 덕업을 열 것이다. 또한 어찌 의심하겠는가? 그러나 내가 추산컨대 아직 때가 이르지 않았으니, 잠시 기다려야 할 것이다.[138] (땅의 신기神炁가 곧 전기이다. 전기가 지구 만방에 이미 두루 통하니, 통일로 선회하는 전환의 계기와 맥락을 볼 수 있는 것이다.)

東亞之最文明德禮之至治, 以致刑措不用者, 惟周公而已. 故今編此篇, 以周公爲師, 則將作宇內刑措之曙光者, 乃編者之至願正鵠也. 苟有聖人者起, 意致刑措之治, 則井田民産之制在所先取, 以立基本者也. 烏乎! 天地之大運, 究以歷數, 人事如執左契, 確證不遠者, 何哉?『仙鑒』有元會運世之法.(一萬八百年爲一會, 而夏禹氏卽位六年入甲子午會.) 當午會正中, 不

---

137 '오회정중午會正中'은 1만8백 년인 오회의 정중앙을 가리킨다. 산술적으로는 오회가 처음 시작된 하나라 우禹임금 즉위 6년으로부터 5천4백 년이 흐른 시점이 되는데, 문제는 우임금의 시기를 언제로 기산起算할지가 분명치 않다는 것이다. 한데 그 시기가 언제인지보다, 어쩌면 그 개념의 우주론적 함의가 더 중요하다. '오회정중'은 1만8백 년이나 되는 정오의 회(午會)에서도 다시 정오에 해당하니, 즉 '우주의 정오 중의 정오'인 셈이다. 인류 문명사의 문맥에서 전병훈은 이를 '문명이 극히 성대해지는 회'(極文明之盛會)라고 했다. 이를테면 '문명의 정오 중의 정오'인 셈이다. 그런데 이것은 단지 어떤 한 극성極盛의 시점일 뿐만 아니라, 또한 하나의 '선회하는 전환의 계기와 맥락'(旋轉機脈)으로 '하늘이 반드시 축을 돌리는'(天必轉軸) 변곡점이기도 하다. 즉 하루의 오전에서 오후로 넘어가는 변곡점, 혹은 일년에서 여름의 절정을 지나 가을로 넘어가는 변곡점에 비유되며, 또한 인류의 문명이 한 극점에 도달한 뒤에 다른 시간대로 넘어가는 어떤 문명사적 전환의 계기를 함축하기도 한다. '원회운세元會運世' '오회정중午會正中'에 관해서는 「도덕철학」편 '총결론'의 해당 개념 및 각주도 함께 참고한다.

138 본편 말미의 '세계통일공화정부헌법' 부분에서 그 시점을 이렇게 말한다. "오회정중이 또한 얼마나 멀겠는가? 2백 년이 되기 전에 하늘이 반드시 축을 돌릴 것이 틀림없다."

是極文明之盛會耶? 揆以人事, 則今電郵舟車, 交通萬國, 而社會均産之
說盛行, 將必世界一統之兆朕已開者也. 矧今歐戰已罷, 而美總統之主張
人道主旨者, 必啓寢兵輯和, 永久太平之德業. 亦何可疑乎? 然以愚推算,
尙未及期, 姑且俟之乎.(地之神炁, 卽電也. 電已周通地球萬國, 則一統之旋轉
機脈, 可見者也.)

제13장 공자 역시 공화제를 주장했던 공심公心의 철리

第十三章 孔子亦主共和制之公心哲理

공자가 말했다. "천하를 가계 세습하면서 큰 도가 숨었다." (이는 『공자가어孔子家語』 6절에 나온다.)

孔子曰: 家天下而大道隱. [此出於『家語』(六節).]

【안설】 공자의 이 말은, 곧 요·순이 천하를 공변된 것으로 여긴 마음이었다. 세상의 유학자들이 단지 『논어』 등 얕은 문답의 설만 살피 고 감히 지극한 성인을 헐뜯어 "군존신비君尊臣卑에 치우쳐 공화 시대에 맞지 않는다"라고 말한다. 어찌 무식한 논의가 아니겠는가? 아! 공자가 나라를 얻어 다스리도록 했다면, 그는 사방의 문을 열어젖히고 사방 만민의 소리를 들으며, 민생을 편안케 하여 백성들이 모여들고, 백성들을 움직이면 조화를 이루어, 천하를 태평세에 올려놓았을 것이니, 요·순과 어찌 다르겠는가? 성스러운 뜻으로 천하의 가계 세습이 불가하다고 여기고 선양을 큰 도로 여겼던 것을 보면, 말로는 비록 '민주'를 언급하지 않았지만, 요순이 공화의 토대를 개척한 것과 어찌 같은 심리가 아니겠는가? 새로움에 편승하는 식자들은 이 장의 취지를 더욱 잘 연구해야 한다.

【(秉薰)謹按】 孔子此言, 乃堯舜公天下之心也. 世之儒者, 只攷『論語』等淺近問答之說, 便敢以啓及至聖曰: 偏於尊君卑臣, 不合於共和時代者.
豈非無識之論乎?烏乎! 使尼師得邦國者, 其闢四門, 達四聰, 綏之斯來,
動之斯化[和],[139] 躋天下於太平世者. 與堯舜何以殊哉? 觀聖意以家天
下爲不可而相禪爲大道, 則言雖不及民主, 而與堯舜之共和開基者, 詎
非同一心理耶? 鶩新之士, 尤好硏究此章之旨.

---

139 명문본에는 '化'로 되어 있으나, 이 구절의 출처에는 '和'로 나와 있다. 『논어·자공子貢』에
원문이 보인다. "夫子之得邦家者, 所謂立之斯立, 道之斯行, 綏之斯來, 動之斯和."

공자가 말했다. "큰 도(大道)가 행해지면 천하가 공정해진다. 어질고 유능한 인재를 뽑아 쓰니, 신의가 돈독하고 화목해진다. 그래서 사람들은 자기 부모만 부모로 섬기거나 자기 자식만 자식으로 사랑하지 않는다. 노인이 안락하게 여생을 보내고, 젊은이에게 일자리가 있고, 어린아이가 잘 양육된다. 홀아비와 과부, 고아, 의지할 데 없거나 병든 사람도 모두 부양을 받는 바가 있다. 남자에게는 직분[직업]이 있고, 여자에게는 결혼할 상대가 있다. 재물이 함부로 땅에 버려지는 것을 싫어하지만, 그것을 주워 자기가 가지는 일도 없다. 힘이 자기에게서 나오지 않는 것을 싫어하지만, 자신만을 위해 그 힘을 쓰지도 않는다. 그래서 모략이 일어나지 않고, 도둑질과 반란이 발생하지 않는다. 그러므로 문을 밖으로 열어 두고 닫지 않는다. 이를 일컬어 '대동'이라고 한다."

孔子曰: 大道之行也, 天下爲公. 選賢與能, 講信修睦. 故人不獨親其親, 不獨子其子. 使老有所終, 壯有所用, 幼有所長. 鰥寡孤獨廢疾者, 皆有所養. 男有分, 女有歸. 貨惡其棄於地也, 不必藏於己; 力惡其不出於己也,

不必爲己. 是故謀閉而不興, 盜竊亂賊不作. 故外戶而不閉, 是謂大同.[140]

【안설】 이 장은 주해가 아주 많다. 하지만 내가 '큰 도'라고 말하는 것은 앞
장章에서 말했던 '큰 도'(大道)이다. 큰 도의 정치는 지극히 공정하다. 세계가
대동・민주・공화를 하면 우의友誼가 실로 형제와 같아서, 노인을 봉양하고
자식을 양육하는 기관을 설치하여 공적으로 그들을 부양한다. 네 가지 궁한
처지(四窮)[141]의 백성들이 모두 부양받는 곳이 있고, 천하에 한 사람도 그 거
처를 얻지 못하는 사람이 없고, 도적이 일어나지 않으니, 이것이 곧 지극히
잘 다스려지는 시대이며 평화의 즐거움이다. 요・순・주공의 지극한 정치
교화도 어찌 이보다 더하겠는가? 이것은 성인이 후세에 바라던 바가 있었기
때문이니, 칸트가 말한 '세계에 하나의 중앙정부를 설치해 군비를 감축하고
평화 협력하여 영구적인 평화를 즐기자'는 논의 역시 이와 같은 뜻이다. 듣
건대 근세의 명유名儒 강유위康有爲가 『대동서大同書』를 지어 이를 주창해 밝
혔다는데, 그 설이 어떤지는 아직 모르지만 그 염원은 클 것이다![142]

【(秉薰)謹按】 此章註解甚多. 然愚以謂大道者, 上章之所云大道也. 大道
之治, 極其至公也. 世界大同・民主・共和, 誼固兄弟, 設養老育子院而
公養之. 四窮之民, 皆有所養, 天下無一民不得其所, 盜賊不興, 是乃至

---

140 이 글의 출처는 『예기・예운禮運』이다.
141 '사궁四窮'은 환鰥・과寡・고孤・독獨으로 늙은 홀아비, 늙은 홀어미, 부모 없는 고아, 자식
없는 늙은이를 가리킨다.
142 강유위康有爲는 『정신철학통편』의 제호와 서평을 직접 쓸 정도로 전병훈과 친밀했다. 『대
동서』는 전체 10부 가운데 첫 부분인 갑부甲部와 을부乙部만이 신해혁명 이후인 1913년
『불인不忍』에 발표되었고, 책 전부는 그의 사후 8년이 지난 1935년에 가서야 제자인 전안
정錢安定의 교정을 거쳐 간행되었다. 본문의 내용으로 보건대, 전병훈이 『정신철학통편』
을 집필할 무렵에 1913년 발표된 강유위의 글도 아직 읽지 못했던 것으로 추정된다. 하지
만 당시 중국사회에서 '대동'은 미래의 이상사회에 대한 기대와 열망을 담은 기호로 이미
널리 거론되었다. 중국 근세의 저명한 사회개혁가와 진보사상가들, 강유위를 비롯해 담사
동譚嗣同・손문 등이 이구동성으로 '대동'을 주창했다. 전병훈 역시 그의 저서 곳곳에서 '대
동'을 천명한다. 그리고 앞서 말했듯이, 공자가 민주와 공화를 추구한 증거로 대동사상을
들었다.

治之世, 和平之樂也. 堯·舜·周公至治之化, 何以加此乎? 然此則聖人
所以有望於來世者, 卽康德所謂世界設一中央政府, 寢兵輯和, 永樂和
平之論, 亦此意也. 聞近世名儒康有爲, 演著『大同書』以唱明之, 未知
其說何如, 而其願則弘哉.

공자가 말했다. "정령政令[143]으로 다스리고 형벌로 질서를 잡으면, 백성들
이 죄를 면하려고만 할 뿐 염치를 모르게 된다. 덕으로 다스리고 예로 질서
를 잡으면, 백성들이 염치를 알고 또한 품격을 갖추게 된다."[144]

孔子曰: 導之以政, 齊之以刑, 民免而無恥. 導之以德, 齊之以禮, 有恥且格.

【안설】이 장은 덕례德禮로 백성을 가르쳐 감화한다는 뜻으로, 주공 예치의
뜻과 그 법이 동일하다. 신학문에 편승하는 천박한 식자 아무개가 망언하기
를, 공자는 시대가 이미 법치에 들어섰음을 모르고 예치를 말했다고 하니,
단지 자기 역량을 모르는 것만 남에게 보여 줄 뿐이다.[145] 저들은 예치·조
리條理가 도덕으로 백성을 가르쳐 감화하는 일이라는 것을 알지 못하니, 그
러므로 이런 말을 할 수 있는 것이다. 하지만 본 [정치철학] 편을 한번 읽는
다면 거의 스스로 뉘우칠 수 있을 것이다. 하물며 덕으로 가르쳐 감화하는
일이야, 돌아보면 어느 때인들 시행할 수 없겠는가? 또한 공자의 시대가 법
치에 들어섰다고 어찌 운운할 수 있는가? 책을 쓰는 식자들이 대부분 이처
럼 황당무계하여, 그들이 자기를 속이고 세상을 속이고 사람들을 미혹시키
는 폐해를 어찌 다 말할 수 있으랴?

【(秉薰)謹按】此章乃德禮敎民而感化之意, 與周公禮治之意, 同一其規也.

---

143 '정령政令'은 정치상의 명령이나 법령을 가리킨다.
144 『논어·위정爲政』에 보인다.
145 '多見其不知量也'는 『논어』「자장子張」에 나오는 말로, '多'는 '祗'(다만 ~할 뿐이다)의 뜻이고
'不知量'은 자신의 역량을 알지 못한다는 뜻이다.

驚新學之淺士某人, 妄言孔子不識時代之已入法治而言禮治者, 多見其
不知量也. 彼旣不識禮治條理, 以道德敎民, 感化之事, 故容有此言也.
然試讀此編, 則庶可以自悔矣. 況德敎感化之事, 顧何時而不可行乎. 且
孔子之時, 何可云入法治乎? 著書之士, 類多如是謬妄, 其自欺・欺世・
惑人之害, 何可勝道哉?

공자가 말했다. "곧은 사람을 등용하고 그릇된 사람을 버리면, 백성이 복
종한다. 그릇된 사람을 등용하고 곧은 사람을 버리면, 백성이 복종하지 않는
다."**146** 또한 말했다. "너그러우면 다중의 지지를 얻고, 신뢰하면 백성이 신
임하고, 민첩하면 공을 세우고, 공정하면 기뻐할 것이다."**147** 또한 말했다.
"명호(名)가 올바르지 않으면 말이 순리에 어긋나고, 말이 순리에 어긋나면
일을 이룰 수 없다."**148**

> 孔子曰: 擧直措枉則民服, 擧枉措諸直, 則民不服. 又曰: 寬則得衆, 信則
> 民任焉, 敏則有功, 公則悅. 又曰: 名不正則言不順, 言不順則事不成.

또한 말했다. "만약 나를 쓰는 자가 있다면, 내가 그 나라를 동주東周로 만
들 것이다."**149** "1년이면 된다."**150** 그리하여 노나라 사구司寇가 되어 재상의
일을 대행하니, 석 달 만에 노나라가 크게 다스려졌다. 또한 말했다. "정치란
올바름이다. 그대가 올바름으로 솔선하면 누가 감히 바르지 않겠는가?"**151**

---

146 『논어・위정』에 보인다. 원문은 "擧直措諸枉, 則民服. 擧枉措諸直, 則民不服."이다.
147 『논어・양화陽貨』에 보인다.
148 『논어・자로子路』에 보인다. 이름과 그 실질이 일치하는 정명론正名論을 말하는 것이다.
149 『논어・양화』에 보인다.
150 『논어・자로』에 보인다.
151 『논어・안연顏淵』에 보인다.

又曰: 如有用我者, 吾其爲東周乎. 期月而已可也. 是以爲魯司寇, 攝行相事, 三月而魯大治. 又曰: 政者, 正也. 子率以正, 孰敢不正?

【안설】성인의 덕은 민생을 편안케 하여 백성들이 모여들고, 백성들을 움직이면 조화를 이루니, 여기서 [그 덕을] 볼 수 있다. 성인의 가슴속에는 슬픔과 연민이 가득하여 하늘의 이치가 언제나 그치지 않으니, 그래서 자기도 모르게 이런 탄식을 절로 자아낸다. 또한 이는 맹자가 이른바 "지금 세상에 천하를 태평하게 다스리고자 한다면, 나를 버리고 그 누구이겠는가?"라는 말과 같다. 하지만 성인의 어질고 공정한 재능을 갖춘 사람이 아니면 그 참된 정감을 알지 못하니, 이를 자기 자랑하는 혐의로 의심하는 것을 어찌 면할 수 있으랴? 아! 훌륭하다. 말씀이여!

【(秉薰)謹按】聖人之德, 綏之斯來, 動之斯和, 於斯可見也. 聖人胸中惻怛, 天理無時可已, 故不覺自發此歎. 亦猶孟子所謂 '當今之世, 欲平治天下, 舍我其誰也?'之言也. 然非有聖人之仁公才具者, 則不識其眞情, 而疑以自矜之嫌貳者, 安得免乎? 烏乎! 旨哉言乎!

공자가 무성武城에 가서 현악에 맞춰 노래하는 소리를 듣고, 빙그레 웃으면서 말했다. "닭을 잡는 데 어찌 소 잡는 칼을 쓰겠는가?" 자유子游가 대답했다. "전에 제가 선생님의 말씀을 들으니 '군자가 도를 배우면 사람을 사랑하고 소인이 도를 배우면 부리기 쉽다'고 하셨습니다." 공자가 말했다. "네 말이 옳다. 앞서 얘기는 농담이다."[152] (【안설】이는 작은 고을의 정치를 말한다.)

子之武城, 聞弦歌之聲, 莞爾而笑曰: 割鷄焉用牛刀? 子游對曰, 昔者偃聞

---

152 공자의 제자인 자유子游가 무성武城 현령이 되었는데, 공자가 그곳에 갔다가 풍속이 안정된 것을 보고 자유가 이런 작은 고을에 있기 아깝다고 농을 했다는 고사이다. 이는 『논어 · 양화陽貨』에 보인다.

諸夫子曰: 君子學道則愛人, 小人學道則易使也. 子曰: 偃之言是也. 前言
戲之耳. (謹按: 此言邑之政治也.)

【안설】 공자(尼師)가 정치를 말한 것이 아주 많다. 하지만 모두 "군주가 예로
신하를 부리고 신하는 충심으로 군주를 섬긴다"[153]는 의리를 위주로 말하고
가르쳤다. 구경九經[154] 조목의 경우는, 전적으로 지존(至尊: 왕) 한 사람에게
책임을 지우는 뜻을 두루 갖췄다. 가령 "잘하는 자를 칭찬하고 능치 못한 자
를 가여워하며, 끊어진 세대를 이어 주고 망한 나라를 부흥시키며, 분란을
다스리고 위태로운 것을 지지하며, 후하게 주고 박하게 받는다"[155]고 말한
것은 실로 천하를 다스리는 어진 정치(仁政)이다. 능히 큰 나라(大國)을 보유
하는 자의 통치법이라고 말할 수 있다. 나머지는 다 기재하지 않는다. 하지
만 학인이 반드시 공화共和·대동大同·덕례德禮의 정치로 우리 공자의 정신
을 보고 실제로 활용하면, 거의 틀림없을 것이다.

【(秉薰)謹按】 尼師之言政治者甚多, 然率皆主以君使臣以禮, 臣事君以忠
之義, 立言垂訓也. 如九經之目, 則專責任於一尊之意, 周備焉. 如曰, 嘉
善而矜不能. 繼絶世, 擧廢國. 治亂持危, 厚往薄來者, 誠駕馭天下之仁
政也. 可謂能有大國者之治法也. 餘不盡載. 然學人必以共和·大同·
德禮之治, 視我尼師之精神而致用焉, 則庶乎不差矣.

---

153 『논어·팔일八佾』에 보이는 구절이다.
154 '구경九經'은 천하를 다스리는 아홉 가지 원칙으로 공자가 제시한 것이다. 첫째 몸을 닦을
   것(修身), 둘째 현자를 높일 것(尊賢), 셋째 친족을 사랑할 것(親親), 넷째 대신을 공경할 것
   (敬大臣), 다섯째 여러 신하를 자기의 몸처럼 보살필 것(體群臣), 여섯째 백성을 자식처럼 여
   길 것(子庶民), 일곱째 각 분야의 재주꾼을 모을 것(來百工), 여덟째 먼 지역 사람을 잘 대할
   것(柔遠人), 아홉째 제후를 품을 것(懷諸侯) 등이다. 『중용中庸』에 그 내용이 보인다. 혹은
   '구경九經'이 『주역周易』, 『시경詩經』, 『서경書經』, 『예기禮記』, 『춘추春秋』, 『효경孝經』,
   『논어論語』, 『맹자孟子』, 『주례周禮』의 아홉 경전을 가리키기도 하는데, 이어지는 문맥으
   로 보건대 여기서는 전자를 가리키는 것이 분명하다.
155 『중용』에서 '구경九經'을 말하는 대목에 보이는 내용이다.

『대학』「평천하平天下」 장에서 말했다. "윗사람이 노인을 노인으로 대우하
니, 백성들이 효행을 일으킨다. 윗사람이 어른을 어른으로 대우하니, 백성들
이 공손한 마음을 일으킨다. 윗사람이 고아를 구휼하니, 백성들이 서로 저버
리지 않는다. 그러므로 군자에게는 '혈구의 도'(絜矩之道)[156]가 있다. 윗사람
에게서 싫었던 것으로 아랫사람을 부리지 말고, 아랫사람에게서 싫었던 것
으로 윗사람을 모시지 말라. 앞사람에게서 싫었던 것으로 뒷사람을 앞서지
말고, 뒷사람에게서 싫었던 것으로 앞사람을 따르지 말라. 오른편에서 싫었
던 것으로 왼편과 사귀지 말고, 왼편에서 싫었던 것으로 오른편과 사귀지 말
라. 이를 일컬어 '혈구의 도'라고 한다."

『大學』「平天下」章曰: 上老老而民興孝, 上長長而民興悌, 上恤孤而民不

---

156 '혈구지도絜矩之道'는 자기 마음을 척도로 다른 사람의 마음을 헤아리는 것이다. 흔히 '황금
률'로 불리는 윤리의 원칙이다. 동서양의 주요 종교와 철학에서 공히 이 사상을 말했다. 성
경은 "남에게 대접을 받고자 하는 대로 너희도 남을 대접하라"고 한다. 공자는 "내가 싫은
것을 남에게 행하지 말라(己所不欲, 勿施於人)"고 추서推恕의 도를 명언했다. '추서의 도'는
곧 '혈구의 도'에 다름 아니다.

倍, 是以君子有絜矩之道也. 所惡於上, 毋**157**以使下. 所惡於下, 毋以事上. 所惡於前, 毋以先後. 所惡於後, 毋以從前. 所惡於右, 毋以交於左. 所惡於左, 毋以交於右. 此之謂絜矩之道也.

【안설】 이는 추서推恕의 도道로, 내가 하고자 하지 않는 것을 남에게 시키지 말라는 뜻이니, '정치평등의 법칙'이라고 말할 수 있다. 정치가 이미 평등하다면, 사람의 도(人道)도 평등하지 않겠는가? 아! 아! 서양철학과 석가모니[불교]가 모두 평등을 말했는데, 동아시아(東球)의 학설에서는 '평등'을 표명한 것을 들을 수 없으니, 또한 유감스럽지 않은가? 지금 비로소 이 [『대학』「평천하」] 장章을 들어 평등의 의미를 온 세계에 공포하니, 사람들이 다시는 평등·자유를 몰랐다고 우리를 허물치 않을 것이다.

【(秉薰)謹按】 此是推恕之道, 己所不欲者, 勿施於人之義也. 可謂政治平等之法則也. 政治旣是平等, 則人道者不是平等耶? 噫嘻! 西哲與釋迦皆言平等, 而東球學說, 無聞表明平等者, 不亦缺憾乎? 今始擧此章平等之義布告宇內, 人將不復以不知平等自由咎我乎!

---

157 명문본에 '無'로 되어 있으나, 『大學』 원문은 '毋'이다. 뒤 구절도 모두 '毋'로 반복되므로 그에 따른다.

제16장 자산이 정치에 외교를 조제한 철리
第十六章 子産爲政調劑外交哲理

　　정자산鄭子産이 이르길 "관대함으로 사나움을 보완하고, 사나움으로 관대함을 보완한다"[158]고 했으니, 관대함과 사나움이 서로 보완한다. 따라서 겁내지 않고 부딪치지도 않으면서 인접국을 조제調劑하여[159] 능히 화평에 이른다.

> 鄭之子産曰: 寬以濟猛, 猛以濟寬. 寬猛相濟也. 是以不懾不激, 調劑鄰
> 國, 而克底和平.

　　【안설】정鄭은 소국으로 진晉·초楚 두 강대국 사이에 있었다. 아침에 진나라

---

158 『좌전左傳·소공昭公』에 보인다. "政寬則民慢, 慢則糾之以猛, 猛則民殘, 殘則施之以寬. 寬以濟
猛, 猛以濟寬, 政是以和."

159 여기서 '조제調劑'는 어느 한 편에 치우치지 않고 조정한다는 뜻이다. 이이李珥가 일찍이 조
제調劑와 보합保合을 말했다. 특히 '조제'는 서로 다른 의견을 단순히 조정調停하는 것이 아
니라, 이론과 세력의 근원이 원래 하나여서 조화와 절충이 가능하다는 문맥이었다. 전병훈
은 그 의미를 확장하여 국가 간의 관계에서도 '조제調劑'를 말하는데, 이는 인접국 간에 상
호 예속과 충돌을 피하고 균형 외교를 통해 평화를 유지하는 것을 의미한다. 또한 그것은
강한 상대를 두려워하거나 혹은 예민하게 반응하는 수동적인 자기보존을 넘어, 강한 인접
국 간의 관계를 균형과 평화 상태로 주도적으로 이끌어 간다는 적극적인 의미가 있다.

의 맹약을 받아들이면 초나라 군대가 저녁에 침입했고, 저녁에 초나라의 맹약을 받아들이면 진나라 군대가 [다음날] 아침에 침입하니, 나라의 보존을 기약할 수 없었다. 자산子産이 정권을 잡아 겁내지 않고 부딪치지도 않으면서 둘 사이를 조제하여 능히 화평에 이르렀으니, 외교와 내치內治에서 지혜롭고 민첩한 정치 재능을 갖췄다고 말할 수 있다. 지금은 오대주가 교통하고 외교가 전문 분야가 되었으니, 장황하게 설명할 필요가 없다. 다만 독립을 보증하는 하나의 규약을 튀르키예와 그리스가 이미 시행하고 있으니,[160] 실로 약소국을 지원하는 아주 덕스러운 일이다. 나는 일찍이 노심초사했지만 [나라를] 구제하지 못했다.[161] 그러나 어진 사람이 나라를 다스리는 데 이 규례를 모르면 안 된다. 아!

【(秉薰)謹按】鄭以小國, 處晉楚强鄰之間. 旦受盟於晉, 則楚兵夕以入矣, 夕受盟於楚, 則晉兵旦以入, 國之所存者無幾. 子産柄政, 不懾不激, 調劑兩間而克致和平, 可謂有智敏政才於外交內治者也. 今則五洲交通, 外交爲專科, 毋容贅述也. 但有保證獨立一規例, 土耳·希臘卽已行之, 誠爲扶持弱國之甚德事也. 余曾勞瘁而無濟, 然仁人之經國者, 不可不知此規耳. 烏乎!

---

160 '土耳'은 튀르키예(Turkey, 터키)로, 중국어로 통상 '土耳其'로 표기된다. 튀르키예는 1차세계대전 이후 국제사회에서 독립을 인정받기 위해 1923년 로잔조약(Treaty of Lausanne)을 체결했다. 이 조약에서 오스만제국이 공식적으로 종식되었고, 새로운 튀르키예 공화국의 국경이 확정되며 국제적으로 독립을 인정받았다. 그리스는 1821년 3월 몰다비아와 모레아 Morea 지방에서 일어난 독립운동을 시발로 하여 10년의 끈질긴 외교적 노력 끝에, 1830년 2월 런던회의에서 영국·러시아·프랑스 등 열강의 지지를 받아 독립국의 지위를 획득했다.

161 여기서 '구제하지 못했다'(無濟)는 것은, 조선의 독립을 지키지 못했다는 탄식이다.

제17장(3절) 맹자가 민산의 제정(制民産)과 정전을 논한 철리[162]
第十七章(三節) 孟子制民産論井田哲理

맹자가 말했다. "현명한 임금은 백성의 산업(民産)을 제정하여, 반드시 위로 부모를 섬기기에 족하고, 아래로 처자를 부양하기에 족하고, 풍년에는 종신토록 배부르고, 흉년에도 사망을 면하게 한다." "백성이 굶주리거나 춥지 않은데, 그러면서도 왕 노릇 못 한 자는 아직 없었다."[163]

孟子曰: 明君制民之産, 必使仰足以事父母, 俯足以育妻子, 樂歲終身飽, 凶年免於死亡. 黎民不饑不寒, 然不王者, 未之有也.

또한 말했다. "5묘畝[164]의 집에 뽕나무를 심게 하면 50세 된 자가 비단옷을

---

162 '孟子制民産論井田哲理'의 제목을 그대로 번역하면 '맹자가 민산民産을 제정하고 정전井田을 논한 철리'이겠으나 문맥상 순조롭지 않다. 본문에서 맹자가 '민산을 제정'한 것이 아니라, '민산의 제정을 논한' 것이기 때문이다. 목차에는 본 장의 제목이 '孟子論井田・制民産哲理'로 되어 있는데, 그것이 오히려 타당하므로 이를 반영해 번역한다.
163 『맹자・양혜왕상梁惠王上』에 보인다.
164 '묘畝'는 토지면적의 단위로, 주공이 처음 제정했다고 한다. 원래는 6척尺 사방이 '1보步'이고 1백보가 '1묘'였는데, 진나라 이후로 240보를 1묘로 하였고, 그 뒤로도 시대에 따라 그 실제 면적은 많은 변화가 있었다.

입을 수 있다. 닭·돼지·개와 큰 돼지를 기르게 하되 제때를 잃지 않으면, 70세 된 자가 고기를 먹을 수 있다."[165]

又曰: 五畝之宅, 樹之以桑, 五十者可以衣帛. 雞豚狗彘之畜, 不失其時, 七十者可以食肉也.

또한 말했다. "백성들이 살아가는 방도는 떳떳한 생업(恒産)이 있으면 떳떳한 마음(恒心)이 있지만, 떳떳한 생업이 없으면 떳떳한 마음도 없다. 만약 떳떳한 마음이 없으면, 방탕하고 편벽되고 간사하고 사치하여 무엇이든 하지 않을 것이 없다. 죄에 빠지게 해 놓고 그런 뒤에 쫓아가서 처벌한다면, 이는 백성을 그물질하는 것이다. 어찌 어진 사람이 임금 자리에 있으면서 백성을 그물질하는 것이 옳다고 하겠는가? 따라서 현명한 군주는 반드시 공손하고 검소하게 아랫사람을 예우하고, 백성들로부터 [세금을] 거두는 것에 제도를 둔다."[166]

又曰: 民之爲道也, 有恒産者有恒心, 無恒産者無恒心. 苟無恒心, 放辟邪侈, 無不爲已. 及陷於罪, 然後從而刑之, 是罔民也. 焉有仁人在位, 罔民而可爲也? 是故賢君必恭儉禮下, 取於民有制.

"무릇 어진 정치는 반드시 토지의 경계를 정하는 데서부터 시작하니, 경계가 바르지 않으면 정전井田이 균등치 않고 녹봉이 공평치 않게 된다. 경계가 이미 바르면, 토지를 나누고 녹봉을 제정하는 것은 앉아서도 정할 수 있다."[167]

---

165 『맹자·양혜왕상』에 보인다.
166 『맹자·등문공상滕文公上』에 보인다.

夫仁政必自經界始, 經界不正, 井地不均, 穀祿不平. 經界旣正, 分田制祿, 可坐而定也.

"사방 1리里마다 정井을 두는데, 정은 900묘이고 그 가운데가 공전公田이 된다. 여덟 가구 모두 사전私田 1백 묘씩을 받고, 공동으로 공전公田을 경작한다."

方里而井, 井九百畝, 其中爲公田. 八家皆私百畝, 同養公田.

"하나라는 가구당 50묘를 주고 공貢을 받았고, 은나라는 가구당 70묘를 주고 조助를 받았고, 주나라는 가구당 100묘를 주고 철徹을 받았는데, 실제로는 모두 10분의 1의 세금이었다."168(공법貢法은 좋지 않다.)169

夏后氏五十而貢, 殷人七十而助, 周人百畝而徹. 其實皆什一也.(貢法爲不善.)

"경卿 이하에게는 반드시 규전圭田170이 있어야 하니, 규전은 50묘로 하며, 미혼 사내(餘夫)에게는 25묘를 준다. 죽거나 이사해도 마을을 떠나지 않고, 마을 토지에 정전井田을 함께하고, 나가고 들어올 때 서로 벗하고, 지키고 망을 볼 때 서로 협조하고, 병들었을 때 서로 도와 지지해 준다면, 백성들이 친

---

167 『맹자·등문공상』에 보인다.
168 『맹자·등문공상』에 보인다. 공貢은 정해진 만큼을 세금으로 내는 것이고, 조助는 공전을 함께 경작해 세금으로 충당하는 것이고, 철徹은 공동 경작해 균등하게 나누는 것이다.
169 맹자가 용자龍子의 말을 빌려서 "땅을 다스리는 데 조助보다 좋은 게 없고, 공貢보다 좋지 않은 게 없다"(治地莫善於助, 莫不善於貢)고 평가했다.(『맹자·등문공상』)
170 '규전圭田'은 제사 경비를 충당하는 데 필요한 땅이다.

하여 화목하게 된다."[171]

> 卿以下必有圭田, 圭田五十畝, 餘夫二十五畝. 死徒無出鄕, 鄕田同井, 出
> 入相友, 守望相助, 疾病相扶持, 則百姓親睦.

【안설】 맹자는 성현 중에 뛰어난 재능(英才)과 웅대한 변론(雄辯)이 있었고,
식견이 특별하게 탁월한 대정치가였다. 유가에서 정치를 말한 자로, 오직
맹자 이외에 누가 다시 '정전'과 '민산을 제정'(制民產)하는 법을 말했던가?
아! 위대하다. 이윤과 주공 이후의 정치가로 반드시 맹자를 종주宗主로 삼아
야 한다. 백성의 산업(民產)에 절실했을 뿐만 아니라 동아시아에서 민권民權
을 말한 것도, 맹자 한 사람뿐이었다고 말할 수 있다.

【(秉薰)謹按】 孟子是聖賢中之有英才雄辯, 特別卓識之大政治家也. 儒家
之言政治者, 惟孟子以外, 誰復言井田制民產之法者乎? 烏乎! 偉哉. 伊
周以後之政治家, 必以孟子爲宗主. 不惟拳拳乎民產, 而東亞之言民權
者, 可謂孟子一人而已.

---

171 『맹자·등문공상』에 보인다.

제18장 맹자가 민권을 논한 철리
第十八章 孟子論民權哲理

맹자가 말했다. "[군주가 크게 잘못하면] 반복해서 간언하고, 그래도 듣지 않으면 갈아치운다."[172] 또한 말했다. "백성이 중요하고 나라가 그다음이며, 군주가 가장 가볍다."[173] 또한 말했다. "온 나라 사람이 모두 죽이라고 말한 뒤에야 죽이며, 온 나라 사람이 모두 현명하다고 말한 뒤에야 등용한다."[174]

孟子曰: 反復之而不聽則易之. 又曰: 民爲重, 社稷次之, 君爲輕. 又曰: 國人皆曰可殺, 然後殺之. 國人皆曰賢, 然後擧之.

【안설】맹자의 이 말은 임금을 경계하고 반성토록 하려는 것으로, 아주 중요하다. 그러나 전제정치 이후로 그 설을 신뢰했다는 말을 들어 본 적이 없으니, 천하를 가계 세습했기 때문이다. 하물며 "백성이 중요하고 군주가 가볍다"는 뜻이 상고시대 민주民主의 천의天意에 깊이 부합하는 것이랴! "온 나라 사람이 모두 죽이라고 말한 뒤에야 죽인다"라고 말한 것은, 민권民權을 신장

---

172 『맹자 · 만장상萬章上』에 보인다.
173 『맹자 · 진심하盡心下』에 보인다.
174 『맹자 · 양혜왕하梁惠王下』에 보인다.

하고 인민의 공변된 정의(民公之正義)를 따르는 것이다. 실로 하늘의 뜻에 맞는 공리公理를 먼저 알고, 끝내 민주·헌법 정치의 시대가 올 것을 미리 알았다고 할 수 있다. 아! 정치학의 탁월한 식견이 주공 뒤에 [맹자] 한 사람뿐이라고 말할 수 있다.

【秉熏謹按】孟子此言所以儆省人君者至矣. 然專制以來, 未聞有信用其說者, 以天下爲家私故已. 況民重君輕之旨, 深合乎上古民主之天意者乎!. 至曰"一國皆曰可殺, 然後殺之"者, 卽申張民權, 而順從民公之正義也. 誠可謂先見天意之公理, 終有民主憲法之治日者也. 烏乎! 政治學之卓識, 可謂周公後一人哉.

한漢·명明의 정치와 이치吏治¹⁷⁵의 철리

第十九章 漢明政治幷吏治哲理

【안설】 전국시대 이후 진秦이 천하를 병탄하자, 봉건과 정전을 폐지하고 군현을 설치해 천맥阡陌¹⁷⁶을 열었으며, 옛 제도 일체를 쓸어버리고 보존한 것이 없었다. 하지만 유일하게 군현의 제도는 오히려 봉건의 폐단보다 낫다.

【謹按】 戰國之後秦倂天下, 廢對建井田而置郡縣, 開阡陌, 古制一切蕩掃無存矣. 然惟一郡縣之制, 猶勝於封建之弊也.

한漢의 동중서董仲舒가 말했다. "백성들이 자기 명의로 점유하는 농지(名田)를 제한하여, 땅이 부족한 자를 돕고 토지겸병의 길을 막아야 한다. 소금과 철을 전매하는 이익이 모두 백성에게 돌아가게 하고, 노비를 멋대로 죽일 수 있는 위세를 없애야 한다. 세금 거두기(賦斂)를 가볍게 하고 부역(徭役)을 줄여서 민력民力¹⁷⁷을 북돋워야 한다. 그런 뒤에 잘 다스릴 수 있다."¹⁷⁸

---

175 '한漢·명明 정치'는 한나라에서 명나라에 이르는 시기의 정치를 말한다. '이치吏治'는 중앙정치에 대비하여 지방 관료정치를 가리킨다. 지방관(수령)의 역할이 중요하여, 그 대표적인 인물의 기풍과 치적을 주로 언급했다.
176 '천맥阡陌'은 땅 위에 낸 길이다. 남북으로 난 것이 '천阡'이고, 동서로 난 것이 '맥陌'이다. 여기서는 국토를 군현의 행정구역으로 구획한 것을 말한다.

漢董仲舒曰 "限民命田,[179] 以贍不足, 塞兼併之路. 鹽鐵皆歸於民, 去奴
婢除專殺之威. 薄賦斂,[180] 省繇役, 以寬民力, 然後可以善治也."

제갈무후諸葛武侯[181]가 말했다. "큰 덕으로 세상을 다스려야지, 작은 시혜
로 다스리면 안 된다." 또한 말했다. "내 마음은 저울 같아서 감히 가볍거나
무겁게 만들지 못한다."

諸葛武侯曰: 治世以大德, 不以小惠. 又曰 我心如衡, 不敢作輕重.

【안설】맹자 이후의 정치가는 당연히 공명孔明[182]을 최고로 삼아야 하고, 육
선공陸宣公[183] 또한 그다음이다.
【(秉薰)謹按】孟子以後之政治家, 當以孔明爲最, 而陸宣公亦其次也.

한漢의 황패黃霸[184]는 영천潁川 태수로 교화에 힘쓰고 형벌을 멀리했다. 그
가 말하길 "무릇 정치의 도는 지나치게 심한 것을 제거할 뿐"이라고 하였다.

---

177 '민력民力'은 백성의 노동력과 경제력을 의미한다. 부렴賦斂을 가볍게 하여 백성의 경제력
  을 북돋우고, 요역徭役을 줄여서 백성의 노동력을 북돋운다.
178 『한서·식화지食貨志』에 실린 동중서의 「논한민명전論限民名田」에 보이는 구절이다.
179 여기서 '限民命田'은 '限民名田'의 잘못된 인용이다.
180 '렴斂'은 '렴斂'의 이체자異體字이다.
181 '제갈무후諸葛武侯'는 삼국시대 촉한蜀漢의 제갈량(諸葛亮, 181~234)을 시호諡號로 부르는
  호칭이다.
182 '공명孔明'은 제갈량의 자字이다.
183 육지(陸贄, 754~805)는 당나라의 정치가·문장가·의학가로, 당나라 덕종 시기에 명재상
  으로 이름을 날렸다. 자는 경여敬興인데, 후에 '선宣'을 시호로 받아, 흔히 '육선공陸宣公'으
  로 부른다.
184 황패(黃霸, B.C.130~B.C.51)는 서한의 정치가로, 자는 차공次公이고 시호는 정후定侯다. 조
  정에서 공정한 처사를 고집하다가 옥고를 치렀으며, 영천 태수를 지내며 교화가 크게 행해
  져 명성을 얻었다.

황패가 밖으로는 관대하고 안으로는 명철하여 관리와 백성의 마음을 얻었으니, 인구가 해마다 늘어나고 다스림이 천하제일이 되었다.

> 漢黃霸爲穎川太守, 力行教化而後誅罰. 其言曰: 凡爲治道, 去其太甚者耳. 霸外寬內明, 得吏民心, 戶口歲增, 治爲天下第一.

유곤劉昆[185]이 강릉江陵 수령이 되고 해마다 화재가 일어났는데, 곤이 번번이 불을 향해 머리를 조아리자 여러 차례 비를 내리고 바람을 그치게 할 수 있었다. 그가 홍농弘農 태수로 옮겨가 정사를 돌본 지 3년 만에 어진 교화가 크게 펼쳐져서, 호랑이들마저 모두 새끼를 등에 태우고 황하를 건너 물러갔다.

> 劉昆爲江陵令, 連年火災, 昆輒向火叩頭, 多能降雨止風. 遷弘農太守. 爲政三年, 仁化大行, 虎皆負子渡河.

송宋의 조변趙抃[186]은 성도成都 태수였다. 부임할 때 다만 거문고 하나와 두루미(鶴) 한 마리를 가지고 왔는데, 돌아갈 때도 역시 다만 거문고 하나와 두루미 한 마리뿐이었다.

> 宋趙抃爲成都太守. 赴任只携一琴一鶴, 歸來亦只一琴一鶴也.

---

185 유곤(劉昆, ?~57)은 전한 말 후한 초의 정치가로, 자는 환공桓公이다. 강릉 수령(江陵令)을 거쳐 홍농 태수(弘農太守)를 역임했다.

186 조변(趙抃, 1008~1084)은 송나라의 정치가다. 고관을 무서워하지 않고, 그 잘못을 탄핵하여 '철면어사鐵面御史'라는 칭송을 받았다.

제20장 왕양명의 십가패법
第二十章 王陽明十家牌法

정명도程明道[187]가 '십가패법十家牌法'을 처음 시행하고 왕양명王陽明이 보완해서 실행했으니, 실로 도적을 없애고 [풍속의] 근원을 맑게 하는 훌륭한 법이다. 만약 이를 제대로 강구하고 힘써 실행한다면, 경찰을 쓸 필요가 없을 것이다.

> 程明道始行十家牌法, 而王陽明加演實行, 誠爲戢盜淸源之良法. 苟能講
> 而力行, 則警察不必用矣.

【안설】 이 패법은 또한 나라 곳곳(京鄕坊里)[188]에 두루 설치할 수 있다. 집이 위치한 순서에 따라 [열 가구당] 하나씩 패를 만드는데, 만약 마을이 열 가구가 안 되면 여섯이나 일곱 가구도 패를 만들 수 있다.

【(秉薰)謹按】 此牌法, 亦可遍設於京鄕坊里. 從家座次序作一牌, 若村巷
不滿十家, 則六七家亦可作牌.

---

187 북송의 정호程顥로, 명도明道는 그의 호이다.
188 '경향방리京鄕坊里'는 서울과 지방, 부락 및 마을을 통칭한다. 지금으로 하면, '시군구읍' 정도에 상응하는 개념이다. '나라 곳곳'으로 순치해서 번역했다.

제1조. 패식牌式은 아무 현縣·아무 방坊·아무개·아무 호적 순으로 열 가구를 쓰고, 다섯 가구마다 갑미甲尾[189] 아무개라고 서명하고, 열 가구마다 갑두甲頭[190] 아무개라고 서명한다. 각 사람 이름 아래 나이, 가구원 숫자, 기능과 직업을 명확히 쓴다. 이상이 패식이다.

第一條. 牌式, 某縣·某坊·某人·某籍, 以次書十家, 每甲尾書某人, 甲頭書某人. 各人名下, 寫明年甲, 家丁幾口, 技能·職名. 右牌式.

제2조. 같은 패 열 가구를 매일 돌면서 기록한다. 매일 유시酉時[오후 5시~7시]에 패를 지니고 각 가구를 방문해서 패에 견주어 살핀다.

第二條. 同牌十家, 每日輪回收掌. 每日酉時, 持牌到各家, 照牌查審.

제3조. 어느 가구에 오늘 밤 아무개가 없으면, 어디 갔으며 무슨 일을 하다가 어느 날 돌아올지 기록한다.

第三條. 某家今夜少某人, 往某處, 幹某事, 某日當回.

제4조. 어느 가구에 오늘 밤 누가 더 있으면, 그 아무개 이름, 어디서 와서 무슨 일을 보는지 정확하게 살피고 물어야 하며, 이내 각 가구에 통보해서 모두가 알게 한다.

第四條. 某家今夜多某人, 是某姓名, 從某處來, 幹某務, 要審問的確, 乃

---

[189] '갑미甲尾'는 다섯 가구마다 한 사람씩 두는 우두머리다.
[190] '갑두甲頭'는 열 가구마다 한 사람씩 두는 우두머리다.

通報各家知會.

제5조. 오가는 사람이 혹시 낯설거나 혹은 의심할 만한 일이 있으면, 즉시 관에 알리거나 혹은 부근 경찰이나 군부대(兵站)에 편의대로 속히 알린다.

第五條. 去來之人, 或生面, 或事有可疑, 卽行告官, 或附近警察, 或兵站, 皆從便宜捷告.

제6조. 혹시라도 숨겼다가 일이 발생하면, 열 가구에 똑같이 죄를 묻는다.

第六條. 如或隱蔽, 事發, 十家同罪.

제7조. 잠시 묵어가는 손님이라도, 그가 어디서 왔고, 무슨 일을 보고, 어떤 생업에 종사하는지를 일일이 심사해서 증빙 받는다.

第七條. 寄歇客人, 其來歷何地, 幹某事, 作何業, 一一審查寫憑.

제8조. 손님에게 만약 수상한 단서가 있으면, 열 가구에 서로 전하고, 그에게 별다른 게 없는지 현縣에서 확인하고, 그런 뒤에 고을에서 고을로 차례차례 넘겨(傳遞) [지역의] 경계 밖으로 나가도록 한다.

第八條. 客人若有殊常之端, 十家相傳, 至縣驗其無他, 然後方令傳遞出境.

제9조. 군인 외에 병장기를 몸에 지닌 자는, 나라에서 정한 법대로 같은 패에 속하는 사람이 보고하여 조사하고 처리한다.

第九條. 軍人外, 身帶軍火兵器者, 國有定法, 同牌人報告懲辦事.

제10조. 각 지방관은 근실하게 실행하지 않는 자와 근면 성실하게 거행하는 자를 상·벌로 다스린다.

第十條. 各地方官, 不勤實行者與恪勤擧行者, 按廉賞罰事.

【안설】 왕선생[왕양명]은 유학자로 신묘하게 군사를 부렸다. 그가 비적을 토벌하고 백성을 구제한 공훈과 정치행적에 특별히 채록할 만한 것이 많아서, 패법 같은 것은 단지 작은 한 사례에 불과하다. 그래도 이는 실로 비적의 근원을 깨끗이 청소하고 선량한 백성을 안정시키는 좋은 법이라서 이를 수록할 따름이다. 만약 실행해서 좋은 결과를 맺는다면, 집집마다 밤에 문을 닫지 않고 백성이 편안해지는 것을 볼 수 있다. 이를 신묘하게 운용하는 것은 그 사람에게 달렸다.[191]

【(秉薰)謹按】 王先生以儒子用兵如神, 其討匪濟民之功勳政蹟, 殊多可采者, 而如牌法者, 特一微事也. 然此誠爲淸廓匪源, 而安堵良民之善法, 故載之耳. 苟能實行成效, 卽可見戶不夜閉而民安樂矣. 神而用之, 存乎其人也.

---

[191] '神而用之, 存乎其人'은 『주역』 「계사전」에 보이는 구절이다. 어떤 도구나 원리를 어떻게 활용하는가는, 결국 그것을 활용하는 사람의 능력에 달려있다는 말이다.

고정림顧亭林(염무炎武, 명나라 말)[192] 선생이 말했다. "사업으로 백성을 구제하는 것은 현달하여 높은 지위에 있는 자의 책임이지만, 언설로 백성을 구제하는 것은 궁벽한 낮은 자리에 있는 자의 책임이다."[193] 또한 말했다. "천하 국가의 흥망은 필부에게도 책임이 있다."

> 顧亭林先生(炎武, 明末) 曰 "以事救民, 達而在上位者之責也, 以言救民, 窮而在下位者之責也." 又曰 "天下國家興亡, 匹夫與有責焉."

【안설】 고선생과 황이주黃梨洲[194] · 왕선산王船山[195]은 모두 경학經學에 밝은

192　고염무(顧炎武, 1613~1682)는 명말청초明末淸初의 사상가이자 고증학자다. 자는 영인寧人이고 호는 정림亭林으로, 강소江蘇 사람이다. 저서에 『일지록日知錄』, 『천하군국리병서天下郡國利病書』, 『음악오서音學五書』 등이 있다.

193　'현달하여 높은 지위에 있는 자'(達而在上位者)는 벼슬길에 올라 조정에 나간 자를 가리키고, 이와 대비하여 '궁벽한 낮은 자리에 있는 자'(窮而在下位者)는 벼슬을 하지 않고 초야에 묻힌 선비를 가리킨다.

194　황종희(黃宗羲, 1610~1695)는 명말청초의 사상가로, '이주梨洲'는 그의 호이다. 상세한 인물 소개는 「도덕철학」 '제6장. 명 · 청의 도덕 철리'의 해당 각주를 참고한다.

195　왕부지(王夫之, 1619~1692)는 명말청초의 사상가로, 만년에 형양衡陽의 석선산石船山에 은

대유학자였다. 그 철리 사상에 민권의 이론을 발명하고 고루한 설을 혁파한 것이 많았지만, 지금 다 채록하지는 않는다. 단지 이 한마디 말만으로도 인류의 직분과 의무를 헤아리고자 애썼음을 알 수 있다. 그리고 인민책임의 사상을 일깨운 것은, 앞사람이 밝히지 못한 것을 밝혀 백성의 떳떳한 공리公理에 크게 도움이 된 것이라고 말할 수 있다. 비록 서구 민주民主의 이론에 미치지는 못해도, 인민의 기상(民氣)을 고취한 공은 실로 근세철학 중의 걸출한 선비라 할 것이다. 아! 위대하다.

【(秉薰)謹按】顧先生與黃梨洲·王船山, 皆經學大儒. 其哲理思想, 多有發明民權之論, 闢破古荒之說, 今不俱采. 只此一言, 亦可以見拳拳乎人類之職分義務分槪, 而警起人民責任之思想者, 可謂發前未發, 大有助於民彝之公理者也. 雖不及歐西民主之論, 而鼓唱民氣之功, 誠爲近世哲學中之傑士哉. 烏乎! 偉矣.

거하였으므로 '왕선산王船山'으로 불렸다. 고염무, 황종희, 왕부지를 명말청초의 3대 학자(三大遺老)로 손꼽는다.

결론
結論

   동아시아의 정치학은 복희·황제·요·순부터 주공의 예치에 이르기까지 위에서 진술한 것과 같았고, 이는 경험한 사실이었다. 공자·맹자의 정치학에 이르기까지는 이론으로 후세에 전한 교훈이었고, 이른바 '경험'한 것은 아니었다. 그렇지만 맹자에서 지금까지는, 비록 정치학이 없었다고 하더라도 지나친 논설은 아닐 것이다. 어째서인가? 진나라 전제정치의 폐해가 수천 년 동안 백성에게 해독을 끼쳐서, 단지 문경文景·정관貞觀·송인宋仁[196]의 한때만 간신히 다스려졌을 뿐이다. 왕안석王安石[197] 같은 자가 정치 식견을 거칠게 갖추고 주나라 관제를 회복하는 흉내를 냈는데, 그 뜻은 훌륭했다. 하지

---

196 '문경文景'은 한나라 문제(文帝, 재위 B.C.180~B.C.157)와 경제(景帝, 재위 B.C.157~B.C.141) 시절에 도가 황로학黃老學에 따르는 선정을 베풀어 나라를 크게 안정시킨 치세(文景之治)를 가리키고, '정관貞觀'은 당나라 태종太宗(이세민李世民)의 연호인 정관(貞觀: 627~649) 시대에 이룩한 빛나는 정치 시대(貞觀之治)를 가리키며, '송인宋仁'은 송나라 인종仁宗 재위기(1022~1063)에 어진 정치를 베풀었던 것을 가리킨다.

197 왕안석(王安石, 1021~1086)은 중국 송대의 정치가이자 학자로, 자는 개보介甫 호는 반산半山이다. 시문에 능해 당송唐宋 팔대가八大家의 한 사람으로 손꼽힌다. 그는 신종神宗의 시 참지정사時參知政事로 당시의 재정위기를 극복하는 신법新法을 만들어 정치개혁을 도모했으나, 집정한 지 9년 만에 보수파의 반대로 실패하고 조정에서 물러났다.

만 그는 성정이 집요하여, 변화에 통해(通其變) 신묘하게 화하고(神化)[198] 시의적절하게 운용(時用)[199]하는 것을 알지 못했고, 그리하여 마침내 주관周官에 누를 끼치고[200] 송나라 왕실이 병들었다. 아! 개탄스러워라. 어째서 일찍 감치 맹자의 큰 기상[201]을 배워서 그 윤택한 좋은 뜻을 깨우치지 못했던가?

서구의 정치를 보더라도 역시 서로 유사한 것이 많다. 부락 추장에서 시작해 국가(邦國)의 민주에 이르고, 봉건·귀족·도시정치(市政)·전제專制의 제반 정치를 거친 연후에 칸트·몽테스키외 같은 위대한 정치철학가들[202]이 출현하여 앞뒤로 헌법·공화·삼정분립·법치·도덕 이론을 고쳐니, 그리하여 사람들 뇌리의 사상을 개혁할 수 있었다. 이에 여러 국가에서 그것을 시험하고 실행하여, 마침내 민주·공리公理의 좋은 법을 회복했다. 어찌 여러 철학 대가들의 '마음의 힘'(心力)으로 세상을 구제한 것이 아니겠는가?

애석하다! 동아시아의 백성은 반대로 선조의 민주정치에 어두워진 지 오래되었다. 오직 근세에 비로소 구미의 풍조를 받아들여, 중화가 공화를 밝게 회복한[203] 뒤에도 어지러이 허송세월만 한다. 그러나 반드시 혼란에서 벗어나 정치가 안정될 날이 올 것이니, 장차 새것과 옛것을 조제하고, 다스리는

---

198 '통기변通其變'과 '신화神化'는 『주역·계사전하繫辭傳下』에서 유래했다. 원문은 다음과 같다. "神農氏沒, 黃帝堯舜氏作, 通其變, 使民不倦. 神而化之, 使民宜之."

199 '시용時用'은 시대 변화에 부응하는 시의적절한 운용으로, '시의時義' '시중時中' 등과 통한다.

200 여기서 '주관周官'은 곧 주례周禮를 가리킨다. 왕안석이 섣부른 변법 개혁으로 주례를 구현하는 데 실패하고, 오히려 그것에 누를 끼쳤다는 뜻이다.

201 '추권대척麁拳大踢'을 직역하면 거친 주먹과 큰 발길질로, 문맥상 '큰 기상'을 의미한다.

202 원문은 '大政治家'인데, 문맥상 현실정치인이라기보다 위대한 정치철학가 내지는 정치사상가를 가리킨다. 이어지는 구절에서는 이들을 '여러 철학 대가'(哲學諸大家)로도 부른다.

203 여기서 '중화가 공화를 밝게 회복했다(光復)'는 것은, 산해혁명 직후인 1912년 중화민국中華民國이 공화국으로 건립된 것을 가리킨다. 1912년 손문孫文이 중화민국의 초대 임시대총통으로 취임하였으며, 1913년 원세개袁世凱에게 임시대총통직을 양도하였다. 이후 1928년까지는 군벌軍閥들이 난립했던 이른바 '북양정부北洋政府' 시대였는데, 전병훈은 이 시기에 중화민국의 수도였던 북경北京에 거주했다.

법(治法)과 민의民意(지방자치)에 균전과 예치를 더하여, 인도人道의 공정한 도리를 극대화하고 힘써 행해야 한다. 하느님은 살리기 좋아하는 지극한 덕을 지니고 있으니, 그 기약이 어찌 멀리 있겠는가? 또한 동아시아의 전제專制가 진나라 정치에서 시작된 것을 고찰컨대, 진시황도 일찍이 왕전王翦 집안의 은혜를 입고 그 부인을 '형수씨'로 불렀다. 그가 [형가荊軻의] 비수匕首[204]를 당하기 전에는 군주를 높이던 등급이 그 뒤처럼 극심하지 않았음을 알 수 있다. 세상의 논객들이 어찌 모를 수 있겠는가?

東亞之政治學, 自羲·黃·堯·舜, 以至周公之禮治, 則如上所述, 是乃經驗之事實也. 至若孔孟之政治學, 則理論之垂訓者, 非所謂經驗者也. 雖然, 自孟子以至于今, 雖謂之無政治學, 恐非過論也. 何以然哉? 秦政專制之弊害, 流毒生民數千載, 只有文景貞觀宋仁之一時苟治而已. 如王安石者, 粗具政治眼識, 擬復周官之制, 其志則善矣. 然其執拗之性, 不知通其變而神化之時用, 故竟以咎周官而病宋室. 吁! 可慨矣. 何不早學孟子之麀聚大踢, 以覺其潤澤之美旨耶? 觀夫歐西之政治, 亦多相類者. 向自部落酋長, 而至爲邦國民主, 經封建·貴族·市政·專制諸般政治, 然後有若康德·孟德斯鳩之大政治家者, 先後鼓唱憲法·共和·三政鼎立·法治·道德之論, 故能改革人之腦思也. 於是列國試驗而實行之, 克復民主公理之良法. 詎非哲學諸大家之心力所濟者耶? 嗟乎! 東亞之民, 反茫昧於祖先民主之治, 久矣. 惟近世始襲歐美之風潮, 中華光復共和以來, 亂靡虛日. 然必有出亂入治之一日矣, 將調劑新舊, 而治法民意(地方自治), 加以均田禮治, 以極人道之公理而勉從. 上帝好生之至德者, 期豈遠乎哉. 又攷東亞專制自秦政始, 然始皇嘗幸王翦家, 呼稱其夫人曰'兄嫂氏'. 可以見其遭匕首以前, 尊君之級, 不如其後之極甚也. 論世者何可不知乎?

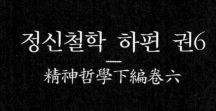

정신철학 하편 권6

精神哲學下編卷六

제6편

도가정치철학

道家政治哲學

제22장(5절) 도가 정치철학
第二十二章[1](五節) 道家政治哲理

『주역』에서 말했다. "복희[2]씨가 천하의 왕이 되어, 우러러 하늘의 형상을 살피고 고개를 숙여 땅의 법칙을 살폈다. 새와 짐승의 무늬와 땅의 마땅함[3]을 살피고, 가깝게는 몸에서 취하고 멀리는 사물에서 취했다. 그리하여 처음 팔괘八卦를 그려 신명의 덕에 통하고, 만물의 실정을 분류했다."[4]

『易』曰: 包(庖)犧氏之王天下也, 仰則觀象於天, 俯則觀法於地. 觀鳥獸之文與地之宜, 近取諸身, 遠取諸物. 於是始畫八卦, 以通神明之德, 以類萬物之情.

---

1   원문에는 여기에 '政治哲學' 4글자가 있는데, 이 책 장절 제목의 전례로 볼 때 불필요한 부분이라 표기하지 않는다.
2   복희伏羲는 고대 전설상의 제왕 혹은 신으로 포희包犧, 포희庖犧, 복희宓羲, 복희伏戲, 희황犧皇 등으로 일컫는다. 본문에서도 包에 더해 庖를 아울러 표기했는데, 번역은 '복희'로 통일한다.
3   '새와 짐승의 무늬'(鳥獸之文)는 동물의 생김새뿐만 아니라 그것들이 살아가는 제반 양태를 가리킨다. '땅의 마땅함'(地之宜)은 뭇 생명이 살아가는 지리적(환경적) 여건의 적합성을 의미한다. 예를 들어 어류는 물속에서 헤엄치고, 조류는 허공을 날고, 사람은 땅 위에 사는 것 등이 마땅하다는 문맥이다.
4   『주역·계사전하』에 보이는 구절이다.

【안설】복희씨가 [하늘을] 우러러보고 [땅을] 굽어보아 살펴, 처음 팔괘를 긋고 서계書契를 만들어 결승結繩으로 정사를 보던 것을 대신했다.[5] 결혼제도를 만들고, 그물을 만들고, 희생으로 쓸 가축을 기르니,[6] 인문人文이 비로소 열렸다. 복희는 또한 참나를 닦아 신선이 되어 승천했다.(『선감仙鑑』에 있다.)

【(秉薰)謹按】伏犧氏仰觀俯察, 始畫八卦, 造書契, 以代結繩之政. 制嫁娶, 結綱罟, 養犧牲, 人文始開也. 犧氏亦修眞而仙昇也.(『仙鑑』有.)

복희씨가 죽고 신농씨가 일어났다. 나무를 깎아서 쟁기날을 만들고 나무를 휘어 쟁기자루를 만들어서, 밭을 갈고 김매는 데 이롭게 하여 천하를 가르쳤다.[7]

庖犧氏沒, 神農氏作. 斲木爲耜[耜],[8] 揉木爲耒, 耒耨之利, 以敎天下.

【안설】이때는 인류문명의 초창기로, 두 성인이 일어나 농사를 가르쳤다. 수많은 풀을 맛보고 비로소 의약醫藥이 생겨났다. 낮에 시장을 열어 교역하고 돌아가는 것을 사람들에게 가르쳤다. 신농 역시 참나를 닦아 신선이 되어

---

5 『상서尙書』「서序」에서 공안국孔安國이 "古者伏犧氏之王天下也, 始畫八卦, 造書契, 以代結繩之政"이라고 한 것을 인용했다. '결승結繩'은 띠로 매듭을 지어 일정한 수량이나 의미를 표시하던 것으로, 인류 역사 초기에 거의 모든 문명에서 나타난다. '서계書契'는 나무 따위에 선을 긋거나 홈을 파서 부호를 표시하던 것으로, 이 역시 전 세계적으로 사용되었다. 결승에 비해 서계가 부호에 더 접근했으며, 오래전부터 중국인들은 이를 문자의 효시로 보았다. 복희가 서계를 만들었다는 설도 그런 문맥에서 나왔다. 하지만 결승과 서계를 문자 혹은 문자의 기원으로 보기 어렵다는 것이 오늘날 언어학계의 통설이다. 그것은 문자가 만들어지기 전에 전 세계적으로 사용되었던 기억 보조 수단으로, 이는 중국에서도 마찬가지로 사용되었다.
6 『십팔사략十八史略』에서 가져온 글이다. 그 원문은 다음과 같다. "太昊伏義氏, 風姓. 始畫八卦, 造書契, 以代結繩之政. 制嫁娶, 以儷皮爲禮. 結網罟, 敎佃漁, 養犧牲, 以充庖廚. 故曰庖犧."
7 『주역·계사전하』에 보이는 구절이다.
8 명문본에 '거耟'로 되어 있는데, 『주역·계사전하』에는 '사耜'로 나온다.

승천했다.(『선감』에 있다.)

【(秉薰)謹按】斯時人物草創, 兩聖人作而敎耕稼. 嘗百草, 始有醫藥. 敎人
日中爲市, 交易而退. 神農亦修眞而仙昇也.(『仙鑑』有.)

신농씨가 죽고 황제 · 요 · 순씨가 일어났다. 천지만물의 변화에 통달하여 백성들이 게으르지 않게 하며, 신묘하게 교화하여 백성들이 마땅하게 여기게끔 했다. 의복을 갖춰 입고 천하를 다스렸다.[9]

神農氏沒, 黃帝 · 堯 · 舜氏作. 通其變, 使民不倦. 神而化之, 使民宜之.
垂衣裳而治天下.[10]

【안설】 세 성인이 일어나 하늘을 이어 기준을 세우니, 인문이 이에 밝아지고 제도가 점차 갖춰졌다. 그러므로 『주역 · 계사전』에서 말했다. "나무를 쪼개 배를 만들고 나무를 깎아 노를 만들어, 통하지 않는 곳을 건너게 하였다. 소를 부리고 말을 타서 무거운 것을 끌어오고 먼 곳에 이르게 하여 천하를 이롭게 하였다. 문을 겹겹이 세우고 야경을 돌아[11] 사나운 도적을 대비했다. 나무를 잘라 절굿공이를 만들고 땅을 파 절구로 삼아, 절구와 공이의 이로움으로 만민을 이롭게 해서 구제했다. 나무에 활시위를 매어 활을 만들고 나무를 깎아 화살을 만들어서, 활과 화살의 이로움으로 천하에 위엄을 떨쳤다. 상고上古에는 굴에서 살고 들에서 거처했지만, 후세에 성인이 궁실宮室로 바꿔서 위에는 들보를 얹고 아래는 서까래를 얹어 비바람에 대비했다. 옛날 장례하는 것은 섶을 두껍게 입혀서 들판 가운데 매장하되 봉분封墳하지 않고 나무도 심지 않았는데, 후세에 성인이 관곽棺槨[12]으로 바꾸었다. 상고에

---

9   『주역 · 계사전하』에 보이는 구절이다.
10 "垂衣裳而治天下"는 『주역 · 계사전하』에서 "垂衣裳而天下治"로 나온다.
11 '탁柝'은 딱따기로, 밤에 야경을 돌면서 마주쳐서 '딱딱' 소리를 내게 만든 두 짝의 나무토막이다. '격탁擊柝'은 딱따기를 친다는 뜻인데, 야경을 돈다는 의미로 확장된다.
12 죽은 사람을 땅속에 묻을 때 시체를 넣는 속널(棺)과 겉널(槨)을 가리킨다.

는 결승結繩으로 다스렸는데 후세 성인이 서계書契로 바꿔서,[13] 이를 가지고 백관을 다스리고 만민을 살폈다."

이것은 모두 성인이 독창적 지혜와 신묘한 견해로 문물을 제작하고 활용하며, 이를 통해 백성의 생업을 열고 세상을 만든 것이다. 하지만 황제의 제작이 가장 번성했고, 황제가 도가의 비조가 되었다. 제작의 순서가 자연스레 복희 · 신농으로부터 황제에 이르렀는데, 복희와 신농도 모두 참나를 닦아서 신선이 되어 승천했다.

【(秉薰)謹按】三聖人作而繼天立極, 人文斯明, 制度寖備. 故『易 · 繫辭』曰 "刳木爲舟, 剡木爲楫, 以濟不通. 服牛乘馬, 引重致遠, 以利天下. 重門擊柝, 以待暴客. 斷木爲杵, 掘地爲臼, 臼杵之利, 利萬民以濟. 弦木爲弧, 剡木爲矢. 弧矢之利, 以威天下. 上古穴居而野處, 後世聖人易之以宮室. 上棟[14]下宇, 以待風雨. 古之葬者, 厚衣之以薪, 葬之中野, 不封不樹. 後世聖人, 易之以棺槨. 上古結繩而治, 後世聖人, 易之以書契, 百官以治, 萬民以察." 此皆聖人之創智神見, 制作利用, 以啓民生之業, 以造世者也. 然以黃帝之制作爲最盛, 而黃帝爲道家之祖也. 制作之序, 自然由羲 · 農以及黃帝, 然羲農皆修眞而仙昇也.

황제가 해와 달과 별과 별자리의 모양을 보고 처음 천문학서(星官之書)를 지었다. 명을 내려 대요大撓에게 두건斗建[15]을 점쳐 갑자甲子[16]를 만들게 하고, 용성容成에게 달력을 만들게 하고, 예수隸首에게 수를 계산하게 하고, 영윤伶倫에게 법령을 만들도록 했다.

---

13 '결승結繩'과 '서계書契'는 앞서 복희씨를 말하며 이미 언급했던 것으로, 해당 구절의 각주를 참고한다.

14 棟: 명문본에는 '楝'으로 되어 있다. 맥락상 '棟'이 합당하다.

15 '두건斗建'은 국자 모양인 북두칠성에서 자루 부분을 가리킨다.

16 '갑자甲子'는 '갑甲'으로 시작하는 10개의 천간天干과 '자子'로 시작하는 12개의 지지地支를 결합해 60개의 간지를 만드는 것으로, 통상 '60갑자六十甲子'라고 한다. 60갑자는 연 · 월 · 일 · 시 등의 각종 시간을 계산하는 역법曆法의 기본 원리가 되었다.

黃帝見日月星辰之象, 始有星官之書. 命大撓占斗建, 作甲子, 容成造曆, 隸首作算數, 伶倫造律.

【안설】황제가 제작한 것이 매우 많으니 이뿐만이 아니다. 가령 구정법邱井法은 앞 편에서 이미 말했는데, 구승병법邱乘兵法 · 승부지도勝負之圖 · 음부경陰符經[17] 류가 그것이다.

【(秉薰)謹按】黃帝之制作甚多, 不特此也. 如邱井法則上篇已言之, 邱乘兵法, 勝負之圖, 陰符經之類是也.

황제가 말했다. "자연의 도가 안정되니, 따라서 천지 만물이 생겨난다. 천지의 도가 스며드니, 따라서 음양이 왕성해진다. 음양이 서로 추동해서 변화가 순조롭다."[18] 또한 말했다. "하늘의 도를 살피고 하늘이 운행하는 대로 집행하면, 나라가 부유하고 백성이 평안하다."[19]

黃帝曰 "自然之道靜, 故天地萬物生. 天地之道寖, 故陰陽勝. 陰陽相推, 變化順矣." 又曰 "觀天之道, 執天之行, 國富而民安."

【안설】도장에 『음부경』이 있는데 황제의 저서라고 일컫는다. 하지만 주희는 이전李筌[20]이 지은 책으로 여겼다. 나도 그 문장을 읽었는데, 실로 상고上

---

17 여기서 열거하는 문헌들은 전국시대 이후에 황제의 이름을 빌려 제작된 것이 대부분이다. 여하튼 이런 위작들로 인해 천문 · 역법 · 병법과 각종 방술의 발명자로서 황제의 이미지가 훗날 더 확고해진 점은 분명하다.

18 『(황제)음부경陰符經』에 보이는 구절이다.

19 역시 『음부경』에 보이는 구절이다.

20 이전李筌은 당나라 때의 저명한 도교 학자이자 병법가로, 호는 달관자達觀子이다. 농서隴西(지금의 감숙성甘肅省 서부) 사람으로, 생졸년은 불분명하지만 대략 현종玄宗에서 숙종肅宗 시기에 활동했다. 이전은 소싯적에 신선술을 좋아해서 숭산崇山 안의 소실산小室山에 여러 해 동안 은거했는데, 호구암虎口巖에서 『황제음부경』을 얻어 이를 수천 번 베껴 쓰고 읽

古의 문법으로 분류할 수 없으니, 가령 "하늘에 오적五賊이 있으니 이를 아는
사람은 창성한다[21]"고 말하는 류가 그렇다. 다만 위의 몇 구절만은 이치가
아주 순조롭고 올바르니 혹시 진짜 황제의 말이고, 그 나머지는 모두 위서
인가? 감히 확정할 수 없다.

【(秉薰)謹按】道藏有『陰符經』, 謂爲黃帝書, 然朱子以爲李筌所作. 余讀
其文, 誠不類上古文法, 而如云'天有五賊, 見之者昌'之類是也. 只此數
句, 則理極順正, 抑眞黃帝之言, 其餘各僞書歟? 未敢定也.

어도 그 뜻을 알 수 없었고, 진진晉秦에 들어가 여산驪山 아래에서 한 노파를 만나 『음부경』의
뜻을 전해 듣고 비로소 깨우쳤다고 한다. 이전은 숙종肅宗 때에 형남절도부사荊南節度副
使·등주자사鄧州刺史를 지냈으며, 당시 재상이던 이림보(李林甫, 683~753)의 배척을 받자
벼슬을 버리고 입산하여 행적을 알 수 없었다고 한다. 저서로『황제음부경소黃帝陰符經疏』,
그리고 병법서인『태백음경太白陰經』(『神機制敵太白陰經』)이 있다.

21 여기서 '오적五賊'은 문자 그대로 '다섯 도적'이 아니라, '하늘에 숨겨진 다섯 가지 비밀스러
운 것' 혹은 '하늘의 다섯 가지 비밀스러운 것을 훔치는 일' 정도를 의미한다. 그 구체적인
내용에 대해서는 여러 설이 분분하다. 한 예로 강태공의 말을 표방해 '천명(命)·사물
(物)·때(時)·공적(功)·신령함(神)을 하늘로부터 훔치는 것'(其一賊命, 其次賊物, 其次賊時,
其次賊功, 其次賊神)으로 주석하는가 하면, 혹은 금金·목木·수水·화火·토土의 오행五行
으로 보기도 한다. 『음부경』의 원문은 다음과 같다. "觀天之道, 執天之行, 盡矣. 天有五賊, 見
之者昌, 五賊在心, 施行于天, 宇宙在乎手, 萬化生乎身. 天性, 人也, 人心機也. 立天之道, 以定人也.
天發殺氣, 移星移宿, 地發殺氣, 龍蛇起陸, 人發殺氣, 天地反覆, 天人合發, 萬化定基, 性有巧拙, 可以
伏藏, 九竅之邪在乎三要, 可以動靜, 火生於木, 禍發必克, 奸生於國, 時動必潰, 知之脩鍊謂之聖人, 天
生天殺, 道之理也."

노자老子가 말했다. "성인은 상심常心[22]이 없고, 백성의 마음을 자기 마음으로 삼는다. 착한 자라면 내가 착하게 대하고 착하지 않은 자라도 내가 착하게 대하니, 착함을 얻는다. 미더운 자라면 내가 믿고 미덥지 않은 자라도 내가 믿으니, 믿음을 얻는다. 성인이 천하에 있으매 정성이 간절하고,[23] 천하를 위해 그 마음을 뒤섞는다. 백성이 모두 이목을 집중하니, 성인은 백성을 모두 갓난아이처럼 돌본다."[24] ('첩첩慄慄'은 정성이 간절한 모양이다. '해지孩之'는 갓난아이처럼 돌보는 것이다.)

老子曰: 聖人無常心, 以百姓心爲心. 善者, 吾善之. 不善者, 吾亦善之, 德善矣. 信者, 吾信之. 不信者, 吾亦信之, 德信矣. 聖人在天下, 慄慄爲天下

---

22 '상심常心'은 '[불변하는] 한결같은 마음'이라는 뜻인데, 여기서는 어떤 이념이나 지식에 고착되어 변치 않는 고집스러운 마음을 가리킨다. 장자는 이를 닫힌 마음이라는 문맥에서 '성심成心'이라고도 한다. 통상 시시때때 변덕스러운 마음에 상대하여 '한결같은 마음'이라고 하는 것과는 문맥이 다르다.

23 『노자』 여러 판본에 '첩첩慄慄'은 대개 '흡흡歙歙'으로 되어 있다. 하지만 전병훈이 본문에서 "慄慄, 誠切貌"라고 주해까지 달았으므로, 여기서는 그에 따라 해석한다.

24 『노자』 49장에 보인다.

渾其心, 百姓皆注其耳目, 聖人皆孩之. (慄慄, 誠切貌. 孩之, 保之如赤子也.)

【안설】 노자의 이 논의는 천리天理의 공변된 마음을 말한 것으로, 자연스레 민주제도의 뜻에 부합한다. 옛날에 임금이 된 자는 좋든 싫든 편안하든 근심하든, 순전히 백성의 마음을 자기 마음으로 삼아서 이를 듣고 따랐다. 그러므로 비록 '민주'의 명칭이 없었을지라도, 실은 이미 [민주를] 행했다고 말할 수 있다. 대개 그 속마음이 온전히 이렇게 순수함과 소박함을 회복해서 태화泰和[태괘䷊의 큰 조화]의 의상意象[25]에 합한다. 그러므로 정치를 논하는 자 역시 인심人心에서 기인하여 천리天理의 지극한 선善을 회복한다.[26] 아! 위대하도다!

【(秉薰)謹按】 老子此論, 可謂天理之公心, 自然孚合於民主制之意也. 古之爲人君者, 好惡休戚, 純以百姓心爲心而聽順之, 則雖無民主之名稱, 而其實則可謂已行也. 蓋其胸懷專是回醇反樸, 以合泰和之意象. 故論政治者, 亦因人心以復天理之至善也. 烏乎! 偉哉!

---

25 『주역・계사전』에서 "상象을 세워 뜻을 다한다"(立象以盡意)고 하며, 여기서 비롯된 용어가 곧 '의상意象'이다. 전병훈은 『주역』 64괘 중 11번째 태泰괘의 괘상(地天泰: ䷊)위에 있는 땅(백성)을 밑에 있는 하늘(임금)이 받드는 형상으로, "[임금이] 백성의 마음을 자기 마음으로 삼아서 이를 듣고 따르는" 큰 조화(泰和)의 뜻을 표상한다고 보았다. 이것이 곧 '태화泰和의 의상意象'이다.

26 전병훈에 따르면 "형기形氣와 물욕物慾의 사사로움에 이끌리면 곧 '인심人心'이"고(「심리철학」 제2장), 이런 "인심에서 기인하여 천리天理의 지극한 선을 회복하는" 것이 곧 정치이다. 여기서 '인심'은 백성의 마음(民心), 즉 백성의 욕구이다. 그리고 훌륭한 정치인은 백성의 욕구를 자기의 욕구처럼 여기고 이를 해소하기[만족시키기]에 힘써서, 결국 백성의 마음을 안정시키고 그 착함(善)과 미더움(信)이 증진되도록 한다. 즉 선한 리더가 '착한 사회'와 '신뢰 사회'를 만든다. 이것이 가능한 심리학적 근거는, 마음의 다음과 같은 원리에서 찾을 수 있다. "마음의 허령한 지각은 하나이되 나눠서 말하는 것으로, [인심과 도심이라는] 두 마음이 있는 것이 아니다. … 오직 능히 정밀하게 관찰하는 사람이라야 사욕에 물들지 않고 능히 하나를 지키니, 곧 도에 적중해 극단으로 치우침이 없다. 그리하여 위태로운 것[인심]이 안정되고 미약한 것[도심]이 드러나며, 움직이고 멈추는 일에 지나치고 모자란 틈이 없으니, 비로소 천심天心에 합치한다."(「심리철학」 제2장)

노자가 말했다. "성인聖人은 늘 사람을 잘 구제해서 사람을 버리지 않고, 늘 사물을 잘 구제해서 사물을 버리지 않는다."27

老子曰: 聖人常善救人, 故無棄人, 常善救物, 故無棄物.

【안설】 성인의 마음은, 살리기를 좋아하는 하느님의 마음을 우러러 체현해서 자기 마음으로 삼는다. 그러므로 온 세상(宇宙)을 포용하여 기운이 항상 봄날처럼 화창하니, 모든 사물이 발생하여 육성되지 않는 것이 없다. 이를 정치에 시행하면 그 감화로 지극한 덕의 교화가 이뤄질 것이니, 순임금과 주공의 융성하고 빛나는 정치와 어찌 다르겠는가?28

【秉薰)謹按】 聖人之心, 仰體上帝好生之心而爲心, 故包涵宇宙, 氣常春和, 無物不發生而容育焉. 施諸政治, 其感動至德之化, 與舜周隆熙之至治, 何以殊哉?

노자가 말했다. "올바름(正)으로 나라를 다스리고, 기발한 지혜(奇智)로 군대를 부리고, 아무 일 없음(無事)으로 천하를 얻는다. 내가 어떻게 그런 줄 알겠는가? 다음과 같은 것에 의해서다. 천하에 금기가 많을수록 백성이 더욱 가난해진다. 사람에게 이로운 기물(利器)이 많을수록 나라는 더욱 혼란해진다. 사람에게 기교가 많을수록 기괴한 사물이 더욱 증대한다. 법령이 많고 뚜렷할수록 도적이 더욱 많아진다. 그러므로 성인이 말했다. '내가 무위하니 백성이 저절로 교화된다. 내가 고요함을 좋아하니 백성이 저절로 바르게 된다. 내가 아무 일도 없으니 백성이 저절로 부유해진다. 내가 욕심이 없으니 백성이 저절로 소박해진다.'"29

---

27 『노자』 27장에 보인다.
28 여기서 '성인'은 노자가 말하는 성인이다. 본문은 그런 도가道家적 성인이 다스릴 때, 그 정치의 교화가 순임금과 주공으로 표상되는 유가儒家적 성인의 정치와 다르지 않음을 말한다.

老子曰: 以正治國, 以奇用兵, 以無事取天下. 吾何以知其然乎? 以此夫. 天下多忌諱而民彌貧. 人多利器, 國家滋昏. 人多技巧, 奇物滋起. 法令滋彰, 盜賊多有. 故聖人云 "我無爲而民自化, 我好靜而民自正, 我無事而民自富, 我無欲而民自樸."

【안설】이 구절 역시 지극한 논의이다. 백성의 윗사람 된 자가 이익을 탐내고 기괴한 것을 좋아하는 욕망이 없으면, 백성이 저절로 질박함을 회복하고, 또한 자연의 지극한 섭리에 감화할 것이다. 하지만 이는 공리적이고 물질적인 세상에서 당장 강구하고 실행할 것이 아니다. 세상이 다스려져 장차 통일하고 대동하는 날에 오르면, 장생하는 도와 함께 성스러움을 아우르는 (兼聖) 신령한 영웅이 반드시 와서 그 법을 취할 것이다.

【秉薰謹按】此亦至論也. 爲民上者, 無貪利好奇之欲, 則民自返樸, 亦有感化自然之至理. 然此非功利物質之世所當講行者也. 世治將躋統一大同之日, 並與其長生久視之道, 有兼聖神雄者, 必來取法乎!

노자가 말했다. "큰 나라를 다스리는 것은 작은 생선을 삶는 것과 같다. 도道로 천하를 다스리면, 그 귀신도 신령스럽지 않다."[30] 또한 말했다. "과다하게 쌓으면 반드시 크게 잃는다. 만족을 알면 욕되지 않고, 그칠 줄 알면 위태롭지 않으니, 길게 오래갈 수 있다."[31] 또한 말했다. "얻기 힘든 재화를 귀히 여기지 않으면, 백성이 도둑질하지 않게 한다. 욕심날 만한 것을 보이지 않으면, [백성의] 마음을 어지럽지 않게 한다."[32] 또한 말했다. "몸을 천하처럼 귀하게 여기는 사람이라야, [그에게] 천하를 맡길 수 있다. 몸을 천하처럼 사

---

29   『노자』 57장에 보인다.
30   『노자』 60장에 보인다.
31   『노자』 44장에 보인다.
32   『노자』 3장에 보인다.

랑하는 사람이라야, [그에게] 천하를 부탁할 수 있다."³³

老子曰 "治大國若烹小鮮. 以道蒞天下, 其鬼不神." 又曰 "多藏必厚亡. 知足不辱, 知止不殆, 可以長久." 又曰 "不貴難得之貨, 使民不爲盜. 不見可欲, 使心不亂." 又曰 "貴以身爲天下者, 則可以寄於天下. 愛以身爲天下者, 乃可以託於天下."

【안설】 이것은 모두 지극한 논의이다. 가령 "작은 생선을 삶는 것과 같다"는 것은 나라를 휘저어 해치지 말고 잘 조제하라는 뜻이다. "그 귀신도 신령스럽지 않다"는 것은 신이 요상한 재앙을 짓지 않는다는 말이다. "과다하게 쌓으면 크게 잃는다"는 경고는 실로 전무후무한 명언이다. 구구절절 사람을 경계하는 지극한 교훈인데, 하물며 백성의 윗자리에서 원수元首의 지위를 맡은 자라면 더욱 보배로운 거울로 삼아야 하지 않겠는가?

【(秉薰)謹按】 此皆至論也, 若烹小鮮者, 使勿撓害而善調劑之意. 其鬼不神者, 神不作妖災云耳. 多積厚亡之誡, 誠空前絶後之名言也. 節節儆人之至敎, 況居民上, 當元首之地者, 不尤作寶鑒乎?

---

33 『노자』 13장에 보인다.

제24장(2절) 노자가 전쟁의 참화를 논한 철리
第二十四章(二節) 老子論兵禍之哲理

노자가 말했다. "도道로 군주를 보좌하는 자는 군대로 천하에 강권을 행사하지 않으니, 그런 일은 쉽게 되돌아온다. 군사들이 머무는 곳에는 가시나무가 자라고, 대군大軍이 지나간 뒤에는 반드시 흉년이 든다."[34] 또한 말했다. "훌륭한 무기는 상서롭지 않은 도구라서 만물이 모두 이를 혐오하니, 그러므로 도道가 있는 사람은 그것을 사용하지 않는다. 그래서 군자가 거처할 때 왼쪽을 귀히 여기지만, 군대를 부릴 때는 오른쪽을 귀히 여긴다. 무기는 상서롭지 않은 도구로 군자의 도구가 아니니, 어쩔 수 없어서 이를 쓰더라도 담담한 것이 최상이다. 이겨도 찬미하지 않으니, 이를 찬미하는 것은 살인을 즐기는 것이다. 무릇 살인을 즐기는 자는 천하에서 뜻을 얻을 수 없다. 그러므로 좋은 일은 왼쪽을 높이고 흉한 일은 오른쪽을 높이기 때문에 편장군을 왼쪽에 두고 상장군을 오른쪽에 두어 상례喪禮로 대처한다.[35] 많은 사람을 죽

---

34 『노자』 30장에 보인다.
35 『노자』 31장의 여러 판본에는 '以喪禮處之' 앞에 대개 '言'이 있다. "'~상례喪禮로 대처한다'고 말한다"는 뜻이다. 계급이 높은 상장군上將軍을 오른쪽에 배치하는 것은, 전쟁이(심지어 전승마저도) 흉사凶事임을 표방한다는 뜻이다.

이니 비통해하며 읍하고, 전쟁에서 이겨도 상례로 대처한다."[36]

老子曰 "以道佐人主者, 不以兵强天下. 其事好還. 師之所處, 荊棘生焉,
大軍之後, 必有凶年." 又曰 "夫佳兵者, 不祥之器, 物或惡之. 故有道者不
處. 是故君子居則貴左, 用兵則貴右. 兵者不祥之器, 非君子之器, 不得已
用之, 恬淡爲上. 勝而不美, 而美之者, 是樂殺人也. 夫樂殺人者, 不可得
志於天下矣. 故吉事尙左, 凶事尙右, 是以偏將軍處左, 上將軍處右, [言]
以喪禮處之. 殺人衆多, 以悲哀泣之, 戰勝, 以喪禮處之."

【안설】 성인이 천하를 다스리면 오로지 도덕으로 교화하기에 힘쓰고, 부득
이하게 전쟁을 해야 할 경우에는 반드시 깊이 경계해야 한다. 『주역』에서
"군사가 송장을 싣고 돌아오니, 흉하다"[37]고 했다. 『상서』[38]는 "전쟁을 그치
는 것이 무武이다"(止戈爲武)라고 했다. "훌륭한 무기는 상서롭지 않은 도구"
로 살상에 이롭게 쓰는 것이다. 이 장[『노자』 31장]의 이론이 이처럼 명료하
고 엄중하며 절박하여, 만세토록 거울삼을 만한 교훈(鑑戒)[39]이라고 할 수
있다.

　아! 내가 최근 세상의 가장 부강하고 문명화된 나라들을 살펴보니, 살상
용 무기를 날로 정밀히 연구해서 사오십 년을 비축했는데, 그 살상 기계들
이 작동해서 전쟁이 한번 발발하자 하늘까지 번질 참화가 연달아 18개국 이
상으로 번졌다. 천지를 뒤흔들어 서로 참살한 인명이 2천만여 명에 이르고,
재산과 민간인의 피해는 얼마나 되는지 알 수 없다. 거포·비행기·잠수함
에 신神이 울고 귀신이 놀라며, 인명을 쉽게 살상하는 괴이한 무기가 출현하
지 않은 것이 없다. 극도로 흉포하고 잔혹하여, 인간 된 도리가 끊어질 정도

36　『노자』 31장에 보인다.
37　『주역·사괘師卦』에 보이는 구절이다.
38　'지과위무止戈爲武'는 본래 『좌전左傳』에 나오는 말인데, 전병훈이 그 출처를 『상서』로 착
　　각했다.
39　'감계鑑戒'는 귀감이 되는 경계로, 지난 잘못을 거울삼아 다시는 잘못을 되풀이하지 않도록
　　하는 경계를 가리킨다.

로 참혹하다. 실로 천지가 개벽한 이래 전에 없었던 살겁殺劫이라고 말할 수 있다.[40] 아! 흐느껴 비통할 뿐 차마 어찌 말하리오!

노자가 천도天道는 "반드시 되돌아오고"(好還)[41] "어긋남이 없다"(不忒)[42]고 말한 것을 여기에서 증험할 수 있다. 저 최강자最强者들이 그 마음에서 살상을 숭상한 지 이미 오래니, 그러므로 하늘이 살상으로 되갚는 것이 그처럼 극심하다. 간절히 말하건대, 우리 지구상의 오대주 동포들이 여기서 오히려 깨닫고 두려워하여 하늘의 경고에 근신하며, 잘못을 비추는 거울[43]로 삼지 않으리오?

미국의 경우는 본디 인도주의를 숭상하니, 그리하여 무도한 강권을 물리쳐 공리公理를 크게 넓히고, 끊어지고 무너진 것을 재건하여 국제연맹을 열었다. 아! 그 특별한 공훈과 융성한 덕이 세상에서 가장 훌륭하다. 영구평화의 신세계를 건립하기 시작한 것은, 대동大同에 진전이 있어 태평太平을 기대할 만하다고 말할 수 있다. 어찌 하느님이 큰 임무를 특별히 내려 이로써 살겁殺劫을 되돌리고 세상을 구하려는 것이 아니겠는가?[44] 이 장[『노자』31장]

---

40 전병훈이 『정신철학통편』을 집필할 당시 제1차 세계대전(1914~1918)이 벌어졌다. 비록 동아시아에 직접 참화가 미치지는 않았지만, 전쟁의 가공할 참상에 온 세계가 전율했다. 위에 인용된 통계에 다소 오류가 있다. 850여만 명의 군인이 전사했으며, 부상병이 2천만 명을 넘었다. 민간인 사망자 수는 군인 전사자보다 많아서 약 1300만 명으로 추산된다. 민간인 희생자는 대개 헐벗음 · 질병 · 굶주림, 그리고 대량 학살 등으로 비참하게 목숨을 잃었다.

41 '호환好還'의 출처는 『노자』 30장의 "以道佐人主者, 不以兵強天下, 其事好還"이다. 천도는 공정해서 선악이 언제나 그에 상응하는 결과로 돌아온다는 "천도호환天道好還"이라는 말이 여기서 유래해 널리 쓰였다.

42 '불특不忒'은 『노자』 28장의 "常德不忒"에서 유래했다.

43 '징감徵鑒'은 '징감懲鑒'과 통하며, 잘못을 비춰 응징하는 거울을 의미한다.

44 전병훈의 이런 찬탄은, 20세기 초 국제사회의 전향적인 평화 논의와 미국의 새로운 리더십을 반영한다. 그는 제1차 세계대전을 계기로 신흥강대국으로 부상하며 국제사회의 새로운 질서와 논의를 이끈 미국에 큰 기대를 걸었다. 당시 미국의 제28대 윌슨(Woodrow Wilson, 재임 1913~1921) 대통령이 전후의 평화 체제 수립을 위한 '14개조'를 제안하고, 국제연맹의 설립을 주창했다. 특히 각각의 민족은 스스로 정치적 운명을 결정할 권리가 있으며 다른 민족의 간섭을 받을 수 없다는 '민족 자결주의'가 당시 식민지나 반식민지 상태에 있던 약소 민족들을 크게 고무시켰다.

에서 세 번 반복해 흐느껴 울고, 나도 모르게 옷깃을 여미고 경건히 감복
했다.

【(秉薰)謹按】 聖人之治天下, 專以道德敎化爲務, 而至於不得已用兵者,
切爲深戒. 『易』以輿屍爲凶. 『書』以止戈爲武也. 而佳兵者, 不祥之器,
利殺爲用者也. 此章理論, 如是其明嚴切逼, 可謂萬世之鑑戒也. 嗚乎!
余觀近世之最稱富强文明者, 則日益精究利殺之兵器而充積之者四五十
年矣, 及其殺機已動, 戰爭一發也, 滔天之慘禍, 聯至十八國之多. 擧天
地震蕩, 互相殲殺之人命至二千萬餘, 而傷財害民者不知凡幾. 巨礮·
飛航·潛艇, 神泣鬼驚, 善戕人命之奇器, 蔑不出焉. 極其兇殘, 慘無人
理. 誠可謂天地開闢以來, 前所未有之殺劫也. 噫! 歆慟忍言哉. 老子所
言天道之好還不忒者, 於是可驗也. 彼最强者其心之尙殺已久, 故上天
之報償以殺者, 如彼其劇也. 憯言我宇內五洲之同胞, 於斯尙不省覺懍
畏, 以謹天戒乎, 且作徵鑒乎? 如美國者, 素尙人道主義, 故破敗强權無
道而大張公理, 繼絶擧廢, 而開國際聯盟. 烏乎! 其殊勳盛德冠絶宇宙.
始建永久和平之新世界者, 可謂大同有漸, 太平可望也. 詎非上帝之特
降大任, 以回劫救世者耶? 歆獻三復此章, 不覺歆袵敬服也.

노자가 말했다. "도는 텅 비었지만, 그 작용이 또한 다하지 않는다. 그윽하게 깊어라! 만물의 근원이 되는 듯하다. 사물의 날카로움을 무디게 하고 얽힌 것을 풀어내며, 그 빛을 조화시켜 티끌과 하나가 되게 한다. 깊이 잠겨 어슴푸레하지만, 마치 존재하는 듯하다. 나는 그[道]가 누구의 자식인지 모르지만, 상제보다 앞서는 것 같다.[45] ('제帝'는 상제上帝다. '앞선다'는 것은 시작 없는 시작이다.)

老子曰: 道沖, 而用之或不盈. 淵兮, 似萬物之宗. 挫其銳, 解其紛, 和其光, 同其塵. 湛兮, 似若存. 吾不知誰之子, 象帝之先. (帝者, 上帝也. 先者, 無始之始也.)

【안설】도는 태화일기太和一氣로, 천지에 충만하여 우주를 감싸고 오대주 모든 국가에 미치니, 장차 지구촌(球宇)을 통일하려는 자는 반드시 이 도를 체득해 사용한 뒤에야 그것을 할 수 있을 것이다.

---

45 『노자』 4장에 보인다.

【(秉薰)謹按】 道是太和一氣, 充滿天地, 包宇宙曁五洲萬國, 將欲統一球
宇者, 其必體用此道, 然後能之矣.

　노자가 말했다. "큰 도가 광범하게 유행하여 어디에나 두루 미친다. 만물
이 그[道]에 의지해 생장하지만 과시하지 않으며, 공을 이루고도 이름을 가지
지 않는다. 만물을 양육하고도 주인 노릇을 하지 않고 늘 무욕해서 '작다'고
이름할 수 있지만, 만물이 귀의해도 주인 노릇을 하지 않아서 '크다'고 이름
할 수 있다. 따라서 성인은 끝내 위대해지고자 하지 않으며, 그러므로 그 위
대함을 완성할 수 있다."[46]

老子曰: 大道汎兮, 其可左右. 萬物視[恃]之以生而不辭, 功成不名有. 衣
被[養]萬物而不爲主, 常無欲, 可名於小, 萬物歸焉而不爲主, 可名於大.[47]
是以聖人終不爲大, 故能成其大.

【안설】 공자의 대동정치와 칸트의 세계통치는, 그 성스러운 덕이 반드시 이
장[제25장: 『노자』 34장]에서 말하는 것처럼 '감싸고'(包) '커야'(大) 하니, 그
런 뒤에야 온 세상(九垓)[48]을 통일할 수 있다. 어찌 의심하리오!
【(秉薰)謹按】 孔子之大同政治, 康德之世界統治者, 其聖德必能如此章所
稱之包大者, 然後能一統九垓焉. 何可疑乎!

46　이 구절은 『노자』 34장에 보이는데, '是以聖人終不爲大'가 『노자』 원문에는 '以其終不自爲大'
　　로 되어 있다. 문맥상 전병훈의 의도를 살려 번역했다.
47　여기 보이는 『노자』 34장은 약간의 문구와 끊기가 통행본과 다르다. 문구가 다른 것은 [ ]
　　에 통행본의 내용을 표기했고, 끊어 읽기와 번역은 통행본을 따른다.
48　'구해九垓'는 구해九畡라고도 하며, 중앙에서 여덟 방위의 팔굉八紘에 이르는 온 세상을 가
　　리킨다.

노자가 말했다. "천지는 장구하다. [천지가] 장구할 수 있는 까닭은 스스로
생존을 도모하지 않기 때문이니, 그러므로 장생할 수 있다. 따라서 성인은
그 몸을 뒤로해서 몸이 앞서고, 그 몸을 도외시해서 몸을 보존한다. 그에게
사사로움이 없기 때문이 아니겠는가? 그가 사사롭지 않으니, 그러므로 사사
로움을 성취할 수 있다."[49]

> 老子曰: 天長地久. 所以能長且久者,[50] 以其不自生, 故能長生. 是以聖人
> 後其身而身先, 外其身而身存. 非以其無私耶? 惟其無私,[51] 故能成其私.

또한 말했다. "백성을 다스리고 하늘을 섬기는 데 아끼기(嗇)만 한 것이 없
다. 오직 아끼므로, 이를 일찍 준비하기(부服)[52]라고 한다. 일찍 준비하기를

---

49 『노자』 7장에 보인다.
50 『노자』 통행본에는 이 구절 앞에 '天地' 두 글자가 있다. "天長地久. 天地所以能長且久者."
51 '惟其無私'는 『노자』 통행본에 없는 구절이다. 하지만 이 구절로 문맥상 뜻이 더 분명해지므
   로 본문 그대로 번역했다.
52 여기서 '복服'은 주석에 따라 '득得'으로 보거나, 혹은 왕필王弼처럼 '부服, 常也'(조복은 영원

일컬어, 덕을 두텁게 쌓기(重積德)라고 한다. 덕을 두텁게 쌓으면 극복하지 못할 게 없다. 극복하지 못할 게 없으면 그 한계를 헤아릴 수 없다. [그 한계를 헤아릴 수 없으면] 나라를 보유할 수 있다. 나라에 근원이 있으니, 장구할 수 있다. 이를 '뿌리가 깊고 꼭지가 단단하다'고 일컬으니, 장생구시長生久視의 도이다."[53]

> 又曰: 治人事天, 莫如嗇. 夫惟嗇是謂早服, 早服謂之重積德, 重積德則無不克, 無不克則莫知其極, 可以有國.[54] 有國之母, 可以長久. 是謂深根固蒂, 長生久視之道.

【안설】 장생구시長生久視의 도는 제1편 '정신'권에서 이미 상세하게 다뤘는데, 여기서 또다시 '정치'편에 싣는 것이다. 내 진심 어린 우견愚見으로는, 물질이 발달하여 더욱 극치로 나아가면 도덕문명도 아울러 지극한 선善에 반드시 이를 것이며, 세계의 정치가 장차 대동·화평으로 도약하여 형벌을 두고도 쓰지 않는(刑措不用) 세상이 될 것이 틀림없다. 이같이 되면 사람마다 할 일이 없어질 것인데, 하물며 저들 상등上等 인류사회의 부귀하고 풍족한 자들이 어찌 이런 장생의 도를 흠모하지 않겠는가? 그래서 내가 감히 단언하니, 형벌을 두고도 쓰지 않는 큰 덕화의 정치가 반드시 이 [장생의] 도에서 비롯하여 함께 나아가며, 최상급 인류가 앞다퉈 참나를 이루고 신선이 되고자 할 것이다. 더구나 이 장[제26장: 『노자』59장]에서 '백성 다스리기'(治人)와 '하늘 섬기기'(事天)를 아울러 거론하니, 국가원수와 장상將相의 신분으로 사람을 다스리는 지위에 있는 자들을 지목한 것이 아니겠는가?

【(秉薰)謹按】 長生久視之道, 已詳於首編精神卷, 而此又復載於政治篇者. 余之誠心愚見, 必也物質之發達, 愈進極點, 道德之文明, 並臻至善, 世

하다)로 보는 등 해석이 일정치 않다. 그런데 초간본 『노자』에는 '服'이 '비備'로 되어 있어, 그 본래 뜻이 '준비하다'였음을 시사한다.

53 『노자』 59장에 보인다.
54 『노자』 통행본에는 이 구절 앞에 '莫知其極則'이 있다. 이를 번역하여 [ ] 안에 표기했다.

治將躋大同和平, 刑措不用之域無疑. 如是則人各無所事焉矣, 況彼上等人類社會之富貴豐足者, 曷不欽羨此長生久視之道乎? 是以余敢斷然曰, 刑措大化之治, 必由此道幷進, 而頭等人類克先成眞成仙矣. 況此章兼擧治人事天而爲言, 非指元首將相之身居治人之位者乎?

노자가 말했다. "[강과 바다가] 뭇 계곡의 왕이 되는 까닭은 그것이 낮은 데 잘 처하기 때문이니, 그리하여 뭇 계곡의 왕이 될 수 있다. 그래서 성인은 사람들 위에 서고자 하면 반드시 자기를 낮춰 말하고, 사람들 앞에 나서고자 하면 반드시 몸을 그 뒤에 둔다. 그래서 성인이 위에 있어도 사람들이 무거워하지 않고, 앞에 있어도 사람들이 해치지 않는다. 그러므로 천하가 기꺼이 추대하고 싫어하지 않는다. 그가 다투지 않으므로, 따라서 천하도 그와 다투지 않는다."⁵⁵(이는 총통을 선거하는 방식에 딱 들어맞는다.)

> 老子曰: 所以爲百谷王者,⁵⁶ 以其善下之, 故能爲百谷王. 是以聖人欲上人, 必以言下之. 欲先人, 必以身後之. 是以聖人處上而人不重, 處前而人不害. 是以天下樂推而不厭. 以其不爭, 故天下莫能與之爭.(是乃脗合於選擧總統之式者.)

---

55 『노자』 66장에 보인다.
56 『노자』 통행본에는 이 구절 앞에 '江海'가 있고, 爲는 대개 '能爲'로 되어 있다. "江海所以能爲百谷王者."

【안설】하늘이 내린 성스러운 덕이 이와 같은 사람이 세상에 반드시 출현할 것이고, 그런 뒤에 천하가 '다투지 않는 공화'(不爭之共和)를 기꺼이 취하고 [그가] 세계를 하나로 통일하는 원수元首가 될 수 있음이 분명하다. 그러므로 성인이 지극한 정치에 관해 극진히 말한 것이 '공화'를 위주로 하지 않음이 없으니, 여기서 또한 볼 수 있다.

【(秉薰)謹按】世必有天降聖德如是之人, 然後天下樂取不爭之共和, 可爲世界一統之元首, 明矣. 故聖人之極言至治者, 罔不以共和爲主焉, 此亦可見也.

【안설】도가의 정치학이 강태공姜太公・범려范蠡・장량張良・이필李泌・유기劉基[57]에게 전해져, 모두 그 당시 세상을 구하고 백성을 도탄에서 건질 수 있었다. 하지만 오직 한나라가 전제專制 정치체제로도 자못 '청정淸靜'의 취지를 주로 하여 제한적 안정(小康)에 이르렀을 뿐,[58] 그 나머지는 말할 만한 것이 못 된다. [도가의] 큰 도와 지극한 정치의 정신은, 주공・공자・칸트의 전쟁 종식(息兵)・평화 협력(輯和)・세계통일(統世)・대동大同・형조刑措의 정치와 한결같은 취지이다. 하지만 장생하고(長生久視) 근원을 돌이켜 생명을 회복하는(歸根復命) 진리는 도가가 독특하고 홀로 빼어난 것이다. 아! 지극하다. 훗날 반드시 취하여 모범으로 삼는 자가 있을 것이다.

세간의 천박한 식자들은 『도덕경』이 세상에 경고하여 왜곡된 것을 바로잡으려는 논의 몇 마디를 지적하면서, 혹은 모략가(陰謀家)가 받드는 바라고 말하고, 혹은 군사전략가(用兵家)가 숭상하는 바라고 말하며, 심지어 이를 퇴행으로 지목하고 이단으로 배척하니, 단지 자기 역량을 모른다는 것만 남에게 보여 줄 뿐이다. 세계가 장차 지극히 다스려지는 날, 참나를 돌이켜 신선

---

57 여기 열거된 인물들은 「도덕철학」편에서 이미 거론한 바 있다. 그 내용을 참고한다.
58 이는 한나라 초 문제文帝와 경제景帝 시기의 통치(文景之治)를 가리킨다. 당시 황로학黃老學의 '청정淸靜' '무위無爲' 사상에 입각한 정치로 중국 역사상 손꼽히는 태평성대를 구가했다. '소강小康'은 『예기禮記・예운禮運』에 '대동大同'과 함께 나오는 말이다. '대동'이 큰 도 행해지는 세상을 일컫는다면, '소강'은 큰 도 없어진 가운데 제한적 안정을 구가하는 상태를 일컫는다. 본문에서 '소강'은 일괄해서 '제한적 안정'으로 번역했다.

의 경지에 올라 복희·신농·황제·단군·기자가 겸성兼聖했던 것과 같은 자들이 배출되면, 그런 뒤에 사람들이 반드시 [『도덕경』을] 믿고 따를 것이다. 그러면 겸성하여 세상을 개조하는 극락세계가 또한 얼마나 멀겠는가.

又謹按: 道家之政治學, 傳之于姜太公·范蠡·張良·李泌·劉基, 皆能救其當世而拯斯民於水火之中[59]也. 然惟漢以專制政體頗主淸靜之趣旨, 以致小康而已, 餘無足道者矣. 夫大道至治之精神, 一與周公·孔子·康德之息兵·輯和·統世·大同·刑措之治同趨也. 而長生久視歸根復命之眞諦, 則道家獨擅而孤詣者也. 烏乎! 至哉. 後必有取法者乎. 世之淺士指摘『道經』警世矯枉之論幾句, 或以謂陰謀家所宗, 或以謂用兵家所尙, 甚至以退化目之, 異端斥之, 多見其不知量也. 世將至治之日, 返眞昇仙, 有如羲·農·黃帝·檀·箕之兼聖者輩出, 然後人必信服乎! 然兼聖造世之樂世亦何遠乎哉.

---

59 '수화지중水火之中'은 재난에 처했음을 일컫는다. 도탄에 빠진 듯한 고통(塗炭之苦)과 통하는 말로, 가혹한 정치 등으로 인해 백성들이 겪는 큰 고통과 어려움을 비유한다.

조선의 기자箕子가 말했다. "임금이 그 표준(極)을 세우고, 다섯 가지 복(五福)을 거두어 모아 백성들에게 골고루 나눠 주니" 백성들이 이에 따른다. 또 말했다. "벼슬아치(卿士)와 의논하고, 서민(庶人)에게 자문한다."[60]

朝鮮箕子曰 "皇建其有極, 斂時五福, 用敷錫厥庶民", 庶民從. 又曰 "謀及卿士, 詢于庶人.

【안설】이는 공자가 "정치를 덕으로 하는 것은 비유컨대 북극성이 제자리를 지키면 뭇 별들이 그를 에워싸는 것과 같다"[61]고 말한 것과 뜻이 같다. 태극이 하늘에 있으면 이를 '북극'이라고 하고 사람에게 있으면 이를 '민극民極'이라고 하니, 그 도리가 극에 달한다는 의미에서 '표준'의 명칭이다. 임금이 되는 자가 또한 그 인륜 도리를 극진히 하고, 이로써 표준을 세우는 것을 말한다. 그리고 "다섯 가지 복을 거두어 모아 백성들에게 골고루 나눠 준다"는

---

60 기자가 주나라 무왕에게 전했다고 알려진 '홍범洪範'의 두 구절이다. 『상서・홍범』에 보인다. 여기서 '다섯 가지 복'(五福)은 통상 장수長壽, 부富, 강녕康寧, 자손子孫, 선종善終을 가리킨다.
61 『논어・위정爲政』에 보인다.

의미는, 지금 헌법국가에서 국가와 국민의 복리를 도모하는 취지와 아마도 다름이 없을 것이다. "벼슬아치와 의논하고, 서민에게 자문한다"는 것은, 실로 오늘날 상·하 의원議院의 기치旗幟를 앞서 세운 것이다. 훌륭하다! 이는 실로 동아시아의 입헌立憲을 처음 연 것인데, [기자가] 아울러 수양하여 신선이 되었으니, 단군·황제의 겸성兼聖이 여기에 이르러 더욱 조리가 분명해진 것이 아니겠는가. 아!

【(秉薰)謹按】此與孔子所謂"爲政以德, 譬如北辰居其所而衆星拱之"之義同也. 夫太極者在天, 謂之北極, 在人謂之民極, 以其道理至極之義, 標準之名稱也. 爲人君者, 亦極盡其人倫道理, 以立標準之謂也. 然以歙福錫民爲義, 則與今憲法國家, 福國利民之趣旨, 恐無以異也. 矧伊誕及卿士庶人者, 誠爲今日上下議院之先竪幟矣. 韙歟! 此誠爲東亞立憲開山之祖, 而兼以修養成仙, 則不是檀黃之兼聖, 至此而益臻條明者. 烏乎!

세종대왕은 『향례합편鄕禮合編』을 나라 안 군현郡縣에 반포하고, 향음鄕飮[62]과 향사鄕射[63]로 덕행을 살피고 친선을 도모하도록 가르쳐 백성을 감화하기에 진력했다. 3백6십 주현州縣에 공자묘(孔廟)를 두루 건립해 공자를 높이 받들고, 그 안에서 선비를 양성했다. 숨겨진 덕을 갖춘 선비를 초빙하고, 뭇 현인들을 함께 등용했다. 또한 『오륜행실도五倫行實圖』를 반포하여 관혼상제의 예를 인도하고 장려하였다. 온갖 법도가 아주 새로워지고 여러 치적이 함께 빛났다. 50년 동안 거의 형벌을 두고도 사용하지 않았으니, 덕례德禮의 지극한 정치였다고 말할 수 있다.

---

62 '향음鄕飮'은 향촌의 선비·유생들이 한자리에 모여 학덕과 연륜이 높은 이를 주빈으로 모시고 술을 마시며 잔치를 하는 향촌의례의 하나로, '향음주례鄕飮酒禮'가 정식 이름이다.

63 '향사鄕射'는 향촌에서 활쏘기 경연을 열어 예법을 익히고, 상호 친목을 도모하는 의식이다. 서로 격식에 따라 술을 권하고 마시며 또 활쏘기를 권했다. 조선 초기에 향촌사회의 질서를 확립하기 위한 시도로 향음주례와 함께 시행되었다.

李世宗大王, 頒賜『鄕禮合編』于國內郡縣, 敎以鄕飮鄕射, 觀德親善, 務
盡感化, 遍建孔廟于三百六十州縣而崇奉之, 養士其中, 招聘潛德之士,
羣賢彙征, 又頒五倫行實圖, 冠婚喪祭之禮, 以導迪之, 奬勵之, 百度一新,
庶績咸熙, 幾於刑措不用者五十年, 則可謂德禮之至治也.

【안설】세종은 참된 성인이다. 그 [문물] 제작의 번성함, 예치의 교화는 실로
동주東周 이후 일찍이 없었던 지극한 정치였다. 어찌 단지 동한東韓의 모범에
그치겠는가? 장차 세계가 통일되는 날, 취하여 모범으로 삼는 자가 반드시
있을 것이다. 한나라 문제文帝가 단상短喪[64]을 시행한 뒤로, 3년상 제도는 오
직 동한만 홀로 이를 행하여 지금에 이르렀다. 사대부로 가묘를 세워 신주
를 모시지 않는 자는 벼슬을 하는 것이 허락되지 않았다. 그러므로 모든 가
정이 가묘를 세우고, 때에 맞춰 제사를 지내고, 상喪을 당하면 한결같이 『의
례儀禮』를 따랐다. (임종하면 저고리로 초혼招魂[65]하고, 종이로 싸서 안치한
다. 예禮로 장사 지내고, 관을 묻을 때 신주를 써서 이를 사당에 받들어 모신
다. 제단을 설치하여 3년간 제삿밥을 올리고, 흙덩이를 베고 거적자리에서
자면서 상喪이 끝날 때까지 상복을 입는다. 성인식(冠) 때는 삼가례三加禮[66]
를 행한다. 결혼할 때는 초례醮禮[67]를 행하며, 납폐納幣[68]하고 친영親迎[69]한
다. 이것이 그 개략이다. 무릇 주례周禮를 회복할 뜻이 있는 자가 마땅히 그
큰 뜻을 본받아 취하고 그 번거로움을 덜어서 시의에 부합한다면, 전적으로

---

64 단상제는 흔히 '역월제易月制'로 불린다. '이일역월제以日易月制'의 줄임말이다. 하루를 한
    달로 바꿔 계산해서, 27개월이 걸리는 삼년상을 27일 만에 끝마친다. 이는 왕의 장례에 따
    르는 정치적 공백을 최소화하고, 왕권 승계를 안정화하기 위한 조치였다.
65 '초혼招魂'은 사람이 죽었을 때, 그 사람이 생시에 입던 저고리를 왼손에 들고 오른손은 허
    리에 짚은 채 지붕에 올라서거나 마당에서 북쪽을 향해 '아무 동네 아무개 돌아오라(復)'고
    세 번 외쳐 죽은 이의 혼을 부르는 것을 말한다. 그래도 살아나지 않으면 장례에 들어간다.
66 '삼가례三加禮'는 관례冠禮 때 세 번 관冠을 갈아 씌우는 의식이다.
67 '초례醮禮'는 신랑 신부가 처음 만나 절하고(交配禮), 서로 합환주를 마시는(合졸禮) 혼례의
    식이다.
68 '납폐納幣'는 신랑집에서 신부집으로 폐백을 담아 보내는 혼례의식이다.
69 '친영親迎'은 신랑이 신부집에 가서 신부를 직접 맞는 혼례의식이다.

폐지하고 거행치 않는 것보다는 현명할 것이다.)

【(秉薰)謹按】 世宗眞聖人也. 其制作之盛, 禮治之化, 誠爲成周以降未有
之至治也. 奚但爲東韓之模範而已哉? 將來世界統一之日, 其必有取法
者乎? 向自漢文短喪以後, 三年之制惟東韓獨行之至今. 士大夫不立家廟
而造神主者, 則不許仕宦. 故家家立廟, 奉祀以時, 居喪則一從 『儀禮』.
(臨終, 招魂以衣衫, 安於紙函內. 葬之以禮, 下棺時題主, 以奉還于室
堂. 設幾筵, 三年上食, 枕塊寢苫, 斬衰終喪也. 冠時, 行三加禮. 婚時行
醮禮. 納幣親迎也. 此其槪略. 凡有志復周者, 宜其師取大旨而損其煩
苛, 以合時宜, 則猶賢乎專廢而不擧者也.)

아! 천지간을 통틀어 『주관周官』 의관(冠裳) 문물의 아름다움, 떳떳한 윤리
와 덕례德禮의 아름다움이 오직 동한東韓에만 보존되었으니, 주례周禮가 노나
라(魯)에서 껍질째 그대로인 과일처럼 보존된 것과 또한 같다. 하지만 지금
은 거의 다 사라졌으니, 오직 그 요행히 남은 것 열에 하나라도(심의深衣 및
제관복祭冠服·사례四禮[70]의 편람 책) 중국[71]으로 봉환奉還하여 그것[周禮]이 거
듭 밝아지고 다시 시행되기를 희망하지만, 역시 채택해 쓰지 않는다. 아! 또
한 어쩌리오? 시험 삼아 음악 한 가지 사례만 보더라도, [중국은] 그 제도와
절주를 모두 잃어버렸기 때문에 악장樂章·절주節奏의 단아함과 조화로움이
동한에 아주 많이 미치지 못한다. 그렇지만 옛것을 회복함과 흥하고 망함에
는 운수가 있으니, 그 역시 기다려야 하리라!

烏乎! 擧天地間周官之冠裳文物之美, 彝倫德禮之懿, 獨存於東韓者. 亦
猶周禮在魯, 以保碩果不剝之象矣. 然今已淪喪殆盡, 惟其幸存什一者.

---

70 '심의深衣'는 고대 중국의 의식용 의복이고, '제관복祭冠服'은 제사용 복장이며, '사례四禮'는
   관혼상제의 예를 가리킨다.
71 '중화를 취하여 모범으로 삼은 땅'(中華取法之地)은 곧 중국을 가리킨다.

(深衣及祭冠服四禮便覽冊) 奉還于中華取法之地, 希望其重明再行, 而亦不採用. 吁! 亦何哉? 試以音樂一事觀之, 其制度節奏皆失傳, 故章節之雅正暢和, 不及東韓遠甚. 然復古興廢有數存焉, 其亦有待乎!

조정암趙靜菴 선생이 말했다. "임금과 신하는 백성을 위해 세운 것이다. [임금과 신하] 위아래가 모름지기 이 뜻을 알아서 백성을 마음으로 삼으면[72] 정치의 도를 이룰 수 있다. 옛 성인은 천지의 광대함과 억조창생(兆民)의 수많음을 하나로 여겨서, 그 이치를 살피고 그 도에 처했다. 그래서 시비와 선악이 내 마음에서 벗어나는 바가 없고, 천하의 일이 모두 이치를 얻으며, 천하의 사물이 모두 평안을 얻었다. 이것이 온갖 조화가 바로 서는 방법이요, 정치의 도가 이루어지는 방법이다. 정치에 관한 일(政事)은 겉만 번지르르한 말단으로 기강·법도를 삼지 않으며, 일심一心의 오묘함으로 기강·법도의 근본을 삼는다. 마음의 본체가 광명정대光明正大하고 두루 흘러 통달하여 천지와 그 본체를 같이하며 그 작용이 광대해지도록 하면, 일상과 정사를 보는 때[73] 모두 도가 작용하게 된다. 하지만 기강·법도는 세우고 세워도 부족하

---

[72] "백성을 마음으로 삼는다"(以民爲心)는 것은, 앞의 제23장에서 노자가 "백성의 마음을 [자기] 마음으로 삼는다"(以百姓心爲心)고 한 것과 뜻이 통한다.

[73] '일용日用'은 사적인 일상이요 '정사政事'는 공적인 일을 보는 것이니, '일용과 정사의 때'(日用政事之際)는 곧 공사公私의 일을 보는 모든 때를 가리킨다.

다.⁷⁴ 비록 정성이 있어도 그 뒤에 마음의 도가 곧고 굳게 확립돼야 마침내 완성을 보게 된다."⁷⁵

趙靜菴先生曰: 君臣者, 爲民而設也. 上下須知此意, 以民爲心, 則治道可成. 古之聖人以天地之大, 兆民之衆, 爲一已, 觀其理而處其道. 是以是非善惡, 無所逃於吾心, 而天下之事皆得其理, 天下之物皆得其平. 此萬化之所以立, 治道之所以成也. 不以政事文具之末, 爲紀綱法度, 而以一心之妙, 爲紀綱法度之本. 使此心之體光明正大, 周流通達, 與天地同其體, 而大其用, 則日用政事之際, 皆爲道之用, 而紀綱法度, 不足立而立矣. 雖然有其誠而後, 其心之道, 立於貞固, 終見其成也.

【안설】 조선생이 여기서 다스리는 법을 논하며, "백성을 마음으로 삼는다", "천지와 더불어 그 본체를 함께한다", "그 작용을 광대하게 한다"고 한 뜻은, 실로 요·순 시대 임금과 백성의 도덕이라고 말할 수 있다. 그런데 군주 시대에 신하로 처하여 비록 공화·입헌의 명칭을 주창해 밝히지는 못했지만, 그가 하늘을 본받아 도道를 행한 것은 전적으로 애민愛民을 위주로 했다. 탁월해라! 그는 주공과 맹자 이후 정치가 중의 성현이다.

【(秉薰)謹按】 趙先生此論治法, 以民爲心而與天地同其體, 而大其用之旨, 誠可謂堯舜君民之道德也. 然臣處君主時代, 雖未能唱明共和·立憲之名, 而其體天行道, 專以愛民爲主. 卓乎! 其周公·孟子以後政治家之賢聖哉.

---

74 백성의 마음으로 자기 마음을 삼아 천지와 더불어 마음의 본체를 세우지 않고, 단지 기강과 법도만으로 다스리려고 한다면 성공할 수 없음을 말한다.

75 위에 인용한 글은 『정암선생문집靜菴先生文集』 卷之二 「알성시책謁聖試策」에 보인다. 윗글은 1515년 시행된 알성시謁聖試에서 조광조가 제출한 '시책試策'의 일부다. '치국의 기강과 법도를 세우고, 옛 성인의 융성한 정치를 회복할 방안'을 작성하라는 게 시제試題였다. 이에 조광조는 군주가 백성의 마음을 자기 마음으로 삼고, 천지와 마음의 본체를 함께하며, 그 마음을 크게 써야 한다는 취지로 답변했다.

또한 말했다. "성인이 미풍양속을 북돋우고 대중을 이끌어 선을 행하는 방법은, 그 공론公論을 따르고 그 정서를 해치지 않는 것에 불과하다. 그러므로 그 마음을 닦아 경계하여 백성이 하찮다고 말하지 말며, 민첩하고 과감하게 물정에 따르도록 힘써야 한다."[76] "이욕의 근원(利源)[77]이 한번 열리면 그 해독이 크다. 국가는 모름지기 공명과 이욕(功利)의 습속을 끊어야 한다."[78] "군신·상하가 마땅히 지극한 정성으로 서로 믿고 소통하여 틈이 없어야 하니, 그런 뒤에야 다스릴 수 있다."[79] "유행하는 풍속은 완고해서 갑자기 변화시킬 수 없으니, 마땅히 풍속을 존중하고 헤아려서 고칠 수 있는 것을 고친다. 귀와 눈이 보고 느끼는 것을 여유롭고 편안하게 잘 인도하면, 우리 백성 역시 바른 도를 따라 행하는 자들이라, 어찌 끝내 감화되지 않을 이치가 있겠는가?"[80]

又曰 "聖人所以篤化美俗, 帥衆而爲善者, 不過循其公論, 而不奪其情也. 故收斂厥心, 無謂民小, 敏勇過斷, 務循物情." "利源一開, 其害大矣. 國家須絶功利之習." "君臣上下, 須以至誠相孚, 通暢無間, 然後可以爲治." "流俗固不可猝變, 當以俗尙商量, 可改者卽改之, 使耳目觀感, 優游而善導之, 則斯民亦直道而行者也, 安有終不感化之理乎."

【안설】 조선생은 타고난 자질이 특이하여 난새(鸞)가 머물고 고니(鵠)가 우뚝 선 듯하였고, 황금이 순정하고 옥이 윤택한 듯하며, 빼어난 용모가 겉으로 드러나고, 풍채가 사람의 마음을 움직였다. 자기의 책임을 무겁게 하여,

---

76   『정암선생문집』 권2 「홍문관청파소격서소弘文館請罷昭格署疏」에 보인다.
77   '이원利源'은 이익을 추구하는 탐욕의 근원을 일컫는다.
78   『정암선생문집』 권4 「복배부제학시계11復拜副提學時啓十一」에 보인다.
79   『정암선생문집』 권3 「검토관시계2檢討官時啓二」에 보인다.
80   『정암선생문집』 권3 「시독관시계12侍讀官時啓十二」에 보인다.

우리 임금이 요·순이 될 수 있고 우리 백성이 어질고 장수할 수 있도록 했다. 충심은 쇠붙이와 돌을 뚫고, 용기는 맹분孟賁·하육夏育[81]이 무색했으며, 조정에 들면 임금이 하루에 세 번 만났고, 물러나면 사람들이 앞다퉈 손을 이마에 대고 절하며 경의를 표했으니, 실로 천 년에 한 번 만날 만했다.

선생이 대사헌으로 정사를 행하면서 백성을 깨우치는 글(喩文) 13조를 종로에 내걸어 붙여 권선징악(勸誡)[82]하였고, 백성들이 보고 느껴 감화하도록 만들었다. 3일이 지나지 않아서 길에 떨어진 물건을 줍지 않았고, 남녀가 다른 길로 다녔으니, 이는 전무후무하게 지극한 정치의 특색이었다. 그가 참소讒訴를 받아 죽음이 임박하자 온 나라에서 앞다퉈 들고일어나 구명했는데, 심지어 산골 노인들마저 대궐 아래로 달려와 몰려들었으니, 또한 천 년 동안 없었던 일이라고 말할 수 있다. 만약 성스러운 덕과 지극한 선善의 더없는 감화가 아니었다면, 어찌 이럴 수 있었겠는가? 아! 성대하고 지극하여라!

【(秉薰)謹按】趙先生天分特異, 如鸞停鵠峙, 金精玉潤, 英華發外, 風採動人. 自任之重, 吾君可以爲堯舜, 吾民可以躋仁壽. 其忠貫金石, 其勇其奪賁育, 進則日有三接, 退則人爭額手, 誠千載一時之際會也. 先生以大司憲行政, 揭榜喩文十三條于鐘街, 以勸誡之, 使民觀感而動化. 不過三日, 途不拾遺, 男女異路, 乃空前絶後之至治特色也. 及其遭讒臨命也, 擧國爭先諍求, 而甚至山奔申老嫗, 奔申闕下, 亦可謂千載所無之事也. 苟非聖德至善之無上感化, 則寧有是乎? 烏乎! 盛或, 至哉!

정암선생이 또 말했다. "민생의 입고 먹을 것(衣食)이 풍족하고 모든 일을 다 거행한 뒤에야 옛 예법을 시행하려 한다면 늦는다. 무릇 옛 도를 힘써 행하고 이로써 백성을 보호하는 것으로 근본을 삼아야 옳다."[83] "민생이 넉넉해지길 바란다면, 모름지기 조세(貢賦)와 군역(軍額) 두 가지 일이 적절해진

---

81 맹분孟賁은 전국시대 제나라, 하육夏育은 주왕조 때 위衛나라의 이름난 역사力士다.
82 '권계勸誡'는 선을 권장하고 악을 징계한다는 뜻이다.
83 『정암선생문집』 권3 「시독관시계11」에 보인다.

뒤라야 정치적 효과를 낼 수 있다."[84]

> 靜菴先生又曰 "民生衣食旣厚, 凡事畢擧而後, 欲行古禮, 則緩矣. 大抵力
> 行古道, 而以保民爲根本則可矣." "欲厚民生, 須使貢賦·軍額二事得宜
> 而後, 治化可出也."

　선생이 정사를 본 지 1년 만에 저잣거리 백성들도 그 부모를 섬겨, 생전에
정성껏 봉양하고 돌아가시면 3년간 상복을 입고 장사 지냈다. 군졸과 천한
노비 역시 집에서 기거하게 되었고, 제사에는 나무 신주를 쓰고 묘에는 반드
시 돌비석을 세웠으니, 멀고 가까운 데서 모두 감화하여 자연스레 그러하였
다. 몸소 남을 가르치되, 격동적(聳動)이고 감동적(感發)이고 신속하기(速
行)[85]로 선생과 같은 사람이 삼대三代 이후 누가 있었던가?

> 先生爲政一年, 市政小民, 事其父母, 生養以誠, 死葬以衰麻三年. 軍卒賤
> 隷, 亦爲居廬, 祭用木主, 墓必立石, 退邇感化, 乃自然而然. 以身敎人, 聳
> 動感發而速行, 如先生者, 三代以來, 有幾人哉?

> 【안설】 이는 「부록附錄」[86]에 나온 사실이다. 그가 하늘을 본받아 백성을 위
> 했던 정치의 사실 모두 만세의 본보기가 될 수 있으며, 더 나아가 대동하는
> 통일세계의 지극한 민주정치에 부합하는 것이다.
> 【(秉薰)謹按】 此出於附錄之事實也. 其體天爲民之政治事實, 皆可爲萬世
> 法則, 而愈有合乎大同一統世之民主至治者矣.

84　『정암선생문집』 권4 「원자보양관시계3元子輔養官時啓三」에 보인다.
85　'용동聳動'은 몸을 솟구쳐 뛰듯 움직이는 것이고, '감발感發'은 감동하여 분발하는 것이고,
　　'속행速行'은 신속하게 행하는 것이다.
86　『정암선생문집』 「부록付祿」을 가리킨다.

제30장 (7절) 율곡이 '정치는 임금이 백성을 형제로 삼는 것'이라고 한 철리

第三十章(七節) 栗谷政治人君以民爲兄弟之哲理

이율곡李栗谷 선생이 말했다. "임금은 하늘을 아버지로 섬기고 땅을 어머니로 섬기며, 이 백성을 형제로 삼고 만물을 동료로 삼아, 어진 마음을 확충한 뒤에야 그 직분을 다할 수 있다."[87]

李栗谷先生曰: 人君父事天母事地, 以斯民爲兄弟, 以萬物爲儕輩, 以充仁心, 然後可盡其職.

【안설】 조선에 선현先賢이 많이 나왔는데, 정치학에도 역시 탁월한 식견을 갖춘 위대한 현자들이 많았다. 그렇지만 정암선생靜菴先生[조광조] 이후에는 율옹栗翁[88][이이李珥]이 맹자의 빼어난 재능을 지녀 밝게 통달했으니, '가장 뛰어난 스승'(宗匠)으로 칭해야 마땅하다. 이 장章에서 보건대, "임금이 된 자가 백성을 형제로 삼는다"는 논의는, 이윤伊尹의 전설적인 견해를 가지고 있되 말이 더욱 절실하고 엄밀해서, 애민愛民 · 근민近民 · 외민畏民 · 민주民主[89]

---

87 『성학집요聖學輯要』에 보인다.
88 '율옹栗翁'은 율곡옹栗谷翁의 줄임말로, 이이李珥를 존칭하는 것이다.
89 '애민愛民'은 백성을 사랑하는 것, '근민近民'은 백성을 가까이하는 것, '외민畏民'은 백성을 경외하는 것, '민주民主'는 백성이 주체가 되는 것이다.

를 넘어 만세에 본보기가 될 만하다고 말할 수 있다. 이로부터 논하건대 율옹이 밝게 통달함은 정암과 같으며, 이 장의 논의는 [인류] 동포가 평등함을 통찰하여 특히 임금이 깊이 새겨야 할 말(君之至言)⁹⁰을 지었다고 할 수 있다. 반드시 민주·공화의 정치 이후라야 선생의 덕량을 충족할 수 있을 것이다!

【(秉薰)謹按】 朝鮮先賢輩出, 至於政治學, 亦多卓識之大賢. 然惟靜庵先生以後, 當以栗翁, 爲有孟子之英才明通, 稱爲宗匠. 觀於此章, 爲人君者以民爲兄弟之論, 可謂有伊尹傅說之見, 而語愈切密, 超過於愛民·近民·畏民·民主之上, 而可以爲法於萬世者也. 由此論之, 栗翁之明通, 與靜菴等, 而若此章之論, 則可謂洞見同胞平等, 特別做君之至言也. 必民主·共和之政治, 然後可以充先生之德量乎!

또한 말했다. "부모로 자식에게 자애로운 자는 많아도 임금으로 백성에게 인仁을 행하는 자는 드무니, 이는 천지가 맡긴 책임을 생각하지 못함이 심각하다."⁹¹

又曰: 父母之於子, 慈愛者衆, 而人君之於民, 行仁者寡, 其不念天地付畀之責甚矣.

【안설】 이는 임금을 책난責難하는⁹² 언사로 어질고 명철하여 뼛속까지 파고드니, 실로 이윤伊尹과 동류가 되기에 손색이 없다.

【(秉薰)謹按】 此是責難人君之詞, 仁明而刺骨, 誠不愧爲伊尹流亞也.

---

90 여기서 '임금의 지언'(君之至言)은 임금이 마음에 새겨야 할 지극히 온당한 교훈을 가리킨다.
91 『성학집요·위정제4상爲政第四上』에 보인다.
92 '책난責難'은 하기 어려운 선한 일을 임금에게 꼭 하도록 권면하는 것을 가리킨다. 『맹자』「이루상離婁上」에서 "임금에게 어려운 일을 책임 지우는 것을 공(恭)이라 한다"(責難於君, 謂之恭)고 한 데서 유래했다.

또한 말했다. "국시國是가 정해지지 않으면, 사람들의 마음이 쉽게 흔들린다. 정명正名[93]을 다하지 않으면, 좋은 정치가 실현되기 어렵다."[94]

又曰: 國是未定, 則人心易搖. 正名不盡, 則善政難成.

또한 말했다. "때에는 비否(☷)·태泰(☶)[95]가 있고, 일에는 기회가 있다. 때가 '비'이면 다스리는 계기가 있고, 때가 '태'이면 다스리기 어려운 위기가 있다.[96] 임금의 자리에 있으면 심사숙고해서 이[기미]를 잘 헤아려야 한다."[97]

又曰: 時有否泰, 事有機會. 時否而有治之機, 時泰而有難治之機. 在人主審査而善乘之耳.

또한 말했다. "도덕이 있는 선비는, [임금이] 경의를 표하고 예를 다하지 않으면 만날 수 없고, 간諫하는 것을 행하고 말하는 것을 들어주지[98] 않으면 신

---

93 '정명正名'은 이름을 바로잡는 것이다. 공자는 정치를 맡기면 무엇부터 하겠느냐는 질문에 '정명'이라고 대답했다.(『논어』) 정명은 통상 "임금은 임금답고, 신하는 신하답고, 아버지는 아버지답고, 자식은 자식답다(君君, 臣臣, 父父, 子子)"는 말로 대변된다. "모난 술잔(觚)이 모나지 않으면 그것이 모난 술잔이랴!"라는 비유처럼, 실제가 반드시 그 이름에 부합해야 한다는 것이 곧 '정명'이다.

94 『율곡선생전서栗谷先生全書』 권15 「동호문답東湖問答」에 보인다.

95 '비否'와 '태泰'는 모두 『주역』의 괘이름이다. 천지비天地否(☷) 괘는 음陰으로만 이뤄진 곤坤(☷) 위에 양陽으로만 이뤄진 건乾(☰)이 올라 있고, 지천태地天泰(☶) 괘는 이와 반대로 구성되어 있다.

96 '비否'(☷)는 하늘과 땅이 올바른 제자리(正位)에 있으므로 잘 다스려지는 계기가 있지만, 양이 점차 물러나고 아래의 음이 자라기 때문에 이에 대비하지 않으면 장차 낭패를 볼 수 있으니 유념해야 한다. '태泰'(☶)는 하늘과 땅의 위치가 뒤바뀌어 있으므로 잘 다스리기 어려운 위기에 있으나, 건실한 양이 아래에서 자라기 때문에 위기를 잘 관리하며 때를 기다리면 전화위복의 새로운 계기를 맞을 수 있다.

97 『율곡선생전서』 권6 「응지론사소應旨論事疏」에 보인다.

98 간하면 행하고 말하면 받아들인다는 뜻의 '간행언청諫行言聽'은 『맹자』 「이루離婁」에 나온다.

하로 삼을 수 없다. 임금은 맡긴 일을 성심껏 위임하고, 처음부터 끝까지 두 마음을 품지 말아야 한다.[99] [100]" "재상宰相을 엄선해서 쓰지 않으면, 정치권력(政柄)이 비적임자에게 맡겨져 조정이 혼란해진다. 하급 관리(有司)에 반드시 완비된 인재를 구하면, 인재를 얻는 길이 좁아져서 여러 직책이 비게 된다."[101] "다스림은 모름지기 요순처럼 하기를 기약하되, 일의 성취는 모름지기 순서대로 점차 진행해야 한다."[102] "법으로 다스리지만, 사람이 법을 시행한다. 그러므로 법만 있고 사람이 없다면, 단지 법만으로 저절로 시행될 수 없다. 사람이 있고 법이 없다면 사람이 법을 제정할 수 있다. 법이 불미함을 걱정하지 말고 사람이 선하지 못함을 걱정할 따름이다."[103]

> 又曰 "道德之士, 非致敬盡禮, 則不可得見, 非諫行言聽, 則不可得臣. 人君所當推誠委任, 終始勿貳者也." "宰相不用極選, 則政柄授諸非人, 而朝廷亂矣. 有司必求備才, 則取人未免 狹窄, 而庶職曠矣." "爲治須以唐虞爲期, 而事功則須以漸進." "以法爲治, 以人行法, 故有法無人, 則徒法不能自行, 有人無法, 則惟人可以制法. 不患法之不美, 而患人之未善耳."

【안설】율곡선생은 진실로 정치 학식이 있었다. 그가 공안貢案[104]의 좋지 못

---

99 『서경書經・대우모大虞謨』에 나오는 '임현물이任賢勿貳'를 풀어서 말한 것이다. 현자에게 일을 맡김에 두 마음을 갖지 말라는 뜻으로, 한 번 맡긴 이상 의심치 말고 끝까지 믿어 주라는 말이다.

100 『성학집요聖學輯要』 제4「위정爲政・상上」에 보인다.

101 『성학집요』 제4「위정・상」에 보인다. '재상宰相'은 최고위직 벼슬아치이고, '유사有司'는 하위직 벼슬아치이다. 고위직 관료는 반드시 그 적임자를 발탁해 써야 하지만, 하위 관료에게 완벽한 재능을 요구하는 것은 부적절하다는 언명이다. 만약 비적임자가 고위직에 앉아 하위직에 과도한 능력을 요구하고 책임을 전가하면, 정치가 혼란에 빠지게 된다.

102 『율곡선생전서』 권29「경연일기經筵日記・만력원년계유萬曆元年癸酉」에 보인다.

103 『율곡선생전서습유栗谷先生全書拾遺』 卷之四「군정책軍政策」에 보인다.

104 '공안貢案'은 중앙정부에서 지방에 부과한 공물(貢賦)의 품목과 수량을 기록한 장부를 가리킨다. 이이는 1573년(선조 6년) 왕에게 올린 『만언봉사萬言封事』에서 공안 개혁을 통해 백

함과 정전제井田制의 편제를 논했다.(조정의 요청이 있어서 저술하여 올렸다.) 그 [학식의] 범위에 포함된 것이 단지 군주 정치 시대의 편협한 지식(罕聞)[105]에 그치지 않음을 알 수 있으니, 장차 대동·통일하는 민주 세상에서 또한 어찌 취하지 않을 수 있으리오! 아! 성대하다.

【(秉薰)謹按】栗谷先生誠有政治學識. 其論貢案之不善, 井制之編製(因有明廷請朮[述][106]而製進), 可以見其範圍之包涵者, 非徒爲君治時代之罕聞, 而將大同一統民主之世, 亦何可不取乎. 烏乎! 盛哉.

조선의 반계柳磻 유선생溪先生(형원馨遠)은 도학에 통달한 유학자였다. 정치·경제의 학문에 전념해서『반계수록磻溪隧錄』(14권)을 편찬했다. 경經·전傳·자子·집集과 역대의 연혁沿革[107]에 아주 해박하여 빼고 더할 것을 취사선택해서 절충했으니, 특별히 어느 한 왕이나 한 나라에서 취하여 모범으로 삼을 만한 것이 아니다.[108] 이는 주례周禮 이후 동아시아에서 비로소 정치 전문가가 나온 것이니, 또한 아주 귀중하지 않은가! 그 편집 순서가 우선 정전제井田制를 서술하는데, 극히 정밀하고 상세하여 장차 더없이 잘 다스려지는 세상에서 반드시 취하여 모범으로 삼을 것이니, 지금 황급히 다 채록하지는 않겠다. 또한 정다산丁茶山(若鏞氏: 정약용)의『방례초본邦禮草本』[109] 책이 있는데, 역시 정치 전문학이다. 그리고『일신록一哂錄』(유치범兪致範[110] 저著)도 똑

성의 조세 부담을 덜어 줄 것을 역설했다.
105 '한문罕聞'은 보고 들은 것이 적은 것, 혹은 그런 사람을 가리킨다.
106 '朮'은 '述'의 잘못된 표기로 추정된다.
107 '경經'은 성인의 경전, '전傳'은 이에 대한 주해, '자子'는 여러 사상가(諸子)의 서적, '집集'은 문집류를 가리킨다. '역대의 연혁(歷代沿革)'은 역사에 관한 것이다.
108 정치체제와 국가를 초월해서 참고할 보편적인 가치가 있다는 문맥이다.
109 『방례초본邦禮草本』은『경세유표經世遺表』의 다른 이름이다. 정약용이 관제官制 개혁과 부국강병을 논한 책으로, 순조純祖 17년(1817) 그가 유배되었던 전남 강진에서 저술을 시작해 이듬해에 완성했다.

같이 정전井田을 근본 취지(主旨)로 하니, 모두 균산均産의 어진 마음에서 나왔다. 훌륭하도다!

朝鮮柳磻溪先生(馨遠), 道學通儒也. 專治政治經濟之學, 編製『磻溪隨錄』(十四卷). 博極經傳子集, 歷代沿革, 而取舍損益, 以折衷之, 不特一王一國之可以取法者也. 是乃周禮以後, 東亞之始出政治專家, 不亦甚貴重哉! 其編次先敍井田之制, 極其精詳. 將必爲至治世之取法者, 而今不遑盡探也. 又有丁茶山(若鏞氏)『邦禮草本』書, 亦政治專門學, 而『一哂錄』(兪致範著)均以井田爲主旨者, 同出於均産之仁心也. 韙哉!

【안설】동한東韓에 성현(賢聖)과 통달한 유학자(通儒)들이 배출되어 저술이 아주 많았는데, 정치학 전문가에 이르면 실로 동아시아에서 처음으로 특색을 드러낸 것이었다. 어찌 그 나라의 흥하고 망함으로 그 학술까지 의심하리오?[111] 삼가 생각건대, 주공이 덕과 예(德禮)로 교화하여 [주나라가] 8백 년 동안 이어지며 번성했고, 세종대왕이 [조선왕조] 5백 년의 국운을 열었다. 예로부터 지금까지 나라의 흥망성쇠를 비교해 보면, 그 숭상하는 바가 어떠한가에 따라 하늘이 보상하는 것이 어김없으니, 여기서 또한 실제로 증험하기에 충분하다. 아! 동한(韓)의 정치학자들이 또한 이때 아주 번성했는데, 역시 어찌 단군·기자의 풍속 교화가 오래되어 더욱 발달한 것이 아니겠는가?

【(秉薰)謹按】東韓之賢聖通儒輩出, 著述至多, 至若政治學專家, 則誠東亞之初開特色者也. 何可以其國之興廢, 遂疑其學術哉? 欽惟, 周公德禮

---

110 유치범(兪致範, 1818~?)은 조선 후기의 문신으로, 자는 자홍子洪이고 본관은 기계杞溪이다. 1863년(哲宗 14) 도당록都堂錄에 선발되고 이후 부응교副應敎·헌납獻納 등으로 관직을 시작하여, 성균관대사성成均館大司成·사간원대사간司諫院大司諫·이조참의吏曹參議 등을 역임하였다. 그의 저서인 『일신록一哂錄』은 고려대학교 중앙도서관에 소장되어 있다.

111 조선이 비록 망했다고 해서, 그 나라에서 이룩한 학술과 문명의 성취까지 통째로 부정할 수 없다는 문맥이다. 인류 역사에서 한번 일어났다가 망하지 않고 지속된 나라가 없는데, 그 모든 나라의 학술을 매번 부정하고 인류의 문명을 말할 수 없다는 점에서, 이는 지극히 정당한 언설이다.

之化, 延祚八百之盛, 而李世宗五百運之邦命, 亦猶是焉. 較諸古今之鼎革, 天從其所尙之如何, 而報償之不忒者, 於斯亦足以實驗乎. 烏乎! 韓之政治學家, 亦於斯爲盛, 亦豈非檀箕之風化, 久益發達者乎?

【안설】동아시아의 정치가 전제專制에 들어선 뒤로 '행정'과 '입법'의 경계를 변별한 자가 없었는데, 하물며 누가 감히 입헌·공화의 정치를 언급했겠는가? 따라서 한때의 제한적 안정(小康)[112]도 전적으로 다스리는 사람에 의지하고, 다스리는 법이 없었다. 한숨과 개탄을 어찌 참으랴! 백성의 편안함과 고달픔이 전적으로 고을수령의 어짊과 그렇지 않음(賢否)[113]에 달렸지만, 그 [지방관을] 심사해 선발하는 법에 또한 좋은 법이 없었다. 그러므로 유반계柳磻溪[유형원]가 말했다. "명나라에서 수령을 신중히 가려 뽑아, 매년 한 번씩 큰 인사관리 조회(大政)를 열었고, 매달 상순마다 또 한 번씩 인사관리 조회(政)를 열었다. 정부 6부 감찰기관(都察院)에서 임용후보자에 대해 의논하고, 검토심의가 모두 확정된 뒤에 전부銓部[114]에서 [임금에게] 추천토록 했을 뿐이다. 이는 공정한 선발로 폐단이 없다고 말할 수 있다."

하지만 지금 우견愚見[115]으로 논하건대, 민주공화국에서 위로 총통·국무원부터 지방관까지 모두 민선民選하여 아주 공정하고 정의로운 것과 어찌 같겠는가? 각 지방관은 한 번의 임기마다 지방의회(省議會)에서 투표로 선출하여 내부로부터 차례대로 사무를 담당하면, 아마도 자치제自治制의 좋은 방편이 될 것이다. 어찌 케케묵은 것의 좋고 나쁨을 논할 수 있으랴![116] 아! 지금 천하에 국가를 가진 자는 반드시 기자·주공이 민의를 들었던 제도를 본받고, 구미의 헌법·민주의 정교하고 아름다운 규범을 충족해야 한다. 그러면 정치가 원만해지고 대동·통일하는 것이 자연스러운 순서라고 말할 수

---

112 '소강小康'에 대해서는 본 편 제27장에서 해당 각주를 참고한다.
113 '현부賢否'는 어질고 그렇지 않은, 혹은 좋고 나쁜 사람 됨됨이를 일컫는다.
114 '전부銓部'는 '저울질하는 부서'라는 뜻으로, 중국 역대 조정에서 관리선발을 전담한 부서(대개 이부吏部)를 중시하여 부른 이름이다.
115 '우견愚見'은 어리석은 생각이라는 뜻으로, 자기 의견을 낮춰 겸손하게 이르는 말이다.
116 지방자치의 선거제도가 이미 확립된 마당에, 동아시아의 옛 관리(지방관) 선발 제도를 두고 좋고 나쁨을 평가하는 것이 무의미하다는 문맥이다.

있지 않을까?

又謹按: 東亞之政治, 自入專制以後, 未有辨及行政·立法之界限者, 而況乎孰敢論及立憲共和之治者耶? 是以一時小康, 專賴有治人, 無治法也. 可勝唱慨哉! 蓋生民休戚, 專係守宰賢否, 而其審選之法, 亦未有善法. 故柳磻溪曰 "皇明之愼揀守令, 每一歲一開大政, 每月上旬, 亦一開政. 政府六府都察院, 會議擬選之人, 僉議皆定, 然後使銓部奏擬而已. 此可謂公選無弊也." 然今以愚見論之, 曷若民主共和之國, 上自總統國務員以及地方官, 皆爲民選之大公至正者乎. 各地方官則一任省議會投標選擧, 而自內部差定, 恐爲自治制之良便也. 何足論陳久之善否哉. 烏乎! 有國乎今天下者, 其必以箕子周公聽衆之制爲師, 而充分以歐美之憲法民主精美之規, 則可謂治進圓滿, 而大同一統非自然之序次乎?

제31장 (7절)서구 정치철학, 아리스토텔레스의 덕론

第三十一章(七節) 歐西政治哲學, 亞里士多德論

아리스토텔레스가 말했다. "국가는 자유롭고 평등한 뭇 시민(衆民)이 서로 결합한 것이다." 또한 말했다. "국가의 근본은 가족공동체(家屬)에서 나오니, 이는 본디 그러하다. 하지만 이 두 가지[가족, 국가]는 서로 아주 다르고, 서로 혼동될 수도 없다. 어째서인가? 가족공동체는 높은 사람과 낮은 사람(尊卑)이 서로 통솔하고 귀속되어(統屬) 불평등하게 성립되는 것이다.[117] 아버지가 명하면 자식이 순종하고 남편이 부르면 아내가 따르며, 한쪽은 자유롭고 한쪽은 자유롭지 않다. 국가는 그렇지 않으니, 이는 평등권을 가진 뭇사람(衆人)이[118] 서로 모여 세우는 것이다. 관리가 비록 명령을 내릴 수 있지만, 이는

---

117 '존비尊卑가 서로 통속統屬한다'는 것은, 가족관계에 높고 낮은(尊卑) 서열이 있고 그에 따라 다른 가족 구성원을 통솔統率하는 역할과 그에 귀속歸屬되는 역할이 서로 나뉜다는 뜻이다. 아리스토텔레스에 따르면, 폴리스의 구성단위는 가족공동체. 다시 말해, 폴리스는 인간이 태어나면서부터 운명적으로 소속되는 자연적인 혈연공동체인 가족을 기반으로 한다. 하지만 동시에, 폴리스는 '정치적인' 공동체이다. 그것은 자연에서 분리된 인공적 결속체이기도 하다. 이 점에서 폴리스는 자연종自然種과 인공종人工種의 성격을 동시에 가지고 있다.

118 폴리스에서는 공동체 구성원의 자유롭고 평등한 관계가 정치의 토대를 이룬다. 하지만 이 원칙이 일부 국민, 즉 '시민'으로 간주된 본토 출신의 자유로운 성년 남자에게만 해당하는

평등한 사람으로서 평등한 사람을 다스리는 것이지, 존귀함으로 비천함에 군림하는 것이 아니다. 또한 관리의 복역은 나이의 제한이 있고 [남에게] 전할 수도 없으니, 부패하지 않는다. 이로써 말하면, 각각의 사람이 혹은 명령을 내리는 사람이 되고 혹은 명령을 따르는 사람이 되며, 혹은 군주의 자리에 있고 혹은 신하의 직책에 복무하니, 순환하여 일정함이 없다. 이에 알겠노니, 정부는 시민이 위임한 바에 말미암아 일을 행하는 것이지, 아버지가 자식에게 명령하고 남편이 아내에게 명령하는 것과는 같지 않다."

亞里士多德曰 "國家者, 是爲自由而且平等之衆民相結集者." 又曰 "夫邦國之本, 出之家屬, 此固然矣. 然此二者深相異而不可得而相混. 何也? 家屬者, 尊卑相統屬, 以不平等而立者也. 父令子從, 夫唱婦隨, 一則自由, 一則不自由也. 夫邦國則不然, 是爲有平等權之衆人, 相會而立者也. 卽如官吏, 雖能發有命令, 然乃以平等之人, 蒞平等之人, 非以尊臨卑. 且官吏之服役, 有年歲之限, 而不得以傳之, 不朽也. 由是言之, 則各人或爲發令之人, 或爲從令之人, 或居君位, 或服臣職, 循環無一定. 是知政府者, 乃由民所委任而行事, 而非如父之令子, 夫之命妻也."

【안설】서구정치는 예로부터 로마와 이집트를 최고로 치며, 로마는 법률의 조국이 되었다. 그렇지만 로마의 군주 1백 십여 명 중에 피살당한 자가 백 명이 넘었던 것을 살펴보면, 아주 야만적인 효경梟獍[119]의 무리요, 참으로 미개한 암흑시대였다고 말할 수 있다. 그 법치가 각박했던 까닭에 재앙이 그 군주에게 미친 것이 이처럼 극도로 참혹했던가? 알 수 없다. 이로써 논하

것이었다는 한계도 분명했다. 그러므로 폴리스의 시민을 '중민衆民' 혹은 '중인衆人'으로 표기한 것은 오해의 소지가 있다. 아리스토텔레스의 정치학이 폴리스의 차별적 시민을 전제로 성립되었음을 충분히 반영하지 못하기 때문이다. 물론 이는 전병훈의 오류이기에 앞서, 서양철학의 초기 번역에서 나타난 문제였다.

119 '효경梟獍'은 어미새를 잡아먹는 올빼미(梟)와 아비를 잡아먹는 맹수(獍)로, 배은망덕하고 흉악한 인간을 비유한다.

건대, 요·순·삼대와 단군·기자가 도덕으로 지극히 잘 다스린 정치가 세계에서 가장 앞선 문명이었다고 말할 수 있지 않을까?

그리스 철학자 소크라테스와 플라톤 두 현인은, 모두 도덕과 정치를 혼합해 말해서 분별하지 않았다. 그러므로 소크라테스가 "정치는 사람의 마음을 설복해 도를 행하는 것"이라고 말했고, 플라톤이 "도덕학(道學)은 인간 정신의 여러 능력을 합해 하나가 되는 것이며, 정치는 나라의 여러 능력을 합해 하나가 되는 것"이라고 말했다. 플라톤은 또한 『공화국론』을 저술했다. 아리스토텔레스에 이르러 위대한 정치철학가[120]로 발전하여 후세의 본보기가 되었는데, 그가 논한 정치는 전적으로 자유·평등을 세워 종지宗旨로 삼았으니, 2천 년 전에 특별한 탁견이었다고 말할 수 있다. 아! 위대하다.

【(秉薰)謹按】歐西政治, 於古最稱羅馬·埃及, 羅爲法律之祖國也. 然夷攷羅君百十餘而被弑者過百, 則可謂極野蠻梟獍之類, 眞未開之黑暗時代也. 由其法治刻薄, 故禍及其君上者, 如是極慘耶? 未可知也. 繇此論之, 堯舜三代, 檀君·箕子, 道德之至治, 非可謂世界之最先文明得耶?

希哲如梭格·柏拉兩賢, 皆混言道德·政治而無辨. 故梭格曰, 政者, 服人心爲道者也, 柏氏曰, 道學者, 乃合吾人精神之諸能而爲一者也. 政治者, 乃合國之諸能而爲一者也. 柏氏又著 『共和國論』矣. 至亞氏而演成大政治家, 以爲後世之法, 其論政治專以自由平等立爲宗旨, 則在二千年前, 可謂特別卓識也. 烏乎! 偉哉.

아리스토텔레스가 또한 말했다. "국가는 본래 자유롭고 평등한 뭇사람(衆庶)들로부터 말미암아 서로 결합하여 성립하는 것이다. 그리고 주권을 법률에 귀속시키는 것은, 바로 뭇사람들이 모두 자유로우며 모두 권리를 누리도록 하기 위해서이다. 만약 주권을 들어 한 사람에게 귀속시키면, 다른 뭇사람들은 모두 노예가 됨을 면할 수 없다." 또한 말했다. "주권을 법률에 귀속

---

120 원문의 '대정치가大政治家'는 위대한 정치철학가 또는 정치사상가를 가리키는 것으로, 앞의 제5편 '결론'에서도 칸트와 몽테스키외 등을 그렇게 부른 바가 있다.

시키는 것은, 실제로 이 권력을 도리道理에 귀속시키는 것과 다름없다. 이것은 그 권력이 귀해지는 연유이다. 제왕의 주권 같은 것은 도리의 주권이 아니라, 사람의 권력이다."(이 아래 개·돼지 권력설[121]이 있는데, 생략하고 취하지 않는다.)

亞氏又曰 "邦國者, 本由自由而且平等之衆庶, 所相合而成者也. 而歸於法律者[以]主權者,[122] 正爲使衆人, 皆自由皆有權也. 若夫擧主權以歸一人, 則他之衆庶, 不免皆爲奴隷矣." 又曰 "歸於法律以主權, 實無異以此權歸之道理. 此其所以爲貴也. 若夫帝王之主權, 則非道理之主權, 而人之權也."(此下有犬豕權之說而略焉不取.)

아리스토텔레스가 또한 말했다. "몹시 가난한 보통 사람은 비록 남들 위에 서려고 해도 또한 그럴 수 없다. 몹시 부유한 자는 교만한 마음이 발생해 법률의 권력에 순종하는 것을 달갑게 여기지 않으며, 오직 타인을 능멸하는 것을 즐겨서 그 폐단이 결국 전횡을 일삼아 무소불위하기에 이른다. 이렇게 되면 나라 안에 오직 주인과 노예만 있고, 한 명의 진정한 자유인도 없게 된다. 또한 가난한 자는 반드시 질투하는 마음이 생기고, 부자는 반드시 경멸하는 마음이 생긴다. 질투하는 마음과 경멸하는 마음은, 바로 국가의 안정과 번영

---

121 아리스토텔레스가 직접적으로 '개·돼지의 권력'(犬豕權)을 언급한 바는 없다. 다만 이는 그가 말한 중우정(衆愚政 혹은 暴民政: Ochlocracy, Mob Rule)을 번역하는 과정에서 등장한 표현으로 추정된다. '중우정'은 이성을 잃은 민중이 감정적으로 휩쓸려 다수의 폭정을 일으키는 상태를 의미한다. 즉 민주주의가 타락하여, 감정적인 다수의 무분별한 결정이 정치에 영향을 미치는 상태를 '개·돼지의 권력'에 비유할 수 있다. 아리스토텔레스는 이런 상태에서 선동가(Demagogue)들이 등장하여 대중을 조종하며, 결국 민주주의가 혼란 속에서 무너질 수 있다고 보았다.

122 문맥상 '歸於法律者主權者'는 뜻이 잘 통하지 않는다. 이 단락은 국가의 주권을 법률에 귀속시키는가 아니면 사람에게 귀속시키는가의 차이를 논하는 것이며, 바로 아래 단락에 또한 '歸於法律以主權' 구절이 나온다. 이에 따라 法律과 主權 사이의 '者'는 '以'의 오자로 본다.

에 필요한 우애의 성품과 서로 반대되는 것이니, 국가를 보존할 수 있겠는
가?"

亞氏又曰: 凡人貧困之甚者, 雖欲求立於人之上, 亦不可得. 其富厚之甚
者, 則驕矜之心發生, 不屑於從順法律之權, 惟以凌他人是嗜, 其弊終至
於專肆而無所不爲. 如是則國中, 惟有主人與奴隸, 而無一眞自由之人也.
且貧者必生嫉妒之心, 富者必生輕蔑之心. 夫嫉妒之心與輕蔑之心, 正與
國家安榮所需之友愛之性相反者也, 而可有之哉?

【안설】 여기서 "주권을 법률에 귀속시킨다"는 것은 입헌론이다. 국민에게 극
도의 빈곤과 극도의 부유함이 존재하면, 모두 불평등해지고 이것이 곧 환란
의 원인이 된다. 오직 중산층이 가난한 자들과 서로 협력해서 이를 제어할
수 있으니, 그러므로 폐단이 없다. 그렇지만 법 없이도 이처럼 올바르게 조
제調劑하는 것은 오직 균산均産 한 가지 일이니, 책 앞편(前編)에서 이를 누차
말했다.

【(秉薰)謹按】 此歸於法律以主權者卽立憲之論, 而民有極貧極富, 皆不平
等而禍亂之所由起也. 惟中産者可與貧者相協力以制之, 故無弊也. 然
此正調劑無法者, 而惟均産一事, 前編屢言之矣.

아리스토텔레스가 또한 말했다. "국가의 환란은 비록 그 형태가 매우 다양
하지만, 깊이 관찰하면 또한 저 '공정 평등한 자'(公正平等者)들이 '공정 불평
등한 자'(公正不平等者)들을 이기려고 하거나, 혹은 '공정 불평등한 자'들이 '공
정 평등한 자'들을 이기려는 데서 벗어나지 않는다. '공정한 평등'을 이기려
들면, 뛰어난 아랫사람이 못난 윗사람을 물리치려고 하니, 이것이 이른바 '공
정한 불평등(公正之不平)이 공정한 평등(公正之不平)을 이기려는' 것이다. 인
민 중에 정권에 참여치 못한 자들이 무리를 지어 모반하면, 이것은 이른바

'공정한 평등이 공정한 불평등을 이기려는' 것이다."[123]

亞氏又曰: 凡邦國之禍亂, 其形雖極有種種, 而深以察之, 亦不外由於彼
公正平等者欲勝公正不平等者, 或公正不平等者欲勝公正平等者也. 欲
勝公正之平等也, 下之賢者而欲斥上之不賢者, 此所謂公正之不平等欲勝
公正之平等也. 人民中有不得參預政權, 因用聚謀叛者, 是所謂公正之平
等欲勝公正之不平等也.

아리스토텔레스가 또한 말했다. "첫째를 군주정체君主政體라고 하고, 둘째
를 귀족정체貴族政體라고 하며, 셋째를 민주정체民主政體라고 한다. 그 군주정
이 올바르지 않은 것을 패왕정체霸王政體라고 일컫고, 그 귀족정이 올바르지
않은 것을 호족정체豪族政體라고 일컫고, 그 민주정이 올바르지 않은 것을 폭
민정체暴民政體라고 일컫는다.[124] 그 올바르고 올바르지 않음을 어떻게 변별

---

123 이 단락은 아리스토텔레스의 정의론과 관련된 것인데, 중국어 번역이 모호하여 문맥이 순
    조롭지 못하다. 원문에서 '공정公正'은 주로 분배와 관련한 올바름(정의)을 지칭한다. 공정
    은 자격이 있는 사람에게 마땅히 받아야 할 몫을 주는 것인데, 연관된 탁월성이나 능력에
    따라 분배에 차등(불평등)이 발생하면, 그것이 곧 '공정한 불평등(公正之不平等)'이다. 이를
    올바른 분배로 보는 것이 '공정 불평등한 자'(公正不平等者)로, 이를테면 능력주의자인 셈이
    다. 반면 이런 불평등에 반감을 품고 누구에게나 똑같이 배분할 것을 요구하는 것이 '공정
    한 평등(公正之平等)'이다. 엘리트보다는 다중의 편에서 공평한 배분을 요구하는 것이 '공정
    평등한 자'(公正不平等者)로, 이를테면 평등주의자인 셈이다. 무엇이 공정한 분배인가에 대
    한 불평등주의(능력주의)와 평등주의 간의 대립과 견제는 현대 사회에서도 첨예한 이슈인
    데, 아리스토텔레스는 '탁월한 소수'의 수월성을 강조하는 공정과 '시민적 덕성'의 평등을
    강조하는 공정 간에 발생하는 갈등이 국가의 환란을 초래한다고 보았다. 전자가 우세하면
    과두정체로 흐르고 후자가 우세하면 민주정체로 흐르는데, 아리스토텔레스는 이 두 정체
    를 '혼합'(michis)한 '중간'(to meson)을 추구했다.

124 아리스토텔레스는 국가를 한 사람이 지배하는가, 탁월한 소수가 지배하는가, 다수자가 지
    배하는가에 따라 국가체제를 분류한다. 여기서 세 번째가 '폴리테이아politeia'로, 서양철학
    의 초기 번역에서 이를 대개 '민주제'로 표기했다. 하지만 민주제(democracy)의 어원인 데
    모크라티아dēmocrátĭa는 본문에서 '폭민제(폭민정체)'로 번역한 개념이다. 그것은 감정적
    이고 불안정한 군중이 폴리테이아에서 일탈해서, 자신들만의 이익을 위해 다스리는 불온

하는가? 공변된 뜻(公意)으로 국가의 공익公益을 도모하면, 주권이 한 사람에게 있든지 소수에게 있든지 다수에게 있든지를 막론하고 모두 '올바르다'고 말할 수 있다. 사사로운 뜻(私意)으로 자기 한 사람의 이익을 도모하면, 주권이 한 사람에게 있든지 소수에게 있든지 다수에게 있든지를 막론하고 모두 '올바르지 않다'고 말할 수 있다."[125]

亞氏又曰: 一曰君主政體, 二曰貴族政體, 三曰民主政體. 其君主政之不正者, 謂之霸王政體, 其貴族政之不正者, 謂之豪族政體. 其民主政之不正者, 謂之暴民政體. 至其正不正, 於何辦乎? 凡以公意謀國家之公益者, 則毋論權在一人, 在寡人, 在多人, 皆謂之正. 以私意謀一己之利益者, 亦毋論權在一人, 在寡人, 在多人, 皆謂之不正.

한 정치체제를 가리켰다. 그렇지만 언어개념은 다양한 환경과 역사적 상황에서 새로운 의미를 부여받고, 늘 변화한다. '데모크라티아'는 고대 그리스에서 다수가 자기들만의 이익을 위해 국가를 지배하는 부정적인 정치체제를 가리켰지만, 근대 이후 오히려 폴리테이아에 가까운 의미로 쓰였다. 따라서 본문에서 폴리테이아를 '민주제'로, 데모크라티아를 '폭민제'로 번역한 것이 반드시 오역이라고 할 수만도 없다.

125 아리스토텔레스는 정치 시스템의 형식만으로 그것이 올바른지 아닌지를 판단할 수 없다고 한다. 정체의 종류는 국가의 지배자가 한 사람(군주제, basileia)인지, 소수(귀족제, aristokratía)인지, 다수(민주제, politeia)인지로 분류할 수 있다. 하지만 여건이 다른 국가마다 어떤 정치체제가 적합한지를 논하는 것과, 그것이 올바른지 아닌지를 판단하는 것은 다른 차원이다. 올바르지 않은 정체란, 올바른 정체에 대해 별도의 체제로 존재하는 게 아니다. 올바른 정체의 통치권자들이 공익을 저버리고 사리사욕을 추구하면, 거기서 곧 패왕제(혹은 참주僭主제, tyránnis)·호족제(혹은 과두寡頭제, oligarchía)·폭민제(혹은 우민愚民제, dēmocrátĭa)의 정의롭지 못한 정체로 타락한다. 결국 정체政體의 정당성을 판정하는 기준은, 본문을 빌리자면 "공공의 뜻(公意)대로 국가의 공익을 도모하는가"의 여부에 달렸다. 그리하여 정치는 다시 도덕과 조우한다. 왜냐하면 정체의 올바름, 즉 공정公正을 판정하는 기준이 정치체제의 형식을 넘어 집권자의 도덕성과 직결되기 때문이다. 따라서 모든 형태의 정체政體에서, 공적 권력을 위임받은 자들은 반드시 높은 도덕성과 중용의 미덕을 갖출 것이 요구된다. 또한 국민 일반도, 특히 민주정체에서 자기의 권리와 책임에 대해 성숙한 공공의식과 도덕을 갖춰야 한다. 전병훈은 민주·공화의 정체를 지지하고 추구하되 그 정체의 본질이 집권자의 공의公意·공심公心에 있다고 보았으므로, 아리스토텔레스의 견해와 접점을 찾을 수 있다.

【안설】아리스토텔레스의 스승인 플라톤이 일찍이 『공화국론共和國論』[126]을 지었는데 공자의 대동大同 정책과 같았고, 아리스토텔레스가 이를 계승해 가 감해서 보정補正했다. 평등·자유·3정체(三政體)[127]를 논하여 서구에서 정 치를 말하는 학자들의 시조가 되었으니, 또한 위대하지 않은가? 훗날의 정 치학이 비록 날로 새로워졌다고 말하지만, 모두 그 범위를 벗어나지 않는 다. 한데 이뿐만 아니라, 지금 세상에서 말하는 철학·논리학·수학·천문 학·심리학·윤리학·경제학·정치학이 [아리스토텔레스를] 창시자(祖師) 로 숭배하지 않음이 없으니, 실로 성스러운 철인이로다!

【(秉薰)謹按】亞氏之師柏拉嘗著『共和國論』, 有如孔子之大同政策, 而亞 氏繼以損益而補正之. 平等·自由·三政體之論, 乃爲歐西之言政治學 者開山之祖, 不亦偉哉! 後之政學, 雖云日新, 而擧不出其範圍也. 然不 特此也, 凡今世之言哲學·名學·數學·天門·心理·倫理·生計·政 治學, 罔不崇拜以爲祖師, 誠聖哲哉!

아리스토텔레스가 또한 말했다. "한 나라의 정치기구에 세 가지가 있다. 첫째는 나랏일을 토의하는 권한이고, 둘째는 관리의 자격 및 그 직권이고, 셋째는 사법司法 권한이다.(첫째 항목에서 관장하는 것은, 나라 안의 전쟁 선포· 화친·동맹 체결·동맹 해산의 모든 중대 정치 사안 및 법률 제정·감독·회계·사 형 심판·추방·몰수 등의 큰 옥사獄事이다. 이런 등급의 권력은 전체 인민이나 혹 은 인민 중의 일부분에 귀속되어야 마땅한데, 그것이 전체 인민에게 귀속되는 것이

---

126 이 책은 철학과 정치학에 관한 플라톤의 주저인 *Politeia(πολιτεία)*로, 기원전 380년경 소크 라테스가 주인공인 대화체로 작성되었다. 한국에서 이 책의 표제를 여전히 『공화국』으로 표기하는 사례도 있지만, 오늘날 대개는 『국가』 또는 『정체政體』로 표기한다. 한편 중국에 서는 이 책의 표제를 통상 『이상국理想國』으로 번역하며, 간혹 『국가편國家篇』 『공화국共 和國』으로 표기하기도 한다. 여기서는 전병훈이 원문에 『공화국론共和國論』으로 표기했으 므로, 그대로 본문에 반영했다.

127 '3정체'(三政體)는 위에서 말한 민주정체·귀족정체·민주정체를 일컫는다.

민주제의 특징이다. 인민이 정치에 참여하는 방법은 한 가지가 아니니, 하나의 총괄
단체를 이뤄서 이를 논의하는 것이 있고, 단체를 돌아가며 나눠서 이를 논의하는 것
이 있다.)

亞氏又曰: 一國之政治樞機有三. 第一, 討議國事之權也. 第二, 官吏之資
格及其職權也. 第三, 司法權限也. (第一項所掌者, 凡國中宣戰·媾和·締結
同盟·解散同盟諸大政, 以及制法律·監督·會計·審定死刑·放逐·沒收等諸
大獄. 此等權力當以歸諸全體之人民, 或人民中之一部分, 其歸全之人民者, 民主
制之特質也. 至人民參與政治之方法不一, 有爲一總團體而議之者, 有體輪班而
議之者.)

【안설】 3정三政의 논의는 오늘날 서구 정치제도의 기초를 열었다고 말할 수
있는데, 몽테스키외가 나와서 더욱 분명히 드러내 밝히고 정밀하게 갖추었
다. 오직 아리스토텔레스가 당시에 민주·공화의 정치이론을 창립했는데,
우리 맹자가 민권주의를 주창해 밝힌[128] 것과 비교하면, 더욱 정밀하고 적
절하며 조리가 분명하였다. 실로 한 시대를 풍미한 아성亞聖[129]의 재능이라
고 말할 수 있다. 동아시아에는 맹자를 계승해서 더 나아간 자가 아직 없지
만, 서구에서는 뒤에 나온 자들이 이[아리스토텔레스의 정치이론]를 넓게 개
척하고 확대하여, 세상을 위해 실제로 활용했다. 어찌 그 완미함이 이와 같
은가?

【(秉薰)謹按】 三政之論, 可謂歐西今日之治制開基者, 而孟德斯鳩氏出,
乃益闡明而精備焉. 惟亞氏於當時, 創立民主共和之政論, 比吾孟子之唱
明民權主義, 愈精puts而條暢. 誠可謂命世亞聖之才也. 東亞則未有繼孟而
加進者, 而西則後出者, 恢拓而廓大之, 爲世實用. 何其成美之如是也?

---

128 맹자가 "민권주의를 주창해 밝혔다"고 말하는 근거는 본 편의 제18장을 참고한다.
129 '아성亞聖'은 성인에 버금가는 현자를 가리키며, 아리스토텔레스가 소크라테스·플라톤의
계보를 이었다는 뜻도 담겼다. 통상 공자에 버금가는 현자로 맹자를 '아성'으로 칭하는데,
이런 문법으로 서양 고대철학자들을 호명하는 셈이다.

제32장(2절) 서구 사회계약 정치 철리
第三十二章(二節) 歐西民約政治哲理

루소[130](프랑스인, 1712년 생)가 말했다. "사회계약(民約)이란 것은 단지 모든 사람의 자유권에 유익할 뿐만 아니라, 또한 평등주의의 근본이 된다. 어째서 그렇게 말하는가? 하늘이 사람을 낼 때 강하고 약한 구별이 있고 지혜롭고 어리석은 차이가 있지만, 일단 사회계약이 성립되면 법률이 요구하는 바에 강자와 약자가 다시 없고 지혜로움과 어리석음이 다시 없어서, 오직 그 옳고 그름이 어떤지만 볼 뿐이다. 가르쳐 말하길 '사회계약은 사회적 불평등(事勢之不平等)[131]을 바꾸어 도덕적 평등을 이루는 것'이라고 한다. '사회적 불평등'은 무엇인가? 타고난 지혜로움과 어리석음, 강함과 약함이 바로 그것이

---

130 루소(Jean Jacques Rousseau, 1712~ 1778)는 프랑스의 계몽사상가로, 봉건 전제의 지배를 비판하고 시민의 자유를 강조했다. 그는 사회계약론을 주장했지만, 인간의 자연상태가 만인의 만인에 대한 투쟁이라고 전제한 홉스와 달리, 자연상태는 우정과 조화가 지배한다고 전제하고 이를 회복할 것을 주장했다.

131 원문의 '事勢之不平等'은 문맥상 루소가 말하는 '사회적(도덕적) 불평등'(Inégalité morale ou politique)에 해당한다. 이는 인간사회에서 법·제도·재산·신분 등의 차이에서 비롯되는 불평등으로 부의 격차, 권력의 집중, 계급 제도, 특권층의 존재 등을 초래한다. 루소는 이런 불평등이 자연스러운 것이 아니라, 인간이 만든 사회 구조에서 비롯된다고 주장했다. 그리고 이를 해결하기 위해 평등한 법과 공동체의 사회계약이 필요하다고 강조했다.

다.[132] 법률조약으로부터 생겨나는 도리(義理)이다."

盧梭(法人, 西曆一千七百十二年生)氏曰: 民約之爲物, 不獨有益於人人之自
由權而已, 且爲平等主義之根本也. 何以言之? 天之生人也, 有强弱之別,
有智愚之差. 一旦民約旣成, 法律之所要, 更無强弱, 更無智愚, 惟視其正
與不正如何耳. 敎曰, 民約者, 易事勢之不平等, 而爲道德之平等者也. 事
勢之不平等何? 天然之智愚强弱是也. 道德之平等者何? 由法律條款所生
之義理者也.

또한 말했다. "사회계약이 아직 수립되기 전에는 사람들 각각 모두 스스로
주권이 있고, 이 권리가 자유권과 하나로 합쳐졌다. 그런데 사회계약이 성립
되면, 주권이 한 사람의 손에 있지 않고 이 대다수 사람의(衆人) 뜻에 있게 된
다. 이른바 '공공의 의지'(公意)가 바로 그것이다."

又曰: 民約未立以前, 人人皆自有主權, 而此權與自由權, 合爲一體. 及約
之旣成, 則主權不在於一人之手, 而在此衆人之意, 而所謂公意者是也.

---

132 루소의 철학에서 볼 때, 본문에서 말하는 불평등은 '사회적 불평등'이 아니라, '자연적(물리
적) 불평등'(Inégalité naturelle ou physique)에 해당한다. 따라서 이 단락은 루소의 철학
을 잘못 소개하고 있다. 이것이 번역 과정의 혼동인지, 아니면 전병훈이 인용하는 과정에
서 발생한 혼동인지는 분명치 않다. 루소가 말하는 '자연적 불평등'은 인간이 타고나는 신
체적·정신적 차이에서 비롯하는 불평등이다. 그것은 자연법의 일부로, 사회가 개입하지
않아도 존재하는 필연적인 차이, 예를 들어 키·힘·건강·지능·나이 등의 차이를 가리
킨다. 루소는 이런 불평등이 본질적으로 문제가 되지 않으며, 사회적 억압을 초래하지도
않는다고 보았다. 그러나 '사회적 불평등'은 자연 상태보다 인간을 더 불행하게 만든다고
비판하고, 이를 완화하기 위해서 공정한 사회계약(Social Contract)이 필요하며, 법과 제도
가 특정 계층이 아닌 공공의 선(公共善)을 위해 존재해야 한다고 주장했다. 이에 관해서는
장 자크 루소(Jean-Jacques Rousseau)의 『인간 불평등 기원론(Discours sur l'origine et les
fondements de l'inégalité parmi les hommes)』을 참고한다.

또한 말했다. "뭇사람들이 공인하는 것을 이름하여 '법률'이라고 하며, 이를 공인公認하는 방법은 국민이 회의하여 다수 의견을 듣고[133] 의결할 뿐이다."

又曰: 衆人所公認者, 卽名之曰法律, 而公認之方法, 則以國人會議, 三占從二, 以決之而已.

또한 말했다. "정부政府는 무엇인가? 곧 주권을 장악한 자와 주권에 복종하는 자의 중간에서 그들의 교류를 촉진하고, 법률을 시행하여 이로써 공중公衆의 자유권을 보호하는 자이다. 다시 딱 잘라 말해, 국민이 주인이고 [정부의] 관리는 고용된 일꾼으로 그 역할을 집행하는 자이다."

又曰: 政府者何也? 卽居於掌握主權者, 服從主權者之中間, 而贊助其交際, 且施行法律, 以防護公衆之自由權者也. 更質言之, 則國民者, 主人也, 而官吏者, 其所傭之工人, 而執其役者也.

【안설】『주례』에 계권契券[134]의 법이 있고 『여씨춘추』에 향약鄕約의 조례가 있는데, 모두 백성이 단결해서 규약을 따르도록 하려는 뜻이다. 그러나 이 사회계약설에 비교하면, 실로 소략하고 편협함을 면할 수 없다. 이 사회계약은 인민의 기상(民氣)을 고취하고, 그 천부의 권리를 회복하는 것이라고 말할 수 있다. 그런데 이 사회계약의 근거를 탐구하면, 여러 가족이 이미 각각 계약에 의해 성립된 것이다. 차츰 여러 가족을 이루면 함께 상호계약(相

---

133 '삼점종이三占從二'는 옛날에 세 사람이 점을 쳐서 서로 다른 점괘가 나올 때는 점괘가 같은 두 사람의 말을 따랐던 것에서 유래한 성어로, 다수 의견을 듣는다는 의미로 쓰인다.

134 '계권契券'은 고대에 각종 계약서를 일컬었던 이름이다. 이와 관련하여『주례周禮』「천관天官・소재小宰」에 몇 가지 사례가 나타난다. '부별傅別'은 부채 증서(聽稱責以傅別), '서계書契'는 계약 문서(聽取予以書契), '질제質劑'는 관에서 발행한 어음(聽賣買以質劑) 정도로 볼 수 있다.

約)하여 하나의 단체로 여러 부락을 이루고, 또한 함께 상호계약하여 하나의 단체로 국가를 이룬다. 이른바 '상호계약(相約)'은 마음속에서 묵인하여 부지불식간에 이를 행하는 것에 불과하며, 분명하게 서로 말로 알리고 이를 문서로 작성한 것은 아니다. 그래서 민주 입헌의 정치체제가 실로 천리天理의 가장 공정한 것이 된다.[135]

【(秉薰)謹按】『周禮』有契劵之法, 呂氏有鄕約之條, 皆使民團結從約之意也. 然較諸此約之說, 則誠不免疏漏而狹隘也. 此民約則可謂鼓振民氣, 以復其天賦之權者也. 故究此民約之根據, 則衆家族旣各因契約而立矣. 寢成衆家族, 共相約爲一團體衆部落, 又共相約爲一團體邦國成焉. 所謂相約, 不過心中嘿許, 不知不識而行之, 非明相告語, 著之竹帛爾. 是以民主立憲之政體, 誠爲天理之最公正者也.

---

135 17세기 중반 이후 서구에서는 이른바 '자연상태(state of nature)'의 가설이 정치철학의 일상적인 주제가 되었다. 자연상태는 첫째 문명 이전의 자연상태로 인간이 그의 동족과 떨어져 홀로 사는 상태를 가리킨다. 둘째 정치학 문맥의 시민상태(정치사회・시민사회)와 대비되는 자연상태로, 사람들이 자연적 동종으로 맺는 단순하고도 일반적인 연관 이외에 그 어떤 종류의 협약도 없는 상태로 상정된다. 그런 자연상태를 홉스Thomas Hobbes는 '만인의 만인에 대한 전쟁 상태'로 정의했고, 루소는 '천부적인 자유와 평등의 상태'라고 언명했다. 그런데 전병훈은 루소를 포함한 서구 근대사상가들과 정반대의 문맥에서 사회계약을 해석했다. 그에게 사회계약의 뿌리는 가족에 있다. 그는 가족에서 다른 모든 사회공동체의 원형을 찾고, 그 연장에서 사회계약의 영역이 확대된다고 보았다. 루소와 전병훈의 문법은 이처럼 상이하다. 루소에게 '사회계약'은 자연상태와 대비되는 인공적인 사회상태에서 발생하는 예속과 불평등으로부터 개개인을 보호하기 위한 것이며, 천부적인(자연상태의) 자유와 평등을 사회적인 자유와 평등으로 복원하려는 것이다. 한편 서우에게 '사회계약'이란, 대자연의 천부적 성향에서 비롯하는 상호신뢰의 마음이 발현된 것이다. 사회계약의 근거는 인간에게 내재된 도덕적 심성이다. 사람의 덕성이 제가・치국・평천하로 확장되듯이, 인간 간에 '상호계약(相約)'하는 암묵적 동의가 자연스럽게 속마음에서 일어나며, 부지불식간에 가족에서 더 큰 사회집단과 국가공동체로 확장된다. 전병훈은 그런 계약의 최고 형태가 민주 입헌의 정치체제라고 보았고, 따라서 그것이 '자연법적 섭리(天理)'의 가장 공정한 것이라고 명언한다. 이처럼 루소와 전병훈은 문화의 논리가 서로 다른 두 세계의 지평에 마주 서 있다. 그럼에도 불구하고, 그 두 사람이 '사회계약'을 말하는 취지는 또한 두 가지 점에서 합치한다. 첫째로 부당한 권력과 사회적 억압으로부터 인민(시민)의 천부적인 자유와 평등권을 지키려는 것이고, 둘째로 정치・사회공동체에서 사람들 간에 맺는 유대의 도덕적이고 정치적인 근거를 마련하려는 것이다. 전병훈의 말처럼 '사회계약'에는 "인민의 기상을 고취하고, 이로써 그 천부인권을 회복"하는 공감의 지점이 있다.

블룬칠리[136]가 말했다.(독일인, 최근 18세기) "지방자치제도는 대체로 정부에서 정하고 그 시행법은 법률로 제한해야 마땅하다. 그 체제로 말하자면, 세 종류가 있다.

첫째, 정부 사무를 민간의 명예직 관리에게 위임하는 것이다. 이 제도는 임명직 관리와 정반대가 된다. 예를 들어 영국은 치안재판관[137]이 경찰 및 형사재판을 맡고, 스위스는 치안재판관이 소송을 담당하니, 이것이다.

둘째, 관에서 뽑은 관리와 인민이 선출한 명예직 관리가 연합하는 것으로, 이는 대리 정치의 체제이다. 가령 프랑스 도(縣, Département) 참사원參事院은

---

136 블룬칠리(Johann Caspar Bluntschli, 1808~1881)는 스위스 취리히 출신으로, 국가이론과 국제법 분야에서 명성을 얻은 19세기 후반 독일의 학자이자 정치가였다. 1903년 미국 시찰을 마치고 중국으로 돌아온 양계초梁啓超가 「정치학 대가 블룬칠리의 학설」(「政治學大家 伯倫知理之學說」, 『新民叢報』 第三十八期・三十九期合刊, 1903)이라는 글을 발표하면서, 특히 20세기 초에 중국 지식계에 널리 알려졌다. 전병훈 역시 이 글을 통해 블룬칠리를 접했다고 추정된다.

137 통상 '치안판사'로 번역되는 JP(Justice of the Peace)로, 주로 영미법에서 변호사 자격이 없는 일반인이 임명되어 경범죄의 1심 형사재판을 하고, 대부분 확정판결하는 형사재판 제도이다. 여기서는 책의 원문에 따라 '치안재판관治安裁判官'을 그대로 표기했다.

도지사가 원장이 되고,[138] 프러시아 지방의회(縣治委員) 역시 지자체장(縣令)이 의장이 되고, 스웨덴 지방의회(郡參事員)도 지자체장(郡長)이 원장이 된다. 프러시아 수도의 정부 의회는 모두 법률에 통달한 시장이 의장이 되고, 신병新兵을 모집하는 위원도 또한 항상 관리 및 시민으로 합해 편성하니, 모두 이 제도이다.

셋째, 관부의 권위에 의존하지 않아 관에서 뽑은 관리를 쓰지 않고, 오직 인민이 공선公選한 대리인이 정무를 담당하는 것이다. 통상 소도시 마을 주민회(鎭村會)의 관리인력이 대개 이 방법을 사용한다." (위에 열거한 세 항목은 모두 자치단체의 체제이다. 이에 반하는 것은 자치自治가 아니라 관치官治이다.)

> 伯倫智曰(德國人, 近十八世紀): 地方自治之構制, 大率由政府定之, 其施行之法, 當以法律限之. 就其體裁以言, 則有三種. 一. 政府事務委任人民之名譽官者. 是制也, 與任給俸授職之官吏者, 適爲反對. 例如英國治安裁判官之擔任警察及裁判法, 瑞士治安裁判官之掌獄訟, 是也. 二. 連合官選職官與民選名譽官者, 是卽代理政治之體裁也. 如法國縣參事院, 以縣令爲院長. 普國之縣治委員, 亦以縣令爲長. 波[瑞]典[139]國之郡參事員, 郡長卽爲院長. 普國都府中政府會議, 皆以通曉法律之都長爲長, 以暨徵募新兵之委員, 亦恒以官吏及人民合編而成, 皆此制也. 三. 不藉官部威權, 不用官選吏員, 獨以人民公撰之代理員掌政者. 通常鎭村會之吏員, 皆用此道行之. (上列三項, 皆自治體之體裁. 反乎是者, 則非自治而官治矣.)

【안설】블룬칠리는 근세의 철학 대가로 그 저작이 아주 많은데, 정치를 논하

---

138 프랑스의 도(지방) 참사원參事院(Conseils du prefecture)은 법령과 일반행정에 대해 자문하면서 특별재판소의 지위를 아울러 가졌던 법령심의기관으로, 민간과 정부가 합작하는 오랜 전통이 있었다. 그 행정구역(Département)이 원문에는 '현縣'으로 되어 있는데, 우리말에서는 통상 '도'로 표기하므로 이에 따라 번역했다.

139 '波典'은 '瑞典'의 잘못된 표기로, 스웨덴을 가리킨다.

여 미국의 제도와 같은 민주 공화를 가장 중요하게 여겼다. 지방자치론 역시 장황한데, 단지 그 제도에 관한 항목만 골라잡아 기재하고 나머지는 모두 비슷하게 추론할 따름이다. 이 자치제는 실로 좋은 제도이다. 주관周官의 향당제도(此閭族黨)와 삭망독법朔望讀法[140]을 더하여 병행하면, 반드시 백성들 간에 소송이 없게 하고 형벌을 두고도 쓰지 않는 지극한 정치에 이를 것이 틀림없다. 경세經世에 뜻을 둔 학자라면, 어찌 여기서 그 오묘함을 더 탐구해 스스로 터득하지 않으리오! (자치제는 연구할 수 있는 전문적인 학문 분과가 있다.)

【(秉薰)謹按】 伯氏乃近世之哲學大家, 其著作甚多, 論政治則以民主共和如美制者爲最要. 地方自治之論亦張皇, 只撫取其搆制一條以載之, 他皆類推耳. 此自治制誠是良制也. 參加以周官此閭族黨·朔望讀法之規以倂行之, 則必也使民無訟, 而以致刑措之至治, 無疑矣. 凡有志經世之學者, 盍於此益究其妙而自得乎.(自治制有專學可攷.)

---

140 『주례周禮』의 비此·려閭·족族·당黨 향당제도와 삭망독법朔望讀法에 관해서는 본 편의 제9장에서 상세히 다뤘다. 그 내용을 참고한다.

제34장(2절) 애덤 스미스『원부』의 재정운용 철리
第三十四章(二節) 斯密亞丹原富理財哲理

애덤 스미스[141](영국인, 18세기)가 말했다. "인민이 무리를 이루고 부를 증진하는 데 반드시 자연적인 순서가 있다. 처음은 농업이고 다음은 공업이고 그다음은 상업이니, 이 나라[영국]도 그와 같다. 논밭을 바꾸고 나서 용광로와 제련이 확장되고, 쇠붙이와 나무를 가공하고 나서 배와 차가 운행된다. 근본이 앞서고 말단이 뒤따르니, 대체로 그러하다."

斯密亞丹(英人十八世紀)曰: 民羣旣合, 其進富必有自然之序. 首曰農, 次曰工, 又次乃商賈, 此國而如是者也. 畎畝易而後, 爐冶張, 金木攻而後, 舟車運. 先本後末, 大體然矣.

또한 말했다. "분업하면 재화를 생산하는 능력이 더욱 커진다. 그러나 재화를 생산할 것을 미리 알고 난 뒤에 그렇게 되는 것이 아니라, 대개 어쩔 수

---

141 애덤 스미스(Adam Smith, ?-1790)는 영국의 정치경제학자이자 도덕철학자로서 고전경제학의 창시자이다. 근대경제학, 마르크스 경제학의 출발점이 된 『국부론』을 저술하였다. 경제행위는 '보이지 않는 손'을 통해 조정되며, 그것이 궁극적으로는 공공복지에 기여하게 된다고 생각하였다.

없이 그렇게 된다. 인간은 본래 집단을 이루고 살아가며, 하늘이 그들에게 욕망을 부여하였다. 이 욕망을 충족시키기 위해서는 한 사람의 힘으로 충분하지 않다. 세력은 반드시 서로 돕는 데서 얻으니, 그러므로 금융(質劑)[142]이 있고, 교역이 있고, 매매가 있다. 생산 공급에도 역시 이 3가지 일이 있으며, 분업함으로써 현저해진다. 정치 교화가 이미 펼쳐지면 교역이 시작되고, 교역이 이미 있으면 각자 그 귀·눈·손·발의 적절한 바를 살펴서 각각 한 가지 기술을 부린다. 예전에는 그것을 무리 지어서 써야 했으나, 한 사람이 마음과 힘을 들여 각자 산출하는 것을 자기가 쓰고도 남으니, 그 나머지를 덜어내 교역하면 이로써 타인의 수요에 공급하고 자기 역시 바라는 것을 얻는다. 이는 분업과 교역이 상호 의존하여 작용하기 때문이다."

又曰: 功分而生財之能事益宏. 雖然非前知其生財, 然後能若此也, 蓋於不得已焉. 人生而有羣, 天與之以有欲, 其所以養此欲者, 非一人之身所能備也. 勢必取於相資, 故有質劑, 有交易, 有賣買, 而生事以供, 亦有此三事, 而分功以著. 治化旣開, 易事乃始, 易事旣有, 乃各審其耳目手足之所宜, 各操一術焉. 以前其羣之用, 勞一人之心與力, 而各有所出, 自享不盡, 斥其餘以爲易, 以給他人之求, 而己亦得所欲. 此分功交易, 所以相因爲用也.

또한 말했다. "국부國富는 그 천시天時·지리地利·인사人事 3가지로 총량을 이루는데, 그 양量이 이미 충분하고도 중립을 유지하면, 조세(庸)와 국가재정(贏)을 아울러 줄일 수 있다. 조세에 대해서는, 권역의 크기·[국가] 저축의 정도·인구의 규모를 함께 서로 저울질해서 그 분량을 이미 충족하면 다시 추

---

142 '질제質劑'는 중국 고대에 사용된 어음으로, 관에서 발행하여 교역할 때 거래의 증좌로 융통되었다. 여기서는 금융 일반을 가리킨다.

가할 수 없으니, 이후에 국민은 공업에 경주한다. 공업에 경주하면 조세율이 마침내 아주 줄어든다. 국가재정에 대해서는, 물산의 규모·교통의 편리함·자본의 흐름을 함께 서로 살펴서 나라를 지키기(守成)에 안전하면 개혁하지 않으니, 이후에 부자들은 산업에 경주한다. 산업에 경주하면 국가재정 비율이 마침내 아주 줄어든다."

又曰: 國富, 以其天時·地利·人事三者爲量, 使其量既充而中立, 則庸與贏可以幷薄. 蓋其於庸也, 則極其幅員之廣狹, 積蓄之盈虛, 而戶口之衆寡, 與之相稱, 既極其量, 不可復加, 而後民競於工. 工競則庸之率終就於至薄. 其於贏也, 則極其物産之耗穰, 交通之廣狹, 而母財之滯斥, 與之相謀, 安於守成, 不爲維新, 而後富者競於業, 業競則贏之率, 終就於至歇.

【안설】『원부原富』[143]는 11편으로 방대하며, 엄복嚴復 군君[144]의 번역본이 있다. 그것이 재정운용(理財)을 말하여 서양 신학문을 처음 열었는데, 지금 낱낱이 들어서 말하지 않고 단지 그 한두 가지 개요만을 취할 뿐이다. 동아시아는 재정운용에 관해 말하기를 "빨리 생산하고 천천히 쓰며, 생산하는 사람은 많고 먹는 사람은 적어야 한다"[145]고 하고, 또한 말하기를 "인생의 근본은 부지런함에 있다"[146] "근검이 부유함의 원천이다"라고 했으니, 이와

---

143 통상 『국부론』으로 표제가 번역되는 애덤 스미스의 명저이다. 엄복嚴復은 1897년 이 책의 번역을 시작해 5년 만인 1902년에 『원부原富』라는 제목으로 출간했다.(『原富』, 上海南洋公學譯書院, 1902) 원서의 분량도 방대했지만 엄복이 워낙 심혈을 기울여 번역했고, 이는 곧 중국 지식계에 큰 반향을 불러왔다. 번역본의 제목인 '원부原富'는 곧 부의 근원을 의미한다. 이는 국부론의 원제인 "국부의 본질과 원천에 관한 연구(An Inquiry into the Nature and Causes of the Wealth of Nations)"에서 국부의 '본질과 원천'을 강조하는 문맥이다.

144 전병훈이 엄복이 번역한 『원부』에 주목한 배경에는 두 사람의 각별한 교류와 유대가 있었다. 엄복이 1853년생으로 1857년생인 전병훈보다 네 살이 많았지만, 전병훈에 대해 '제자(弟)'라고 겸칭할 정도로 서로 친분이 각별했다.(「畧附諸家評言序」 참고) 본문에서 전병훈이 엄복을 '군君'으로 칭하는 것에서도 두 사람의 친밀한 교분을 유추할 수 있다.

145 『대학』의 원문은 다음과 같다. "生財有大道, 生之者衆, 食之者寡, 爲之者疾, 用之者舒, 則財恒足矣."

같을 뿐이었다. 당나라 때 유안劉晏이 상평조례常平條例[147]를 만들어서 사물을 고르게 하고 세력을 균등하게 하여 국가 수입이 풍부해졌다. 후세의 현인이 이를 칭송해 "유안의 재정운용은 임금이 백성을 기르고 나라를 풍족하게 하는 근본이요, 패도에 치우친 수단이 아니다"라고 말했다. 그러나 이 법은 천하 재물에 가치(輕重)를 매기는 권력을 독점해 나라 곳간을 채운 것이라서 봉쇄 시대에 논의해 시행할 수 있었지만, 무역전쟁이 벌어지는 세계에서 거론할 수 있는 것은 아니다. 오직 조租·조調·용庸 3법이 실로 국가 재정운용의 근본이 되었다.(책 앞편에서 이미 말했다.)

하지만 지금의 재정운용은 실로 전날과 다르다. 시험 삼아 이를『원부』로 논하면, 농업으로 생산하고, 광업으로 채굴하고, 공업으로 제작하고, 상업으로 운용하고, 선박과 자동차로 유통하니, 민생과 실업이 날로 더욱 발달하고 국가의 세수稅收가 날로 더욱 증가한다. 이것이 오늘날 나라가 부유해지는(國富) 방법으로, 옛날과 지금의 차이가 멀다. 그리하여 그 풍족한 재화를 교육·형조刑措·전쟁종식(息兵) 등의 덕화德化에 사용하고, 다시는 공리功利·권력權力의 길에 미혹되거나 빠지지 않으면, 독일 황제[148]처럼 포악한 자라도 또한 칭송받지 않으랴.[149]

---

146 『좌전』에 "人生在勤"의 명구가 보인다.

147 '상평조례常平條例'는 한나라 선제宣帝(재위 B.C.74~B.C.49) 때 처음 시행됐다고 알려진 일종의 추곡수매제도다. 당나라의 저명한 경제학자이자 관료인 유안劉晏이 법제화해서, 통상 '상평법'으로 불린다.

148 여기서 '독일 황제'는 제1차 세계대전을 일으킨 독일제국의 빌헬름 2세(Wilhelm II, 재위 1888~1918)를 가리킨다. 전병훈이 이 책을 출판하기 직전 제1차 세계대전이 독일의 패전으로 종결되었는데, 전병훈에게 빌헬름 2세는 국부를 잘못 사용해서 불행해진 반면교사의 사례였다. 빌헬름 2세는 왕권신수설의 신봉자로 과대망상에 빠졌으며, 산업화된 독일의 부를 군국주의 팽창에 쏟아 부었다. 그 최후는 가공할 세계대전의 참극으로 귀결되었다. 이처럼 방향을 잃은 국가의 풍요는 만인을 불행에 빠트린다. 그러므로 전병훈은 국가의 풍요가 공리功利와 권력權力을 강화하는 수단을 넘어서, 국민의 보편적 덕화德化를 실현하는 데 충당되어야 한다고 주장했다.

149 전병훈은 국가재정 차원에서 '국부'의 증대에 주목했다. 그런데 그것이『국부론』의 본래 취지에 반드시 부합하는 것은 아니다. 애덤 스미스가 말하는 '국부(wealth of nations)'는 국가 전체의 부의 총량으로, 국가재정에 한정된 개념이 아니다. 익히 알다시피, 애덤 스미스는 개별적인 경제주체의 활동에 대한 정부의 간섭에 반대했다. 그리고 조세가 자본에게

【(秉薫)謹按】『原富』十一篇之多, 爲嚴復君之譯本. 蓋其言理財爲泰西新學之開山, 今不枚擧, 只取其一二槪要而已. 蓋東亞理財曰"爲之者疾, 用之者徐, 生之者衆, 食之者寡." 又曰"人生在勤""勤儉爲富足之本", 如斯而已. 至唐劉晏設常平條例, 平物均勢而國入豐贍. 後賢稱之"以晏之理財, 乃王者養民足國之本矣, 非偏霸手術云也." 然此法乃 權天下物貨輕重之權, 以湊聚於國庫者, 可以議行於對鎖時代, 而非可擧論於開通商戰之世界者也. 惟租調庸三法, 誠爲國家理財之本(前篇已言之). 然今之理財也, 誠異乎前日也. 試以此『原富』論之, 農以産之, 鑛以採之, 工以製之, 商以運之, 舟車以通之, 民生實業, 日益發達, 而國家之取稅也, 日益增加. 此乃現今富國之術, 逈有古今之異者也. 然用其富財於敎育・刑措・息兵等德化, 而不復迷溺於功利權力之途, 如德皇之殘暴者, 不亦嘉尙哉.

있어서는 일종의 비용이기 때문에, 국가재정이 최소한으로 경감된 정부가 실현되기를 요망했다. 훗날 이른바 '값싼 정부(cheap government)' 내지는 '야경국가(night-watch state)'로 불리는 소극적 국가를 요청한 것이다. 그런데 전병훈이 비록 『국부론』을 발판으로 '국부'를 말했지만, 그가 말하는 '국부'는 오히려 애덤 스미스와 정반대의 문맥이었다. 전병훈이 지향한 것은 애덤 스미스의 안중에 있던 19세기적 '값싼 정부'나 '야경국가'가 아니었다. 대신 튼실한 재정과 민주정치를 토대로, 인류 보편의 도덕과 행복을 실현하는 국가의 비전을 제기했다. 효율적인 재정 운용으로 세입이 증대하면, 국가는 그 재정을 공공의 복리 증진에 더해 교육・형벌의 폐지・군축처럼 인류 보편의 가치를 실현하는 덕화德化의 비용으로 충당해야 한다는 것이다. 이는 19세기적 '자유방임주의 국가'보다 제2차 세계대전 이후의 '복지국가(welfare state)' 모델에 한층 가깝고 심지어 그것을 넘어서는 것이다. 20세기형 '복지국가' 다음의 21세기형 국가를 묻는다면, 아마도 서우의 '덕화국가德化國家'에서 그 한 미래를 찾을 수도 있을 것이다.

제35장(2절) 몽테스키외 3권분립[150]의 정치 철리
第三十五章(二節) 孟德斯鳩三政鼎立之治哲理

몽테스키외가 말했다. "국가의 정체(政體: 정치체제)는 3가지로 크게 나눌 수 있다. 첫째를 '전제專制 정체'라고 하고, 둘째를 '입헌立憲 정체'라고 하며, 셋째를 '공화共和 정체'라고 한다. 전제는 힘을 숭상하고, 입헌은 명예를 숭상하고, 공화는 도덕을 전적으로 숭상한다."

孟德斯鳩曰: 爲國政體, 可以三大別. 一曰專制政體, 二曰立憲政體, 三曰共和政體. 專制尙力, 立憲尙名譽, 共和專尙道德.

【안설】 몽테스키외가 평생토록 정력을 다해 『만법정리萬法精理』를 저술했다.[151] 앞서 3가지 정체의 구별을 말하고, 이어서 입법 · 사법 · 행정 삼정정

---

150 본문에서 '삼정정립三政鼎立'과 '삼권분립三權分立'을 같은 의미로 통용한다. 본문에서는 그 용례를 살려 원문대로 표기했지만, 제목에서는 이를 '3권분립'으로 포괄해 표기한다.

151 몽테스키외(Montesquieu, 1689~1755)의 정치사상을 담은 『법의 정신(The Spirit of Law)』은 구상에서 완성까지 20년이 걸린 필생의 역작이다. 여기서 '만법정리'는 중국 근대지리학의 선구자였던 장상문(張相文, 1866~1933)이 1903년 중국에서 펴낸 번역본의 제목이다. 하지만 그것은 일본의 1차 번역을 거쳐 다시 중국어로 2차 번역된, 즉 상당한 오역을 담은 번역본이었다. 1909년 엄복 역시 『법의法義』라는 제목으로 이 책을 번역해 출간했다. 하지

립三政鼎立[152]의 이론을 말했다. 그래서 구미 각국이 이를 시험하고 실행하여, 18세기 말이 되면 세상에 존재하는 나라가 입헌이 아니면 공화였다. 오직 러시아와 그리스가 비록 전제를 시행했지만 역시 미약하나마 헌법이 있었다. 저 두 나라도 독일의 군주전제(帝制)와 더불어 지금은 이미 바꿔 고쳤으니,[153] 거의 군주전제가 종말을 고하고 찬란하게 민주 공화의 세계를 이루려고 한다. 어찌 하늘의 뜻이 아니리오. 아! [몽테스키외가] 도덕의 정치를 전적으로 숭상하는 것은 최고의 정치적 모범이라고 할 수 있으며, 우리 순임금과 주나라의 끊어진 사업을 이어 더욱 빛나는 바가 있다. 또한 위대하지 않은가!

【(秉薰)謹按】孟氏盡平生精力, 以著 『萬法精理』. 先言三政體之別, 繼以立法 · 司法 · 行政三政鼎立之論. 於是歐美各國, 試驗而實行之, 至十八世紀之末, 凡有國乎天壤者, 非立憲則共和也. 惟俄與希臘, 雖行專制, 而亦微有憲法矣. 彼二國者, 與德之帝制, 今已變改, 庶幾帝制告終, 而粲然將成民主共和之世界矣. 詎非天意哉! 烏乎! 專尙道德之治者, 可謂治範之極則, 而孚我舜周之絶業, 尤有光焉者, 不亦偉哉!

몽테스키외가 또 말했다. "삼권三權을 분립할 수 있다. 입법권은 국회에 있

만 이즈음에 전병훈은 『정신철학통편』의 저술의 거의 마치고 출판을 앞두고 있었다. 『만법정리』라는 제호를 사용하는 것으로 볼 때, 서우는 엄복의 번역본 이전에 장상문의 번역본을 통해서 먼저 몽테스키외를 읽었다고 추정된다.

152 조선시대에 전정田政 · 군정軍政 · 환정還政의 '삼정三政'이 있었지만, 입법 · 사법 · 행정을 '삼정'으로 칭하는 경우는 거의 없다. '삼권三權'이라고 해야 마땅하다. '정립鼎立'은 세 가지가 솥의 세 발처럼 벌여 선 것으로 통상 '분립'과 통하며, 아래 단락에서는 '삼권분립'을 말한다. 하지만 전병훈이 '삼정정립'과 '삼권분립'을 거의 같은 뜻으로 썼으므로, 그 취지를 살려 각각 그대로 표기했다.

153 1918년 제1차 세계대전에서 독일이 패하면서 빌헬름 2세를 마지막으로 독일제국이 막을 내렸고, 1917년 러시아 혁명이 일어나고 1918년 니콜라이 2세가 볼셰비키에게 처형당하면서 러시아제국이 몰락했고, 그리스는 19세기 후반부터 20세기 전반에 군주제와 공화제 사이를 오가며 불안정한 정치적 변란을 거듭했다. 러시아 · 그리스 · 독일 세 나라에서 전제 군주제를 "이미 바꿔 고쳤다"는 전병훈의 말은 이런 세계사적 격변의 한가운데서 나온 언명이다.

고, 사법권은 법원(裁判所)에 있고, 행정권은 정부에 있으니, 서로 뒤섞을 수 없다."

> 孟氏又曰: 三權可以分立, 立法權在國會, 司法權在裁判所, 行政權在政府, 不能相混也.

【안설】 삼권분립三權分立이 국가의 참모습이라는 논의가 크게 일어나 구미 학술 사회를 진동시켰고, 결국 국가학 안에서 정의定義로 삼게 되었다. 근세에 이르러 점차 삼권분립에 반대하는 설이 나타났으나, 그 설은 군주제를 주장해 말하는 것에 불과했다. 이는 독일에서 황제의 권력이 한창 강하던 때에 논의됐기 때문에 그런 것인가? 삼권분립을 고르게 각기 시행하면, 효과가 현저하고 폐해가 없다. 나는 선비가 수많은 구설로 미움받는[154] 것을 미워할 따름이다.

【(秉薰)謹按】 三權分立爲國家之眞相, 論波激揚, 震動歐美學術社會, 遂以爲國家學中之定義矣. 泊乎近世, 漸有非三權分立之說者, 然其說不過主張君主而言, 則在德帝權方强之時所論者, 故然歟? 三權分立, 均各行之, 而著效無弊. 余惡士之憎茲多口而已.

---

154 "선비는 수많은 구설로 미움받는다"(士憎茲多口)는 것은 『맹자』「진심하盡心下」에서 유래한 구절이다. 여기서는 삼권분립이 이미 국가학의 정설이 되었는데, 이런저런 억설로 이를 비방하는 행태를 가리킨다.

제36장(2절) 칸트가 세계에 하나의 민주 국가를 세워 영원토록 태평하자고 한 철리
第三十六章(二節) 康德設一民主國于宇內永久太平哲理

칸트가 말했다. "전 세계를 합쳐서 하나의 자유로운 '선의善意의 민주국가'를 건설해야 한다. 그렇게 된다면, 모든 사람은 타인을 행위의 목적으로 삼으며[155] 혹시라도 이를 수단으로 삼아서는 안 된다. 이를 '뭇 목적(衆目的)의 민주국가'[156]라고도 호명할 수 있다." 이는 곧 세계 영구평화(永世太平)의 뜻

---

155 원문에서 '各人皆以他人之行爲爲目的'을 직역하면 '각각의 사람은 모두 타인의 행위를 목적으로 삼는다'로 번역되는데, 뜻이 통하지 않는다. 칸트에 따르면 '타인'이 행위의 목적이 되는 것이지, '타인의 행위'가 목적은 아니기 때문이다. 이 구절은 '各人皆以他人爲行爲之目的'이어야 하며, 그래야 '각각의 사람은 모두 타인을 행위의 목적으로 삼는다'로 번역된다. 원문을 바로잡아 번역했다.

156 이것은 칸트가 말했던 저명한 '목적의 나라(Reich der Zwecke)'를 말하는 것이다. 그 나라는 단지 정치적 타협이나 공리적인 필요에 의해 건설되는 국가가 아니다. 그것은 자율적인 이성적 존재자들이 하나로 결합한 국가이다. 이성적 존재자라면, 누구나 "그대가 하고자 꾀하는 것이 동시에 누구에게나 통용될 수 있도록 행하라"고 정식화된 정언명령에 따를 것이다. 다시 말해, 그들은 행위의 결과에 구애받지 않고 행위 자체가 선하기 때문에 무조건 실행할 것이 요구되는 도덕적 명령에 충실할 것이다. 이런 존재자들이 결합한 국가라면, 그것은 '자유로운 선의의 나라'(自由的善意之民主國)인 게 분명하다. 인간을 수단으로 취급하지 않고 목적으로 대하라는 것은, 자율적인 이성적 존재자라면 누구나 따를 수밖에 없는 도덕적 법칙이기 때문이다. 따라서 그 국가는 곧 '목적의 나라'다. 여기서 '목적'은 목적들(衆目的)로서 복수형이다. 왜냐하면 그 나라는 존재 자체가 목적인 이성적 인간들, 그리고 그들이 추구하는 목적들 전부가 하나로 결합된 것이기 때문이다. 칸트가 말한 단일한 세계

으로, 그 핵심과 주요 내용은 대체로 다섯 가지가 있다.[157]

康德曰 "宜合全世界, 以建設一自由的善意之民主國. 夫然, 故各人皆以
他人之行爲爲目的, 而莫或以爲手段. 亦名之曰衆目的之民主國" 是乃永
世太平之意, 其綱要大槪有五.

(1) 모든 국가는 크고 작고를 막론하고, 침략 · 조약 혹은 교역 · 할양 · 매
매 등의 명목으로 다른 나라에 합병될 수 없다.

(2) 모든 나라는 현재의 적습積習처럼 상비군을 두지 못한다.[158]

공화국은 이런 도덕의 문법에서 '목적의 나라'였다. 또한 이성적 존재자들이 최고선의 법칙
아래 공속共屬하는 '선의의 나라'였다. 따라서 이 나라는 영원한 세계의 평화를 함축한다.

157 이는 칸트가 『영구평화를 위하여(Zum ewign Frieden)』(1795)에서 말한 그대로가 아니다.
흔히 '영구평화론'으로도 불리는 이 책에서, 칸트는 평화조약의 형식을 빌려 모두 네 묶음
의 조항을 제시했다. 첫째는 세계의 영구평화를 위해서 범해서는 안 될 금기를 담은 총 6
항의 예비조항이다. 둘째는 영구평화를 확정짓는 조건을 논하는 확정조항 3항이다. 셋째
는 영구평화의 보장을 위한 근거와 조건을 논하는 추가조항 2항이다. 그리고 넷째로 정치
와 도덕의 관계를 논하는 2편의 부록이 있다. 위 인용문에 보이는 5개 조항은 그 가운데 일
부를 뽑은 것이다. (1) · (2) · (3)은 예비조항에서, (4) · (5)는 확정조항에서 각각 가져왔
다. 게다가 그 내용도 칸트의 진술과는 다소 차이가 난다. 여기에는 칸트철학이 여러 단계
에서 축약되고 오독되는, 번역과 해석학의 역사가 숨어 있다. 칸트의 영구평화론을 5개 조
항으로 축약한 것은, 프랑스의 철학자 알프레드 푸예Alfred Fouillee(1838~1912)가 1879년
에 펴낸 『철학사(Histoire de La Philosophie)』에서 비롯하였다. 일본 메이지시대의 학자
인 나카에 초민中江兆民(1847~1901)이 1886년 이 책을 일본어로 옮겨 『이학연혁사理学沿革
史』라는 표제로 출판했다. 그리고 중국의 양계초가 이 일어판을 토대로 「근세 제일의 대철
학자 칸트의 학설」이라는 글을 작성해 1903년부터 1904년까지 『신민총보新民叢報』에 연
재했다. 이 글이 중국에서 칸트의 생애와 사상을 체계적으로 소개한 최초의 문장이었다.
여기에는 최소한 네 가지 이상의 언어가 개입되는 번역과 해석의 연쇄적 고리가 맞물려 있
다. 칸트의 독일어가 푸예의 프랑스어로 요약되고, 그것이 다시 나카에 초민의 일본어를
거쳐, 양계초의 중국어로 번역돼 전병훈에게 배달된 것이다.

158 이 조항의 비교적 정확한 번역문은 다음과 같다. "상비군은 시대의 흐름과 함께 완전히 폐
기돼야 한다."(임마누엘 칸트, 박환덕 · 박열 옮김, 『영구평화론』, 범우사, 2012, 100쪽.)
칸트는 국제질서의 흐름이 개선되는 미래에 상비군을 폐기해야 한다고 말했지만, 그것이
당장 현재부터 상비군을 둘 수 없다는 금지의 조항으로 번역되었다. 칸트에게 있어서 영구

(3) 나라 안에 내홍內訌이 있어도, 다른 나라가 무력으로 간여하는 것은 어디서나 반드시 금한다.

(4) 각국은 모두 민주제도를 채택한다. 이 제도가 최초 '민주'의 취지에 가장 합치되고, 전 국민 자유·평등의 권리權理[159]를 공고히 할 수 있다.

(5) 각 독립국은 서로 의지하여 하나의 대연방을 이루고, 각국 국민들은 국제법의 범위 안에서 서로 평화 협력한다. 만약 갈등이 있으면 연방의회에서 이를 심판하는데, 스위스 연방이 지금 행하는 사례처럼 한다.

(一) 凡邦國毋論大小, 不得以侵掠·手段, 或交易·割讓·賣買等名稱, 合併於他國.
(二) 諸邦不得置常備軍, 如現時之積習.
(三) 國中有內訌, 而他國以兵力干預之者, 在所必禁.
(四) 各國皆採民主制度. 此制最合最初民主之旨, 且可以鞏固全國人自由平等之權理也.
(五) 各獨立國相倚以成一大聯邦, 各國國民相輯和於國際法之範圍內, 若有齟齬, 則聯邦議會審辦之, 如瑞士聯邦現行之例.

칸트가 말했다. "이는 강제력으로 이를 수 있는 것이 아니다. 오직 인민의 덕(民德)과 인민의 지혜(民智) 두 가지가 날로 진보하여 밝아져야만 이를 얻을 수 있다. 무릇 사람에게 욕망이 있으니, 이것이 분쟁을 일으키는 원인이다.

평화는 '있어야 할 것'(당위, 이상)으로서 바람직하지만, 아직 '이미 있는 것'(현실)은 아니었다.

159 '권리權理'는 19세기 후반 일본에서 후쿠자와 유키치(福澤諭吉) 등에 의해 'right'의 번역어로 쓰였는데, '권리통의權理通義' '권의權義' '통의通義'로 표기하기도 했다. 조선 말의 유길준(俞吉濬, 1856~1914)도 『서유견문西遊見聞』에서 '통의'를 쓴 바가 있다. 오늘날은 통상 '권리權利'로 번역되지만 당시에는 '利'가 기피되는 경향이 있었으며, 본문의 '권리權理' 역시 그런 사상적 조류를 반영한다.

만약 지혜와 사려가 더욱 증진한다면, 그런 뒤에야 진정한 이익이 어디에 있는지 알게 된다. 그러면 예전에는 싸우는 것을 스스로 이익으로 여겼지만, 실제로는 그것이 큰 해를 끼쳤음을 깨닫게 되며, 그리하여 [싸우던 것을] 씻은 듯이 버리고 돌아온다.[160] 그러므로 인생에 욕망이 있는 중에도 그 사이에서 전쟁 종식의 싹이 점차 은밀하게 자라니, 곧 조화의 오묘한 작용이다."[161]

> 康氏曰: 此則非强力所能致者, 惟民德與民智兩者, 日進於光明, 可以得之. 夫人之有欲也, 斯其爭之所由起也. 若智慮益進, 然後知眞利益之所在, 乃恍然於昔之所爭者, 自以爲利, 而實乃害之甚者也, 於是廢然返焉. 故於人生有欲之中, 而弛兵之萌芽, 潛滋暗長於其間, 則造化之妙用也.

【안설】 칸트의 이 논설은 세계가 영원히 즐겁고 평화로우며 사람들이 환락을 누리는 최고의 선과 성스러운 마음을 보여 준다. 하지만 서구에서는 전에 없던 정치라서 누가 기꺼이 믿고 따르겠는가? 우리에게는 삼대의 균산均産과 주공의 형조刑措 예치가 경험이 될 수 있는데, 하물며 공자가 대동의 가

---

160 '폐연반廢然返'은 『장자』「덕충부德充符」에서 "내가 불끈 성을 냈다가도, 선생이 계신 곳에 가면 씻은 듯이 버리고 돌아왔다."(我拂然而怒, 而適先生之所, 則廢然而反.)라고 한 데서 유래했다. 곽상郭象과 성현영成玄英이 모두 "예전의 분노를 버리고 본래 상태로 돌아간다"(廢向者之怒而復常)라고 이를 주해했다. 본문의 문맥에 따르면, 욕망에서 비롯한 경쟁심을 버리고 인간 본연의 덕과 지혜를 돌이킨다는 뜻이다.

161 익히 아는 것처럼, 칸트의 『영구평화를 위하여』는 20세기 초 '국제연맹'과 '국제연합'으로 이어지는 평화연맹의 출현에 큰 사상적 영향을 미쳤다. 그런데 이런 사실이 강조되면서, 간혹 이 책이 국제기구 건립의 지침서쯤으로 오해되기도 한다. 하지만 칸트가 궁극적으로 지향한 것은, 언제나 세계의 영구평화였다. 칸트의 일관된 기조는, 도덕적 정언명령에 따르는 이성적 존재자들이 결합할 때만 인류가 참다운 '영구평화'를 이룰 수 있다는 것이다. 강대국의 이해관계 위에 건립된 국제연합은, 단지 영구평화를 실현하는 과정상의 불완전한 징검다리에 지나지 않는다. 하지만 그 또한 인류의 도덕과 지혜가 증진하는 과정에 있다. "전쟁 철폐의 맹아"가 곧 '전쟁의 역설' 가운데서 성장하기 때문이다. 실제로 제1차 세계대전이 종전하고 국제연맹이 출범할 무렵에 전병훈이 칸트의 윗글을 주목하고 인용했다. 그런 점에서, 칸트와 마찬가지로 전병훈도 전후의 평화에 기대를 걸었다고 말할 수 있다. 이어지는 '안설'에서 전병훈의 그런 생각이 잘 드러난다.

르침을 내린 것과 은연중 서로 부합하니 누가 믿고 기대하지 않겠는가? 또한 내가 보기에, 칸트는 도덕을 논하며 육체 밖에 초연한 참나를 진정한 즐거움으로 여긴다. 여기서 "인민의 덕과 지혜가 날로 증진해 진정한 이익이 어디 있는지 알게 된다"고 논하고, 마침내 '조화의 오묘한 작용'으로 결론짓는다. 아! 성스럽다. 진실로 하늘과 사람이 회통會通하는 이치를 훤히 꿰뚫어 보지 않았다면, 백년을 앞서 아는 것이 어찌 이럴 수 있으리오? 세상을 논하면서, 먼저 도교와 불교를 배워 참나의 즐거움을 참으로 알게 된 것이 아니라면, 어떻게 이렇게 말할 수 있으리오?

지금 세계의 전신 우편(電郵)이 우선 연결되고 헤이그회의가 개설되었으니, 역시 [영구평화의] 싹이 먼저 드러난 것이라고 말할 수 있다.[162] 지금 전후戰後의 평화회의[163]에서 과연 이처럼 영원히 박애하고 선을 즐기는 인도주의를 실행할 수 있을 것인가? 국제연맹이 이미 건립되었으니 그 계기가 어찌 멀겠는가. 만약 이 편의 서두에서 논한 것처럼 세상의 군주와 재상들이 모두 도를 좋아하여 참나를 이룬다면, 영구평화와 대동의 정치가 자연스

---

162 여기서 '헤이그회의'는 1899년과 1907년에 네덜란드 헤이그에서 열린 두 차례의 헤이그평화회의(Hague Peace Conference)를 가리킨다. 한국에서는 1907년의 제2차 회의에 고종이 밀사를 파견했다가 좌절된 이른바 '헤이그 특사 사건'으로 더 널리 기억된다. 그런데 당시 세계 44개국이 참여했던 이 회의는 제국주의 열강 간의 평화유지에 주된 목적이 있었고, 일제에 외교권을 박탈당한 약소국 조선을 위한 자리는 애초부터 거기에 없었다. 그런 현실에도 불구하고, 서우는 이 회담의 의의를 높이 평가했다. 세계 여러 국가가 주권평등의 원칙하에 처음 한자리에 모여 평화적으로 분쟁을 해결하고 조약을 체결하는 선례를 남겼고, 그 자체가 인류역사에서 기념비적인 사건이었기 때문이다. 비록 조국에 참담한 좌절을 안겨 주었지만, 전병훈은 한층 거시적인 안목에서 그 회담에 대해 "[영구평화의] 싹이 먼저 드러난 것"이라고 칭송했다. 그의 심중에 인간의 선의와 지혜, 그리고 하늘의 섭리에 대한 근본적인 믿음이 있었기 때문이다.

163 여기서 말하는 전쟁은 1914년부터 1918년까지 4년간 전개된 제1차 세계대전을 가리킨다. 전후 평화회의는 제1차 세계대전 종료 후, 1919년부터 1920년까지 전쟁에 대한 책임과 유럽 각국의 영토 조정, 전후의 평화를 유지하기 위한 조치 등을 협의한 일련의 회의를 가리키며 통상 '파리평화회의(Peace Conference at Paris)'라고 한다. 이 회의에서 국제문제를 풀어 나갈 원칙으로 미국의 윌슨 대통령이 14개조항(The Fourteen Points)을 제시했는데, 그 핵심은 크게 민족자결주의(民族自決主義, National Self-Determination)와 집단안전보장(集團安全保障) 원칙이었다.

레 성립되어 다시 덕례德禮의 교화를 보게 될 것이 분명하다. 만약 또 나를 믿지 못하겠거든, 하나라가 맨 처음일 때의 회會를 참작해 헤아리길 바란다.[164] 거의 스스로 체득하게 될 것이다. 아! 내가 이 책을 편찬하는 크나큰 소원이 여기에 있는데, 감히 나를 믿어서가 아니라 하늘을 믿기 때문이다.

【(秉薰)謹按】康氏此論, 乃啓世界永樂和平・人享歡樂之至善聖心也. 然在西爲空前所無之政治, 則孰肯信服乎? 在我則三代之均産, 周公之刑措禮治者, 可作經驗, 而況與孔子之大同垂敎闇合相孚, 孰不信而期望乎? 且如愚見, 則康氏之論道德, 自以肉體之外超然眞我爲眞樂, 而此論民德智日進, 知眞利益之所在, 而竟以造化之妙用結辭, 烏乎! 聖哉. 苟非洞見天人會通之理, 而能前知百世者, 寧有是否. 然談世者, 不先學道佛能眞知眞我之樂者, 曷足以語此哉? 今世界之電郵先聯, 海牙會之設, 亦可謂萌芽之先現者也. 今玆戰後之平和會, 果能實行此永久博愛樂善之人道主義否? 聯盟旣立, 則其機何遠乎哉. 苟如此篇首論, 而世之君相皆好道以成眞我, 則永久和平大同政治, 自然成立復見德禮之化, 必矣. 若又謂余不信, 則請以夏當初極之會參量之, 庶幾自得乎. 烏乎! 余所以編此者, 侈願在此, 非敢自信而信天也.

---

164 '하나라가 맨 처음일 때의 회'(夏當初極之會)는 동아시아의 문명 초창기를 가리킨다. 여기서 '회會'는 원회운세로 추산하는 시간대의 단위로, 앞의 제5편 제12장 '결론'에서 "하나라 우왕 즉위 6년에 갑자오회甲子午會의 한 주기(午會)에 들어갔다"고 말했던 바가 있다. 이 시대를 '참작해 헤아리'라는 것은, 역사 초기에 덕례德禮의 교화가 일어났던 것을 상기하여 미래 문명을 준비하는 사상적 자원으로 삼으라는 문맥이다.

제37장(8절) 서구의 최근 정치철학
第三十七章(八節) 歐西最近政治哲學

라트겐(독일인, 18세기 출생)이 『정치학』에서 말했다.[165] "정치학은 무형학無形學으로, 무형의 현상이지만 또한 다분히 유형의 현상을 기초로 한다."

那特磴(德人, 十八世紀生) 『政治學』曰: 政治學爲無形學, 卽無形現像, 亦多以有形現像爲基礎也.

또한 말했다. "정치학은 국가의 성질 및 작용을 연구하는 하나의 과학이며, 또한 여러 과학의 집합체이다. 또한 지리학에 근거하지 않을 수 없는데, 평원의 국가는 중앙집권을 이루기 쉽지만, 산악지역의 국가는 항상 자치가 발달하기 쉬우니, 이것이다."

又曰: 政治學者, 研究國家之性質及作用之一科學, 而又爲數科學之集合體也. 又不可不根據地理學, 平原之國家便易成中央集權, 山谷之國家恒易於自治發達, 是也.

---

[165] 라트겐(Karl Rathgen, 1856~1921)과 그의 저서 『정치학』은 본 편(「정치철학」) 제9장의 '라트겐'에 대한 각주를 참고한다.

또한 말했다. "[정치학은] 또한 심리(공공심·애국심·이기심)학·법리학·경제학·윤리학 등에 근거하지 않을 수 없으며, 인구·생활·통일의 지식이 이들 과학에 근거하지 않을 수 없다. 정치철학은 과거와 현재의 이론에 근거하여 녹여서 만든다. 정치도덕학은 정치학 가운데 가장 실질적이고 가장 긴요한 것이다. 문명정치의 발달을 보면, 대부분 온대지역에서 일어나 늘 진화의 높은 수준을 점했고, 해안지역은 국가의 부강과 사회의 발달에 관련이 깊다. 예를 들어 영국은 자본 증식을 위주로 하고, 독일은 학자를 위주로 하고, 프랑스는 법률·정치를 위주로 하고, 미국은 상업·은행가를 위주로 한다."

又曰: 亦不得不根據心理(公共心·愛國心·利己心)學·法理學·經濟學·倫理學等, 人羣·資生·統一之智識, 不可不根據此等科學. 政治哲學據過去現在之理論, 以鎔成之. 政治道德學, 爲政治學中最實最要之件. 觀文明政治之發達, 多起於溫帶, 常占進化之高度, 海岸關於國家之富强·社會之發達, 非淺鮮也. 如英國以貨殖爲主, 德國以學者爲主, 法國以法律政治家爲主, 美國以商賈銀行家爲主也.

【안설】 라트겐은 최근의 정치학 대가로, 그 이론에 중요한 핵심이 많다. 하지만 내가 공화·도덕의 정치를 위주로 하기 때문에 단지 그에 부합하는 것만을 취할 뿐이다. 근세의 정법政法·이재理財·과학 서적들이 소가 끌면 땀을 흘리고 쌓으면 들보까지 찰 정도로 많은데,[166] 가려 뽑은 것이 단지 이 정도일 뿐이니 또한 아쉽지 않은가? 하지만 국경을 깨뜨리는 학문은 반드시 칸트를 종지宗旨로 삼는 것이 좋다. (그 통일의 이론이 곧 '국경을 깨뜨리는 학문'이다.)

【(秉薰)謹按】 那氏爲最近政治學大家, 其論多肯綮. 然余主共和道德之治,

---

166 '한우간충汗牛充棟'은 짐으로 실으면 소가 땀을 흘리고 쌓으면 들보까지 찬다는 뜻으로, 책이 매우 많음을 이르는 말이다.

故只取其相合者而已. 盖近世之政法理財科學諸書, 汗牛充棟, 而所採
者只此而已, 則不亦歉然乎? 然破國界而學, 必以康氏爲宗旨, 可也.(其
一統之論, 乃破國界之學也.)

또한 말했다. "영국이 군주정체를 전복하고 공화정체를 창립했는데(1701
년), 그 뒤에 군대가 정치를 전횡하여 재앙이 더욱 심해졌다. 그로 인해 군주
정체에서 비교적 정치가 안정됨을 알고, 마침내 이 제도[167]를 얻어 확정했
다. 입헌군주제는 개인의 사적 권리를 존중할 뿐만 아니라, 정치에 참여하
는 공적 권리도 더욱 확충하여 대의원들이 모두 입법권을 가질 수 있도록
했다. 영국 왕권은 아주 미약하여 한갓 실권 없는 것으로, 영국의 국가체제
는 군주 국권이 아니고 또한 혼합 국가체제도 아니며, 실로 일종의 민주 국
가체제이다."

又曰: 英國顚覆君主政體而創立共和政體(千七百一年), 其後武斷政治, 爲
禍更烈. 以是知君主政體, 較爲治安, 遂得確定此制. 然立憲君主制, 不獨
重個人之私權利, 更能充參政之公權利, 使代議士咸得有立法權. 英國君
權甚微, 徒擁虛器, 英國國體者非君主國權, 又非混合國體, 而實一種之
民主國體也.

또한 말했다. "유럽대륙에서 군주제를 폐지하고 입헌군주제를 창립한 것
은, 대체로 모두 18세기 중에 있었다. 당시 귀족주의가 날로 쇠약해져 내리
막을 걷고 평민주의가 한 시대를 풍미했으니, 그러므로 헌법 제도를 건립한
것이 결코 우연이 아니었다. (낱낱이 들어서 말할 여유가 없다.) 더욱더 두드러

---

167 여기서 '이 제도'(此制)는 입헌군주제를 가리킨다.

진 것은 경제의 발달과 철학의 고취였으니, 영국 헌법을 모방하여 북미합중국이 독립한 것이 이것이다. 경제가 발달하여 점차 사회적 권력을 얻자 정치에 참여하려는 희망이 생겼고, 얼마 안 가서 헌정 체제(立憲政體)가 수립되었다. 철학이 고취한 공적은, 평등·자유의 설을 주장한 것이다. 비록 공론空論[168]과 이상理想에 불과했지만, 그래도 수백 년 귀족주의를 유린하고 정치체제의 변천을 압박했다. 그 공이 위대하다! 북미에서 공화정치 체제를 창립할 즈음, 각국에서 이를 완전무결한 정치체제로 여겨 모방코자 한 것이 많았으니, 그 영향이 컸다."

> 又曰: 歐洲大陸之廢君主制而創立憲君主制, 大率皆在十八世紀中. 蓋當時貴族主義日漸淩夷, 平民主義風靡一世, 故其設立憲制, 決非偶然也. (不違枚擧) 其尤著者, 則經濟之發達, 哲學之鼓動, 英國憲法之模倣, 北米合衆國之獨立, 是也. 經濟之發達, 漸得社會之權力, 而生參與政治之希望, 未幾成立憲政體. 哲學鼓動之功者, 主張平等自由之說. 雖不過空論理想, 然能蹂躪數百年貴族主義, 而迫政體之變遷. 厥功偉哉! 北美之創立共和政體之際, 各國多以之爲完全無缺之政體, 欲模倣之, 其影響大矣.

또한 말했다. "대의代議 공화제는 두 종류가 있다. 하나는 국민이 모두 직접 입법에 참여하고 행정을 감독하는 것이니, 고대 그리스·로마의 공화제 같은 것이 이것이다. [다른] 하나는 국민이 모두 대의원이 되어 간접으로 입법에 참여하고 행정을 감독하는 것이니, 근세 구미 공화국 같은 것이 이것

---

168 문맥상 여기서 '공론空論'은 단지 공허한 이론이라는 의미를 넘어, 실제 현실과 다르고 아직 현실화하지 않았지만, 또한 그런 면에서 현실의 한계를 넘어 사유체계 안에서 전개할 수 있는 이상적 논의를 의미한다. 이는 오스트리아의 에른스트 마흐(Ernst Mach, 1838~1916)가 제시한 '사고실험(思考實驗; gedanken experiment, thought experiment) 개념과 서로 문맥이 통한다.

이다."

【안설】여기서 논한 고대 공화제가 또한 주공의 공화와 같은데, 헌법의 정교함과 아름다움은 근세의 것을 취해야 마땅하다. 그렇지만 오직 이 대의 공화제가 실로 공리公理의 최고 준칙이라고 말할 수 있다.

【(秉薰)謹按】此論古共和制亦猶周公之共和, 而憲法之精美, 則當取近世者也. 然惟此代議共和制者, 誠可謂公理之極則也.

또한 말했다. "근세의 국가주의는, 첫째 국가는 대외적으로 적을 물리치는[169] 방법을 모색한다. 둘째 국가는 마땅히 신민臣民에 대하여 그 건강과 행복 그리고 화목을 유지해야 한다. 셋째 국가는 마땅히 사회에 대하여 강자의 횡포를 없애고 약자를 도와서(鋤强扶弱), 문명 일체가 진보하도록 힘써야 한다. 국가의 근원은 하나가 역사 관찰이요, [다른] 하나가 철학(哲理) 관찰이다. 역사는 국가가 성취한 일을 통해 그 형상形狀을 구명하는 것이요, 철학은 국가의 이상을 통해 그 본원本源을 거슬러 올라가는 것이다. 근세 독일 석학들은 역사·철학 두 방법을 아울러 사용하여, 이로써 이론과 사실을 서로 대조하고 국가의 근원을 비로소 밝혔다."

---

169 '절충어모折衝禦侮'는 적의 공격을 쳐부수고 나를 얕보는 마음을 꺾어 두려워하게 만드는 것을 일컫는다.

也. 國家之本源, 一爲歷史觀察, 一爲哲理觀察. 歷史者以國家之成事而
究其形狀者也, 哲理者以國家之理想而溯其本源者也. 近世德國碩學, 竝
用歷史哲理二法, 以理論與事實相對照, 而國家之源因始明矣.

【안설】 서양 정치체제의 변천은 철학이 고취한 공적으로 귀결되니, 진실로
학술이 세계의 변화를 좌우할 수 있다. 과연 그렇다면 장차 국경을 깨뜨리
고 이로써 대동 통일의 평화를 성취할 것 역시 학술로 증험되지 않겠는가?
【(秉薰)謹按】 泰西政體之變遷, 歸諸哲學鼓動之功. 信乎, 學術之可以左
右世變也. 果如是, 則將破國界, 以就大同統一之和平者, 不亦以學術爲
驗哉?

또한 말했다. "스토아학파[170]는 도덕 지식을 국가의 본질로 삼고, 국가의
범위를 국민의 공동이익에 따라 제한했다. 그 국가 이상理想이 파비우스[171]
보다 더 정밀하고, 그리스 옛 철인들보다 더 실질적이었다. 첫째, 국가는 국
민 및 국토의 위에 있으며, 최고로 무한한 권력을 가진다. 그 주요 조목은 입
법·사법·행정 3권이고, 이것이 내부 주권이 된다. 둘째, 국가의 주권은 다
른 나라에 대해 독립하여 제패되지 않는다. 그 주요 조목은 전쟁 선포·강
화·조약·사절 파견·사절 접대 등의 권한이고, 이를 외부 주권이라고 한

---

170 '斯多爾'(sīduoěr)는 스토아학파(Stoics)로, 중국에서 통상 '斯多葛'(sīduogé) '斯多亞'
(sīduoya) 등으로 표기한다. 스토아학파는 기원전 3세기 헬레니즘 시대에 발생하여 기원
후 2세기 전기 로마 시대까지 성행한 철학의 한 유파로, 아리스토텔레스 이후 그리스 로마
철학을 대표한다. 스토아학파의 창시자는 키티움 출신의 제논(Ζήνων · Zeno, B.C.334~
B.C.262)이고, 훗날 스피노자를 비롯한 합리주의 철학에 영향을 미쳤다.
171 '法臕傑'는 파비우스(Fabius)의 음역으로 추정된다. 이 이름을 가진 고대 로마의 유명인으
로는, 정치가이자 군사 지도자인 '가이우스 파비우스 막시무스 구르기오'(Gaius Fabius
Maximus Verrucosus Cunctator), 역사가이자 정치인인 '퀸투스 파비우스 픽토르'(Quintus
Fabius Pictor) 등이 있다. 여기서는 전자일 가능성이 높은데, 그는 도덕적이고 실용적인
관점에서 국가의 이상을 제시했다고 알려져 있다.

다. 요약하면, 국가 주권에 포함되는 조건이 적지 않지만, 국가와 국민 사이의 관계를 도덕으로 논하면, 국민은 국가에 대하여 해로운 것을 반드시 해서는 안 되고, 유익한 것을 반드시 하지 않을 수 없다. 이것이 국민의 의무이다. 국가에 반드시 인애와 보살핌의 정신이 있고 국민은 충성·순종·정의·용기의 기풍이 있다면, 곧 국가가 존속할 것이니 어찌 발달하지 않을 것을 근심하랴! 국가와 국민 간에는 도덕으로 관계하는 것이 필요하다."

又曰: 斯多爾以道德智識爲國家本質, 以國民之共同利益限國家範圍. 其國家理想比法鑑傑, 爲精卓, 比於希臘先哲, 爲切實. 第一, 國家在國民及國土之上, 有最高無限之權力. 其要目爲立法·司法·行政三權, 斯爲內部主權. 第二, 國家之主權對於別國爲獨立不霸. 其要目爲宣戰·講和·訂約·遣使·接使等權, 是謂外部主權. 要之, 國家主權所含條件不少, 以道德論國家國民間之關繫, 則國民之於國家, 其有害者, 必不可爲, 其有益者, 必不可不爲. 此其義務也. 必也國家有仁愛撫育之精神, 國民有忠順義勇之氣節, 則國家生存, 何患不發達耶! 國家國民間以道德關係爲必要.

"영국은 진정한 지방자치를 하고, 독일의 자치제도 역시 아주 완비되었다. 오직 프랑스만 지방단체가 자주권이 전혀 없어서, 대통령이 지자체장[172]을 파면하고 등용할 권력을 가진다. 지자체장은 정부 대표자의 직무를 행하여, 법령 집행·세금 징수·군대 모집·생사와 혼인 등기 등의 일을 집행한다." (다만 포상과 구휼 등의 일은 각 국가에서 실행하는데, 굳이 낱낱이 들어서 말할 필요는 없다. 구휼의 요체는 단지 돈과 재물로 구제하는 것만이 아니라, 상인들에게

---

172 '정촌장町村長'은 1888년부터 1947년까지 일본에 존재한 지방자치제도(町村制)의 장을 가리킨다. 일본은 근대화 과정에서 서구의 지방자치제를 모방하여, 도시의 시 제도(市制)와 함께 지방에 정町과 촌村의 지방자치제도를 설치했다. 이런 연유로 서구의 지방자치(Local Autonomy)를 '町村制'로 번역하는 용례가 생겼다.

교역과 무역을 권장하고 저렴하게 팔도록 하는 것이 실질적인 혜택이다. 그러하다.)

英爲眞實地方自治, 德之自治制度亦極完備. 惟法則地方團體絶無自主
之權, 大總統有黜陟町村長之權力. 町村長爲政府代表人職司, 執行法律
命令, 徵集租稅, 募集軍隊及登記生死婚姻等事.(惟賞功恤典等事, 各國實
行, 不須枚擧. 而賑荒之要, 不但救之以錢財, 則勸商賈貿遷, 賤糶爲實惠也. 然.)

【안설】[173] 구휼을 베푸는 요체는 사람을 얻는 데 있다.[174] 내 할아버지(휘는
익하翼廈, 자는 광보공廣甫公)와 아버지(휘는 휘영諱璟, 자는 자중공子仲公)께
서는 덕을 숨기고 벼슬하지 않으셨다. 일찍이 말씀하시길 "매번 그 지방을
지나며 구휼하고 감독하니 백발이 홀연 생긴다"고 운운하셨다. 그 노고를
다해서 어려운 사람들을 구원해 살렸던 심법心法을 알 수 있다. 아!
施賑要在得人. 余之祖考(諱翼廈, 字廣甫公), 先考(諱璟, 字子仲公)隱
德不仕. 嘗言曰 "每經該地方, 賑恤監督, 則白髮輒生"云. 可見其克盡勞
瘁救活之心法也. 噫!

"유럽 여러 국가에서 실제로 국민이 그 군주를 상대로 소송하고, 국회가
행정 관료의 법령위반을 감독하며 국무위원의 일 처리를 감독한다."

歐洲諸國於實際上民得訴訟其君, 國會監督行政官之干犯令法, 監督國務
大臣之行事.

【안설】 이 장은 각국 정치의 개요를 뒤섞어 말하지만, 그래도 대개 도덕을
골간으로 한다. 그밖에 학교 교육의 완비, 관리임용(학술시험을 거치지 않

---

173 원문에는 '안설'의 표기가 없지만, 라트겐이 아닌 전병훈의 말이 분명하므로 독자의 편의를
위해 표기했다.
174 여기서 "사람을 얻는(得人)"다는 것은, 진심 어린 마음으로 구휼을 행하는 어진 인재에게
그 일을 맡겨야 한다는 뜻이다.

으면 임관할 수 없다. 중학교 졸업 후 다시 법과法科에 입학해 3년 만에 고등관 후보가 되고, 또한 2년을 실습해 합격한 자가 실제로 임관한다)의 상세하고 엄정함, 법학 및 여러 과목에 모두 전문성이 있는데, 여기 제한된 지면에서 전부 진술할 수는 없다. 그러므로 단지 공화 · 헌법을 채록하는 것으로 그친다."

【(秉薰)謹按】此章混雜各國政治之概要而言之, 然盖以道德爲主腦也. 外他學校敎育之周盡, 任官(非由學術試驗, 不得任官. 由中學卒業後, 再入法科三年, 候補高等官, 又練習二年, 及格者實任.)之詳嚴, 法學及諸科則皆有專門, 非此片幅之所能俱述, 故只載共和憲法而止焉.

"아리스토텔레스가 구분한 국가체제(國體)를 2천여 년 동안 학자들이 아직도 근거로 한다.

하나(一). 국가 주권이 군주 한 사람에게 있고, 군주가 국가를 대표하는 것을 '군주국체'라고 한다.

둘(二). 국가 주권이 귀족 몇 사람에게 있고, 귀족이 국가를 대표하는 것을 '귀족국체'라고 한다.

셋(三). 국가 주권이 국민 전체에게 있고, 국민의 총의總意가 국가를 대표하는 것을 '민주국체'라고 한다."

亞里士多德所分國體, 二千餘年學者尙根據之.
一. 國家主權在君主一人, 而君主代表國家者, 謂之君主國體.
二. 國家主權在貴族數人, 而貴族代表國家者, 謂之貴族國體.
三. 國家主權在國民全體, 而國民之總意代表國家者, 謂之民主國體.

【안설】라트겐의 이 책[175]은 최근의 정치학인데, 아리스토텔레스를 시조로

---

175 라트겐의 『정치학』을 가리킨다. 자세한 내용은 본 편(「정치철학」) 제9장의 '라트겐'에 대

받들어 국가의 정치체제를 분류하는 이론이 또한 숭상할 만하지 않은가.
아! 서구의 학문이 날로 발달하여, 옛것을 익히며 새롭게 혁신하는(溫故維新)
것이 참으로 이와 같다. 오직 동아시아의 배움이 얕은 학자들이 주공의 조
법祖法¹⁷⁶을 탐구하지 않고, 으레 이를 업신여기면서 스스로 긍지를 느낀다.
또한 수치스럽지 않은가! 어찌 이 장을 보고도 그 사상을 바꾸지 않는가? 라
트겐의 이 책이 비록 정치를 두루 논하는 듯해도, 실제로는 공화를 위주로
하는 것이다.

【(秉薰)謹按】那氏此篇爲最近政學, 而祖尙亞氏, 分別國體之論不亦可尙
哉. 噫! 西學日益發達, 而其溫故維新者, 固如是也. 惟東亞之淺學者不
究周公之祖法, 而例以欺侮自豪. 不亦羞哉! 盍觀夫此章, 以改其思想
乎. 然那氏此書雖若汎論政治, 而實以共和爲主者也.

한 각주를 참고한다.

176 '조법祖法'은 선조가 시작한 본보기를 가리킨다. 전병훈은 서구 학자들이 고대 그리스 철학
을 조법으로 본받아 숭상하고 그것을 혁신하여 근대철학의 발전을 가져왔는데, 동아시아
근대의 지식인들은 옛것을 깡그리 부정하며 긍지를 느끼고 서구 학자들과 같은 온고혁신
(溫故維新)을 하지 못한다고 개탄한다.

※ 필자가 공화·헌법에 대해 널리 고찰하거나 잘 알지 못하지만, 소원이 세계의 통일정부에 있기 때문에 감히 9조를 기초한다.[177]

編者於共和憲法, 未有博攷明見, 而所願則在世界之一統政府, 故敢擬以 九條.

---

177 여기서 '의이擬以'는 글의 초안을 잡는다는 문맥에서 '기초起草한다'는 뜻이다.

세계통일공화정부헌법世界─統共和政府憲法

1. 세계대총통은 반드시 각국의 공선公選**178**으로 선출한다. 선거로 뽑힌 총통은 국가의 경계를 없애고, 온 세계를 한 집안으로 돌보는 것을 직무로 한다. 우선 대의원제를 시행하다가, 점차 공론(公議)에 따라 선거해도 역시 좋다.

一. 世界大總統, 必以各國公選. 選擧總統, 破除國界, 家視宇內爲職務. 先行代議士制, 而漸次從公議擧, 亦可.

2. 인도人道**179**를 존중한다. 총통 및 당국자들은 덕례德禮로 자신을 단속하고 덕례로 세상을 교화하며, 형벌을 쓰되 형벌이 없기를 기약한다.

二. 尊重人道. 總統及在位人員, 德禮律身, 德禮敎化, 刑期于無刑.

3. 세계 각국의 공론을 일으켜, 군비감축과 평화 협력을 주된 취지로 삼는다.(군비를 한정하고 화친을 확립하는 별도의 조례를 갖춘다.)

---

178 여기서 '각국의 공선'(各國公選)은 각 국가가 평등하게 참여하는 공적인 선거를 가리킨다.
179 '인도人道'는 사람의 떳떳한 도리를 가리킨다.

三. 擧世各國公議, 以寢兵輯和爲主旨.(定兵額, 立和睦, 別具條例.)

4. 각국이 모두 독립·평등의 자격으로 통일중앙정부를 건립한다.

四. 各國皆用獨立·平等資格, 建立一統中央政府.

5. 공의원公議院[180]을 특설하고, 의원議員 및 정부 임원[181]은 모두 각국에서 뛰어난 재능과 덕망을 갖춘 인물들을 엄선해 파견한다.(별도로 하나의 조례를 갖춰 시행할 수 있다.)

五. 特設公議院, 議員及政府任員皆自各國極選才德英俊而派送.(另具一 條例可行.)

6. 인도人道는 '천명을 즐겨 편안히 여기기'(樂天安命)를 중시하고, '공익을 증진하며 만물을 이롭게 함'(公益利物)[182]을 요지로 한다. 모든 공직에서 집무하는 사람들은[183] 참나를 이루고 목숨을 보존하는(成眞住命) 도[184]를 아울러 수양해야 하니, 이것이 진정한 이익이요, 물욕은 진실로 참혹한 해악이다. 이것이 실로 만세태평의 기본이다.

---

180 본문에서 개별 국가의 의회를 '의원議院'으로 지칭하며, 여기서 '공의원公議院'은 세계통일 정부의 대의기구를 가리킨다.
181 여기서 '의원議員'은 각국에서 세계 공의원公議院[대의기구]에 파견하는 대표이고, '정부 임원'은 세계통일정부[행정기구]의 임원을 가리킨다.
182 '공익이물公益利物'은 공익을 증진하고 만물을 이롭게 하는 것이다.
183 '수세지인需世之人'은 세상에 등용되는 쓸모 있는 인재라는 뜻으로, 통상 공직에 있는 사람들을 가리킨다.
184 '참나를 이루고 목숨을 안정시키는 도'(成眞住命之道)는 곧 내단內丹의 도를 가리킨다.

六. 人道以樂天安命爲重, 公益利物爲要. 凡各執務需世之人, 並致修養
成眞住命之道, 乃眞利益也, 物慾則眞戕害. 此誠萬世太平之基本也.

7. 법률은 도덕을 외적으로 제도화한 것이다.[185] 세계에서 가장 좋은 법률
을 채택하여 사용하되, 모두 도덕을 기준으로 한다.

七. 法律是道德之制之於外者, 採用世界最良法律, 咸以道德爲準.

8. 대총통의 임기는 연한을 제한하는 제도를 쓰지 말고, 그 재능과 덕성을
다하도록 한다. 각국 의회는 총통 및 국무원을 감독하고, 그 잘못을 논핵論
劾[186]한다.

八. 大總統居任年期, 勿用限年之制, 以盡其才德. 各國會, 監督總統及國
務員, 而論劾其過失.

9. 공전公田과 균산均産은 정전제井田制를 사용해야 마땅하다. [전담] 기관을
설치해 백성(노약자 · 불치병자 · 무연고자)을 부양하고, 전적으로 하늘을 본받
아 만물을 살리고 만물을 성취시키는 덕을 세상의 진리로 정한다.

九. 公田均産, 當用井田之制. 設院養民(老弱 · 廢疾 · 失所無歸者), 專以體
天生物而成物之德, 定爲世諦.

---

185 도덕은 사람의 행위를 안(내면, 양심)에서부터 제어하지만, 법률은 사람의 행위를 밖(외재
    적 규범)으로부터 강제하는데, 그 법률은 근본적으로는 도덕을 기준으로 한다는 문맥이다.
186 '논핵論劾'은 잘못이나 죄과를 따져 검토하고 탄핵하는 것을 일컫는다.

이상 9조는 '이상적인 주제넘은 견해'라고 말할 수 있다. 그러나 동양의 공자와 서양의 칸트가 모두 앞서 이런 이상론을 확립해서 내게 전해 준 것이니, 또한 어찌 오활迂闊하고 어리석다고[187] 하리오. 오회정중午會正中이 또한 얼마나 멀겠는가? 그러니 2백 년이 되기 전에 하늘이 반드시 축軸을 돌릴 것이 틀림없다. 아! 주공이 죽고 나서 백세百世 동안 선한 정치가 없었고, 맹자가 죽고 나서 천 년간 참된 유생의 탄식이 없었으니, 하늘이 그것을 잊지 아니하리라!

以上九條可謂理想之僭見也. 然東之孔子, 西之康德, 皆先著此理想之論, 以畀我者也, 尙何以爲迂愚哉. 午會正中, 亦何遠乎哉? 然不及二百年, 而天必轉軸無疑乎. 烏乎! 周公沒, 百世無善治. 孟軻死, 千載無眞儒之歎, 天其不忘乎?

---

187 오우迂愚의 '오迂'는 곧 오활迂闊로, 사리에 어둡고 세상 물정을 잘 모른다는 뜻이다. '우愚'는 어리석다는 뜻이다. 이는 공자의 대동사상이나 칸트의 영구평화론 같은 이상주의에 대해, 통속적인 현실주의자들이 흔히 세상물정을 모르는 비현실적이고 어리석은 생각이라고 비웃는 것을 가리킨다.

총결론總結論

내가 '정신' '심리' '도덕' 편을 엮으면서 전적으로 옛것과 새것을 조제하고, 절충·합치해 학문을 발전시켜 겸성兼聖의 지극한 철학을 구성했다. '정치'의 경우는 더욱 많이 덜고 더해서 우리 결점을 보완할 수 있으니, 오늘날 구미의 정치·헌법·이재理財·공상工商·각 과학 같은 것이 그렇다. 하지만 서양도 반드시 우리의 정전제·균산·예치·조례를 취해야 한다. 이를 통해 [동서양이] 각각 충분히 원만해지고, 한결같이 '하늘을 본받아 백성을 존중하는'(體天重民) 것을 책무로 삼으면, 온 세계가 영원토록 평화를 즐기며 대동 통일하는 근본이 바로 여기에 있지 않겠는가?

> 余編精神·心理·道德, 專以調劑新舊, 而折衷合致俾學, 以成兼聖極哲, 而若夫政治則尤多可以損益補吾缺點者, 如今歐美之政治·憲法·理財·工商·各科學是也. 然西則必取我井制·均産·禮治·條例, 以各進充分圓滿, 而一以體天重民爲職志焉, 則宇內之永樂和平, 大同一統之基本, 顧不在此乎?

하지만 서양철학 중에는 오직 칸트만 학문이 성스러운 경지에 이르렀으니, 그가 정치를 논하는 것은 오로지 도덕을 위주로 하고 참나를 중시했다.

일찍이 도교와 불교의 참된 요지를 듣지 않았는데도 속세를 맑게 초월하여 거의 태선胎仙에 가까웠으니, 어찌 이럴 수 있는가! 따라서 군비를 감축하고 평화 협력하며 영원토록 태평을 즐기는 세상에 관한 이론을 탁월하게 발표할 수 있었다. 옛날의 성인과 훗날의 성인은 그 법도가 동일하지만, 그래도 뒤에 나온 것이 더욱 정교하고 아름다움을 여기서 증험할 수 있다.

> 然西哲中惟康德氏, 學已到聖處, 其言治世, 專以道德而歸重眞我者. 如非早有聞於仙佛之眞旨, 而淸超物表, 幾乎胎仙者, 何能若是耶! 是以能卓然發表寢兵輯和 · 永樂太平世之論者, 前聖後聖, 其揆一也. 而後出者益臻精美, 於斯可驗也.

그런데 하늘이 큰 나(大我)라면, 참나는 작은 나(小我)다. '작은 나'의 책무를 다하며 진인합천盡人合天[188]할 수 없다면, 어찌 참된 이익과 손해[189]를 알고 참된 환락을 누릴 수 있으리오? 어찌 '영원토록 태평을 즐기는 세상'의 지극히 어질고 지극히 덕스러운 일을 말하리오? 아! 내가 복희 · 황제 · 단군 · 기자가 겸성兼聖한 태선胎仙이라는 사실을 제1편에 싣고, 이를 통해 성인 칸트의 미진한 곳을 보완하여 온 세계 오대주 동포에게 고르게 선사한다. 세상에 반드시 그 사람[190]이 있어 [이 책에] 합치하고 아울러 행한다면, 하늘에 합해 겸성하고, 전쟁을 종식해 태평에 이르고, 통일정부를 수립하는 것이 실로 어찌 그 손에서 이뤄지기 어렵겠는가? 그런 뒤에 비로소 지극히 어질고 덕스러우며 겸성하여 아주 명철한 태선胎仙의 사업이 모두 원만해지고, 세상이

---

188 '진인합천盡人合天'은 사람된 도리를 다하고 하늘에 합한다는 뜻이다.
189 원문의 '이해利害'는 이로움과 해로움을 가리키며, 손익損益과도 뜻이 통한다.
190 여기서 '그 사람'(其人)은 "그 사람이 아니면 전하지 않는다"(其人不傳)고 할 때의 '그 사람'으로, 도를 얻어 이룰 수 있는 자질과 능력을 갖춘 사람을 가리킨다.

지극히 즐거운 세상에 이르며, 하늘이 [만물을] 지극히 기르는 하늘로 돌아간 다고 말할 수 있을 것이다. 아! 필자에게 다시 무슨 소원이 있으리오! 다시 무슨 소원이 있으리오!

> 然天其大我而眞我卽小我也. 如不能盡小我之責而盡人合天者, 安能知 眞利害而眞歡樂乎? 遑言永樂太平世之至仁至德事乎? 烏乎! 余以義 · 黃 · 檀 · 箕兼聖之胎仙事實, 冠於首篇, 以翼康聖之所未盡處, 而均覯宇 內五洲同胞. 世必有其人, 合致而幷行焉, 則合天兼聖 · 息亂太平 · 統一 政府, 誠何難成立於其手哉? 夫然後始可謂至仁至德, 兼聖極哲胎仙之事 業俱臻圓滿, 而世躋極樂之世, 天回極育之天矣. 吁嗟! 編者更有何願哉. 更有何願哉.

편찬을 마친다. 또한 일설에 서구의 윤리가 우리 오륜五倫[191]의 설과 다르 다고 한다. 지금 우리가 이미 민주를 행하니, '군주와 신하 간에 의리가 있 다'(君臣有義)는 것을 '통치자와 국민 간에 의리가 있다'(統民有義)로 바꿔도 아 마 불가함이 없을 것이다. 옛날에 임금과 신하의 구분은, 후세에 어른과 아 이의 예절과 같았을 뿐이다.[192]

> 編卽終矣. 又有一說歐西之倫理, 與我五倫之說不同. 今吾旣行民主, 則 改君臣有義以統民有義, 恐無不可. 蓋古者君臣之分, 如後世長幼之禮 焉耳.

---

191 '오륜五倫'은 부자유친父子有親 · 군신유의君臣有義 · 부부유별夫婦有別 · 장유유서長幼有序 · 붕우유신朋友有信을 다섯 가지 유교 윤리 강령이다.

192 큰 도가 행해지던 옛적에 임금과 신하의 관계는 훗날 전제국가의 그것처럼 수직적이고 권 위적이지 않았으며, 그저 마을 어른과 아이의 관계 정도로 수평적이고 친밀했다는 말이다. '정치철학'편 제7장의 내용을 참고한다.

『정신철학통편』6권을 마친다.

精神哲學通編六卷終

인허가 공문을 첨부함附認許公文

제출자 공민公民(정몽찰丁夢刹, 우람전于藍田) 등은 철학 저술을 위해 등록과 저작권을 부여해 주시기를 간곡히 요청합니다.

具呈公民(丁夢刹, 于藍田)等, 爲著述哲學, 懇乞註冊給與版權事.

(그윽이) 생각건대 학문에 많은 방법이 있지만, 능히 세계를 좌우하고 세도世道를 오르내리는[193] 것으로 요체를 삼습니다. 신구新舊의 학문적 이치를 넓게 고찰하면, 새것이 옛것보다 뛰어난 것이 실로 많지만, 옛것이 지금보다 뛰어난 것은 더욱 많습니다. 하지만 모두 서로 결점이 있는 처지를 면치 못하니, 이는 반드시 그렇습니다. 옛것과 새것을 조제하고, 고금을 절충하고, 근원을 낚아채 합치하고, 요점을 꼭 집어내 책을 만든 연후에야, 참된 철학의 학리가 비로소 원만한 데에 이르고, 통재通才[194]를 쉽게 성취합니다. 그런

---

193 세계를 좌우(橫)로 이리 갔다가 저리 갔다가 누비고(左右世界), 천지에 펼쳐진 세상의 도를 위아래(縱)로 오르내린다(升降世道)는 뜻이다. 학문 세계에서는, 세상 및 세상의 이치를 종횡무진으로 탐구함을 의미한다.
194 '통재通才'는 온갖 사물과 사리에 능통한 재주, 혹은 또는 그런 재주를 가진 사람을 가리킨다.

데 이것은 학문이 중국과 외국에 통하고 도道가 고금을 꿰뚫는 사람이 아니라면, 그 누가 할 수 있겠습니까?

(竊)思學亦多術, 而以能左右世界, 升降世道爲要歸. 夷考新舊學理, 新勝於舊者固多, 而古勝於今者尤夥. 然俱未免互有缺點之處, 是必也. 調劑新舊, 折衷今古, 鈞元合致, 撮要爲書然後, 眞哲學理始臻於圓滿, 而易以成得通才. 然此非學通中外, 道貫古今者, 其孰能之乎?

우리 스승 전병훈 선생은 학문이 유·불·도·철학을 겸비하셨으며, 도를 이루고 덕을 갖췄는데, 일찍이 개탄해 말씀하셨습니다. "현세에 바야흐로 법치를 앞다퉈 숭상하지만, 반드시 장차 예치로 반본返本하고, 현세 '물질의 문명'(物質之文明)이 반드시 더욱 진화하여 '정신의 문명'(精神之文明)으로 들어갈 것이다. 그러나 현재 세상에는 정신을 전문으로 하는 학문이 없으니, 우리 황로黃老 도조道祖[195]께서 정精을 기르고 신神을 응결해 성인이 되고 진인이 됐던 더없이 높은 철리를 오랫동안 세상 밖(方外)에 숨겼기 때문이다. 그리고 지난 4천 년 동안 세상에서 질책받기에 이르렀으니, 이는 모두 옛사람들이 오해하고 오용했기 때문이다. 황로의 참된 전승은 본래 정신 전문학이니(성性이 신神이고, 명命이 정精이다), 안팎을 아울러 닦고 성·명을 모두 다 응결하여, 사람이 하늘에 합하는 큰 도이다. 그러나 세상에 전하는 방본坊本[196]에는 방문旁門[197]들이 많아서, 만약 혜안으로 감정해 사금砂金을 정밀히 걸러내지 않으면, 참나를 찾아 도에 들어가기 어려울 뿐만 아니라 도리어 병을 부르고

---

195 '황로黃老 도조道祖'는 도道의 시조가 되는 황제黃帝와 노자老子를 가리킨다.
196 '방본坊本'은 민간 서방書坊에서 간행한 서책으로, 여기서는 특히 민간에서 유포된 도서道書들을 가리킨다.
197 '방문旁門'은 비정통적인 학설이나 주장을 가리킨다.

삿됨을 초래하기 쉽다. 실로 개탄스럽다."

我師全秉薰先生, 學兼儒道佛哲, 而道成德備, 嘗慨然曰 "現世方競尙法
治, 必將返本乎禮治, 現世物質之文明, 必更進而入精神之文明. 然現世
尙無精神專學者, 則以我黃老道祖, 養精凝神, 成聖成眞之無上哲理久秘
於方外, 至四千年來爲世詬病, 皆前人之誤解而誤用故也. 夫黃老眞傳,
本爲精神專學,(性是神命是精者) 內外兼修, 性命俱凝盡, 人合天之大道.
而世傳坊本則多混雜旁門, 苟非慧眼鑒定, 精汰砂金, 則不但難以尋眞而
入道, 且易以致病而招邪. 良可慨也."

그리하여 우리 스승께서 수고롭게 정력을 소비하여, 몸소 경험했던 것을
간략히 정리해 제1편(首篇)[198]을 서술하고, 이를 '정신철학통편'으로 명명하
였으며 이어서 심리 · 도덕 · 정치 세 편을 추가하여 하나의 책으로 만드셨습
니다. 아! 우주 간에 지극히 참된 철리로, 신을 응결하고 목숨을 보존하는(凝
神住命)[199] 학술이 오랫동안 세상 밖에서 사사로이 전하다가, 이제야 비로소
세상에 들어와 정신을 증진하는 데 공용公用하게 되니, 사회를 위하여 하나
의 이채로움을 더하고, 학계를 위하여 한 줄기 서광을 열었습니다. 지구 철
학의 결점을 거의 보완하여 유감이 없습니다.

於是吾師苦費精力, 將其素所經驗之簡要者, 敍爲首篇, 名以精神哲學通
編, 而繼以心理 · 道德 · 政治三篇, 合爲一部. 嗚乎! 宇宙間至眞哲理, 凝

---

198 여기서 '제1편'(首篇)은 이 책에서 제2편에 배치된 '정신을 운용해 참나를 이루는 철리 요
령'(精神運用成眞之哲理要領)을 가리킨다. 이 편이 본래 제1편이었는데, 전병훈이 출판을 앞
두고 제1편에 '동한 신성 단군 천부경 주해'(東韓神聖檀君『天符經』註解)를 추가하여 편장의
순서가 하나씩 밀리게 되었다.
199 '응신주명凝神住命'은 신神을 응결하고 목숨을 보존한다는 뜻으로, 내단학을 일컫는다. 전
병훈은 유학과 내단학의 핵심 원리를 각각 '盡性安命'과 '凝神住命'으로 대표했으며, 본문의
제1편과 제2편에서 그 내용을 확인할 수 있다.

神住命之學, 久私於方外者, 今而後始爲入世, 補益精神之公用, 爲社會添一異彩, 爲學界開一曙光. 庶幾乎補完環球哲學之缺點, 而無遺憾矣.

서구철학은 단지 정신 불멸만을 보고, 현빈에서 운용하여 신을 응결하는 조화의 오묘함은 아직 꿰뚫지 못했습니다. 이 책을 얻어 치우침을 보충하면 도를 깨달아 깊은 경지에 이르고[200] 원만함을 더할 것입니다. 심리와 도덕이 모두 하늘에서 근원하니, 마음은 하나입니다. 그렇지만 뇌궁 원신元神의 도심道心은 몸뚱이 식신識神의 인심人心과 구별됩니다. 지금 처음으로 이를 표명하니, 또한 중국과 서구에서 아직 발견하지 못했던 바를 발견한 것이라고 말할 수 있습니다. 또한 서양 학문에서 이익으로 도덕을 해석하여 공덕公德·사덕私德의 쟁점이 아직 해결되지 않았습니다. 이를 죄다 하나하나 변파辨破하고, 총체적으로 천지의 도덕을 체득해 실행하는 것을 핵심 목표(正鵠)로 삼으니, 책을 펼치면 스스로 한눈에 분명히 알 수 있습니다.

蓋歐西哲學, 只見到精神不滅, 而尙未透玄牝運用神凝造化之妙. 得此補偏, 方可開悟玄奧, 而添臻圓滿焉. 至心理·道德俱源於天, 而心則一也. 然有腦宮元神之道心, 與肉團識神之人心區別者. 今始表明之, 亦可謂發中西之所未發者. 且西學以利益解道德, 而公德私德之訟案未決者, 悉一一辨破, 總以體行天地之道德爲正鵠, 開卷自可一目瞭然.

하지만 그 헌법과 과학은 우리의 결점을 보충해야 마땅하니, 이를 또한 일찍이 간절히 촉구하셨습니다. 게다가 예치와 형조刑措, 군비감축과 평화협

---

200 '개오開悟'는 지혜가 열려 도를 깨닫는 것이고, '현오玄奧'는 그 깨달음의 경지가 그윽하고 깊은 것이다.

력, 지극히 즐거운 세상에 이르는 덕정德政으로 그 편장을 끝마쳤습니다. 그렇다면 이 책은 고금의 학문을 총괄하고 국내외의 도를 포괄해 한 화로에서 조제 제련하여, 신통神通·겸성兼聖하는 하나의 위대한 새로운 철학서를 만든 것이 아니겠습니까? 참으로 세계 대동大同의 선하先河이자 서광曙光이요, 사람들을 위해 최고의 표준을 세우고, 무궁한 자비의 항해를 개척했다고 말할 수 있습니다. 참으로 지극합니다.

然其憲法科學, 當補吾之缺點者, 亦嘗拳拳致意焉. 矧以禮治刑措·寢兵輯和·躋世極樂之德政終其篇, 然則此編者詎非學總新舊·道括中外, 調治一爐以成神通兼聖之一大新哲學書耶? 洵可謂世界大同之先河曙光, 而爲生民立極, 開慈航無窮者, 猗歟至哉!

동문 인사 등이 기금을 모아 책을 발간하고, 오대주와 천년 후까지 널리 멀리 퍼지기를 희구하며, 이를 통해 지극히 즐겁고 대동하는 세상의 운세를 촉진합니다.

同門人等, 集貲付梓, 希布五洲千秋之廣遠, 以促進極樂大同之世運.

이로써 정중히 마칩니다.

謹此.

정중히 귀 부서에 제출하여 검토를 부탁드리며, 자비로운 가르침을 청합니다. 검토 후 인쇄가 허락되면 공덕이 무량할 것입니다. 첨부로『정신철학통편』두 권을 드립니다.

具呈恭請大部鑒核, 俯賜指教. 案准印行則功德無量矣. 附呈精神哲學通編二冊.

내무부 비준 제81호內務部批第八一號

원 제출인들(우람전于藍田, 정몽촌丁夢村[201])이 『정신철학통편』한 건을 제
출하였습니다. 확실하게 저작자가 청원하여, 저작권을 공동으로 향유하도록
양여한 것임을 확정합니다.

> 原具呈人(于藍田, 丁夢村), 呈一件呈明 『精神哲學通編』. 確係著作人情
> 願, 將著作權讓與共同享有. 確係.

등록하여 증명서를 발급하기 바랍니다. 앞서 제출한 『정신철학통편』의
등록 신청과 관련하여, 이 저작물은 확실하게 저작자가 청원하여, 저작권을
남전藍田과 몽찰夢利이 공동으로 향유하도록 양도한 것입니다.

> 請註冊給照由. 據呈稱前呈送精神哲學通編, 請註冊一案, 此項著作物,
> 確係著作人情願, 將著作權讓與藍田夢利共同享有.

등록하여 증명서 등을 발급하고, 등록비 은화 5원을 [해당] 부서로 송부하

---

201 '정몽촌丁夢村'은 정몽찰丁夢利을 잘못 표기한 것이다.

기 바랍니다. 심사 결과, 저작권법 제3조와 부합하므로, 등록 및 증명서 발급을 승인합니다. 공표 외에도 면허증을 발급하고, 이를 지시하는 공문을 발송합니다.

請註冊給照等情幷註冊費銀五圓到部. 核與著作權法第三條相符, 應准註冊給照. 除公布外, 合行批示執照, 幷發此批.

중화민국 9년[202] 2월 7일. 내무총장.

中華民國九年二月七日. 內務總長田.

---

202 '중화민국 9년'은 1920년이다.

찾아보기 ——————

사항 및 서명 색인

저자_ 전병훈(全秉薰, 1857~1927) ─────────────

1857년 평안남도에서 태어나 유학을 공부하고 벼슬길에 올랐으
나, 고종황제가 강제로 폐위되는 등 일제의 조선 침탈이 본격화
되자 1907년 일본을 거쳐 중국으로 망명하였다. 이후 난징南
京·광둥廣東 등을 거쳐 베이징北京에 거주하다가 1927년 사망하
였다. 그는 19세기 말 조선에서 고명한 성리학자이자 관료였는
데, 중국 망명 이후 한편으로는 도교 내단학을 연마하고 다른 한
편으로는 서양 학문을 수용하여, 동아시아 전통 철학(유·불·도)
과 서양철학을 아우르는 철학 체계를 구축하였다. 그는 전 세계
에서 물질주의가 기승을 부리고 열강들이 각축하는 역사적 단
계를 지나면, 지구 행성環球이 하나의 민주·공화 세계정부로 통
일되고 항구적인 평화를 구가하는 정신문명 시대가 도래한다고
보았다. 20세기 초부터 2백 년 내에 이런 변화가 일어난다고 예
견하고, 정신·심리·도덕·정치 네 방면에서 문명 전환에 필
요한 철학 원리와 실천 방안을 논구하였다. 근대 개화기 중국
지식계와 정관계의 명사들이 그의 문하에 즐비하였고, 캉유웨이
康有爲·옌푸嚴復 등의 저명한 사상가들이 그와 교류하며 서로 영
향을 주고받았다. 1920년 베이징에서 출간한 『정신철학통편』이
그의 대표작이다.

역자_ 김성환(金晟煥) _____

　　1965년 서울에서 태어났으며, 고려대학교 철학과를 졸업하고
중국 베이징대학北京大學에서 철학석사(1996)와 철학박사(1999)
학위를 취득했다. 2001년부터 국립군산대학교 철학과 교수로
재직하며, 베이징대학 방문교수, 산시성陝西省사회과학원 특별
연구원 등을 역임했다. 동양철학을 전공하여 특히 동아시아의
신선사상과 도교를 주로 연구했으며, 『황로도탐원黃老道探源』(北
京, 中國社會科學出版社, 2008), 『회남자』(살림, 2007) 등의 저서와 50여
편의 논문을 중국과 한국에서 출간했다. 2010년부터는 주로 전
병훈 연구에 주력하여 『우주의 정오―서우曙宇 전병훈과 만나는
철학 그리고 문명의 시간』(소나무, 2016)을 저술했다. 이 책은
2017년 대한민국학술원 우수연구도서로 선정되었다. 지금은 전
병훈의 정신철학을 국내외에 소개하고, 현대의 물질주의를 넘어
서는 '도래할 시대를 위한 철학', 지금 여기에 기반을 두면서도
다시 새롭게 열어야 할 정신문명의 미래에 관해 논구하고 있다.